Teoria Social Contemporânea

Edição publicada mediante acordo com a Polity Press Ltd., Cambrigde.

Editor
Plinio Martins Filho

CONSELHO EDITORIAL

Beatriz Mugayar Kühl – Gustavo Piqueira
João Angelo Oliva Neto – José de Paula Ramos Jr.
Leopoldo Bernucci – Lincoln Secco – Luís Bueno
Luiz Tatit – Marcelino Freire – Marco Lucchesi
Marcus Vinicius Mazzari – Marisa Midori Deaecto
Paulo Franchetti – Solange Fiúza – Vagner Camilo
Walnice Nogueira Galvão – Wander Melo Miranda

Teoria Social Contemporânea

Patrick Baert

&

Filipe Carreira da Silva

Copyright © 2009 by Patrick Baert e Filipe Carreira da Silva

Direitos reservados e protegidos pela Lei 9.610 de 19 de fevereiro de 1998.
É proibida a reprodução total ou parcial sem autorização, por escrito, da editora.

Dados Internacionais de Catalogação na Publicação (CIP)
(Câmara Brasileira do Livro, SP, Brasil)

Baert, Patrick
    Teoria Social Contemporânea / Patrick Baert, Filipe
Carreira da Silva; tradução António Júnior, Marta Castelo
Branco. – Cotia, SP: Ateliê Editorial; São Paulo, SP: Laboratório
de Redação e Ensino, 2023.

    ISBN 978-65-5580-074-6 (Ateliê Editorial)
    978-65-997919-1-8   (Laboratório de Redação e Ensino)

    Título do original em inglês: *Social Theory in the Twentieth
Century and Beyond* (2. ed., 2009, Polity Press)

    1. Ciências sociais – Filosofia 2. Funcionalismo (Ciências
sociais) 3. Sociologia – Filosofia I. Silva, Filipe Carreira da. II.
Título.

22-112264   CDD-300.1

Índices para catálogo sistemático:

1. Ciências sociais: Teoria   300.1

Eliete Marques da Silva - Bibliotecária – CRB–8/9380

Direitos reservados a

ATELIÊ EDITORIAL
Estrada da Aldeia de Carapicuíba, 897
06709-300 – Granja Viana – Cotia – SP
Tel.: (11) 4702-5915
www.atelie.com.br
contato@atelie.com.br

LABORATÓRIO DE REDAÇÃO E ENSINO
Av. Paulista, 807 – Conjunto 1812
01311-100 – Bela Vista – São Paulo – SP
Tel.: (11) 3876-0037
www.adrianochan.com.br
secretaria@adrianochan.com.br

2023

Printed in Brazil
Foi feito o depósito legal

Sumário

Prefácio à Edição Brasileira – *Patrick Baert e Filipe Carreira da Silva* *9*

Introdução

    De que Trata este Livro *13*

    Nossa Agenda *22*

1. Cem Anos de Teoria Social Francesa *27*

    Do Estruturalismo ao Pragmatismo *27*

    A Contribuição de Durkheim *30*

    A Abordagem de Saussure à Linguística *36*

    A Antropologia de Lévi-Strauss *43*

    O Estruturalismo Genético de Bourdieu *55*

    O Pragmatismo Francês *65*

    Leituras Adicionais *73*

    Referências Bibliográficas *73*

2. A Metáfora Biológica *77*

    Funcionalismo e Neofuncionalismo *77*

    O Primeiro Funcionalismo *79*

    Talcott Parsons *93*

    Robert Merton *102*

    O Neofuncionalismo e Niklas Luhmann *112*

Jeffrey Alexander e a Sociologia Cultural 116

Leituras Adicionais. 122

Referências Bibliográficas. 123

3. O Enigma da Vida Cotidiana. 127

O Interacionismo Simbólico, a Abordagem Dramatúrgica e a Etnometodologia 127

G. H. Mead e o Interacionismo Simbólico. 129

A Abordagem Dramatúrgica de Erving Goffman 142

A Etnometodologia. 151

Rituais Sociais, Emoções e Confiança: Collins e Hardin 162

Leituras Adicionais. 168

Referências Bibliográficas. 169

4. A Invasão do Homem Econômico. 175

Da Teoria da Escolha Racional ao Novo Institucionalismo 175

As Explicações da Escolha Racional 178

Teoria dos Jogos 182

O Novo Institucionalismo 190

Exemplos de Aplicações da Escolha Racional e do Novo Institucionalismo 197

Problemas com a Teoria da Escolha Racional 201

Leituras Adicionais. 210

Referências Bibliográficas. 211

5. A Sociologia Encontra a História. 215

Sociologia e Modernidade. 215

A Teoria da Estruturação de Giddens. 220

Trazendo a História de Volta: Tilly, Skocpol, Mann e Eisenstadt. 235

Leituras Adicionais. 251

Referências Bibliográficas. 252

6. A História do Presente 257

A Arqueologia e Genealogia de Foucault. 257

Um Novo Conceito de Aquisição do Saber 260

Arqueologia 263

Genealogia 269

Avaliação e Desenvolvimento Contemporâneos 281

Leituras Adicionais. *291*

Referências Bibliográficas. *292*

7. A Propagação da Razão. *295*

A Teoria Crítica de Habermas e Desenvolvimentos Recentes *295*

Influências e Trabalhos Iniciais. *299*

A Teoria da Ação Comunicativa. *308*

Entre Fatos e Normas. *314*

Avaliação e Desenvolvimentos Contemporâneos. *322*

Leituras Adicionais. *332*

Referências Bibliográficas. *333*

8. Um Admirável Mundo Novo? *339*

Quão Distinta é a Nossa Era? *339*

Manuel Castells e a Sociedade em Rede *341*

Ulrich Beck e a Sociedade do Risco *348*

Zygmunt Bauman e a Modernidade Líquida. *358*

Saskia Sassen e a Cidade Global. *366*

Richard Sennett e o Declínio do Homem Público *374*

Leituras Adicionais. *381*

Referências Bibliográficas. *382*

9. Conclusão. *389*

Uma Teoria Social para o Século XXI. *389*

Os Papéis da Teoria Social *390*

Por que a Teoria Social? *393*

Pragmatismo e Pragmatismos *398*

Investigação Social, Reflexividade e Envolvimento Social *410*

Observações Finais. *413*

Referências Bibliográficas. *415*

Índice de Figuras e Quadros. *419*

Prefácio à Edição Brasileira

É com grande satisfação que vemos nosso livro traduzido para português, em particular devido à forte tradição da sociologia e da teoria social nos países de língua oficial portuguesa, nomeadamente no Brasil. Esta é uma tradução da segunda edição, substancialmente diferente da primeira. São três as principais diferenças entre a primeira e a segunda edições. Em primeiro lugar, porque se trata de um esforço de cooperação. A primeira edição era assinada por um único autor, o Patrick, enquanto a segunda foi coescrita por ambos. Em segundo lugar, esta edição é muito mais extensa do que a primeira e incorpora um maior número de desenvolvimentos recentes. É, por outras palavras, uma edição atualizada.

Em terceiro lugar, o capítulo final desta segunda edição apresenta a nossa própria perspectiva – que designamos de pragmática ou neopragmatista – acerca dos modos de pensar a teoria e a sua elaboração. A argumentação neopragmatista é, de certa forma, um desenvolvimento natural das nossas linhas de investigação anteriores: a filosofia das ciências neopragmatista do Patrick e o trabalho do Filipe sobre Mead e Dewey. O primeiro livro do Patrick era uma investigação do trabalho de G. H. Mead sobre temporalidade e o seu significado e implicações para a teoria social contemporânea, enquanto sua obra mais recente sobre a filosofia da ciência social apoia-se em Richard Rorty para o desenvolvimento de uma agenda reflexiva, não fundacionista, para a investigação sociológica. Por seu lado, os primeiros dois livros do Filipe em língua inglesa apresentam uma abordagem histórica original à contribuição de Mead para a teoria social e política contemporânea, enquanto seu último livro, *The Politics of the Book*, revisita o cânone sociológico da perspectiva da materialidade das ideias inscritas em certos livros tidos como clássicos.

Teoria Social Contemporânea constitui um passo a mais nesta tentativa de desenvolver uma abordagem neopragmatista da teoria e da investigação sociológica. Tal abordagem implica uma concepção do conhecimento não tanto como uma representação descritiva ou o reflexo fiel de uma realidade que lhe é externa, mas antes como uma intervenção ativa nessa mesma realidade. Mas, de modo ainda mais importante, esta perspectiva neopragmatista implica que a investigação sociológica não seja concebida como um simples dispositivo de teste ou prova, mas como uma oportunidade para o desenvolvimento daquilo que chamamos de "aquisição de conhecimento autorreferencial", conducente a uma reflexão acerca de nós próprios (*Bildung*) e dos pressupostos sobre os quais se baseia a investigação, de forma a permitir a concepção de cenários sociopolíticos alternativos. Ao longo do livro, mostramos como diversas contribuições em história, arqueologia e antropologia operam de modo semelhante àquele que defendemos em teoria social.

Uma outra implicação de nosso posicionamento pragmático relaciona-se com a forma como concebemos os objetos: não só nós e os outros enquanto tais, mas também os objetos, quer abstratos quer materiais, que compõem o mundo no qual operamos. Uma boa ilustração do que pretendemos dizer com isto é o próprio objeto que o leitor tem neste momento à sua frente. Este livro – seja em papel ou em suporte digital – pode ser concebido como uma forma de intervenção intelectual através da qual tentamos transmitir um determinado número de significados acerca da história e das funções cumpridas pela teoria social do século xx. Esta forma particular de intervenção é simultaneamente uma inscrição móvel e material de nossa orientação pragmática. Neste sentido, pode ser considerada como um agente ativo em si mesmo.

Um agente dotado da capacidade de reunir, moldar e relacionar determinadas práticas e que, ao fazê-lo, convoca outros objetos, constitui sujeitos e inscreve relações, fronteiras e domínios ontológicos. Um agente cujos passos podem ser reconstituídos desde o momento em que o Patrick imaginou a edição inglesa original, em 1998, até esta tradução brasileira, de 2022, da segunda edição aumentada, de que o Filipe é coautor, passando por todas as reedições e traduções produzidas, disseminadas e, por fim, incorporadas nos imaginários intelectuais dos nossos leitores. A geografia de *Teoria Social Contemporânea* revela tanto acerca da circulação de nossa intervenção como acerca do mundo em que essa circulação ocorre.

Quando traduzidos e utilizados num contexto diferente, os livros podem adquirir significados novos e inesperados. Surgem novas leituras, e com elas emerge um universo de interpretações e usos completamente novos. Nossos leitores em português interpretarão e utilizarão este livro de modo diferente do que o farão nossos leitores em castelhano, italiano ou mandarim, por exemplo; por sua vez, esta tradução ajudará a moldar o entendimento e o discurso feitos em português acerca de alguns dos autores e conceitos fundamentais da teoria social do século xx. O impacto e o significado sociológico deste livro são, assim, a resultante emergente de todos estes cruzamentos simbólico-materiais entre os leitores e o texto – pelo menos de acordo com o ponto de vista neopragmatista. Temos esperança de receber, num futuro próximo, algum *feedback* por parte dos nossos leitores em português acerca do modo como se relacionam com este livro e com sua agenda teórica.

Uma palavra final quanto à tradução, da responsabilidade de António Júnior e Marta Castelo Branco, bem como a adaptação para português do Brasil por Adriano Chan. Optou-se por usar no corpo do texto os títulos das obras citadas no original, exceto quando disponíveis em tradução para português; nestes casos, o título surge não no original, mas tal como foi traduzido. A revisão científica da tradução ficou a cargo de Filipe Carreira da Silva. Os autores aproveitam esta oportunidade para agradecer publicamente aos tradutores o singular empenho e extraordinário brio profissional com que passaram nosso texto para o português.

Patrick Baert e Filipe Carreira da Silva

Introdução

DE QUE TRATA ESTE LIVRO

Consideramos que a teoria social é uma reflexão relativamente sistemática, abstrata e geral acerca do funcionamento do mundo social. Por muito elementar que esta definição possa ser, decorrem dela uma série de consequências. Antes de mais nada, discutiremos apenas teorias que tenham atingido um elevado nível de abstração. Não queremos com isto, seguramente, dizer que estas teorias sociais sejam necessariamente independentes do estudo empírico da sociedade. Obviamente, algumas teorias mantêm a mais tênue das relações com a investigação empírica, enquanto outras dependem ou moldam grandemente a sociologia empírica. Mas, quer se baseiem em fundamentos empíricos ou não, o objetivo principal dos teóricos sociais é, obviamente, teorizar, existindo assim uma clara distinção entre a natureza abstrata da teoria social e as orientações práticas da sociologia empírica.

Em segundo lugar (e em relação a isto), trataremos de explorar teorias que possuam um elevado grau de generalidade. Ou seja, que procurem cobrir diversos aspectos do domínio social ao longo de diferentes períodos e através de diversas sociedades. Em terceiro, devemos considerar a natureza sistemática das teorias sociais. Quando comparadas com meras opiniões e crenças, aquelas exibem um elevado nível de coerência e consistência interna. Até as tentativas mais recentes de abandono das grandes construções teóricas são empreendimentos sistemáticos; não são meras amálgamas de opiniões.

14 TEORIA SOCIAL CONTEMPORÂNEA

Ao escolhermos como ponto de partida o início do século xx, não queremos sugerir que a teoria social seja uma criação deste período. A tradição da teoria social remonta a períodos bem anteriores. Desde os pensadores clássicos gregos até aos *philosophes* do século XVIII, o domínio do social tem sido persistentemente um tema de reflexão teórica. Para mais, a teoria social foi determinante para a emergência da sociologia enquanto disciplina autônoma no decurso do século XIX. Auguste Comte, Émile Durkheim, Max Weber e Karl Marx (para mencionar apenas alguns nomes) desenvolveram visões extremamente elaboradas acerca dos mecanismos do mundo social. No entanto, a teoria social contemporânea é, pelo menos em alguns aspectos, muito diferente da sua predecessora oitocentista. Podemos identificar três diferenças fundamentais.

Primeiro, muito embora Comte, Durkheim e outros se esforçassem ativamente para estabelecer a sociologia como uma disciplina independente, a construção teórica e a investigação empírica encontravam-se longe de serem consideradas campos de especialização instituídos. Em muitos países, inversamente, a teoria social vem crescentemente se constituindo como um campo acadêmico independente – claramente distinto da sociologia empírica. Segundo, a teoria social profissionalizou-se. No século XIX era praticada por indivíduos com formação em áreas afins (nomeadamente, a filosofia). Muito poucos ocupavam posições acadêmicas que lhes permitissem formar outros indivíduos. A maior parte dos teóricos sociais clássicos (Tocqueville, Comte, Marx, Spencer e Simmel, por exemplo) nem sequer chegaram a ocupar postos permanentes em qualquer universidade. Hoje em dia, a educação formal em teoria social transformou-se numa indústria massificada que envolve dezenas de milhares de alunos por ano em faculdades por todo o mundo.

E, terceiro, as teorias sociais encontram-se hoje menos claramente associadas à ação política e à reforma social do que acontecia antes. A sociologia, não nos devemos esquecer, surgiu como a resposta científica à chamada "questão social" que afligia as sociedades europeias do século XIX – ou seja, as perturbações sociais e políticas desencadeadas pela Revolução Industrial. As teorias sociais eram, então, ferramentas para lidar com problemas sociais e políticos. Comte (e, em certa medida, Durkheim), por exemplo, inquiria-se sobre como poderia a ordem social ser restabelecida após as convulsões políticas e econômicas da época. Tocqueville tentava perceber como se poderiam reconciliar a igualdade de oportunidades e a liberdade, e Marx procurava desenvolver um tipo de sociedade mais igualitária e menos alienante. Para todos eles, a teoria social não era um fim em si próprio; era tida como um meio necessário para lidar com questões políticas e sociais correntes.

Nos dias de hoje existe uma consciência muito mais pronunciada de que a reforma social e o ativismo político não estão internamente ligados à teoria social. Quando pensadores contemporâneos como Jürgen Habermas intervêm na esfera pública, fazem-no como intelectuais públicos, ou seja, como cidadãos preocupados com o bem público. A teoria social de Habermas não está, por esse ato, em causa. A sua validade depende da sua profundidade intelectual e da sua consistência interna, características estas que são estabelecidas através de processos acadêmicos como o *peer review* anônimo ou a verificação empírica, e não por sua capacidade de "resolver" problemas políticos. Hoje em dia, a teoria social e a vida política são dois domínios profissionais altamente diferenciados, com princípios organizacionais e objetivos separados.

A teoria social foi sujeita a profundas transformações nas últimas quatro décadas. Nos anos 1960, acontecimentos como as revoltas estudantis de maio de 1968 em Paris e o movimento dos direitos civis nos Estados Unidos contribuíram decisivamente para uma mudança radical na paisagem intelectual. Em consequência disto, o edifício intelectual que Talcott Parsons havia construído cuidadosamente desde a década de 1930 foi espetacularmente destruído. Em menos de uma década, o estruturalismo funcional parsoniano passou de paradigma dominante da sociologia para alvo consensual de uma geração inteira de teóricos sociais.

A década de 1970 foi dedicada à experimentação de alternativas viáveis ao estruturalismo funcional: o interacionismo simbólico, a etnometodologia, a teoria dos conflitos e a teoria da troca foram alguns dos paradigmas apresentados como solução para a crise desencadeada pela derrocada do projeto de Parsons. O início da década de 1980 assistiu ao retorno da tradição da grande teoria social. Em apenas alguns anos, as prateleiras de sociologia foram ocupadas por tentativas, em vários tomos, de efetuar grandes sínteses teóricas. O neofuncionalismo de Jeffrey Alexander, o estruturalismo genético de Pierre Bourdieu, a teoria da estruturação de Anthony Giddens e a teoria crítica de Habermas vieram à luz durante este período.

Essas teorias possuem duas características em comum. Em primeiro lugar, todas elas tentam integrar tradições teóricas ou filosóficas opostas. Tentam, por exemplo, integrar noções estruturalistas com ideias da sociologia interpretativa, e tentam transcender a oposição entre determinismo e voluntarismo. Em segundo lugar, todas elas desejam ultrapassar anteriores dualismos. Tentam, por exemplo, estar para lá da oposição entre o indivíduo e a sociedade. Para além destas duas características, o estruturalismo genético e a teoria da estruturação possuem outros traços em comum. Ambas rejeitam as visões mecanicistas do mundo social, nas quais as estruturas são tidas como algo que é imposto aos indivíduos.

Ao invés disso, os indivíduos são vistos como agentes ativos – sendo o seu comportamento constrangido, mas não determinado. Tanto Bourdieu como Giddens defendem que as rotinas diárias dos indivíduos radicam num mundo "tido-como-certo". Em geral, os indivíduos sabem como agir de acordo com as regras implícitas e partilhadas que constituem esse mundo. Eles recorrem a essas regras e, ao fazê-lo, reproduzem-nas involuntariamente.

A teoria social do *fin-de-siécle* difere da do passado recente em três aspectos importantes. Primeiro, temos o que se chama de "virada empírica" da teoria social contemporânea. Referimo-nos à tendência dos teóricos contemporâneos em abandonarem ambições universalistas, concentrando-se, em vez disso, na transição para a modernidade e sobre a sociedade atual. Este empreendimento intelectual é empírico na medida em que apresenta um diagnóstico da natureza empírica da modernidade e da sociedade contemporânea. Os seguidores da virada empírica não abandonam a teoria enquanto tal. Desenvolvem, antes, uma grelha de referência teórica que possibilita a compreensão do caráter distintivo e dos problemas da sociedade moderna e contemporânea. As sociologias das épocas de autores como Richard Sennett, Ulrich Beck ou Zygmunt Bauman são exemplos desta virada empírica (ver capítulo 8).

Depois, temos a "virada normativa". Até recentemente, temas como justiça, igualdade e democracia eram dados como intratáveis por uma teoria social objetiva. A partir da década de 1990, no entanto, alguns teóricos sociais passaram a incluir entusiasticamente estes tópicos morais e políticos nas suas agendas. Da ética do discurso de Habermas à ética pós-moderna de Bauman, passando pelos escritos de Judith Butler sobre a natureza performativa da identidade de gênero, a teoria social normativa estabeleceu-se firmemente como uma modalidade legítima de pensamento social. Enfim, a globalização passou a ser um tópico de grande interesse para os teóricos sociais. Se a modernização foi a preocupação central da geração do pós-guerra e os novos movimentos sociais constituíram o interesse principal dos teóricos sociais durante a década de 1970 e primeira parte de 1980, não existe hoje nenhum importante teórico social que não aborde o tema da globalização.

Existem, no entanto, diferenças assinaláveis no tratamento deste tópico. Há os que tentam desenvolver uma nova teoria social geral acerca das redes globais, como Manuel Castells; existem os que, como Habermas ou Axel Honneth, tentam explorar o potencial democrático e emancipatório deste processo de cosmopolitismo crescente; e há os que tentam desenvolver comparações globais e intercivilizacionais de forma a promover modos não etnocêntricos de teorização social (Shmuel N. Eisenstadt é um destes exemplos).

A estrutura deste livro pode ser descrita do seguinte modo: a maioria das perspectivas contemporâneas são influenciadas por um ou outro antecedente oitocentista. Tanto o estruturalismo (capítulo 1) como o funcionalismo (capítulo 2) partilham da imagem holística durkheimiana da sociedade. De acordo com a doutrina holística, a sociedade deve ser estudada como um todo, que não pode ser reduzido a um mero somatório dos seus componentes. Tal como Comte, Durkheim afirmava que a sociedade é uma entidade *sui generis*; ou seja, uma entidade com sua própria complexidade. A sociedade pode, assim, não ser apenas vista como um agregado de indivíduos em busca de seus interesses pessoais.

Da mesma forma, o estruturalismo e o funcionalismo têm interesse no modo como as diferentes partes do sistema social se inter-relacionam e contribuem para o dito sistema. Os estruturalistas procuram as estruturas sociais subjacentes que constringem e determinam as ações e os pensamentos dos indivíduos. Os indivíduos em questão não estão necessariamente conscientes da existência de estruturas, e raramente têm consciência *a fortiori* dos efeitos constringentes dessas mesmas estruturas. Adicionalmente, os teóricos sociais estruturalistas fazem uso frequente de analogias com os processos linguísticos, de forma a explicarem fenômenos sociais, não linguísticos. Fazem-no recorrentemente apoiando-se na obra de Ferdinand de Saussure, o pai fundador da linguística estrutural.

Os funcionalistas, ao contrário, acreditam na existência dos chamados pré-requisitos funcionais universais. Ou seja, defendem que, para que um sistema social qualquer sobreviva, um conjunto de funções ou necessidades precisam ser cumpridas. Por exemplo, para que um sistema não se desintegre, é necessário um mínimo de solidariedade entre os seus membros. Os funcionalistas prestam, assim, atenção à forma como diversas práticas sociais preenchem (ou podem preencher) as necessidades centrais do sistema maior no qual estas práticas se inscrevem.

Da mesma forma que o estruturalismo presta atenção às estruturas subjacentes raramente percebidas pelos indivíduos, o funcionalismo centra-se em funções que tendem a ser ignoradas pelos indivíduos nelas envolvidos. Tal como o estruturalismo, o funcionalismo tornou-se particularmente influente durante as décadas de 1950 e 1960. Um grande número de teóricos aderiu, então, a ambas as perspectivas tentando integrá-las num quadro "estrutural-funcionalista". Parsons foi o maior expoente deste ponto de vista. O funcionalismo saiu completamente de moda nos anos 1970, mas os anos 1990 viram um revivalismo do pensamento funcionalista. Quando comparado a seu antecessor, o "neofuncionalismo" é uma corrente abrangente, na medida em que tenta integrar noções funcionalistas com ideias oriundas de teorias rivais.

Durante muito tempo, as chamadas "sociologias interpretativas" (capítulo 3) constituíram as principais alternativas à hegemonia do estrutural-funcionalismo. Nestas estavam incluídos o interacionismo simbólico, a abordagem dramatúrgica e a etnometodologia. As duas primeiras inspiravam-se na obra do filósofo norte americano G. H. Mead. Tal como as teorias de Mead (mas ao contrário do estruturalismo e do funcionalismo), realçam a importância social da individualidade humana; isto é, afirmam que a sociedade é possível apenas porque os indivíduos possuem a capacidade de refletir sobre suas próprias ações (reais ou imaginárias) e sobre as ações dos outros.

Ao contrário do que é defendido pelo estruturalismo e pelo funcionalismo, as ações dos indivíduos não são vistas apenas como um produto das estruturas sociais sobre estes impostas. Em vez disso, estas "escolas interpretativas" sublinham que os indivíduos interpretam ativamente sua realidade circundante e agem em consonância. Esta mesma ênfase na agência e refletividade humanas encontra-se presente na etnometodologia de Harold Garfinkel e nas teorias que com ela se relacionam. Discutimos, ainda, a utilização da microssociologia na teoria geral social, por exemplo, na obra de Randall Collins.

Existem, no entanto, outras propostas microssociológicas que não são interpretativas. O exemplo mais óbvio é a teoria da escolha racional (capítulo 4). Os teóricos da escolha racional defendem que é possível explicar e antever fenômenos sociais e políticos através do recurso à noção do agente racional autoimplicado. Desta forma, tal como Weber e Tocqueville, abordam a vida social reportando-se ao fato de que os indivíduos, ao agirem intencionalmente, produzem inúmeros efeitos, alguns intencionais e outros não intencionais. No entanto, pressupõem igualmente uma racionalidade constante.

Existe uma extensa literatura sobre aquilo que pode ser considerado racionalidade. Racionalidade significa, *inter alia*, que os indivíduos possuem uma clara ordenação de preferências, que recolhem informações acerca dos custos implicados na obtenção dessas preferências e que agem de acordo com isso. Este é um modelo de clara inspiração econômica; como tal, alguns teóricos da escolha racional referem-se ao seu ponto de vista como a "abordagem econômica", tentando demonstrar a utilidade da sua teoria na interpretação de fenômenos tradicionalmente não associados com a economia.

Tomemos, por exemplo, os padrões matrimoniais, as taxas de fertilidade ou o comportamento criminal. Os teóricos da escolha racional consideram que quanto mais uma prática é, à primeira vista, irracional, maior é o seu feito em demonstrar que essa prática é, afinal, racional. A teoria da escolha racional popularizou-se nas décadas de 1980 e 1990, um fato parcialmente relacionado com o ressurgimento do interesse pelo papel das instituições.

Tanto a etnometodologia como a teoria da estruturação são fortemente influenciadas pela fenomenologia social de Alfred Schutz e pelo pensamento tardio de Wittgenstein. Garfinkel e outros partidários da etnometodologia investigam em que medida os indivíduos reconstituem ativamente (embora de forma não intencional) a ordem social por meio das suas atividades cotidianas. A teoria da estruturação de Giddens (capítulo 5) apoia-se em Erving Goffman e em Garfinkel para demonstrar que a ordem é, na verdade, uma realização prática levada a cabo por indivíduos competentes com um profundo conhecimento da vida social.

Esse conhecimento tende a ser tácito (com uma compreensão não pronunciada), em vez de discursivo (pelo qual essa compreensão pode ser expressa em palavras). Estas escolas interpretativas emergiram em especial nos anos de 1960; a teoria da estruturação surgiu durante o final dos anos 1970 e o início dos anos 1980. A análise da modernidade apresentada por Giddens será contrastada com outras abordagens sociológicas históricas: Charles Tilly, Theda Skocpol, Michael Mann e Eisenstadt são os autores das propostas teóricas que discutiremos a este propósito.

O estruturalismo francês acabou por conduzir ao pós-estruturalismo durante o curso das décadas de 1970 e 1980. Ambos possuem bastante em comum. Por exemplo, o conceito moderno de indivíduo não antecede o social. Emerge de estruturas espaço-temporais ou discursivas específicas. Os pós-estruturalistas, no entanto, divergem dos seus antecessores ao abandonarem, por exemplo, as pretensões científicas do estruturalismo. Os pós-estruturalistas namoram com o perspectivismo nietzschiano, que considera que não existe uma perspectiva absoluta a partir da qual se possam emitir afirmações acerca do que existe ou do que deveria existir. Tendem a adotar frequentemente algum tipo de relativismo: diferentes enquadramentos epistemológicos produzem novos significados, e cada enquadramento é acompanhado por novos padrões de racionalidade e verdade.

Os pós-estruturalistas mais conhecidos são Jacques Derrida, Gilles Deleuze e Michel Foucault. Derrida exerceu uma enorme influência na teoria e crítica literária, e Deleuze na filosofia. A obra de Foucault (capítulo 6) é de particular relevância para os nossos propósitos. Embora fosse historiador de formação, seus escritos tiveram um enorme impacto na teoria social. Iremos centrar na sua metodologia histórica, uma vez que, ao fazê-lo, elucidaremos a natureza extremamente original do seu projeto. Algumas das ideias de Foucault foram continuadas por alguns teóricos sociais contemporâneos. Discutiremos dois desses casos: a sociologia da punição de David Garland e a análise biopolítica de Nikolas Rose.

Bourdieu e Giddens reconhecem o potencial crítico da sociologia e da teoria social. Esta última, em particular, pode refletir criticamente sobre a sociedade. No entanto, a tarefa de desenvolver as fundações de uma teoria crítica foi levada a cabo principalmente pela Escola de Frankfurt, e em particular por Habermas (capítulo 7). Focaremos em Habermas devido à grande sofisticação da sua versão de teoria crítica, que, extremamente elaborada, integra uma grande variedade de tradições filosóficas e sociológicas. Tal como outros racionalistas liberais, Habermas promove a implementação de procedimentos para um debate aberto e livre entre iguais. Suas noções de "racionalidade comunicativa" e de "situação discursiva ideal" situam-se em torno desta visão.

A utopia de Habermas se parece, estranhamente, com um seminário acadêmico: a sociedade deverá organizar-se de forma que os indivíduos possam criticar abertamente o que os outros dizem. Da mesma forma, todos deveriam ser capazes de defender o seu ponto de vista contra as críticas dos outros. Para Habermas, esta visão de um debate aberto e livre subjaz a uma filosofia iluminista. Se Habermas é o mais importante representante da segunda geração da Escola de Frankfurt, Honneth é seguramente o mais influente da terceira. Discutiremos sua teoria do reconhecimento, uma sofisticada tentativa de atualizar o modelo de reconhecimento hegeliano com a contribuição da teoria do *self* de Mead.

No capítulo 8, discutimos tendências atuais da teoria social que se centram na natureza empírica na nossa época globalizada de "modernismo tardio". Começamos por analisar as descrições sugestivas que Sennett faz das consequências ocultas que a globalização econômica traz para a vida pessoal. Sygmunt Bauman e Ulrich Beck são os exemplos notórios desta virada empírica, e discutiremos também as suas contribuições nesse capítulo. Trataremos, em particular, da validade do argumento de Bauman em que se afirma que a passagem para uma sociedade moderna (e para técnicas de organização modernas) implica perigos diversos.

Em *Modernity and the Holocaust*, Bauman assinala que a passagem para a modernidade vai ao encontro da ideia de um Estado-nação homogêneo, com a convicção de que os indivíduos e a sociedade podem ser aperfeiçoados, e com o declínio da responsabilidade individual nas suas instituições burocráticas. Para Bauman isto significa que é possível que exista um elo entre a modernidade e atrocidades como o Holocausto. Avaliaremos igualmente a perspectiva de Beck de que a sociedade atual é uma sociedade do risco e que, como tal, é radicalmente diferente dos patamares anteriores da modernidade. Segundo Beck, a diferença é tão colossal que requer um novo vocabulário sociológico. A teoria social da "sociedade em rede" de Castells e a análise político-econômica da hierarquia urbana das cidades globais de Saskia Sassen são duas outras propostas analisadas nesse capítulo.

Na Conclusão, reconsideramos o estatuto preciso da teoria social hoje em dia e reavaliamos seus objetivos e sua função. Começamos por discutir os papéis da teoria social. A nossa tese é a de que a teoria social não só funciona como facilitador intelectual entre diferentes disciplinas, mas propicia igualmente uma definição da agenda comum de sociólogos, antropólogos e de muitos outros cientistas sociais. Apresentamos, em seguida, a nossa visão para o estudo da teoria social. Em vez de tentar captar uma realidade previamente oculta, como indiciam os modelos tradicionais de investigação social, defendemos que o objetivo da teorização social deve ser a criação de leituras inovadoras da questão social.

Nosso "pragmatismo de inspiração hermenêutica" implica quatro componentes distintas – conceitualização, crítica, edificação e imaginação – e incita os praticantes contemporâneos da teoria social a adotarem uma perspectiva mais ampla e a refletirem sobre um mundo que temos, até aqui, tomado por certo. Em vez de conceber a investigação social como uma tarefa fundamentalmente explanatória ou preditiva, nossa perspectiva neopragmatista quer promover a investigação social em termos de um envolvimento continuado com a alteridade, um processo que, em última análise, contribui para busca de formas mais ricas de redescrição coletiva.

NOSSA AGENDA

Subjaz a este livro uma visão particular do que constitui uma forma frutífera de pensar a teoria social. Esta visão comporta também consequências relativas à forma como a teoria social deve ser ensinada. Podemos pô-la em contraste com o modo pelo qual diversas obras (introdutórias ou avançadas) sobre este assunto tendem a proceder. Em primeiro lugar, muitos comentadores cedem à "falácia do reducionismo explicativo": pressupõem que as teorias procuram necessariamente explicar (e possivelmente prever) fenômenos sociais empíricos. De fato, quando os sociólogos falam de "teoria sociológica" (em vez de teoria social), adotam frequentemente esta noção mais restritiva de teoria com um intuito exclusivamente explanatório.

Preside este livro a ideia pragmática de que o conhecimento pode ser relacionado com uma grande diversidade de objetivos, sendo a explicação apenas um deles. Isto significa que qualquer estudante de teoria social deve refletir sobre aquilo que a teoria em causa se propõe a fazer. Por exemplo, algumas teorias são desenvolvidas para promover a compreensão e não exatamente a explicação de fenômenos; outras teorias buscam a crítica e a autoemancipação (capítulo 6). Outras teorias, ainda, como procuraremos demonstrar, permitem-nos desenvolver a autocompreensão: permitem-nos reconsiderar alguns dos nossos pressupostos, redescrever e reavaliar nossa presente constelação social (capítulos 5 e 8). Em suma, ao abordar qualquer teoria, é importante ter em conta exatamente aquilo que ela pretende conseguir.

Além disso, alguns comentadores cometem aquilo que chamamos de "falácia do perspectivismo". Por "perspectivismo" queremos aqui significar a ideia (muitas vezes implícita) de que não existe qualquer padrão independente que nos permita julgar e comparar teorias rivais. Embora muito poucos sejam os que aderem explicitamente a esta ideia, mais são os que efetivamente a praticam. É possível reconhecer os perspectivistas pelo modo como descrevem as diferenças entre teorias. Parecem acreditar que aquilo que distingue as várias teorias é apenas que cada uma tenta fazer luz sobre aspectos diferentes da vida social.

Por exemplo, uma teoria centra-se no poder, outra na interação cotidiana e outra, ainda, nos valores e normas. Nenhuma delas é tida como superior a qualquer outra; todas realçam diferentes características do domínio social. Subjaz a este livro a forte convicção de que as diferenças entre teorias sociais não podem ser reduzidas a meras diferenças de ênfase ou de assunto. Existe, na verdade, um conjunto de padrões pelos quais as teorias sociais podem ser julgadas e comparadas; os mais importantes são a profundidade intelectual, a originalidade, a clareza analítica, o poder explanatório e a consistência interna. Embora não nos refiramos explicitamente a estes critérios, empregamo-los ao longo do que se segue.

Em terceiro lugar, alguns comentadores da teoria social cometem a "falácia do externalismo", visto que apresentam críticas externas dos autores discutidos. Ou seja, as teorias sociais são frequentemente criticadas por não conseguirem atingir objetivos que os teóricos não pretenderam sequer atingir inicialmente. Por exemplo, muitos criticaram Garfinkel por não atentar a estruturas sociais alargadas. Isto, tomado isoladamente, é obviamente uma crítica externa, porque a questão das estruturas alargadas se encontra fora do âmbito do projeto de Garfinkel. Consideramos que as críticas externas (pelo menos tidas isoladamente) são geralmente pouco desejáveis, e tentamos evitá-las neste livro. Ninguém pode conseguir tudo.

Criticar uma teoria por ignorar algo não é particularmente informativo. Em geral, é mais apropriado avaliar as teorias a partir do seu interior – considerando a sua consistência interna. Isto não quer dizer que todos os projetos possuam o mesmo valor. Alguns pressupostos ou objetivos teóricos são, efetivamente, mais plausíveis ou interessantes do que outros. Tampouco quer dizer que as críticas externas sejam sempre desadequadas. Na verdade, existem pelo menos duas formas pelas quais estas podem ser úteis: podem constituir um patamar em direção a uma crítica interna – por exemplo, podemos demonstrar que algumas das proposições de Garfinkel podem ser comprometidas se tomarmos em conta assuntos estruturais mais amplos; e podem ser utilizadas como meio para o desenvolvimento da nossa própria teoria social – por exemplo, a teoria da estruturação de Giddens assenta sobre uma série de críticas externas.

Em quarto lugar (e relacionado com o ponto anterior), alguns comentadores cedem àquilo que chamamos de "falácia política". Criticam as teorias pelos seus efeitos, potenciais ou reais, sobre os assuntos sociopolíticos. Uma crítica comum feita à teoria social funcionalista é a de que mantém ou reforça o *status quo* político. Não duvidamos de que algumas publicações de teoria social possam afetar a sociedade. Também não pretendemos defender a impossibilidade de avaliar ou antever os efeitos prováveis de uma dada teoria. Por exemplo, provavelmente é verdade que, quando comparado com outras teorias, o funcionalismo possa ser usado de modo mais eficaz para justificar qualquer ordem sociopolítica existente. Mas a identificação de consequências potenciais ou efetivas de uma teoria não deve normalmente interferir em sua apreciação intelectual.

Consideramos apenas algumas exceções a esta regra, uma das quais se refere ao fenômeno da chamada profecia que se autoanula. Ou seja, em alguns casos sucede que, a partir do momento em que uma teoria passa a ser do conhecimento público, os indivíduos começam a agir sob formas que levam à erosão dessa mesma teoria. Nestes casos, a identificação dos efeitos da teoria é crucial para o julgamento que se pode fazer quanto à sua validade. Em geral, no entanto, isso não ocorre. Neste livro preocupamo-nos com a validade intelectual das teorias sociais, não com os seus efeitos, intencionais ou não, sobre a sociedade.

Dito isto, pretendemos agora clarificar dois pontos acerca da estrutura do livro. Em primeiro lugar, com a exceção dos capítulos 3, 8 e 9, todos os capítulos restantes incidem sobre uma escola ou ponto de vista particular da teoria social, nomeadamente: estruturalismo (capítulo 1), funcionalismo e neofuncionalismo (capítulo 2), teoria da escolha racional (capítulo 4), teoria da estruturação de Giddens (capítulo 5), a posição pós-estruturalista de Foucault (capítulo 6), a teoria crítica de Habermas e Honneth (capítulo 7).

O capítulo 3 aborda diversas teorias que lidam com matérias microssocio-lógicas: o interacionismo simbólico, a etnometodologia, a abordagem drama-túrgica e a análise da confiança pela escolha racional. O capítulo 8 trata dos modos como a teoria social atual tenta compreender a globalização e a moder-nidade tardia ou reflexiva. Em segundo lugar, cada capítulo segue uma clara sequência temporal. O capítulo 1, por exemplo, inicia-se com os precursores do estruturalismo (Durkheim e Saussure), seguindo para a antropologia estrutu-ralista de Claude Lévi-Strauss e discutindo, por fim, as recentes tentativas de associar o estruturalismo com algumas ideias de Heidegger e do Wittgenstein tardio. A sequência dos capítulos segue uma lógica temporal menos estrita.

Este livro deverá ser de leitura acessível a estudantes de licenciatura e de pós-graduação em artes e humanidades. Cada capítulo pode ser lido de forma independente.

I

Cem Anos de Teoria Social Francesa

DO ESTRUTURALISMO AO PRAGMATISMO

Santo Agostinho dizia que sabia o que era o tempo até que alguém o confrontasse com essa pergunta. Uma das interpretações desta afirmação enigmática é a de que o tempo é tão essencial à consciência humana que o seu conhecimento não pode ser traduzido em palavras. Em certo sentido, o estruturalismo ocupou um lugar semelhante na vida intelectual do século xx. É, de fato, virtualmente impossível conceber a teoria social sem ter em conta noções estruturalistas. E, no entanto, é igualmente difícil fornecer uma definição exata de estruturalismo, precisamente porque este se encontra estreitamente interligado aos modos correntes de teorização acerca do social.

A tarefa de definir o estruturalismo torna-se ainda mais complicada devido à amplitude temática e disciplinar que este abarca. Sua área de aplicação não se restringe à teoria social e é, pelo menos, de igual importância numa grande variedade de outras disciplinas. O estruturalismo incorpora a linguística de Ferdinand de Saussure e Roman Jakobson, a antropologia de Claude Lévi-Strauss, as contribuições para a psicologia do desenvolvimento de Jean Piaget, a biologia de François Jabob e as interpretações de Marx feitas por Louis Althusser.

Tendo em conta as ressalvas mencionadas acima, e centrando-nos apenas nas ciências sociais, pensamos que, apesar de tudo, se podem identificar quatro características que o distinguem. Em primeiro lugar, a característica mais óbvia do estruturalismo é sua defesa de uma "visão holística". A abordagem holística sugere que as diversas partes de um sistema não devem ser investigadas independentemente umas das outras. As partes só podem ser compreendidas nos termos das suas inter-relações e, finalmente, das suas conexões com o todo.

O holismo é frequentemente acompanhado por uma teoria holística do significado. De acordo com ela, o significado dos signos, conceitos ou práticas depende da estrutura alargada ou do contexto em que se inscrevem. O significado de um ato discursivo, por exemplo, depende da língua em que é feito; o significado de um termo científico depende da teoria científica em que é empregado; e o significado de determinados gestos ou práticas depende do contexto cultural em que estes ocorrem. Daqui se depreende que o mesmo ato discursivo pode significar uma coisa diferente se usado noutra língua; que o significado de um termo científico pode mudar em função de uma nova teoria; e que os mesmos gestos ou práticas podem significar coisas diferentes em diferentes culturas.

A segunda característica do estruturalismo é a tendência em priorizar a invariância, isso porque desvaloriza o fluxo de ações e de eventos, procurando, em vez destes, as estruturas sociais que apresentam maior estabilidade ao longo do tempo. Considera que estas estruturas sociais relativamente imutáveis são as forças causais "reais" por detrás das ações e dos eventos, ou que então possuem um valor crucial na atribuição de significado a estes fenômenos observáveis. Devido, em parte, à sua busca das estruturas invariáveis, o estruturalismo privilegia uma metodologia de pesquisa tão distintiva quanto controversa.

Essa metodologia possui afinidades com a "análise sincrônica". As análises sincrônicas registram apenas um determinado instante da sociedade, enquanto as análises diacrônicas tomam em consideração os seus desenvolvimentos ao longo do tempo. Os autores estruturalistas tendem a desvalorizar o fluxo temporal; alguns afirmam até que um registro instantâneo da realidade é um instrumento mais do que suficiente para dela dar conta. Mesmo quando se dedicam à análise diacrônica, fazem-no de um modo particular. Os historiadores estruturalistas, por exemplo, não se interessam particularmente pelas minúcias dos acontecimentos históricos. Ao invés disso, dedicam-se à busca dos fatores que, embora não sendo imediatamente visíveis para os indivíduos envolvidos, desempenham um papel central na decisão do seu destino: clima, geografia, enquadramentos culturais, para citar alguns deles.

A terceira característica do estruturalismo é a sua oposição ao positivismo. A filosofia positivista será discutida pormenorizadamente mais adiante (capítulo 8). Por ora, basta referir que os positivistas preferem as explicações de fenômenos que tenham em conta apenas entidades imediatamente observáveis. Para os positivistas, explicar é invocar causas, que devem ser derivadas apenas a partir de regularidades observadas. Os estruturalistas, ao contrário, reconhecem a existência de estratos mais profundos de realidade que se encontram sob o nível superficial dos fenômenos observados. As estruturas que lhes subjazem não são imediatamente visíveis quer pelos indivíduos que lhes estão sujeitos, quer por um observador qualquer.

A tarefa do cientista social é a de revelar estas estruturas latentes de forma a explicar os fenômenos superficiais. Os estruturalistas distanciam-se igualmente da noção positivista de causalidade. Antes de mais nada, recusam frequentemente implicar-se em afirmações que a esta digam respeito; preferem se referir à causalidade como "leis de transformação". Em segundo lugar, mesmo quando os estruturalistas fazem uso da noção de causalidade, esta é radicalmente diferente da concepção positivista. Para os estruturalistas, a causalidade não pode ser simplesmente percebida a partir de regularidades observáveis. As causas não são imediatamente acessíveis à observação sensorial; as estruturas sociais são latentes, mas exercem, ainda assim, a sua força causal.

A quarta característica, partilhada pela maioria dos estruturalistas, é a de que reconhecem a natureza constringente das estruturas sociais. Isto é, os estruturalistas tendem a defender que os pensamentos e ações dos indivíduos são fortemente constringidos e determinados por estruturas subjacentes. É possível distinguir duas versões, uma forte e uma fraca, desta posição estruturalista. A versão fraca é basicamente uma diretiva metodológica. Sugere que o investigador social deve buscar os parâmetros que delimitam as escolhas dos indivíduos. Este posicionamento metodológico deixa em aberto a questão de saber se, apesar da existência de estruturas, os indivíduos possuem liberdade de escolha.

A versão forte é uma proposição filosófica com vastas implicações. Não afirma apenas que as estruturas são constringentes, mas que esta sua característica vai ao ponto de impossibilitar a ação individual. Ou seja, que embora os indivíduos possam julgar que controlam o seu próprio destino, isso, na verdade, nunca acontece. Na sua versão forte, o estruturalismo deve ser considerado como uma reação contra algumas correntes filosóficas dos anos 1940 e 1950.

A suposição de que o indivíduo está condenado a ser livre foi, de fato, o ponto de partida central da filosofia existencialista; o estruturalismo pretendia demonstrar o inverso.

A maior parte dos autoproclamados estruturalistas subscreveriam estas quatro características. Mas, apesar destas semelhanças, seria um erro conceber o estruturalismo apenas como uma doutrina unificada. Existem pelo menos duas correntes de pensamento estruturalista: uma remonta à sociologia de Émile Durkheim, e a outra à linguística estruturalista de Saussure. A primeira corrente enfatiza o modo pelo qual as estruturas sociais se impõem e exercem o seu poder sobre o domínio da ação humana. As estruturas sociais são consideradas constringentes na medida em que moldam as ações ou pensamentos dos indivíduos, sendo difícil, se não impossível, para estes, transformar essas estruturas.

A segunda corrente bebe da semiologia, a ciência geral dos signos. Os autores desta tradição recorrem a conceitos e analogias com o estudo das atividades linguísticas para compreender os comportamentos normativos não linguísticos. A cultura é, assim, concebida como um "sistema de signos". Fernand Braudel foi um nítido exemplo da versão durkheimiana do estruturalismo, enquanto Roland Barthes representava a corrente saussuriana. Por seu lado, Lévi-Strauss incorporava tanto Saussure como Durkheim.

Neste capítulo lidaremos primeiro com os pais fundadores destas duas versões do estruturalismo: Durkheim e Saussure. Em seguida, nos debruçaremos sobre a antropologia estruturalista de Lévi-Strauss, o que nos permitirá explicar algumas das deficiências do pensamento estruturalista. Isto nos levará em seguida ao trabalho de Pierre Bourdieu, que protagoniza uma das mais importantes tentativas de ultrapassar estas insuficiências.

A CONTRIBUIÇÃO DE DURKHEIM

Émile Durkheim (1858-1917) estudou na École Normale, uma seletiva instituição francesa dedicada à formação de professores e acadêmicos, onde desenvolveu um interesse acentuado pela filosofia social e política, e um desagrado igualmente acentuado pelo que considerava ser a natureza humanista, não metódica e literária da cena intelectual parisiense. Em seguida, passou algum tempo na Alemanha, onde o clima cultural era um pouco mais do seu agrado.

Ao regressar a seu país de origem, obteve uma colocação na Universidade de Bordeaux, voltando a Paris quinze anos mais tarde.

É certamente irônico que este homem, que dedicou a totalidade da sua vida à fundação da disciplina da sociologia, nunca tenha detido nenhuma posição na sua disciplina favorita até à fase final da sua vida. A sociologia estava ainda associada à figura de Auguste Comte (1798-1857), cujas ideias eram consideradas tão pouco reputadas quanto a sua personalidade. Durkheim supostamente ensinava ciências da educação, mas isso não era suficiente para deter alguém possuidor de uma tão zelosa devoção. Aproveitava todas as oportunidades para introduzir a sociologia nos bastiões da instituição acadêmica francesa[1].

Um modo útil de fazer uma introdução à sociologia de Durkheim é mostrar como este se relaciona com dois outros ícones do pensamento oitocentista: Comte e Herbert Spencer (1820-1903). Não pretendemos com isto sugerir que as influências de Comte ou Spencer em Durkheim sejam maiores do que o impacto de qualquer outro autor. De fato, não devemos superestimar o efeito de nenhum destes autores; Charles Renouvier, Émile Boutroux e Wilhelm Wundt, por exemplo, exerceram nele pelo menos tanta influência como os outros dois. Mas a vantagem de nos centrarmos em Comte e Spencer é a de que estes nos permitem localizar Durkheim no contexto intelectual alargado do século XIX.

Foi através do seu professor, Boutroux, que Durkheim se confrontou com a divisão hierárquica dos diversos domínios da realidade, em que os níveis mais elevados são irredutíveis aos mais baixos. Como tal, o domínio social não pode ser considerado como um agregado das suas componentes psicológicas. A sociedade possui características *sui generis*, e exige uma abordagem holística. Durkheim adotou a noção de Comte de que a sociedade, tal como outros aspectos da realidade, pode ser estudada de acordo com métodos científicos rigorosos. Tal como Comte, chamou este estudo de sociologia, e acreditava que tal estudo era não só possível, como também desejável; iria permitir a condução racional da sociedade e erradicar as suas formas "patológicas".

---

1. Recomendamos vivamente a leitura de Steven Lukes (*Emile Durkheim: His Life and Work: A Historical and Critical Study*, London, Penguin, 1973) enquanto introdução semibiográfica sobre Durkheim; e Marcel Fournier (*Émile Durkheim: A Biography*, Cambridge, Polity Press, 2012), o mais completo e atual estudo biográfico do pai da sociologia francesa.

32 TEORIA SOCIAL CONTEMPORÂNEA

Também como Comte, Durkheim pensava que, dada a crise que a sociedade atravessava, a condução não era apenas desejável, mas necessária. Mas, tal como J. S. Mill, Durkheim considerava que a sociologia de Comte era ainda demasiado especulativa e dogmática. Por conseguinte, as teorias de Durkheim possuem uma fundação empírica mais sólida e tentam fazer uso de métodos tão rigorosos quanto possível. Desta forma, expressava maior admiração pela investigação detalhada e metódica levada a cabo por Alfred Espinas e Albert Schaeffle. Enquanto Comte fazia grandes generalizações sobre a "humanidade" em geral, Durkheim era mais sensível às diferenças entre sociedades[2].

A teoria evolutiva, em particular na versão de Spencer, era outra fonte de inspiração. Durkheim era atraído pelo uso sofisticado que Spencer fazia de analogias sociais com a evolução biológica. Tal como Spencer e outros teóricos da época, Durkheim introduziu uma dicotomia para retratar a evolução da sociedade. Spencer escreveu acerca da transição das sociedades militares para as industriais, Ferdinand Tönnies via uma transformação da *Gemeinschaft* em *Gesellschaft* e H. S. Maine ficava impressionado pela derrocada de uma sociedade baseada no *status* e pela emergência de uma sociedade baseada no contrato.

Durkheim preferia falar acerca da substituição da solidariedade mecânica pela solidariedade orgânica. Enquanto a primeira era um tipo de solidariedade baseada em semelhanças, a segunda baseava-se na divisão do trabalho e na dependência mútua[3]. Tal como em Comte, Durkheim não achava que os escritos de Spencer fossem suficientemente empíricos ou detalhados[4]. Discordava também de Spencer – e de Maine e Tönnies – quando este afirmava que a modernização era acompanhada por um enfraquecimento dos laços sociais. Uma das proposições principais da sua *A Divisão do Trabalho* era a de que, com o advento da sociedade industrial, se formava um novo tipo de solidariedade. Distanciava-se da visão de Spencer e de Maine, que consideravam que na sociedade moderna os indivíduos se envolviam em relações contratuais livres

---

2. Émile Durkheim, *The Rules of Sociological Method, and Selected Texts on Sociology and its Method*, London, Macmillan, 1982, p. 63; ver também Steven Lukes, *Emile Durkheim: His Life and Work: A Historical and Critical Study*, p. 67.
3. Émile Durkheim, *The Division of Labour in Society*, London, Macmillan, 1984, pp. 31-87.
4. Émile Durkheim, *The Rules of Sociological Method, and Selected Texts on Sociology and its Method*, p. 64.

destituídas de qualquer base moral. Os contratos pressupõem, mais do que criam, a ordem social[5].

Em parte devido à grande diversidade de influências presentes no pensamento de Durkheim, seu trabalho nem sempre se apresenta sob uma imagem unificadora. Podem ser apresentados argumentos igualmente convincentes para a sua interpretação de formas radicalmente diferentes; de fato, sua obra tem inspirado autores com perspectivas teóricas diversas. É possível, por exemplo, olhar para Durkheim como o pai fundador da sociologia positivista moderna, através de uma leitura do seu panfleto metodológico *As Regras do Método Sociológico* e da sua aplicação no livro *O Suicídio*. É igualmente plausível considerar alguns aspetos do seu trabalho (sobretudo o enquadramento teórico subjacente à sua tese de doutorado, *Da Divisão do Trabalho Social*, e em seções das suas *Regras do Método Sociológico*[6] como predecessores do funcionalismo moderno (ver também o capítulo 2).

Por fim, existem sem dúvida princípios estruturalistas na obra de Durkheim. Há quem sustente que tais características só surgem nos seus trabalhos tardios sobre religião, mas isto é ignorar a sua mais sutil, embora igualmente forte, argumentação estruturalista nas *Regras do Método Sociológico*. Seja como for, é verdade que a sua adesão ao estruturalismo é expressa de um modo muito mais claro nas suas *Formas Elementares da Vida Religiosa*.

Selecionamos, em seguida, os aspectos do trabalho de Durkheim que consideramos relevantes para a história do estruturalismo. O conceito durkheimiano que merece a nossa atenção é a noção de "fato social", que, segundo ele, era a matéria de estudo da sociologia. Durkheim definia o fato social como "qualquer forma de ação, fixa ou não, capaz de exercer sobre o indivíduo um constrangimento externo[... e] que é generalizado no conjunto de uma dada sociedade, possuindo uma existência própria, independente das suas manifestações individuais"[7].

Uma das normas metodológicas de Durkheim é a de que os fatos sociais devem ser tratados como "coisas". Queria dizer com isto que devem ser estudados como objetos naturais. Ou seja, os fatos sociais existem independentemente dos contextos ou percepções do observador, e só podem ser descobertos

---

5. Émile Durkheim, *The Division of Labour in Society*, pp. 149-175.
6. Émile Durkheim, *The Rules of Sociological Method, and Selected Texts on Sociology and its Method*, pp. 119-146.
7. *Idem*, p. 59.

por via de investigação empírica. Um exemplo de fato social é a "representação coletiva". Enquanto estados da consciência coletiva de um grupo, as representações coletivas revelam como o grupo se percebe a si próprio e ao ambiente que o rodeia. As representações coletivas são sociais de duas formas. Possuem origem social (emergem de associações sociais) e lidam com fenômenos sociais[8].

A definição durkheimiana de fato social, tal como a referimos, não é exatamente aquilo que se poderia chamar de uma formulação elegante, mas revela, no entanto, três das suas mais importantes características: é externa, constringente e geral. Pelo caráter externo dos fatos sociais, Durkheim queria dizer que estes antecedem o indivíduo, e, de modo mais controverso, que o seu funcionamento é independente do uso que esse indivíduo faz deles. Por exemplo, o indivíduo não define os deveres que tem de desempenhar; estas obrigações encontram-se prescritas em leis e costumes que lhe são exteriores[9].

Ao falar da natureza constringente dos fatos sociais, Durkheim queria dizer que estes possuem uma "força vinculante e coerciva" através da qual exercem o seu controle sobre os indivíduos. Estes últimos tendem a não reconhecer esta coerção porque, em geral, obedecem ao fato social de livre vontade. Durkheim demonstrou este poder coercivo imaginando o que aconteceria se o indivíduo decidisse não aquiescer – o que teria como consequência punições e resultaria em fracasso. Por fim, o caráter geral indica que os fatos sociais são crenças e práticas que não constituem atributos individuais nem universais, mas que se referem àqueles sentimentos, pensamentos e práticas que seriam diferentes se os indivíduos vivessem no seio de outros grupos. Ao contrário das suas aplicações individuais, os fatos sociais assumem formas público-coletivas.

Tal como Boutroux e Comte, Durkheim afirmava que cada domínio científico precisa ser compreendido de acordo com os "seus próprios princípios". Da mesma forma que o reino biológico não pode ser reduzido a forças físico-químicas, a sociedade não é um agregado de fenômenos psicológicos. Através de associações sociais ocorrem propriedades emergentes que transcendem e transformam os indivíduos nelas envolvidos, de modo análogo às diversas "sínteses criativas" do reino bioquímico. De acordo com um estrito holismo

---

8. Steven Lukes, *Emile Durkheim: His Life and Work: A Historical and Critical Study*, pp. 6-7.
9. Émile Durkheim, *The Rules of Sociological Method, and Selected Texts on Sociology and its Method*, pp. 50-51.

metodológico, a sociedade é considerada como uma entidade *sui generis* e, como tal, sujeita às suas próprias leis. De forma mais precisa e polêmica, os fatos sociais só são explicáveis por outros fatos sociais.

As obras tardias de Durkheim lidam em particular com a sociologia do conhecimento e a sociologia da religião[10]. Enquanto os seus trabalhos anteriores pretendiam demonstrar que é errado pensar os códigos morais num vácuo social, Durkheim continuou a sua cruzada sociológica tentando demonstrar a natureza social das categorias elementares do pensamento kantiano. Nem os conceitos de número, espaço e tempo escapam à sua vigorosa campanha. A natureza exata deste "kantianismo sociológico" não é inteiramente clara. Foi demonstrado de forma convincente que Durkheim fundiu quatro alegações diferentes[11].

Primeiro, argumenta que as categorias básicas são partilhadas pelos membros da mesma sociedade. Em segundo lugar, afirma que estas categorias kantianas são causadas pelas condições sociais subjacentes. Em terceiro, defende que essas mesmas categorias demonstram uma homologia estrutural com as condições sociais das quais emergem. Em quarto lugar, mantém que as categorias preenchem funções essenciais para as condições sociais das quais evoluem. A tentativa durkheimiana de usar a sociologia de forma a retificar os *a priori* kantianos inspirou a antropologia estruturalista. Tal como Durkheim, também Lévi-Strauss buscava as estruturas latentes através das quais os indivíduos categorizam o mundo exterior.

A partir desta breve apreciação deverá estar óbvio que o trabalho de Durkheim prefigura o desenvolvimento do pensamento estruturalista de diversas formas. Recapitulemos as razões pelas quais ele foi um estruturalista *avant la lettre*. Em primeiro lugar, chamou a atenção para aquelas características da vida social que não podem ser reduzidas a um mero agregado das suas partes constituintes. Encontramos no estruturalismo um empenho semelhante em tipos de explicação holística. Em segundo lugar, a noção de constrição era essencial para o conceito durkhemiano de fato social. Tentava, assim, demonstrar em que medida a sociedade molda e penetra o indivíduo. De modo similar, o estruturalismo atribui um poder coercivo à estrutura social.

---

10. Ver, especialmente: Émile Durkheim, *The Elementary Forms of Religious Life*, London, Allen & Unwin, 1915; *Primitive Classification*, Chicago, University of Chicago Press, 1963.

11. Para uma excelente discussão, ver: Steven Lukes, *Emile Durkheim: His Life and Work: A Historical and Critical Study*, pp. 435-449.

Em terceiro lugar, Durkheim apoiava-se frequentemente numa visão estruturalista bipartida, que opõe um nível superficial de autodomínio a um nível real, mais profundo, de estruturas inconscientes. Em quarto lugar, tentou erradicar as explicações que se reportam aos estados subjetivos dos indivíduos (intenções, motivos, finalidades). Isto possui afinidades notáveis com as ambições "objetivistas" da sociologia e antropologia estruturalistas do século xx. Em quinto lugar, a rejeição durkheimiana do apriorismo kantiano culminou na tentativa de demonstrar a natureza social das categorias básicas através das quais os indivíduos ordenam e classificam o mundo que os rodeia.

A ABORDAGEM DE SAUSSURE À LINGUÍSTICA

Tendo estudado em Leipzig e em Berlim, Ferdinand de Saussure (1857--1911) foi professor de sânscrito, gótico e alto-alemão antigo, primeiro na Universidade de Paris e, posteriormente, em Genebra. Era um homem particularmente dotado, que com a idade de 21 anos havia escrito uma esplêndida dissertação (*Mémoire sur le Système Primitif des Voyelles dans les Langues Indo-Européennes*) na qual já se antecipavam as características centrais do seu pensamento maduro. No entanto, à medida que envelhecia, Saussure foi escrevendo menos e à data da sua morte tinha publicado apenas cerca de seiscentas páginas.

Suas ideias ganharam ressonância somente após a publicação póstuma do seu *Curso de Linguística Geral*, baseado nas aulas que ministrou na Universidade de Genebra. Durante quase meio século, a leitura deste livro esteve restrita aos linguistas, mas, assim que o comboio estruturalista acelerou sua marcha, fez igualmente o fascínio de outros cientistas sociais.

É, antes de mais nada, importante comparar o estruturalismo de Saussure com o de Durkheim. Vale a pena mencionar três diferenças. Primeiro, a obra de Durkheim possui um duplo rosto de Jano, algo que não acontece com a de Saussure. Já referimos o fato de que diversos programas de investigação teórica podem ser atribuídos a Durkheim, sendo o estruturalismo apenas um deles. Esse não é o caso de Saussure, cuja contribuição teórica constitui um corpo muito mais unitário.

Em segundo lugar, enquanto o estruturalismo de Durkheim pretendia ser uma contribuição para a sociologia, o de Saussure não era. A preocupação de

Saussure era a linguística e apenas de forma esporádica explorou a possibilidade de estender suas ideias para além das fronteiras do estudo da linguagem. Foi tarefa de outros a demonstração do significado sociológico alargado dos seus estudos linguísticos. Consequentemente, as propostas sociológicas de Durkheim possuem contornos nítidos, enquanto as implicações de Saussure para as ciências sociais permanecem abertas ao debate.

Em terceiro lugar, uma das principais preocupações de Durkheim ao longo da sua vida foi explicar os fatos sociais enquanto consequências de outros fatos sociais, de forma análoga ao modo como operam as forças físico-químicas. Recorrendo a analogias termodinâmicas e elétricas, as noções estruturalistas encontram-se subordinadas a uma análise causal. Como veremos em seguida, o propósito da abordagem saussuriana da linguagem era a de revelar as suas relações "sintagmáticas" e "paradigmáticas" latentes. Nesta teoria semiótica estruturalista dificilmente há lugar para uma noção desenvolvida de causalidade.

Hoje em dia, os linguistas afirmam que a importância do *Curso* de Saussure reside no fato de o autor ter se distanciado de duas opiniões estabelecidas acerca da linguagem. Um delas era a perspectiva, introduzida inicialmente por Claude Lancelot e Antoine Arnauld ainda no século XVII, de que a linguagem é um espelho do pensamento, sendo intrinsecamente racional. A outra era a dos *Junggrammatiker* (os "neogramáticos") como Franz Bopp e Karl Brugmann, e os professores de Saussure, Hermann Osthof e August Leskien. De acordo com esse ponto de vista, que se encontrava muito em voga durante o século XIX, a história de uma língua informa-nos acerca da sua forma corrente.

Acreditava-se que o sânscrito era a mais antiga das línguas, e que seu conhecimento permitiria traçar a história de outras línguas e revelar as suas raízes comuns. Estas perspectivas possuíam duas características em comum. Primeiro, ambas supunham que poderia ser estabelecida a razão pela qual, numa dada língua, um nome ou padrão sonoro particular é utilizado para expressar uma dada ideia ou conceito. Quanto mais se recua na história, menos arbitrária é a relação entre nomes e conceitos. Em segundo lugar, ambas concebiam a linguagem como uma nomenclatura. Ou seja, ambas a pensavam como um conjunto de nomes associados a conceitos universais imutáveis e independentes da linguagem.

Com o aparecimento do *Curso* de Saussure, esta imagem foi completamente alterada. Contrariamente à natureza atomista destas teses anteriores, Saussure apresentava uma visão holística da linguagem. Enquanto seus predecessores

38 TEORIA SOCIAL CONTEMPORÂNEA

concebiam a linguagem como um simples somatório de suas partes constituintes, Saussure insistia que esta devia ser vista como uma estrutura em que o significado de conceitos individuais depende das relações que estes estabelecem no seio de um todo mais amplo. Ademais, contrastando, por exemplo, com a inclinação de Bopp a favor de uma análise diacrônica, a visão saussuriana atribui uma maior importância ao estudo sincrônico da linguagem[12].

Além disso, Saussure demonstrou de forma bem-sucedida que a linguagem não é uma nomenclatura. Se o fosse, a tradução seria uma tarefa fácil, o que não é o caso, e isso pode ser explicado pelo fato de que diferentes línguas estruturaram o mundo de forma diferente. Da mesma forma, as fronteiras e a semântica dos conceitos alteram-se continuamente ao longo do tempo, mostrando uma vez mais que as línguas organizam o mundo de formas diferentes. Uma distinção central da teoria de Saussure é a que se estabelece entre *langue* e *parole*. Saussure introduziu esta distinção numa tentativa de identificar o objeto da investigação linguística[13].

Aquilo a que Saussure chamou *parole* ou "o lado executivo da linguagem" refere-se às elocuções concretas. A *langue* refere-se ao conjunto partilhado de propriedades estruturais que sustentam o uso da linguagem. Saussure insistia que a preocupação principal da linguística deveria ser a *langue*, e não a *parole*. Analogamente à noção durkheimiana de exterioridade dos fatos sociais, Saussure defendia que o sistema simultâneo da *langue* precede a *parole*, e que o primeiro é uma condição *sine qua non* para a existência da segunda. Aquilo que os indivíduos dizem ou escrevem faz sentido por causa das propriedades estruturais preexistentes da linguagem. A linguagem é uma experiência social, partilhada: os indivíduos podem falar e escrever devido à natureza intersubjetiva do uso da linguagem.

Igualmente importante é a distinção entre "signo", "significante" e "significado". Signo refere-se ao conjunto do significante e do significado[14]. Enquanto o significante é a elocução ou o traço, o significado é o conceito que lhe está acoplado. Quando dizemos "cavalo", a elocução ou a palavra escrita "cavalo" constitui o significante, o conceito "cavalo" é o significado, e o signo refere-se a

---

12. Ferdinand Saussure, *Course in General Linguistics*, London, Peter Owen, 1960, pp. 71-100.
13. *Idem*, pp. 7-23.
14. *Idem*, pp. 65-67.

ambos. Estas distinções são relevantes para a compreensão da noção saussuriana de "natureza arbitrária do signo"[15]. Esta arbitrariedade refere-se ao elo entre o significante e o significado.

O uso que Saussure faz do termo "arbitrário" merece aqui uma explicação mais detalhada. O que ele quer dizer é que um significante diferente poderia ser acoplado a um determinado significado, não fora pela relação que constitui esse signo e que o liga a outros signos no interior dessa língua. Mencionamos anteriormente que, na perspectiva de Saussure, a linguagem não é uma nomenclatura e que, como tal, não existem significantes universais inalteráveis. Assim, esta noção de "natureza arbitrária do signo" não designa apenas o elo "não motivado" entre som-imagem e conceito, mas também a natureza arbitrária do significante e do significado em si próprios[16].

Ainda em relação ao conceito saussuriano da natureza arbitrária do signo, existe um potencial mal-entendido que queremos assinalar sumariamente. A noção de natureza arbitrária do signo poderia ser tida como querendo dizer que o falante individual pode decidir que significante usar. Mas Saussure insistia que não era exatamente isso que queria dizer[17]. Na verdade, Saussure negava em grande medida tal poder ao indivíduo. Fazendo lembrar as reflexões de Durkheim sobre as características constringentes dos fatos sociais, esforçava-se por demonstrar que, devido às suas características público-coletivas, a linguagem é "necessária" na medida em que nenhum indivíduo tem a possibilidade de escolher significantes diferentes dos que se encontram em uso. Essa visão particular da linguagem, como simultaneamente arbitrária e necessária, é por vezes referida como "convencional"[18].

Intimamente relacionado com a noção de arbitrariedade do signo está o princípio da diferença. A famosa analogia de Saussure entre a linguagem e o jogo do xadrez é-nos aqui útil[19]. O significado de uma peça não deriva da sua forma material, mas depende do modo como ela pode ser distinguida das outras. Similarmente, na linguagem, a identidade é uma função das diferenças

---

15. *Idem*, pp. 67-70.
16. Jonathan Culler, *Ferdinand de Saussure*, 2nd. ed., Ithaca, Cornwell University Press, 1986, pp. 28-33.
17. Ferdinand Saussure, *Course in General Linguistics*, pp. 68-69.
18. Ver Richard Harland, *Superstructuralism: The Philosophy of Structuralism and Post-Structuralism*, London, Routledge, 1988, p. 13.
19. Ferdinand Saussure, *Course in General Linguistics*, pp. 88 e 110-111.

interiores ao sistema. Isto aplica-se tanto ao significante como ao significado. O significado da elocução "mulher" depende da sua diferença relativamente às elocuções "colher", "talher", "milhar", "moer" etc. Da mesma forma, o significado de qualquer cor, por exemplo, o verde, depende das diferenças que estabelece com outras cores de uso corrente: azul, amarelo, vermelho etc.

Outro modo de expressar esta ideia é afirmar que a identidade depende da diferença que se estabelece com uma "tonalidade ausente". Por exemplo, quando nos referimos à cor verde, o significado de verde é derivado da sua diferença relativamente a um sistema de cores correntemente em uso e que, embora não manifestado, se encontra ainda assim implicado. Note-se que o princípio da diferença opera em diversos níveis linguísticos, desde os fonemas aos fatos gramaticais. O fonema (por exemplo, G na palavra "gato") é definido por oposição a outros fonemas que o podem potencialmente substituir continuando a fazer sentido (neste caso: "pato", "fato", "lato" etc.). Os fatos gramaticais obedecem a esta mesma noção de natureza relacional do signo: por exemplo, o tempo futuro de um verbo depende da sua oposição ao seu tempo presente[20].

É bem conhecida a diferença que Saussure estabelece entre as análises sincrônicas e diacrônicas da linguagem. Tendo usado inicialmente os termos "linguística estática" e "evolucionária", acabou por decidir usar "análise diacrônica" e "sincrônica"[21]. Enquanto a primeira fixa um instante da linguagem, a segunda segue a sua evolução através do tempo. Muito embora os críticos da linguística saussuriana tendam a classificá-la como sendo simplesmente "a-histórica", a posição de Saussure era algo mais sutil. Contrariamente ao que alguns manuais dizem a seu respeito, ele reconhecia a historicidade da linguagem.

A natureza arbitrária do signo implica a não existência de características universais e essenciais da significação, estando esta, assim, em permanente fluxo. E aqui encontramos o golpe interessante da sua argumentação. Enquanto a maioria dos acadêmicos concluiria daqui que uma análise diacrônica teria prioridade sobre uma análise sincrônica, Saussure afirma precisamente o contrário. A natureza arbitrária do signo não sustenta apenas a historicidade da linguagem, mas também a necessidade de a analisar de modo sincrônico. Do ponto de vista de Saussure, a explicação deste paradoxo é assaz simples. A natureza

20. *Idem*, pp. 120-122.
21. *Idem*, pp. 79-81.

arbitrária do signo significa que este, por si só, não possui quaisquer características essenciais. Em jargão estruturalista: na linguagem não existem signos positivos e autodefinidos. Cada signo é inteiramente definido através da sua relação com os outros signos de uso corrente, e deve assim ser considerado como uma entidade relacional. Ora, se o significado de um signo depende da sua relação com outros signos num determinado momento, uma análise sincrônica se torna necessária[22].

Concluímos a exposição do pensamento de Saussure com uma breve nota relativa à distinção entre relações paradigmáticas e sintagmáticas. Enquanto a primeira se refere a relações oposicionais entre itens permutáveis, a segunda refere-se a relações combinatórias entre signos. Até aqui tratamos apenas de relações de contraste paradigmático. No que diz respeito às relações sintagmáticas, "eu gosto de", por exemplo, pode ser seguido de "ti", "voar", "cinema", "cerveja", "Lisboa" etc. Não pode ser seguido de "submeteu", "choverá" etc. Existe, assim, um grupo de palavras que, de acordo com as regras das relações sintagmáticas, podem suceder a "eu gosto de". Cada par de elementos desse conjunto encontra-se em oposição paradigmática um em relação ao outro. A arrojada conjectura de Saussure é a de que, qualquer que seja o nível considerado (quer se trate de fonemas, morfemas, ou "fatos gramaticais"), a linguagem pode ser reduzida a uma combinação de relações paradigmáticas e sintagmáticas[23].

O impacto de Saussure no desenvolvimento da teoria social foi considerável. Primeiro, a distinção que efetuou entre *langue* e *parole* (e a prioridade que atribuiu à primeira sobre a segunda) encontrou eco junto daqueles que se encontravam desencantados com a busca positivista de conjunções de regularidade (ver também o capítulo 8). A relevância da distinção entre *langue* e *parole* estende-se, na verdade, para além do domínio da linguagem. Pode ser tida como derivada de uma oposição mais geral entre as estruturas subjacentes, por um lado, e suas instanciações particulares, por outro.

A partir desse dualismo genérico obteremos, por exemplo, a oposição hierárquica entre estruturas sociais e padrões comportamentais. Tendo presente este modelo, a preocupação positivista com as regularidades estatísticas era inútil: não passava de uma investigação a um nível superficial não estrutural.

---

22. *Idem*, pp. 79-100. Ver também Jonathan Culler, *Ferdinand de Saussure*, pp. 46-57.
23. Ferdinand Saussure, *Course in General Linguistics*, pp. 122-127.

42 TEORIA SOCIAL CONTEMPORÂNEA

Em segundo lugar, diversos cientistas sociais tomaram consciência de que, tal como a linguagem, existiam outros sistemas de discurso passíveis de ser estudados semioticamente. Fossem eles teorias científicas, estilos de penteado, menus de restaurante ou mitos da antiguidade, todos podiam ser estudados enquanto sistemas de signos[24]. Existem, por exemplo, regras claras relativas às combinações apropriadas de pratos numa refeição, bem como aos seus potenciais substitutos. O significado de cada prato depende da sua diferenciação num conjunto de escolhas alternativas. Quando comparados a um prato leve, os pratos pesados e mais substanciais podem sugerir (em alguns círculos sociais) uma falta de gosto ou sofisticação.

Durkheim e Saussure prepararam a cena do movimento estruturalista nas ciências sociais, mas três franceses foram essenciais para a continuação do desenvolvimento do pensamento estruturalista. Primeiro, Fernand Braudel introduziu noções durkheimianas na história[25]. Em oposição a uma mera história dos acontecimentos ou a uma "ciência da contingência em pequena escala", Braudel procurava aquilo a que chamou a *longue durée*. Essa expressão refere--se às estruturas subjacentes que possuem uma relativa estabilidade e que se prolongam durante grandes períodos de tempo.

Essas estruturas geofísicas, climáticas ou demográficas constringem a ação e o pensamento dos indivíduos. Braudel foi um dos fundadores da muito influente escola dos *Annales*; muitos dos seus membros conduziram pesquisa histórica numa veia semelhante[26]. Em segundo lugar, Louis Althusser defendeu a existência de uma ruptura epistemológica entre o primeiro Marx e sua obra tardia[27]. Enquanto o primeiro era ainda devedor do idealismo alemão e da economia política clássica, a segunda foi mais além e desenvolveu uma "ciência da história" estruturalista. Althusser argumentava, contra as leituras existencialistas de Marx, que o Marx tardio rejeitava quaisquer concepções de necessidade humana *a priori*. Os sujeitos reais da história já não são os indivíduos, mas sim as relações de

---

24. Ver Roland Barthes, *Mythologies*, London, Cape, 1972; *The Fashion System*, New York, Hill & Wang, 1983.
25. Fernand Braudel, "Preface", *The Mediterranean and the Mediterranean World in the Age of Phillip II*, Glascow, William Collins, 1972, vol. I; *On History*, Chicago, University of Chicago Press, 1980.
26. Para uma panorâmica acerca da história da escola dos *Annales*, ver, por exemplo, Peter Burke, *The French Historical Revolution: The Annales School, 1929-89*, Cambridge, Polity Press, 1990.
27. Louis Althusser, *For Marx*, New York, Pantheon, 1972; Louis Althusser and Étienne Balibar, *Reading Capital*, London, New Left Books, 1970.

CEM ANOS DE TEORIA SOCIAL FRANCESA *43*

produção ocultas. Outros teóricos seguiram Althusser na busca de um marxismo estruturalista; sendo talvez Étienne Balibar e Nicos Poulantzas os mais conhecidos dentre eles[28]. Em terceiro lugar, Lévi-Strauss desenvolveu uma antropologia estruturalista baseada em Roman Jakobson, Sigmund Freud e Durkheim.

Lançando mão do método estruturalista, analisou diversos fenômenos sociais, dos mitos aos sistemas de parentesco. Comparada à de Braudel e Althusser, a influência de Lévi-Strauss foi a mais profunda. Seu método estruturalista foi seguido por Edmund Leach e por muitos outros antropólogos. Dada a natureza abstrata do seu trabalho, sua influência estendeu-se muito além da antropologia. Prestaremos assim uma especial atenção ao seu pensamento.

A ANTROPOLOGIA DE LÉVI-STRAUSS

O nome de Claude Lévi-Strauss (1908-2009) está estreitamente associado à tradição estruturalista. Nascido na Bélgica, Lévi-Strauss foi para a França ainda criança, e estudou filosofia na Sorbonne. Tomou conhecimento da sociologia francesa durante seus estudos em Paris, nomeadamente dos trabalhos de Comte, Durkheim e Marcel Mauss. Seus interesses rapidamente se desviaram na direção da antropologia cultural quando veio para o Brasil, primeiro na qualidade de docente da Universidade de São Paulo, e posteriormente no âmbito de uma expedição de pesquisa patrocinada pelo governo francês.

Refugiou-se nos Estados Unidos durante a Segunda Guerra Mundial e lecionou na New School of Social Research em Nova York. Foi aí que encontrou o linguista Jakobson – um encontro que moldaria de forma perene seu desenvolvimento intelectual. Na fase final de sua vida, regressou à França – inicialmente para a École Pratique des Hautes Études, e foi posteriormente professor de antropologia no Collège de France, onde se constituiu como uma das figuras de proa do movimento estruturalista.

Tem sido por vezes alegado que a análise cultural estruturalista de Lévi-Strauss é muito devedora de Durkheim. Embora alguma verdade exista nesta afirmação, ela requer, ainda assim, alguma clarificação. De fato, uma breve

---

28. Louis Althusser and Étienne Balibar, *Reading Capital*; Nicos Poulantzas, *Political Power and Social Classes*, London, New Left Books, 1968.

comparação entre os projetos intelectuais de Durkheim e Lévi-Strauss ajudará a lançar luz sobre este último. A apropriação do pensamento de Durkheim por Lévi-Strauss foi extremamente seletiva. Lévi-Strauss distanciava-se das leituras funcionalistas ou positivistas de Durkheim que eram dominantes na época (ver igualmente os capítulos 2 e 8).

Não que estas leituras fossem necessariamente falsas representações do pensamento de Durkheim em certos momentos da sua vida. Mas, para Lévi-Strauss, estes aspectos do trabalho de Durkheim eram menos atraentes, provavelmente errôneos, e poderiam ser em grande medida ignorados. Merecedores de maior atenção, embora necessitados de uma séria reavaliação contemporânea, eram as primeiras proposições de Durkheim relativas aos fatos sociais e às representações coletivas. Finalmente, a mais importante contribuição de Durkheim para o desenvolvimento intelectual de Lévi-Strauss são seus escritos tardios sobre religião.

A apropriação seletiva de Durkheim por Lévi-Strauss é sintomática das diferenças significativas entre os dois. Em primeiro lugar, enquanto o trabalho de Durkheim, especialmente o inicial, se encontra ainda muito embebido do *Weltanschauung* oitocentista, a obra de Lévi-Strauss é, sob muitos aspectos, uma reação a esta tradição intelectual. Em *Da Divisão do Trabalho Social*, Durkheim usa analogias com a evolução biológica com o fim de explicar a transição da solidariedade de tipo "mecânico" para a de tipo "orgânico". Em contraste, Lévi-Strauss foi sempre hostil em relação a explicações de tipo evolucionista.

O primeiro Durkheim estava preocupado, sobretudo, com os princípios teóricos que apenas se revelam durante longos intervalos de tempo. *Ex adverso*, Lévi-Strauss centrou-se nos mecanismos que se revelam através das diferentes culturas. Embora Durkheim estivesse consciente dos problemas que acompanham a industrialização e a modernização, ainda assim defendia as transformações culturais e estruturais a que o Ocidente estava submetido. Certos ajustes seriam necessários, mas a tendência geral era de progresso. Ao contrário, a obra de Lévi-Strauss pode ser lida como uma crítica feroz do projeto moderno ocidental.

Em segundo lugar, sob certos aspectos, as finalidades de Durkheim e de Lévi-Strauss são diametralmente opostas. Para esclarecer esta afirmação é útil considerarmos aqui a ideia comum de que todos os antropólogos pertencem a uma de duas categorias. Por um lado, há os que se impressionam e são sensíveis às enormes diferenças culturais entre as sociedades. Subjaz ao seu trabalho uma tendência para se focarem nas características mais maleáveis das práticas ou personalidades dos indivíduos, ou, de uma forma mais intensa, uma tendência para uma concepção *tabula rasa* do indivíduo.

Por outro lado, há os que pensam que estas diferenças são superficiais, e que ficam esmagados pelas características comuns a todos os seres humanos. Estes dedicam sua vida à procura destas características. Embora redutora, esta distinção é extremamente útil no contexto da nossa discussão, já que, em grande medida, Durkheim é um representante da primeira, e Lévi-Strauss é quase um exemplo arquetípico da segunda. Durkheim era sensível às diferenças entre as diversas culturas. A existência destas diferenças (que podem ser verificadas empiricamente) era, por exemplo, fulcral para a sua refutação da existência de qualquer teoria moral *a priori*. O projeto de Lévi-Strauss não podia ser mais distinto. Normalmente, se esperaria que uma coleção de pormenores etnográficos sobre numerosas culturas estrangeiras servisse de base à ideia de que as culturas são radicalmente diferentes umas das outras, mas Lévi-Strauss usou essa informação para convencer o leitor acerca das semelhanças entre os seres humanos. A seu ver, os indivíduos não podem senão estruturar o mundo da mesma forma.

Em terceiro lugar, algumas das ideias de Durkheim chegaram até Lévi-Strauss através do trabalho do sobrinho daquele, Mauss. Isto não quer dizer que Durkheim não tenha exercido qualquer influência direta sobre Lévi-Strauss. Mas a influência de Mauss é, pelo menos, tão importante quanto a de Durkheim, e sempre que aquele se desviava do caminho do seu tio (uma ocorrência deveras rara), Lévi-Strauss tendia a seguir o sobrinho. Lévi-Strauss aparentava ser sensível, em particular, à noção maussiana de "fato social total". Através desta noção, tanto Mauss como Lévi-Strauss tencionavam transcender a oposição entre atomismo e holismo. Seguiam Durkheim na sua crítica das formas de explicação individualistas, mas deploravam as tendências reificantes presentes nas suas noções de mente ou consciência coletiva.

Numa tentativa de evitar os problemas deterministas da ideia durkheimiana de consciência coletiva, Mauss delineou o conceito de fato social total enquanto incrustação no seio dos padrões efetivos das interações sociais. Isto era apelativo para Lévi-Strauss, que também atribuía a Mauss a descoberta das estruturas inconscientes que subjazem ao nível superficial dos dados etnográficos. Para Lévi-Strauss, isto era particularmente semelhante ao modo pelo

46 TEORIA SOCIAL CONTEMPORÂNEA

qual a linguística revela as estruturas que residem sob o nível imediatamente acessível dos padrões de discurso[29].

Em quarto lugar, Durkheim e Lévi-Strauss eram personalidades diferentes, implicadas em práticas diferentes. Posto de uma forma crua: Durkheim era fundamentalmente um cientista e Lévi-Strauss não o era. Embora Durkheim tenha considerado seguir as pegadas religiosas do seu pai (que era rabino) e se possam encontrar óbvios vestígios de uma educação religiosa no seu trabalho, o olhar que lançava sobre o mundo era, desde cedo, um olhar científico-racional. Já mencionamos brevemente a atitude antagônica de Durkheim em relação ao "brilho" literário dos seus contemporâneos parisienses, e de como devotou a sua vida ao desenvolvimento de uma abordagem científica da sociedade.

Durkheim procurava aplicar às ciências sociais tanto rigor científico quanto o que era aplicado nas ciências naturais, e tentava atingir este objetivo através de uma adesão rígida às leis da lógica, e pondo as suas teorias à prova em severos testes empíricos[30]. Lévi-Strauss é alguém muito diferente. Muito embora ele (e o estruturalismo em geral) tivesse como objetivo uma ciência da sociedade, muitas vezes quebrava as mais elementares regras da investigação científica. Estamos lidando com uma mente muito diversa: um homem dotado de grande sensibilidade, mas que não é de forma alguma um cientista.

Quem está familiarizado com a obra de Lévi-Strauss não ficará surpreso ao saber que provém de um ambiente artístico, e que ele próprio era um músico competente. Quando se referia a Lévi-Strauss como um "visionário", Leach não estava muito longe da verdade. Trata-se de uma mente artística altamente imaginativa que, mais do que examinar a sua validade, expressa intuições acerca do mundo.

Se a influência de Durkheim sobre Lévi-Strauss é ambígua, já é menor o impacto da linguística estruturalista. Ao lecionar em Nova York durante a guerra, ele desenvolveu uma amizade com o linguista e folclorista russo Jakobson. Jakobson apresentou a Lévi-Strauss o trabalho de Saussure, a linguística da Escola de Praga e, obviamente, suas próprias contribuições. Jakobson era fortemente influenciado pela ideia saussuriana de que o significado de um termo linguístico depende da sua diferença relativamente aos outros itens de

---

29. Claude Lévi-Strauss, *Structural Antropology, Part 2*, London, Penguin, 1994, p. 5.
30. Isso não significa que a metodologia de Durkheim esteja necessariamente isenta de críticas.

uso corrente. Tendo como ponto de partida o contexto saussuriano, Jakobson concebia a linguagem em termos de oposições binárias. Isto é, os indivíduos são capazes de distinguir uma consoante de uma vogal, um som agudo de um som grave, e um som vocalizado de um som não vocal.

Ao alargar a teoria de Jakobson a domínios não linguísticos, Lévi-Strauss foi um dos primeiros a investigar a vida social através do emprego sistemático de analogias com os sistemas linguísticos. Analisou o parentesco e os mitos em termos de oposições binárias, correlações, inversões e permutações, de forma semelhante ao tratamento dado por Jakobson ao fonema no nível fonológico. Mas o mais importante, no entanto, é a tentativa sistemática de Lévi-Strauss de ir para além do nível consciente, em busca das características universais inconscientes da mente que atribuem, de modo uniforme, uma estrutura particular ao mundo. Como sugerimos anteriormente, do ponto de vista de Lévi--Strauss, esta procura do nível inconsciente universal encontra-se alinhada tanto com Mauss como com a linguística estruturalista.

Lévi-Strauss deplorava o fato de que tanto Freud como Marx tivessem estado ausentes do seu programa escolar enquanto foi estudante. Familiarizou-se com a obra de ambos num período posterior da sua vida e, uma vez mais, sua interpretação destes autores desviava-se das interpretações dominantes de seu tempo. Durante as décadas de 1940 e 1950, foi feita uma tentativa de fundir a filosofia existencialista com o marxismo, interpretando este último em função daquela. A abordagem de Lévi-Strauss ao marxismo não podia ser mais diferente. Ele via em Marx um estruturalista *avant la lettre*, que buscava permanentemente as estruturas econômicas ocultas sob a superfície.

O mesmo se aplica à sua interpretação de Freud. Freud foi inicialmente introduzido nas ciências sociais por membros da Escola de Frankfurt (por exemplo, Theodor Adorno e Max Horkheimer) e por teóricos com ligações estreitas com a teoria crítica (como Wilhelm Reich e Erich Fromm). Na sua maioria, tentavam integrar Freud (e Marx) com uma tradição humanista, interpretando o trabalho de Freud segundo essa linha. A leitura de Lévi-Strauss era, de fato, muito diferente. Aquilo que lhe interessava era a tentativa empreendida por Freud de desenvolver uma explicação científica para os fenômenos psicológicos ultrapassando o nível do consciente, e procurando a estrutura e poder subjacentes do inconsciente. O encontro entre o estruturalismo e a psicanálise foi de grande relevo para a análise que Lévi-Strauss fez dos mitos, assunto a que voltaremos em breve.

Primeiramente, é necessário delinear o esquema geral concebido por Lévi-Strauss. Seu ponto de partida é o de que os seres humanos possuem certas características em comum, sendo uma delas a forma através da qual constroem e dividem o mundo exterior. O mundo ao seu redor encontra-se potencialmente aberto a muitas categorizações, mas os seres humanos empregam categorizações particulares. Interpretam o seu ambiente reduzindo-o a unidades descontínuas. Lévi-Strauss chegou a esta conclusão através da generalização do tratamento estruturalista que Jakobson fez da linguagem.

Segundo sua teoria, os indivíduos possuem uma capacidade inata de discriminar as vogais das consoantes. As primeiras possuem níveis elevados de energia acústica, enquanto as últimas são menos intensas. Os indivíduos também são capazes de distinguir sons compactos (A ou K) de sons difusos (U, P, I ou T), e sons agudos (sons com uma frequência elevada, como I ou E) de sons graves (sons com frequências baixas, como U ou P). Isto conduz-nos ao triângulo primário de vogais (e consoantes) de Jakobson.

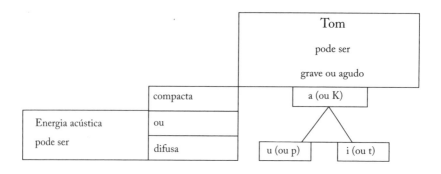

1.1 Triângulo primário de vogais (e consoantes) de Jakobson

De acordo com o triângulo de Jakobson, os indivíduos processam inconscientemente a informação linguística através de oposições binárias. Lévi-Strauss usou esta ideia simples para analisar fenômenos culturais não linguísticos, como, por exemplo, os alimentos e as atividades culinárias. Funcionam aqui simples oposições binárias ("natureza *vs.* cultura" e "alterado *vs.* inalterado"). É óbvio que os alimentos crus não sofreram qualquer transformação, enquanto os alimentos cozidos ou podres sofreram. Os primeiros foram alterados por processos culturais, enquanto os segundos foram alterados pela natureza. Assim, Lévi-Strauss chegou a um triângulo culinário primário, que lhe permite distinguir e analisar os principais tipos de atividade culinária.

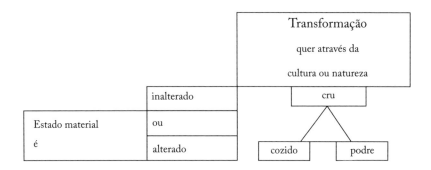

1.2. Triângulo primário da culinária de Lévi-Strauss

A fervura, por exemplo, é semelhante ao apodrecimento, uma vez que também conduz os alimentos à decomposição. Mas diverge do apodrecimento na medida em que só ocorre através da utilização de água em adição a um recurso cultural (é necessário um recipiente). A defumagem conduz à preparação completa, por meio do ar, mas sem recurso a qualquer meio cultural. A assadura conduz apenas a uma transformação parcial, levada a cabo sem recurso ao ar, água ou qualquer meio cultural. Lévi-Strauss chega assim ao seu triângulo culinário desenvolvido. Este exemplo indica-nos como, através de simples oposições binárias, Lévi-Strauss tentou abordar processos culturais elaborados.

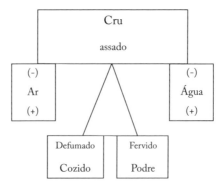

1.3. Triângulo desenvolvido da culinária de Lévi-Strauss[31]

Passemos agora ao tratamento que Lévi-Strauss fez dos mitos, o qual, entre outras coisas, nos dará alguma indicação da medida pela qual sua obra foi influenciada pelo estruturalismo e pela psicanálise. Lévi-Strauss começa por assinalar uma particular ambiguidade no estudo dos mitos. Por um lado, um mito é uma entre muitas manifestações linguísticas, e, por outro, pertence a uma ordem mais complexa do que as outras expressões linguísticas[32]. Um indicador de que os mitos se encontram "dentro e acima da linguagem" é o fato de que, contrariamente a outros fenômenos linguísticos, aqueles empregam um duplo referente temporal.

Por um lado, aludem a uma reversibilidade do tempo na medida em que se referem a acontecimentos que ocorreram há muito tempo. Por outro lado, operam fora do tempo na medida em que nos informam não apenas acerca do significado do passado, mas também do presente e do futuro. Assim, isto quer dizer que, para serem compreendidos, os mitos precisam ser analisados no âmbito destes dois níveis temporais. Lévi-Strauss invocou o exemplo de uma partitura orquestral para explicar seu método de análise. De modo a encontrar harmonia, é necessário ler a partitura tanto de forma "diacrônica" como "sincrônica". A primeira quer dizer que a partitura é lida como se de um livro se tratasse, da esquerda para a direita e de cima para baixo, começando na página um, passando para a página dois etc. A segunda significa que devemos tentar conceber as notas ao longo de cada eixo, como um agregado de relações. Lévi--Strauss convida-nos, assim, a "ler" os mitos de uma forma semelhante[33].

---

31. Claude Lévi-Strauss, *The Origin of Table Manners; Introdution to a Science of Mythology 3*, London, Jonathan Cape, 1978, p. 490.
32. Claude Lévi-Strauss, *Structural Anthropology, Part 1*, London, Penguin, 1993, pp. 206-211.
33. *Idem*, p. 211.

CEM ANOS DE TEORIA SOCIAL FRANCESA 51

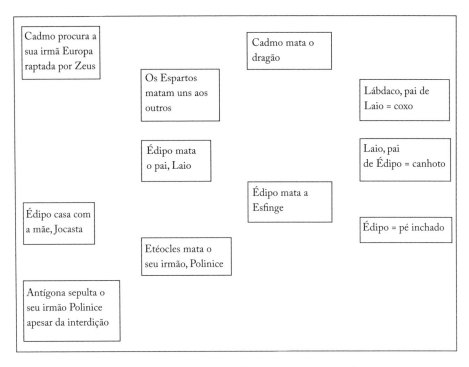

1.4. Análise do Mito de Édipo por Lévi-Strauss[34]

Tomemos, por exemplo, o mito de Édipo, que Lévi-Strauss transformou numa tabela. Se quiséssemos contar a história, leríamos a tabela da esquerda para a direita e de cima para baixo. Mas se quisermos compreender o mito, argumenta Lévi-Strauss, teríamos que a ler coluna a coluna[35]. As colunas são organizadas de modo que cada uma inclua eventos que possuem elementos substanciais em comum. Por exemplo, os eventos incluídos na primeira coluna indicam relações de consanguinidade demasiado íntimas ou próximas, enquanto os eventos da segunda coluna implicam uma subavaliação das relações de sangue. A terceira coluna refere-se às mortes dos monstros que representam ameaças ao nascimento ou à vida dos seres humanos. A quarta coluna relaciona os nomes de Édipo e dos seus antepassados, todos eles indicando problemas com o ato de andar ou com a posição vertical[36].

---

34. *Idem*, p. 214.
35. *Idem, ibidem*.
36. *Idem*, pp. 213-215.

52 TEORIA SOCIAL CONTEMPORÂNEA

Enquanto a primeira e segunda colunas são razoavelmente simples, a terceira e quarta não são de todo óbvias e precisam de uma interpretação adicional. Tornam-se agora importantes as capacidades interpretativas do investigador estruturalista. Em parte inspirado pelas explicações psicanalíticas dos símbolos, e em parte inferindo a partir do seu conhecimento geral acerca de outros mitos, Lévi-Strauss sugere que os eventos da terceira coluna simbolizam a negação da origem autóctone dos seres humanos, enquanto a coluna quatro simboliza a continuidade dessa mesma origem.

Isso implica que a coluna quatro está para a três como a coluna dois está para a um. Ou seja, que "a sobreavaliação das relações de sangue está para a sua subavaliação tal como a tentativa de fuga ao caráter autóctone está para a sua possibilidade de sucesso"[37]. Desta forma, o mito lida com a contradição entre a crença de que os seres humanos são autóctones e o conhecimento de que eles resultam da união entre homem e mulher[38].

Este exemplo é indicador da análise estruturalista dos mitos de Lévi--Strauss, e permite-nos resumir as principais características dessa análise. Primeiro, não há nenhum significado invariante ou intrínseco para qualquer "mitema" ou "grande unidade constituinte". Seu significado depende de sua posição relativa a outras unidades simbólicas no interior de um dado mito. Em segundo lugar, os mitos não devem ser considerados isoladamente uns dos outros. Uma abordagem mais atenta mostra até que ponto, através de transformações necessárias como a inversão simétrica, os mitos se relacionam uns com os outros. Quer estudemos Édipo, Antígona ou Fedra, os mitos expressam polaridades básicas como "natureza/cultura", "deus/homem" ou "vida/morte". Em terceiro lugar, os mitos permitem aos indivíduos articular e enfrentar as contradições básicas da existência humana. As contradições em causa são as que opõem os desejos ou ansiedades inconscientes dos indivíduos à sua experiência consciente. Os mitos possuem um valor existencial na medida em que permitem aos indivíduos transcender estas contradições, reduzindo, de alguma forma, estas tensões inatas.

A análise que Lévi-Strauss faz dos mitos mostra de forma conclusiva que o seu trabalho representou uma ruptura radical com os modos de teorização

37. *Idem*, p. 216.
38. *Idem*, p. 215.

sobre o social herdados do século XIX. Contra o evolucionismo unilinear oito-centista e sua concomitante noção de progresso, Lévi-Strauss defendia a importância da análise sincrônica através da qual culturas estrangeiras, à primeira vista muito diferentes, acabam por surgir particularmente semelhantes à nossa.

Através de uma análise comparativa em profundidade de diferentes culturas, Lévi-Strauss tentou evidenciar as propriedades inatas e universais da mente humana que fazem convergir o antigo e o novo, e que demonstram que as sociedades distantes estão, na verdade, muito mais próximas de nós do que em tempos se supôs. Existe, indubitavelmente, uma mensagem política ou ideológica na antropologia de Lévi-Strauss. Enquanto, durante décadas, os antropólogos de gabinete consideravam, de algum modo, que o Ocidente representava o desenlace final de um processo linear e necessário, a ideia de uma mente universal promovida por Lévi-Strauss centra a questão naquilo que necessariamente nos une a todos[39].

Ao tentar fixar as propriedades inatas da mente humana, a obra de Lévi--Strauss é uma das tentativas mais ambiciosas e estimulantes de desenvolver uma teoria cultural abrangente. Mas não está, evidentemente, livre de problemas, e duas críticas que lhe têm sido apontadas devem ser especialmente mencionadas. Em primeiro lugar, tem sido corretamente assinalado que, ao contrário do que afirmava Lévi-Strauss, nem todas as formas culturais são redutíveis a uma lógica de oposições binárias. Em segundo lugar, tem sido argumentado (de forma igualmente convincente) que, em vez de tentar testar sua teoria, Lévi-Strauss procurava selecionar provas empíricas que sustentassem sua argumentação.

Ambas as críticas válidas, mas parece-nos existirem problemas mais profundos com o seu projeto. Primeiro, sua obra apresenta formas de argumentação particularmente fechadas e circulares. Aparenta sempre possuir à mão um conjunto de ferramentas (inversões e permutações) que permitem transformar os mitos que, à primeira vista, não se adaptam ao seu esquema em mitos que o fazem. Existe uma incerteza acerca de que mitos, potenciais ou reais, poderiam, dentro dos parâmetros da sua teoria estruturalista, negar potencialmente essa mesma teoria.

---

39. *Idem*, pp. 1-27; *Structural Antropology*, Part 2, pp. 312-362.

Em segundo lugar, uma aura de mistério rodeia sua escolha das dicotomias básicas, e é esperado do leitor que aceite de forma acrítica a intuição "superior" do *maître-penseur* relativamente a estas matérias. É perfeitamente possível, sem nos desviarmos da causa estruturalista, justificar os mesmos fenômenos invocando um conjunto de dicotomias universais diferente do usado por Lévi-Strauss. Não são claros os critérios que deveriam ser empregados para julgar e comparar estas diferentes leituras estruturalistas. Em terceiro lugar, de acordo com a perspectiva da biologia evolucionista, talvez existam fundamentos para sustentar a suposição de Lévi-Strauss de que se podem encontrar estruturas inatas e universais na mente humana.

Mais discutível, no entanto, é sua crença na capacidade de aceder a essas estruturas inatas tal como estas se apresentam. Existindo estruturas universais inatas na mente humana, quaisquer tentativas, incluindo as de Lévi-Strauss, de lhes aceder só seriam possíveis fazendo uso dessas mesmas estruturas. Estas estruturas universais são simultaneamente o objeto de pesquisa e o meio através do qual essa pesquisa se torna possível. É óbvio que a dupla natureza deste tipo de formação cognitiva (simultaneamente meio e objeto) é problemática, e requer uma fundamentação epistemológica mais profunda do que a apresentada na obra de Lévi-Strauss.

No final da década de 1960 o estruturalismo havia se cindido em duas tendências diferentes. Ambas criticavam as características centrais do projeto estruturalista, embora mantivessem com ele muito em comum. Primeiro, surgiu o pós-estruturalismo, associado à obra de Jacques Lacan[40], Jacques Derrida[41] e Michel Foucault[42]. Os pós-estruturalistas inspiravam-se igualmente no pensamento de Friedrich Nietzsche, Martin Heidegger e Ludwig Wittgenstein.

Esta teoria partilhava com o estruturalismo uma posição anti-humanista e anticartesiana. Mas enquanto os estruturalistas buscavam uma ciência dos signos (e uma ciência da sociedade), o pós-estruturalismo tentava subverter as

---

40. Jacques Lacan, *Écrits: A Selection*, London, Routledge, 1989.
41. Jacques Derrida, *Speech and Phenomena, and Other Essays on Husserl's Theory of Signs*, Evanston, Northwestern University Press, 1973; *Of Grammatology*, Baltimore, John Hopkins University Press, 1976; *Writing and Difference*, London, Routledge/Keagan Paul, 1978.
42. Referimo-nos aqui aos trabalhos genealógicos de Foucault. Ver, por exemplo, as entrevistas e artigos na sua obra *Language, Counter-Memory, Practice and Power/Knowledge*.

noções de verdade e de objetividade científica. Os pós-estruturalistas tendiam a defender o relativismo conceitual e epistemológico. Uma versão mais radical do posicionamento pós-estruturalista foi adotado por algumas autoras feministas como Hélène Cixous[43], Luce Irigaray[44] e Julia Kristeva[45]. Abordaremos Foucault e o pós-estruturalismo no capítulo 5.

Por outro lado, temos o estruturalismo genético de Pierre Bourdieu e a teoria da estruturação de Anthony Giddens. Ambos discordam das tendências reificantes do pensamento estruturalista e do seu escamoteamento da práxis social. Também se sentem pouco à vontade com a ênfase exclusiva que os estruturalistas colocam na natureza constringente da estrutura, o que explicaria a razão pela qual o estruturalismo não presta suficiente atenção à reprodução das estruturas ao longo do tempo. Embora aceitem algumas noções estruturalistas, tanto Bourdieu como Giddens tentam relacioná-las com ideias provenientes da hermenêutica e da fenomenologia social. A reprodução da estrutura é, assim, vista como uma realização prática contínua efetuada por indivíduos socialmente competentes. Enquanto Bourdieu se encontra fortemente enraizado na tradição estruturalista francesa, Giddens é mais eclético. Por esta razão, deixaremos Giddens para um capítulo diferente (capítulo 5), e prestamos agora atenção a Bourdieu.

O ESTRUTURALISMO GENÉTICO DE BOURDIEU

Pierre Bourdieu (1930-2002) começou estudando filosofia na École Normale Supérieure, mas direcionou-se posteriormente para as áreas da antropologia social e da sociologia. Fez-se notar nos círculos antropológicos através da sua crítica de Lévi-Strauss e devido à sua meticulosa análise antropológica da Argélia. Seu trabalho sobre a sociologia da educação na década de 1960 tornou-o conhecido de um público mais vasto. Entretanto, estruturara

---

43. Hélène Cixous, "The Laugh of the Medusa", *in* Elaine Marks and Isabelle de Courtivron (eds.), *New French Feminisms*, New York, Schocken, 1981, pp. 245-264.
44. Luce Irigaray, *The Sex Which is Not One*, Ithaca, Cornwell University Press, 1985.
45. Julia Kristeva, *Desire in Language*, New York, Columbia University Press, 1982. Ver também: Elaine Marks and Isabelle de Courtivron (eds.), *New French Feminisms*, New York, Schocken, 1981.

56 TEORIA SOCIAL CONTEMPORÂNEA

um sofisticado quadro de referência teórica que lhe permitiu desenvolver uma análise perspicaz dos dados que havia recolhido.

No final da década, Bourdieu havia já apresentado muitas das noções-chave do seu quadro referencial: *habitus, doxa,* campo, capital etc. Suas análises empíricas prefiguravam já seus esforços conceituais posteriores para interligar noções estruturalistas com a fenomenologia social. Estes esforços teóricos encontram-se resumidos no seu muito influente *Esboço de uma Teoria da Prática* e mais tarde no lúcido *Le Sens Pratique.* Estas mesmas considerações teóricas fundamentam também seus escritos empíricos mais recentes, que vão de estudos sobre a cultura e o poder simbólico às complexidades dos estabelecimentos de educação superior e de formações de elite semelhantes.

Este pequeno *curriculum* permite-nos apresentar um conjunto de características da obra de Bourdieu. Em primeiro lugar, temos sua relação com a teoria. Do exposto acima fica óbvio que Bourdieu não é apenas um teórico, já que levou a cabo diversas investigações empíricas. Mas há um modo mais fundamental pelo qual ele se distancia do que considera ser a noção anglo-saxônica de teoria social; isto é, um projeto abstrato e coerente separado de qualquer base empírica.

Para Bourdieu, a teoria deve nascer da investigação e deve ser dirigida para essa investigação. Segundo este ponto de vista, a teoria é um conjunto de instrumentos ou diretivas, que sugerem ao leitor as perguntas que devem ser feitas. Sem uma base empírica, a teoria social torna-se numa atividade vazia e sem sentido[46]. Em segundo lugar, temos a relação de Bourdieu com as outras tradições intelectuais francesas. Durante seus anos de formação na École Normale, confrontou-se com três correntes filosóficas: o marxismo francês, o existencialismo de Jean-Paul Sartre e a antropologia estruturalista de Lévi-Strauss.

Destas três, Bourdieu parece desenvolver maior simpatia por Lévi-Strauss, distanciando-se fortemente do determinismo econômico do marxismo francês. Embora concorde com os sociólogos marxistas relativamente à centralidade

---

46. Pierre Bourdieu, Jean-Claude Chamboredon and Jean-Claude Passeron, *The Craft of Sociology: Epistemological Preliminaries*, New York, Walter de Gruyter, 1991; Pierre Bourdieu and Loïc Wacquant, "The Purpose of Reflexive Sociology", *An Invitation to Reflexive Sociology*, Cambridge, Polity Press, 1992, pp. 158-162; Pierre Bourdieu, *Sociology in Question*, London, Sage, 1993, pp. 29-30. Ver também: Loïc Wacquant, "Toward a Social Praxeology: The Structure and Logic of Bourdieu's Sociology", *in* Pierre Bourdieu and Loïc Wacquant, *An Invitation to Reflexive Sociology*, pp. 23-35.

das lutas de poder na vida social, Bourdieu insiste que estas não são exclusivamente econômicas, operando frequentemente a nível simbólico. Bourdieu critica igualmente a filosofia de Sartre. A obra de Sartre encontra-se ainda incrustada na filosofia cartesiana da consciência, enquanto a de Bourdieu vai buscar inspiração à fenomenologia social, a Heidegger e à obra tardia de Wittgenstein, sublinhando a importância do conhecimento prático, partilhado.

A visão existencialista funda-se no papel central da ação humana, mas não toma em consideração as limitações objetivas do mundo social. Bourdieu via a antropologia de Lévi-Strauss como uma tentativa sistemática de desencobrimento destas limitações estruturais, o que explica a sua inclinação inicial relativamente a este último. No entanto, Bourdieu rapidamente ficou insatisfeito com a negligência estruturalista da práxis social. Em vez de optar pela abordagem estruturalista ou por uma orientação individualista, o quadro de referência conceitual de Bourdieu procura transcender essa oposição[47].

Isto leva-nos a uma das *idées maîtresses* do posicionamento de Bourdieu: a transcendência da antinomia entre o que chama de "subjetivismo" e "objetivismo"[48]. Por objetivismo, Bourdieu quer dizer a busca por estruturas subjacentes, independentemente dos conhecimentos, conceitos ou finalidades dos indivíduos. Já o subjetivismo tenta perceber como os indivíduos experimentam ou conceitualizam o mundo, e como em seguida agem em concordância com ele. Ao ignorar um aspecto vital da realidade social, cada um destes pontos de vista distorce a sua complexidade.

O subjetivismo tende a conceber o mundo social como algo criado do zero, não tomando em consideração até que ponto a estrutura mental e as práticas dos indivíduos se ajustam às constrições sociais. Contrariamente às premissas subjetivistas, a vida social não é criada a partir do nada. As aspirações, expectativas e objetivos dos indivíduos encontram-se em sintonia com o contexto social em que estes foram criados. Apesar do subjetivismo ser problemático, também não podemos nos valer da abordagem objetivista.

Ao abandonar por completo a perspectiva hermenêutica, o objetivismo adota erroneamente uma visão mecanicista do comportamento humano, ignorando a

---

47. Pierre Bourdieu, *Outline of a Theory of Practice*, Cambridge, Cambridge University Press, 1977, pp. 1-30; *The Logic of Practice*, Cambridge, Polity Press, 1990, pp. 25-51.
48. *Idem*, pp. 30-51; *Outline of a Theory of Practice*, pp. 3-10.

58 TEORIA SOCIAL CONTEMPORÂNEA

dimensão da vida social como realização prática levada a cabo por agentes competentes[49]. O objetivismo reduz a complexidade da vida social a, por exemplo, um mero desempenho de funções preestabelecidas ou ao cumprimento de regras. Falha ao não tomar em consideração a capacidade que os indivíduos têm em lidar com novas situações, improvisando sempre que necessário.

A tentativa de Bourdieu para transcender a oposição entre o objetivo e o subjetivo culmina em duas noções metodológicas. Em primeiro lugar, sua investigação tenta atingir aquilo que ele chama de "objetivação participante". Isto é, o investigador objetifica primeiro o seu objeto de pesquisa, escrutinando em seguida a validade e os pressupostos dessa objetificação, tomando finalmente em consideração as improvisações e as realizações competentes dos indivíduos. Em segundo lugar, Bourdieu tenta romper com a distinção positivista tradicional entre pesquisador e objeto de pesquisa. Ou seja, dado que as ciências sociais se encontram incrustadas elas próprias em condições estruturais e lutas de poder, o investigador precisa também assumir uma atitude crítica em relação às suas próprias práticas. Daí o seu apelo a uma "sociologia reflexiva", que procure precisamente essa distância crítica.

Da fenomenologia social e de Heidegger, Wittgenstein e Goffman, Bourdieu aprende a importância do domínio prático da lógica complexa da vida cotidiana por parte dos indivíduos. Bourdieu defende que este domínio prático não deve ser reduzido à intervenção consciente ou ao conhecimento teórico. Nem deve o sentido prático dos indivíduos ser misturado ao reino do inconsciente, já que isto implicaria alguma noção de repressão. Os indivíduos sabem como levar a cabo suas atividades diárias sem sentirem a necessidade de formalizarem discursivamente esse conhecimento. O domínio prático dos indivíduos decorre da *doxa*, ou da "experiência dóxica", ou seja, do assumir imediato do mundo, para lá da reflexão[50].

A noção de Bourdieu de sentido prático e de *doxa* culmina no seu muito aclamado e frequentemente mal utilizado conceito de *habitus*. O *habitus* é um esquema generativo de disposições adquiridas tacitamente durante a primeira infância e, como tal, durável. Estas disposições dão origem às práticas, improvisações, atitudes ou movimentos corporais dos indivíduos. O *habitus* fornece

49. *Idem*, pp. 10-16 e 22-30.
50. *Idem*, pp. 164-171.

o "sentido do jogo" ou o "sentido prático", permitindo aos indivíduos desenvolverem um número infinito de estratégias de adaptação a um número infinito de situações[51].

À medida que as disposições vão se ajustando aos constrangimentos dos ambientes sociais em que surgem, o *habitus* vai se alterando de acordo com o fundo social. Modos de discurso ou atitudes corporais, conceitos de beleza ou de autoidentidade – todos esses variam, de fato, consoante o ambiente de classe. Nota-se que estas diferenças de *habitus* implicam frequentemente uma desigualdade de recursos. Por exemplo, em comparação com os membros da classe operária, a classe média demonstra mais confiança quando se trata de falar em público ou em ocasiões formais, o que pode traduzir-se numa vantagem importante na esfera econômica. Não é, assim, de estranhar que o conceito de *habitus* de Bourdieu seja central na sua análise das diversas formas de reprodução das desigualdades sociais.

Bourdieu utiliza o conceito de "campo" para se referir às áreas da vida social nas quais, através de estratégias, se desenvolvem lutas relativas a bens ou recursos valiosos[52]. No contexto dos campos, Bourdieu apoia-se fortemente em metáforas econômicas, e isto tem por vezes confundido os comentadores. Por exemplo, usa o termo "capital" para se referir aos bens ou recursos em jogo, mas seria errôneo restringir os campos apenas a combates pelo capital econômico.

Os campos poderão também lidar com o capital social (no qual a questão fundamental é quem se conhece, e que relações mantemos com esse indivíduo), o capital cultural (referente à educação, cultura e respectivas competências) ou o capital simbólico (referente ao prestígio e distinção social)[53]. O uso que Bourdieu faz de "estratégia" também não significa que, tal como é vulgarmente tido na teoria econômica, os indivíduos adotem necessariamente uma orientação calculada e consciente relativamente aos interesses em questão. Ao contrário,

---

51. Em relação ao conceito de *habitus*, ver, por exemplo, Pierre Bourdieu, "Intellectual Field and Creative Project", *Social Science Information*, vol. 8, pp. 89-119, 1969; *Outline of a Theory of Practice*, pp. 78-86; *The Logic of Practice*, pp. 52-65.

52. Sobre a relação entre campo e *habitus*, ver Pierre Bourdieu, "Champ du Pouvoir, Champ Intellectuel et Habitus de Classe", *Scolies*, vol. 1, pp. 7-26, 1971.

53. Exemplos óbvios podem ser encontrados em Pierre Bourdieu, "Intellectual Field and Creative Project"; "Champ du Pouvoir, Champ Intellectuel et Habitus de Classe"; "Le Marché des Biens Symboliques", *L'Année Sociologique*, vol. 22, pp. 49-126, 1973; *Outline of a Theory of Practice*, pp. 171-82.

60 TEORIA SOCIAL CONTEMPORÂNEA

as estratégias dos indivíduos deverão ser consideradas como realizações competentes que operam tendo como pano de fundo uma *doxa* pré-reflexiva[54].

Algumas destas ideias podem parecer hoje menos notáveis ou inovadoras do que anteriormente. Mas diríamos duas coisas a favor de Bourdieu. Em primeiro lugar, a maior parte destas ideias foram apresentadas por ele durante a década de 1960, tendo-as reunido ainda em 1972 no seu *Esboço de uma Teoria da Prática*. Numa época em que *le tout Paris* celebrava os feitos do estruturalismo, Bourdieu já tinha tomado consciência das suas limitações, tentando superá-las. Bourdieu antecipou alguns desenvolvimentos importantes da teoria social anglo-saxônica, em particular alguns aspetos fundamentais da teoria da estruturação de Giddens (ver capítulo 5) e o modelo transformacional da ação social de Roy Bhaskar (ver capítulo 9).

Dentre as semelhanças com Giddens e Bhaskar encontramos, por exemplo, a tentativa que Bourdieu faz de transcender a oposição entre o indivíduo e a sociedade (ou, se se quiser, entre o objetivismo e o subjetivismo), bem como a sua tentativa de relacionar noções estruturais com as ideias wittgensteinianas e fenomenológicas relativas ao conhecimento prático partilhado. Tal como Giddens e Bhaskar, Bourdieu nota que as estruturas não devem ser apenas consideradas na sua vertente constritora, funcionando igualmente como facilitadoras, na medida em que permitem o desenrolar da ação social[55].

O segundo ponto a favor de Bourdieu é o de que a sua força reside no modo como a teoria se entrelaça com a investigação empírica. Relembremos o leitor que, para Bourdieu, a teorização não deve ser uma prática isolada; deve surgir do confronto com a realidade empírica. O quadro referencial de Bourdieu demonstrou ser muito bem-sucedida na elucidação de descobertas empíricas. Consideremos, em primeiro lugar, a sociologia da educação e campos afins em que Bourdieu assinalou os mecanismos sutis através dos quais opera o "poder simbólico" ou a "violência simbólica". Ou seja, por via de diversas formas de "ação pedagógica", os grupos dominantes de uma sociedade conseguem impor

---

54. Para uma comparação com a teoria da escolha racional ver, por exemplo, Loïc Wacquant, "Toward a Social Praxeology: The Structure and Logic of Bourdieu's Sociology", p. 24.

55. Cf. Pierre Bourdieu, *Outline of a Social Practice; The Logic of Practice*; Anthony Giddens, *The Constitution of Society: Outline of The Theory of Structuralism*, Cambridge, Polity Press, 1984; Roy Bhaskar, *The Possibility of Naturalism*, 2nd. ed., Brighton, Harvester, 1989.

a sua cultura sobre os restantes – fazendo-a parecer, apesar da natureza arbitrária de qualquer cultura, legítima ou superior.

A ação pedagógica, seja ela formal (por exemplo, na escola) ou informal (na família ou grupo de pares), pode conduzir à reprodução cultural e, por fim, à reprodução das relações de poder subjacentes[56]. Em segundo lugar, em *A Distinção* e em textos afins, Bourdieu trata uma vez mais da questão da reprodução. Quando os membros das classes sociais desfavorecidas entram na luta pelo *status*, as diferenças de *habitus* forçam um combate desigual e, como tal, a reprodução da desigualdade. Esta desigualdade é simultaneamente o veículo e o resultado das suas práticas.

Por exemplo, para alguns indivíduos, a "alta cultura" é intrínseca ao seu modo de vida, e a sua relação com a cultura surge como "natural". Para outros, a cultura é algo que resulta de um *esforço*, daí a forma trabalhosa e artificial em que é estabelecida, bem como a falta de sutileza com que se lida com ela. Na batalha pelos assuntos culturais ou educativos, os membros das classes baixas estão condenados a sair derrotados ao entrarem num jogo viciado no qual são frequentemente forçados a negar o seu próprio *habitus*. Em cada um destes momentos podem ser "descobertos", tanto por exibirem inadvertidamente a sua falta de conhecimento como por revelarem demasiada ansiedade ou falta de elegância. Mas, mais significativamente, ao tentarem emular as classes altas e assim tentarem elevar o seu *status*, os *petit bourgeois* reconhecem a legitimidade ou superioridade da cultura dominante.

A obra de Bourdieu tem por vezes sido sujeita a críticas que podemos considerar pedantes. Há quem tenha argumentado que o seu modelo conceitual carece de rigor analítico; outros afirmam que ele faz uma superinterpretação do seu material empírico. Existe seguramente algo de verdadeiro nestes pontos, mas tal não é suficiente para atingir o núcleo da sua obra. Diríamos antes que seus pontos fortes revelam suas fraquezas. Seu caráter incisivo reside na sua análise da estabilidade, como é aparente no seu conceito de reprodução não questionada e competente de estruturas ou no pressuposto de que o *habitus* tende a ajustar-se às condicionantes sociais.

---

56. Ver, por exemplo, Pierre Bourdieu e Jean-Claude Passeron, *Reproduction in Education, Society and Culture*, London, Sage, 1977.

Uma das consequências que daqui advêm é a de que Bourdieu presta menos atenção à capacidade que os indivíduos possuem de se afastarem do caráter factual da existência cotidiana – a capacidade de transformarem conhecimento tácito em conhecimento teórico. Bourdieu tende a centrar-se nestes aspectos apenas na medida em que estes resultam de uma intervenção social científica. Não reconhece, assim, de forma completa, que os indivíduos podem igualmente demonstrar capacidade de distanciamento na ausência de interferência científica. Se o conhecimento teórico dos indivíduos entra no domínio público-coletivo, pode transformar-se numa importante fonte de transformação ou de manutenção deliberada de estruturas.

Dado o interesse que Bourdieu demonstra pela reprodução da desigualdade, poderia ter sido mais sensível ao modo pelo qual o conhecimento discursivo e teórico dos indivíduos acerca das estruturas subjacentes é frequentemente constitutivo da manutenção dessas mesmas estruturas. Em *Learning to Labour*[57], por exemplo, Paul Willis demonstra como as crianças pertencentes à classe operária possuem concepções claramente articuladas acerca das suas oportunidades limitadas. Ironicamente, são estas mesmas concepções que contribuem para que estes adolescentes abandonem a escola, contribuindo, assim, para a reprodução da desigualdade. É, no entanto, importante que esta reprodução não ocorra no mundo inquestionado da *doxa* de Bourdieu.

Acerca de um tema concomitante, Bourdieu demonstrou de forma repetida e convincente como o "sentido prático" dos indivíduos origina a reprodução não intencional das desigualdades sociais. O sociólogo demonstrou a validade empírica da afirmação, por exemplo, de que o *habitus* é relativamente durável, que assume diferentes formas em diferentes classes sociais, e que se ajusta a constrangimentos externos objetivos. No entanto, estas afirmações, em vez de fornecerem uma explicação, carecem dela. Como explicar, por exemplo, a inflexibilidade das disposições ao longo do tempo de vida de um indivíduo, ou a concordância do *habitus* com as condições estruturais objetivas? Dada a sua hostilidade à construção de sistemas teóricos fechados, Bourdieu provavelmente desvalorizaria estas perguntas como sendo construções quiméricas que apenas assolam um teórico abstrato. Mas para quem espera de uma teoria que

---

57. Paul Willis, *Learning to Labour: How Working Class Kids Get Working Class Jobs*, Aldershot, Ashgate, 1993.

responda adequadamente a perguntas como "por quê?" ou "como?", sua resposta será insuficiente.

Um grande tema percorre a produção tardia de Bourdieu, um tema que, na verdade, acompanha sua obra desde os seus primeiros trabalhos sobre os berberes da Argélia na década de 1950. É a tentativa de fornecer uma alternativa ao a-historicismo das teorias econômicas individualistas (ver capítulo 4). Esta alternativa aponta para uma análise sociológica da ação econômica que incorpore a história e a cultura. Contrariamente ao que defendem os sociólogos culturais (ver capítulo 3), Bourdieu insiste que o objeto da sociologia *não* é a cultura, mas as práticas dos "agentes e instituições da produção e reprodução econômica, social e cultural"[58], ou seja, o estudo da economia e da sociedade.

Nas *Estruturas Sociais da Economia*, Bourdieu fornece-nos um exemplo de como esta abordagem pode ser aplicada ao estudo dos fenômenos econômicos tais como o mercado imobiliário. Neste estudo empírico detalhado acerca do campo do imobiliário na França desde os anos 1980, Bourdieu mostra que a troca direta entre comprador e vendedor no mercado, interesse único da pesquisa econômica, é na verdade pouco relevante quando comparado com as políticas de financiamento e planejamento que estabeleceram os mercados hipotecários e da habitação, a estrutura da indústria da construção civil, as estratégias de marketing e vendas, a base classista da posse de casa, e as razões individuais por detrás das compras, bem como as reflexões subsequentes acerca destas decisões.

Este tema foi aprofundado de duas outras formas, uma filosófica e outra política e polemista. Nas *Meditações Pascalianas*, Bourdieu empresta uma nova e elaborada expressão à sua aversão à teorização abstrata. Embora este seja um texto filosófico, dirigido a um público filosófico, é ainda assim um texto antifilosófico, como o deve tornar claro a referência aos *Pensées* de Pascal. É claro que Bourdieu não critica aqui a filosofia enquanto disciplina. Sua crítica dirige-se a uma modalidade específica do pensamento filosófico, a qual denomina seguindo Platão, a "condição escolástica" ou *skholè*.

Para Bourdieu, a *skholè* – ideia de que a vida intelectual independe da determinação social – é uma ilusão responsável por sérias distorções epistemológicas[59].

---

58. Pierre Bourdieu, *The Social Structures of the Economy*, Cambridge, Polity Press, 2005, p. 13.

59. Pierre Bourdieu, *Pascalian Meditations*, Cambridge, Polity Press, 2000, p. 49.

64 TEORIA SOCIAL CONTEMPORÂNEA

Uma destas distorções é a projeção das convenções próprias da *skholè* sobre o comportamento humano em geral. Quando tal ocorre, o pensamento escolástico torna-se incapaz de compreender qualquer modalidade de pensamento exceto a sua própria. Isto é particularmente verdade no que diz respeito ao conhecimento prático, por coincidência o modo de pensamento característico da vida social. Desta forma, a preocupação de Bourdieu com a *skholè* relaciona-se de perto com a teorização social a-histórica e abstrata.

A alternativa a esta forma intelectual de etnocentrismo é uma sociologia com sensibilidade histórica que evidencie os limites da razão filosófica. Só deste modo é possível resgatar o projeto emancipatório original da filosofia. Ademais, Bourdieu argumenta que a influência nefasta da *skholè* se estende bem além dos círculos acadêmicos filosóficos, abrangendo a política democrática. Defendendo que também neste campo é necessário um processo de desmascaramento, Bourdieu introduz a noção de uma "*Realpolitik* do universal"[60]. Com isto ele se refere a uma forma específica de luta política destinada a revelar a verdade, tornando-a universalmente acessível, pondo fim ao monopólio da razão detido pelo pensador escolástico.

Esta agenda democrática radical é desenvolvida em diversos trabalhos de Bourdieu deste período, desde a gigantesca etnografia das consequências sociais da política neoliberal na França, *La Misère du Monde*, aos volumes mais curtos *Atos de Resistência* e *Contrafogos*. Profundamente desiludido com os governos socialistas de François Miterrand e Alain Juppé, Bourdieu dedica seus anos finais à mobilização da "esquerda da esquerda" contra a globalização neoliberal. Bourdieu é, nessa época, o mais notável dos intelectuais públicos franceses. Perfeitamente consciente da responsabilidade associada a esse estatuto, procura mobilizar os intelectuais progressistas em torno de um novo internacionalismo.

Em 1999, envolve-se num diálogo fascinante com Günter Grass, a quem tinha sido atribuído o prêmio Nobel da literatura nesse mesmo ano[61]. Ao tomarem o partido dos desfavorecidos, expondo as consequências trágicas das políticas neoliberais na Europa e questionando o papel da televisão e dos fazedores de opinião, Bourdieu e Grass embarcam num diálogo franco-alemão na velha

---

60. *Idem*, p. 80.
61. Günther Grass and Pierre Bourdieu, "The 'Progressive' Restoration", *New Left Review*, vol. 14, pp. 62-77, 2002.

tradição europeia da "república das letras". Tal como antes tinha acontecido com Zola e Sartre, Bourdieu havia se tornado a consciência crítica da sua época. Na época da sua morte, em 2002, a sua influência na sociologia francesa não tinha paralelo e os seus seguidores dominavam a disciplina. Havia, no entanto, quem já tentasse superar a sociologia de Bourdieu.

O trabalho de Bernard Lahire, um antigo estudante e colega de Bourdieu, é um bom exemplo desta tentativa. Veja-se seu trabalho sobre o indivíduo. Embora não repudie o conceito de *habitus* do seu mentor, Lahire vem desenvolvendo uma alternativa mais sutil e flexível. Vale a pena mencionar a sua ideia de "homem plural" por duas razões. Primeiro, porque ela critica a dimensão unidimensional de individualidade pressuposta pela maioria das análises sociais atuais. Quando estudamos, por exemplo, "o estudante", "o trabalhador" ou "o eleitor", a natureza inerentemente plural do indivíduo é escamoteada. A alternativa de Lahire passa por fazer da natureza plural da individualidade humana o ponto de partida da análise sociológica.

O questionamento de como experiências múltiplas, e por vezes contraditórias, são incorporadas pelos indivíduos e o estudo da ação humana em diversas cenas, devem assim substituir a tendência atual para efetuar análises sociais científicas unidimensionais. Em segundo lugar, Lahire sugere que a ideia de uma subjetividade absoluta e os concomitantes mitos de um "mundo interior" e de um livre-arbítrio sem barreiras devem ser descartados em favor de um conceito de ação emergente das tensões entre forças e contraforças, umas internas (disposições), outras externas (contextos de ação). Lahire aplica estas abordagens teóricas com um notável grau de sucesso nos seus estudos empíricos sobre cultura, literacia e o sistema de ensino.

O PRAGMATISMO FRANCÊS

Há outros teóricos sociais franceses, no entanto, que são menos apologéticos do programa sociológico e crítico de Bourdieu do que Lahire. Podemos mesmo afirmar que existem duas grandes concepções francesas contemporâneas da sociologia. Por um lado, temos a sociologia crítica de Bourdieu, cuja denúncia sistemática das desigualdades sociais se aproxima da célebre frase de

66 TEORIA SOCIAL CONTEMPORÂNEA

Paul Ricoeur, "a hermenêutica da suspeição"[62]. Por outro lado, existe um movimento menor, mas em franco crescimento, que apoia uma sociologia pragmática. Destes últimos, uma das figuras mais representativas é Bruno Latour, em particular nos seus últimos trabalhos.

Inspirando-se em parte na tradição filosófica do pragmatismo americano, a sociologia pragmática francesa procura descrever a pluralidade de regimes da ação humana. No caso da obra de Latour sobre a sociologia da ciência[63], esta abordagem pragmática assume as características de um inquérito sociológico sobre as ações levadas a cabo por cientistas no desempenho das suas funções, bem como as ações da própria ciência sobre o mundo social.

Uma implicação importante desta corrente de trabalho é a sugestão de que a relação sujeito-objeto precisa ser repensada. As relações entre os objetos materiais e as interpretações humanas encontram-se no centro das preocupações dos sociólogos pragmatistas: enquanto Latour se centra no modo como os objetos, enquanto porta-vozes, conseguem expandir o espaço da interpretação para lá da situação concreta, outros se centram no conjunto de formas de justificação ao alcance dos agentes humanos. O trabalho resultante da colaboração entre Luc Boltanski e Laurent Thévenot, mais um exemplo da chamada "nova ciência social francesa", é um exemplo desta última estratégia. Analisemos, então, seu trabalho.

O programa de investigação de Boltanski e Thévenot procura religar a filosofia política normativa à ciência social empírica. Eles tentam atingir este objetivo geral através do tratamento de um aspecto específico da vida social, nomeadamente a forma como o reportório de justificações utilizado pelos indivíduos em controvérsias concretas reflete as imagens formalizadas de justificação presentes nos tratados de filosofia política. Partindo do princípio de que a disputa é um traço característico das sociedades modernas complexas, Boltanski e Thévenot observam como os indivíduos manobram por entre estas situações problemáticas – ou seja, como as relações sociais contemporâneas são estruturadas fundamentalmente pela exigência do fornecimento de justificações morais.

---

62. No seu sentido original, a expressão "a hermêutica da suspeição" refere-se ao trabalho de Marx, Nietzsche e Freud. Ver Paul Ricoeur, *Freud and Philosophy: An Essay on Interpretation*, New Haven, Yale University Press, 1970, p. 32.

63. Bruno Latour, *Science in Action: How to Follow Scientists and Engineers Through Society*, Cambridge, MA, Harvard University Press, 1987.

A expressão mais completa desta "sociologia das disputas"[64] é a sua obra conjunta, *De la Justification*. Publicado originalmente em 1991, este livro é geralmente considerado o tratado mais importante da sociologia francesa pós-Bourdieu. Pode também ser considerado como uma alternativa à sociologia crítica de Bourdieu, orientando-se para uma sociologia mais pragmática: em vez de um único discurso de denúncia social, cujo estatuto próprio nunca é explicitado, Boltanski e Thévenot sugerem a existência de diversas ordens de discurso nas quais os indivíduos são livres para entrar e sair à sua vontade[65].

Seu ponto de partida é um tema pragmatista bem conhecido. Os autores centram-se nos momentos cronológicos particulares em que o curso normal das ações é interrompido. Nestes "momentos críticos", os agentes sociais tomam consciência de que "algo correu mal; que não podem continuar por esta via; que algo tem de mudar"[66]. De forma a chegar a um acordo, as partes em disputa têm de se reportar a algo que transcenda a controvérsia concreta, a recursos partilhados pelas partes que permitam ultrapassar a situação. Existem dois tipos de recursos: os objetos materiais e ordens de justificação ou valor (*grandeur*). A descrição destas ordens de justificação (ou *cités*) é o principal contributo que *De la Justification* traz à teoria social contemporânea.

Alinhando-se à filosofia comunitária de Michael Walzer, que considera que diferentes concepções de justiça operam em diferentes contextos (ou "esferas de justiça"), contra a tentativa neokantiana de John Rawls de fundamentar a teoria da justiça em princípios racionalmente derivados, Boltanski e Thévenot identificam seis ordens de justificação. Cada uma destas ordens é governada por um princípio dominante. Temos, assim, as ordens do mercado, da inspiração, da esfera pública, da ordem doméstica, da ordem cívica e da indústria. Na tentativa de relacionar a filosofia política com a ciência social empírica, Boltanski e Thévenot concebem cada uma destas seis *cités* como sendo governadas por uma gramática específica.

---

64. Luc Boltanski, *L'Amour et la Justice Comme Compétences: Trois Essays de Sociologie de l'Action*, Paris, Métailié, 1990, p. 25.
65. Luc Boltanski and Laurent Thévenot, *On Justification: Economies of Worth*, Princeton, NJ, Princeton University Press, 2006, p. 342.
66. Luc Boltanski and Laurent Thévenot, "The Sociology of Critical Capacity", *European Journal of Social Theory*, vol. 2, n. 3, pp. 359-377, 1999, p. 359.

68 TEORIA SOCIAL CONTEMPORÂNEA

Essa gramática – incluindo sujeitos, objetos, adjetivos, verbos etc. – fornece a cada economia de valor uma natureza mais estruturada do que um mero discurso: as relações sociais envolvem não apenas palavras, mas também "objetos", que variam de acordo com o mundo em questão (por exemplo, as boas maneiras no mundo doméstico ou as leis na ordem cívica). Em cada *cité*, os indivíduos estão naturalmente conscientes do que é importante, do valor de cada coisa, e do posicionamento relativo dessa coisa na ordem de valores específica em causa. Numa disputa real, a primeira tarefa dos agentes sociais é determinar a que ordem de justificação ela pertence.

Esta tarefa é tanto mais difícil quanto todas as seis ordens de justificação podem ser identificadas em qualquer contexto específico de ação, desde uma firma multinacional à florista da esquina. Este delinear dos mecanismos de construção de valor e de gestão da disputa através de múltiplas práticas (que vão do compromisso à denúncia ou crítica), sem ignorar o mundo dos "objetos" no qual estas disputas ocorrem, é a maior realização deste livro. Uma de suas maiores contribuições é a abordagem sutil que apresenta dos processos sociais de construção institucional, bem como do tema concomitante da confiança (ver capítulo 4).

Luc Boltanski publicou, desde então, um segundo tratado sociológico importante, desta vez em coautoria com Eve Chiapello, *Le Nouvel Esprit du Capitalisme* (publicado originalmente em 1999 e traduzido no Brasil em 2009). Tal como indicia o título do livro, Boltanski e Chiapello propõem uma continuação do estudo de Max Weber, *A Ética Protestante e o Espírito do Capitalismo*. Focada na estrutura social e normativa do capitalismo desde a década de 1960, este estudo monumental (de mais de seiscentas páginas) é uma aplicação do modelo teórico de Boltanski tal como foi exposto no precedente, *De la Justification*.

Baseado principalmente no caso francês, a tese fundamental do livro é a de que o capitalismo do final do século XX incorporou, transformou e, em última análise, beneficiou as críticas sociais e artísticas desenvolvidas nas ruas de Paris no maio de 1968. Esta recuperação do conhecido tema marxista de que o capitalismo se alimenta da sua própria crítica é efetuada através de uma atenção particular ao modo como o conjunto de formas de justificação disponíveis nas áreas do trabalho e da gestão empresarial evoluiu durante este período.

São identificadas três fases importantes do espírito do capitalismo moderno. Na primeira fase, o espírito do capitalismo foca-se na figura individual do capitalista e a sua justificação encontra-se associada à ordem doméstica. Na segunda, o capitalista cede lugar ao gestor e a ordem doméstica de justificação é substituída pela ordem industrial, organizacional. Por fim, o novo espírito do capitalismo encontra o seu lugar na "cidade em rede", a ordem distintiva de justificação das comunidades políticas contemporâneas. *Le Nouvel Esprit du Capitalisme* centra-se na transição entre a segunda e a terceira fases do espírito do capitalismo, ou seja, a transição entre o espírito centralizado e hierárquico do fordismo e o espírito flexível e de alta mobilidade característico do pós-fordismo.

A narrativa neomarxista de Boltanski e Chiapello identifica quatro temas centrais que têm sido alvos da crítica ao capitalismo ao longo dos últimos duzentos anos. Estes "motivos de indignação"[67] têm sido desenvolvidos por dois tipos diferentes de crítica. A crítica artística centra-se na inautenticidade e na opressão, enquanto a desigualdade e o egoísmo têm sido os tópicos da crítica social. A intenção de Boltanski e Chiapello é a de fazer convergir estes dois tipos de crítica. Propõem-se fazê-lo através da análise das justificações fornecidas aos gestores em livros prescritivos (*Por Que Ser um Gestor?*; *Como Transformar-se num Gestor de Sucesso*).

A comparação entre a literatura de gestão das décadas de 1960 e de 1990 fornece-lhes, na sua opinião, um ponto de vista privilegiado para a análise do desenvolvimento do tecido normativo do sistema capitalista neste período. Suas conclusões sugerem que os acontecimentos de maio de 1968 provocaram uma crise da justificação do capitalismo nos anos seguintes que conduziu, por fim, à incorporação por este das críticas que lhe haviam sido dirigidas.

Em particular desde os anos 1990, está emergindo uma nova ordem de justificação, uma ordem que enfatiza redes globais, flexíveis e cooperativamente organizadas de indivíduos que trabalham em múltiplos projetos. Por outras palavras, o capitalismo neoliberal incorporou a crítica artística que floresceu em 1968 e utilizou-a para reenquadrar os termos da crítica social. À medida que a exclusão social foi substituindo a classe social enquanto princípio de diferenciação social, a desigualdade e a pobreza passaram a ser consideradas como resultantes de um déficit pessoal de atributos e não do posicionamento relativo de um indivíduo na estrutura econômica e social.

Esta ambiciosa análise do capitalismo moderno pode ser criticada a partir de três ângulos diferentes. Em primeiro lugar, a combinação de uma agenda

---

67. Luc Boltanski and Eve Chiapello, *The New Spirit of Capitalism*, London, Verso, 2005, p. 37.

neomarxista com uma atenção quase exclusiva ao caso francês impede os autores de se envolverem seriamente nos debates que ocorrem quer em outras regiões do mundo (nomeadamente no mundo anglófono), quer fora do seu terreno ideológico. Consequentemente, esta obra, de grande detalhe empírico, tem estranhamente pouco a dizer acerca da globalização ou de qualquer outro tema que se situe para além da experiência francesa. Muito embora Boltanski e Chiapello pretendam analisar o "espírito do capitalismo" enquanto categoria global, incorrem no velho erro metodológico da *pars pro toto*, de tomar a parte pelo todo: estudam apenas uma única manifestação deste "espírito", presumindo que esta seja representante da totalidade do fenômeno.

Numa época em que o capitalismo se expandiu para passar a incluir os três bilhões de habitantes da China, do sudoeste asiático e do subcontinente indiano, este estilo parisiense, francocêntrico, de elaboração de grandes teorias sociais perdeu muita da atração que um dia possuiu... mais concretamente, podemos perguntar-nos se Boltanski e Chiapello não estarão sobrevalorizando a importância das revoltas estudantis de maio de 1968 no desenvolvimento do capitalismo contemporâneo.

No fim das contas, não é clara a forma como essa revolta social contra o paternalismo do Estado social francês do pós-guerra pôde definir o caráter de um fenômeno global tão diverso regionalmente como o capitalismo atual. A fim de compreender e explicar o atual estado de desenvolvimento deste modo de produção, é necessária uma abordagem comparativa, global e contextual. Como veremos (no capítulo 7), a abordagem das "variantes do capitalismo" de Peter A. Hall parece estar mais bem posicionada para corresponder a estes critérios.

Em segundo lugar, como assinalamos acima, Boltanski e Chiapello escolheram parafrasear o célebre estudo de Weber, *A Ética Protestante e o Espírito do Capitalismo*. Deverá a ausência de uma análise substantiva das disputas étnicas e religiosas ser entendida como afirmação de que, ao contrário dos precedentes, o novo espírito do capitalismo não se encontra relacionado com a dimensão religiosa da vida social? Tal não seria apenas insustentável empiricamente, mas, numa época em que a religião está fazendo um retorno espetacular ao centro da agenda política e científica[68], um argumento desta natureza pareceria estar completamente desajustado ao espírito do nosso tempo.

---

68. Ver, entre outros, Charles Taylor, *A Secular Age*, Cambridge, MA, Belknap Press of Harvard University Press, 2007.

CEM ANOS DE TEORIA SOCIAL FRANCESA 71

Uma terceira e mais geral nota crítica relaciona-se com a própria estratégia teórica e metodológica empregada por Boltanski e seus colegas. Consideremos a estratégia utilizada para reconstruir as *cités* às quais os indivíduos recorrem no decurso de uma disputa. De forma a reconstruir cada ordem de justificação, Boltanski e Thévenot utilizam três corpos de dados: dados empíricos obtidos em seu trabalho de campo sobre o processo de disputa, um conjunto de textos clássicos de filosofia política e manuais contemporâneos de comportamento dirigidos a um público geral. No caso do mundo do mercado, por exemplo, complementam seus dados do trabalho de campo com os primeiros capítulos de *A Riqueza das Nações* de Adam Smith e com um popular guia americano de gestão empresarial, *What They Don't Teach You at Harvard Business School*[69].

Previsivelmente, a imagem do mundo do mercado que Boltanski e Thévenot apresentam é inadequada para a condução de análises empíricas: "No mundo do mercado as pessoas importantes são os compradores e os vendedores. O seu valor depende da sua riqueza"[70]. Críticas semelhantes podem ser feitas à utilização que Boltanski e Chiapello fazem dos manuais de gestão em *Le Nouvel Esprit du Capitalisme*. Dirigidos a gestores, a sua influência sobre outros tipos de trabalhadores é tudo menos clara, já para não falar sobre o público geral.

É compreensível que Weber se tenha socorrido de textos de gestão empresarial para obter um entendimento do espírito do capitalismo no princípio do século XX, quando estavam disponíveis muito poucos dados de outra natureza. Mas existindo os dados de pesquisas nacionais sobre valores e práticas desde a década de 1950 para a maior parte dos países desenvolvidos, é difícil compreender a razão pela qual Boltanski e Chiapello continuam a recorrer a textos de gestão para compreenderem o novo espírito do capitalismo. Isto para não mencionar, é claro, a riqueza de detalhes presente nas metodologias etnográficas.

Um caso relevante é *Neo-Bohemia* de Richard Lloyd, publicado em 2006 – um estudo sobre o bairro Wicker Park de Chicago na década de 1990. As seiscentas páginas do volume de Boltanski e Chiapello pretendem demonstrar como a economia neoliberal incorporou a crítica artística da década de 1960, subvertendo-a. O que a etnografia de Lloyd nos mostra é que essa incorporação não conduz necessariamente a uma perda de autenticidade ou de liberdade. A

---

69. Luc Boltanski and Laurent Thévenot, *On Justification*, pp. 43 e 193-201.
70. Luc Boltanski and Laurent Thévenot, "The Sociology of Critical Capacity", p. 372.

"cena neoboêmia" altamente criativa de Wicker Park possui um caráter produtivo que a destaca da sua predecessora oitocentista, mas não é menos autêntica. Os neoboêmios de Wicker Park, ao produzirem arte e cultura, são os empreendedores da nova economia – criativos, móveis, tolerantes e autênticos.

O fosso que separa a sociologia crítica de Bourdieu e a sociologia pragmática mais recente de Boltanski, Thévenot e muitos outros deverá ser agora mais claro. O determinismo social do estruturalismo genético de Bourdieu vem sendo gradualmente substituído por uma teoria social que se preocupa muito mais com a esfera da ação social. Permanecem ainda, no entanto, alguns vestígios do estruturalismo na sociologia boltanskiana da disputa. Por exemplo, o objetivo de produzir uma "gramática da moralidade", apesar de todos os esforços para libertar os agentes sociais dos constrangimentos das macroestruturas, é, ainda assim, uma forma de estruturalismo.

Um outro exemplo tem caráter terminológico. Enquanto o aparelho conceitual de Bourdieu incluía noções como campo, *habitus* ou capitais, os sociólogos pragmáticos preferem utilizar termos como "caixas negras", "inscrições", "fermentos lácteos" (no caso de Latour) ou "ordens" e "valor" (como Boltanski e Thévenot). Estas diferenças de terminologia refletem divergências mais profundas no que diz respeito às estratégias teóricas destas duas correntes da teoria social francesa. Enquanto o estruturalismo genético de Bourdieu possui uma grande consciência acerca das lutas de poder e da reprodução da desigualdade, a sociologia pragmática preocupa-se principalmente com a descrição da pluralidade de reportórios da ação.

Isto é mais visível na obra anterior de Boltanski, *De la Justification*, e menos no caso de *Le Nouvel Esprit du Capitalisme*, que rivaliza com *La Misère du Monde* de Bourdieu na sua denúncia da economia de mercado. Em ambos os casos, no entanto, a rejeição de modos de teorização social utilitaristas e a-históricos permanece um ponto central. A alternativa preferida pelos sociólogos contemporâneos franceses (com a exceção notável de Raymond Boudon e seus seguidores), no seguimento da tradição inaugurada por Durkheim há mais de um século, é uma concepção da ação e racionalidade humanas permeada por uma sensibilidade histórica e social. Esta discordância fundamental acerca das fundações antropológicas da teoria social permanece até os dias de hoje a mais importante fonte de divergência entre o modo anglo-saxônico de produzir teoria social e a sociologia francesa.

LEITURAS ADICIONAIS

Para uma introdução acessível ao estruturalismo e ao pós-estruturalismo, recomenda-se a leitura de *Structuralism and Since*, de Sturrock ou *Superstructuralism*, de Richard Harland. A obra de Jonathan Culler, *Ferdinand de Saussure*, é uma excelente introdução à vida e obra do linguista suíço. As ideias centrais de Saussure podem ser encontradas nas partes 1 e 2 do seu *Curso de Linguística Geral*. *Emile Durkheim: His Life and Work*, da autoria de Steven Lukes, continua a ser, de longe, a mais abrangente narrativa sobre a obra de Durkheim. Tratando-se de uma biografia bastante longa, pode-se recorrer, em alternativa, ao estudo mais curto de Anthony Giddens, intitulado *Durkheim*.

Para uma panorâmica acerca do desenvolvimento intelectual de Lévi--Strauss, recomenda-se a leitura do seu autobiográfico *Tristes Trópicos* ou o livro de David Pace, *Claude Lévi-Strauss: The Bearer of Ashes*. Para uma primeira abordagem sobre o estruturalismo genético, sugerimos a excelente introdução à obra de Bourdieu feita por Loïc Wacquant no livro *An Invitation to Reflexive Sociology*, da autoria de ambos. Tanto o *Esboço de uma Teoria da Prática* como o *Le Sens Pratique*, de Bourdieu, sumariam as noções-chave do seu enfoque teórico, sendo a última de leitura mais acessível do que a primeira.

A dimensão do livro *La Misère du Monde* não deve dissuadir os leitores: os capítulos podem ser lidos autonomamente, e alguns como o introdutório "La Rue des Jonquilles" contam-se entre os escritos mais maduros deste autor. Uma útil coleção de artigos abordando a persistente relevância das ideias de Bourdieu é o *After Bourdieu*, de David Swartz e Vera Zolberg. O livro de Bruno Latour, *Science in Action*, constitui uma introdução acessível aos estudos sobre ciência. O livro de Boltanski, *Le Nouvel Esprit du Capitalisme*, revela-se de leitura mais fácil do que o anterior, *De la Justification*.

REFERÊNCIAS BIBLIOGRÁFICAS

Althusser, Louis. *For Marx*. New York, Pantheon, 1972.

_____ & Balibar, Étienne. *Reading Capital*. London, New Left Books, 1970.

Barthes, Roland. *Mythologies*. London, Cape, 1972.

_____. *The Fashion System*. New York, Hill & Wang, 1983.

Bhaskar, Roy. *The Possibility of Naturalism*. 2[nd.] ed. Brighton, Harvester, 1989.

74 TEORIA SOCIAL CONTEMPORÂNEA

BOLTANSKI, Luc. *L'Amour et la Justice Comme Compétences: Trois Essays de Sociologie de l'Action*. Paris, Métailié, 1990.

_____ & CHIAPELLO, Eve. *The New Spirit of Capitalism*. London, Verso, 2005.

_____ & THÉVENOT, Laurent. "The Sociology of Critical Capacity". *European Journal of Social Theory*, vol. 2, n. 3, pp. 359-377, 1999.

_____ & THÉVENOT, Laurent. *On Justification: Economies of Worth*. Princeton, NJ, Princeton University Press, 2006.

BOURDIEU, Pierre. "Intellectual Field and Creative Project". *Social Science Information*, vol. 8, pp. 89-119, 1969.

_____. "Champ du Pouvoir, Champ Intellectuel et Habitus de Classe". *Scolies*, vol. 1, pp. 7-26, 1971.

_____. "Le Marché des Biens Symboliques". *L'Année Sociologique*, vol. 22, pp. 49-126, 1973.

_____. *Outline of a Theory of Practice*. Cambridge, Cambridge University Press, 1977.

_____. *Distinction: A Social Critique of the Judgement of Taste*. London, Routledge/Kegan Paul, 1984.

_____. *The Logic of Practice*. Cambridge, Polity Press, 1990.

_____. *Sociology in Question*. London, Sage, 1993.

_____. *Acts of Resistance: Against the New Myths of Our Time*. Cambridge, Polity Press, 1998.

_____. *Pascalian Meditations*. Cambridge, Polity Press, 2000.

_____. *Firing Back: Against the Tyranny of the Market*. New York, New Press, 2003.

_____. *The Social Structures of the Economy*. Cambridge, Polity Press, 2005.

_____; CHAMBOREDON, Jean-Claude & PASSERON, Jean-Claude. *The Craft of Sociology: Epistemological Preliminaries*. New York, Walter de Gruyter, 1991.

_____ et al. *Weight of the World: Social Suffering in Contemporary Society*. Cambridge, Polity Press, 1999.

_____ & PASSERON, Jean-Claude. *Reproduction in Education, Society and Culture*. London, Sage, 1977.

_____ & WACQUANT, Loïc. *An Invitation to Reflexive Sociology*. Cambridge, Polity Press, 1992.

_____ & WACQUANT, Loïc. "The Purpose of Reflexive Sociology". *An Invitation to Reflexive Sociology*. Cambridge, Polity Press, pp. 61-216, 1992.

BRAUDEL, Fernand. *The Mediterranean and the Mediterranean World in the Age of Phillip II*. Glasgow, William Collins, 1972, vol. I.

_____. *On History*. Chicago, University of Chicago Press, 1980.

BURKE, Peter. *The French Historical Revolution: The Annales School, 1929-89*. Cambridge/Stanford, Polity Press/Stanford University Press, 1990.

CIXOUS, Hélène. "The Laugh of the Medusa". In: MARKS, Elaine & COURTIVRON, Isabelle de (eds.). *New French Feminisms*. New York, Schocken, pp. 245-26, 1981.

CULLER, Jonathan. *Ferdinand de Saussure*. 2nd. ed. Ithaca, Cornell University Press, 1986.

DERRIDA, Jacques. *Speech and Phenomena, and Other Essays on Husserl's Theory of Signs*. Evanston, Northwestern University Press, 1973.

_____. *Of Grammatology*. Baltimore, John Hopkins University Press, 1976.

_____. *Writing and Differences*. London, Routledge/Kegan Paul, 1978.

DURKHEIM, Émile. *The Elementary Forms of Religious Life*. London, Allen & Unwin, 1915.

_____. *Suicide: A Study in Sociology*. London, Routledge, 1952.

_____. *Primitive Classification*. Chicago, University of Chicago Press, 1963.

_____. *The Rules of Sociological Method, and Selected Texts on Sociology and Its Method*. London, Macmillan, 1982.

_____. *The Division of Labour in Society*. London, Macmillan, 1984.

FOUCAULT, Michel. *Language, Counter-Memory, Practice*. Ithaca, Cornell University Press, 1977.

_____. *Power/Knowledge: Selected Interviews and Other Writings, 1972-1977*. Hemel Hempstead, Harvester Wheatsheaf, 1980.

FOURNIER, Marcel. *Émile Durkheim: A Biography*. Cambridge, Polity Press, 2012.

GIDDENS, Anthony. *Durkheim*. London, Fontana, 1978.

_____. *The Constitution of Society: Outline of the Theory of Structuration*. Cambridge, Polity Press, 1984.

GRASS, Günter & BOURDIEU, Pierre. "The 'Progressive' Restoration". *New Left Review*, vol. 14, pp. 62-77, 2002.

HARLAND, Richard. *Superstructuralism; The Philosophy of Structuralism and Post-Structuralism*. London, Routledge, 1988.

IRIGARAY, Luce. *The Sex Which is Not One*. Ithaca, Cornell University Press, 1985.

KRISTEVA, Julia. *Desire in Language*. New York, Columbia University Press, 1982.

LACAN, Jacques. *Écrits: A Selection*. London, Routledge, 1989.

LAHIRE, Bernard. *L'Homme Pluriel: Les Ressorts de l'Action*. Paris, Nathan, 1998.

LANE, Michael (ed.). *Structuralism: A Reader*. London, Jonathan Cape, 1970.

LATOUR, Bruno. *Science in Action: How to Follow Scientists and Engineers Through Society*. Cambridge, MA, Harvard University Press, 1987.

LÉVI-STRAUSS, Claude. *Tristes Tropiques*. New York, Cape, 1973.

_____. *The Origin of Table Manners; Introduction to a Science of Mythology 3*. London, Jonathan Cape, 1978.

_____. *Structural Anthropology, Part 1*. London, Penguin, 1993.

_____. *Structural Anthropology, Part 2*. London, Penguin, 1994.

LUKES, Steven. *Emile Durkheim: His Life and Work: A Historical and Critical Study*. London, Penguin, 1973.

MARKS, Elaine & COURTIVRON, Isabelle de (eds.). *New French Feminisms*. New York, Schocken, 1981.

PACE, David. *Claude Lévi-Strauss: The Bearer of Ashes*. London, Routledge/Kegan Paul, 1986.

POULANTZAS, Nicos. *Political Power and Social Classes*. London, New Left Books, 1968.

RICOEUR, Paul. *Freud and Philosophy: An Essay on Interpretation*. New Haven, Yale University Press, 1970.

SAUSSURE, Ferdinand. *Course in General Linguistics*. London, Peter Owen, 1960.

STURROCK, John. *Structuralism and Since: From Lévi-Strauss to Derrida*. Oxford, Oxford University Press, 1979.

SWARTZ, David L. & ZOLBERG, Vera L. (eds.). *After Bourdieu: Influence, Critique, Elaboration*. Dordrecht, Springer, 2005.

TAYLOR, Charles. *A Secular Age*. Cambridge, MA, Belknap Press of Harvard University Press, 2007.

WACQUANT, Loïc. "Toward a Social Praxeology: The Structure and Logic of Bourdieu's Sociology". *In:* BOURDIEU, Pierre & WACQUANT, Loïc. *An Invitation to Reflexive Sociology*. Cambridge, Polity Press, pp. 1-60, 1992.

WILLIS, Paul. *Learning to Labour: How Working Class Kids Get Working Class Jobs*. Aldershot, Ashgate, 1993.

2

A Metáfora Biológica

FUNCIONALISMO E NEOFUNCIONALISMO

Este capítulo analisa a ascensão e declínio da teoria funcionalista. O termo "funcionalismo" é utilizado em disciplinas tão diversas como o direito, a linguística, a psicologia ou a arquitetura. Apesar da designação ser a mesma, isto não significa que estes vários "funcionalismos" tenham muito em comum. Em seguida, nos deteremos apenas sobre as teorias funcionalistas da sociedade.

Em sociologia, o "funcionalismo" abrange um vasto conjunto de autores e de escolas, os quais tendem, contudo, a partilhar alguns pontos de vista fundamentais. Em primeiro lugar, explicam a persistência das práticas sociais através dos efeitos benéficos (muitas vezes involuntários) para o equilíbrio ou integração do sistema social no qual estas práticas estão inscritas. Em segundo lugar, o funcionalismo reconstrói a noção de racionalidade: considera que algumas práticas que aparentam ser irracionais podem ser tornadas inteligíveis, desde que se clarifiquem as suas funções sociais. A tarefa do sociólogo seria, assim, a de desvelar essa racionalidade social mais profunda, subjacente à "aparência". Em terceiro lugar, o funcionalismo inspira-se na noção dos pré-requisitos funcionais. Um argumento frequente é o de que estes pré-requisitos devem ser cumpridos para que uma dada sociedade sobreviva ou, em alternativa, o de que essa sociedade opere de tal forma que essas necessidades tendam a ser cumpridas.

Durante sua ascensão nas décadas de 1940 e 1950, o funcionalismo estava em perfeita consonância com o ambiente intelectual da época. Tornou-se claro, desde logo, que a perspectiva funcionalista não era incompatível com alguns aspetos da epistemologia neopositivista, à época uma das correntes dominantes da filosofia da ciência (ver capítulo 8). Ao prestar atenção às consequências da ação (em detrimento das causas ou motivos subjacentes às práticas), o funcionalismo aproximava-se, por exemplo, da tendência positivista para evitar referir-se a entidades que não fossem imediatamente acessíveis à observação.

Alguns filósofos da ciência procuraram uma convergência entre as duas doutrinas, demonstrando que as explicações de tipo funcionalista podiam moldar-se segundo o "colete de forças" do método dedutivo-nomológico. Para além desta proximidade em relação ao positivismo, o funcionalismo era ainda mais compatível com os aspectos fulcrais do estruturalismo, outra importante corrente teórica desse período (ver capítulo 1). Ambas concebiam uma visão holística da sociedade, segundo a qual a inter-relação dos subsistemas e práticas era fundamental.

As duas consideravam que o papel do cientista social era o de revelar a realidade mais profunda, subjacente ao nível consciente da ação intencional – para os estruturalistas essa dimensão oculta referia-se às estruturas não reconhecidas, enquanto os funcionalistas procuravam antes as funções latentes. Funcionalistas e estruturalistas diminuiam o papel da ação humana, valorizando as forças sociais mais abrangentes (classes, sociedade, cultura) que transcendem o nível individual. Por fim, as perspectivas funcionalista e estruturalista opõem-se fortemente às reivindicações interpretativas da hermenêutica e da fenomenologia.

Apesar de terem uma origem distinta e de serem diferentes entre si, o funcionalismo e o estruturalismo revelam pontos de contato em diversas ocasiões. Alfred Reginald Radcliffe-Brown e Talcott Parsons são dois exemplos desta aliança estrutural-funcionalista. Analisaremos com mais detalhe o segundo, mais à frente neste capítulo. Os trabalhos de Parsons tiveram um impacto decisivo na sociologia norte-americana ao longo de diversas décadas. Parsons foi muito influenciado por autores alemães, franceses e italianos, mas, no seu conjunto, a sociologia europeia não foi muito receptiva ao desafio parsoniano. Para o público americano, no entanto, o paradigma estrutural-funcionalista foi visto como a derradeira tentativa de conciliação dos clássicos da sociologia num consistente quadro teórico de referência.

E, de fato, o termo "paradigma" não se encontra aqui deslocado. Durante algum tempo a nova "doutrina" foi tão persuasiva que proporcionou a emergência de um consenso entre a comunidade sociológica em relação às suas principais suposições. Apesar de algumas vozes terem manifestado muito cedo dúvidas em relação à validade de alguns destes pressupostos estrutural-funcionalistas, foi apenas no final dos anos 1960 que tais críticas se fizeram sentir de forma mais aguda.

O PRIMEIRO FUNCIONALISMO

O funcionalismo, enquanto designação e enquanto escola individualizada, emergiu apenas no decurso do século xx, mas o pensamento funcionalista é, em si mesmo, muito mais antigo. Muitos dos designados "pais-fundadores" da sociologia procuraram explicar os fenômenos sociais através de analogias com o universo biológico. Herbert Spencer e Émile Durkheim são especialmente importantes deste ponto de vista. Em primeiro lugar, estes funcionalistas *avant la lettre* viam a sociedade como um todo orgânico, em que os diferentes subsistemas ou práticas funcionavam diretamente para a persistência da entidade mais ampla da qual faziam parte. Esta noção de sociedade como uma entidade orgânica tornou-se central na argumentação funcionalista do século xx (ver capítulo 1).

Em segundo lugar, muitos sociólogos do século xix estavam fascinados com a aplicação da epistemologia evolucionista à esfera social. Central na sua análise era a noção de que para os sistemas sociais sobreviverem, necessitavam de alguma forma de se adaptarem ao seu meio ambiente. A complexidade crescente e a diferenciação do sistema conduziam a formas superiores de adaptação. Da mesma forma, as teorias funcionalistas do século xx reconstruíam a história em termos de uma complexidade crescente, compartimentação e diferenciação do sistema.

Em terceiro lugar, estes predecessores do movimento funcionalista introduziram a noção das necessidades sociais. Para os sistemas sociais serem saudáveis, ou ao menos para sobreviverem, era necessário satisfazer certas necessidades. O papel dos sociólogos passaria pela identificação dessas necessidades, e pela ajuda na condução da sociedade, de forma a que elas fossem satisfeitas. A posterior noção de "pré-requisitos funcionais" denota o mesmo tipo de ideia.

80 TEORIA SOCIAL CONTEMPORÂNEA

Dada a influência de Durkheim sobre numerosos sociólogos e antropólogos no século XX, faremos em seguida um breve esboço dos principais elementos funcionalistas de sua obra. O autor já foi apresentado no primeiro capítulo deste livro, e por isso não retomaremos o assunto. As características funcionalistas do seu pensamento podem ser encontradas no livro *As Regras do Método Sociológico* e na obra *Da Divisão do Trabalho Social*. Nas *Regras*, Durkheim salientou que qualquer explicação adequada deve combinar tanto uma análise causal como funcional.

A análise causal explica a sucessão dos fenômenos sociais, enquanto a análise funcional dá conta da persistência das práticas sociais em termos das "necessidades gerais do organismo social", nas quais estas práticas se enraízam[1]. Em diversos momentos, Durkheim salientou a necessidade de se fazer uma distinção analítica entre funções e intenções. Para todos os efeitos, as funções das práticas podem ser distintas dos propósitos dos indivíduos que as exercem[2].

A análise funcional é central na distinção que este autor estabelece entre fenômenos normais e patológicos. Algumas formas são normais numa certa sociedade se nela desempenharem funções essenciais e se ocorrerem regularmente em tipos similares de sociedade. Os fenômenos são patológicos se não cumprirem essas condições. A distinção entre as formas normais e patológicas é, por seu lado, essencial na tentativa empreendida por Durkheim de prescrever tipos de intervenção. As formas normais devem ser promovidas, e as patológicas erradicadas. A política social alicerça-se, assim, sobre a análise funcional[3].

Na *Divisão do Trabalho Social*, Durkheim menciona que as sociedades se foram complexificando e diversificando ao longo do tempo. Nas formas sociais primitivas, a divisão do trabalho era praticamente inexistente. A sociedade mantinha-se unida através daquilo que ele designa por "solidariedade mecânica", ou seja, através de uma forma de coesão baseada na similitude de crenças e sentimentos[4]. As sociedades modernas caracterizam-se por uma divisão crescente do trabalho. Sua coesão baseia-se numa "solidariedade orgânica", isto é, numa coesão centrada na independência e cooperação das suas partes constituintes[5].

---

1. Émile Durkheim, *The Rules of Sociological Method, and Selected Texts on Sociology and Its Method*, London, Macmillan, 1982, pp. 199-246.
2. Émile Durkheim, *The Division of Labour in Society*, Basingstoke, Macmillan, 1984, p. 11.
3. Émile Durkheim, *The Rules of Sociological Method*, pp. 85-107.
4. Émile Durkheim, *The Division of Labour in Society*, pp. 31-67.
5. *Idem*, pp. 68-87.

A crescente divisão do trabalho resulta de um aumento da "densidade dinâmica ou moral", que por sua vez se explica pelo aumento populacional. O argumento é, na sua essência, darwinista. O aumento populacional entre os animais conduz à especialização funcional, de forma a assegurar a sua convivência. Um mecanismo análogo opera no domínio social, onde a divisão do trabalho determina um aumento da competição entre os seres humanos[6].

Mas a transição para uma sociedade diferenciada não ocorreu com suavidade. Durkheim diagnosticou a "anomia" como um dos principais problemas sociais do seu tempo. Anomia significa, à letra, "ausência de leis". Na sociologia de Durkheim a anomia refere-se a uma significativa falta de regulação normativa na sociedade. Ele defendia que uma sociedade saudável estava dependente da institucionalização de valores centrais e de orientações normativas. Sem estes valores e normas vinculantes, a vida social e política tornaria-se desordenada. O mal-estar moral nas primeiras décadas da Terceira República (1870-1940) era indicativo de um estado de anomia numa sociedade diferenciada. Mas a anomia era apenas uma fase de transição. A sociologia podia contribuir para a implementação de valores e de regras normativas adaptadas à sociedade moderna[7].

Este brevíssimo resumo visa sublinhar os elementos funcionalistas presentes na argumentação de Durkheim. Em primeiro lugar, mostra que sua perspectiva sociológica assenta na noção das necessidades sociais: as sociedades precisam de solidariedade e da partilha de valores. Em segundo lugar, revela os princípios organicistas de seu pensamento: a saúde da sociedade depende da forma como as diferentes partes se relacionam funcionalmente com o todo. Em terceiro lugar, evidencia as preocupações de Durkheim sobre as analogias entre a evolução social e biológica, e sobre o papel central que a noção de diferenciação possui na sua teoria da evolução. Não é assim surpreendente que Durkheim tenha tido, e tenha ainda, um enorme impacto nos funcionalistas contemporâneos.

Mas o funcionalismo enquanto escola individualizada apenas se tornou dominante depois da Primeira Guerra Mundial. Foi lançado primeiro por Bronislaw Malinowski (1884-1942) e por Alfred Reginald Radcliffe-Brown (1881-1955). Ambos utilizavam a designação "funcionalismo" para se referir ao enquadramento teórico que utilizavam, apesar de Radcliffe-Brown

---

6. *Idem*, pp. 200-288.
7. *Idem*, pp. 291-309.

ocasionalmente mencionar o "estrutural-funcionalismo" para se diferenciar de Malinowski.

Os funcionalistas como Malinowski e Radcliffe-Brown opuseram-se aos antropólogos do século xix. Eram dois, basicamente, os problemas que lhes apontavam: a sua tendência para um certo difusionismo, e a falta de experiência empírica direta. Segundo o difusionismo, os objetos sociais e as práticas difundiam-se gradualmente através das sociedades como resultado da migração e do comércio, pelo que as semelhanças entre artefatos culturais e práticas eram explicáveis pela sua origem comum. Os problemas com o difusionismo são múltiplos. Em primeiro lugar, os difusionistas não questionam até que ponto o significado dos objetos ou das práticas depende do contexto cultural em que são usados. Depois, mesmo assumindo que é possível conceber que dois objetos ou práticas sejam idênticos, é difícil demonstrar de forma empírica que têm uma origem comum.

Se alguns antropólogos oitocentistas rejeitaram o difusionismo, quase todos, no entanto, tiveram escassa exposição sistemática às sociedades não ocidentais. Muitos empreenderam viagens, mas poucos fizeram trabalho de campo extensivo, e, entre os que o fizeram, mais escassos ainda foram aqueles que utilizaram as suas descobertas para validar as teorias – tenderam a construí-las com base em fontes secundárias.

Malinowski, Radcliffe-Brown e outros funcionalistas desta primeira escola desenvolveram suas abordagens em oposição ao difusionismo e à antropologia de gabinete do século xix. Sua hostilidade em relação ao difusionismo tinha por base duas objeções. A primeira era a circunstância de lidarem com sociedades que apresentavam registros históricos muito pouco confiáveis e incompletos. Assim, qualquer tentativa para incluir estas sociedades numa narrativa histórica abrangente conduziria a explicações de tipo "pseudocausal". A segunda objeção tinha a ver com o fato de os difusionistas considerarem as sociedades como um todo. O significado de um objeto social dependia da sua relação com outros de uso corrente nessa sociedade e na sua contribuição para essa sociedade como um todo.

Os artefatos culturais transmitidos a uma nova sociedade eram reapropriados e reajustados segundo as necessidades do novo contexto. Reconstituir as origens dos objetos sociais é não só uma tarefa impossível, é ignorar a racionalidade funcional dos objetos no presente. O desentrelaçar desta lógica sincrônico-holística só é possível através de uma compreensão exaustiva de toda a cultura tal como ela funciona no presente. E isto só pode ser atingido através de um extenso trabalho de campo e de métodos de pesquisa rigorosos.

É irônico que a escola funcionalista, que subsequentemente contou com o trabalho caracterizado pela grande abstração e generalidade de Talcott Parsons, Jeffrey Alexander e Niklas Luhmann, tenha emergido a partir das preocupações com a necessidade de detalhe da pesquisa etnográfica. Existe o perigo de vermos os antropólogos funcionalistas como um grupo demasiado homogêneo. Na verdade, são significativas as variações no âmbito do primeiro funcionalismo, nomeadamente entre Malinowski e Radcliffe-Brown. Abordaremos primeiro as concepções de Malinowski, visto que sua influência precede a de Radcliffe-Brown.

Natural da Polônia, Malinowski começou estudando ciências naturais da universidade de Cracóvia e Leipzig, e depois antropologia na London School of Economics and Political Science (LSE). Esta formação inicial na área das ciências naturais pode justificar a forte inclinação biológica do seu trabalho. Mas o interesse de Malinowski pelas ciências sociais é já anterior à sua ida para Inglaterra. Em Cracóvia, interessou-se pelo *Golden Bough* de J. G. Frazer, e em Leipzig frequentava com regularidade as palestras de Karl Bücher e de Wilhelm Wundt. Na rejeição de Malinowski pelo difusionismo detectamos, por exemplo, ecos de Wundt, que afirmava que os objetos sociais não podiam ser estudados isoladamente.

Na LSE, Malinowski teve contato direto com a arte da etnografia, tendo desenvolvido depois um trabalho de campo na Nova Guiné. Esta pesquisa deu origem a múltiplos artigos e monografias, entre as quais o conhecido *Argonauts of the Western Pacific*. Malinowski lecionou principalmente na LSE, onde ocupou a primeira cátedra em antropologia. Sua forte personalidade concedeu-lhe uma influência decisiva sobre a antropologia britânica de entreguerras. Lecionou durante um curto período na Universidade de Yale, até sua morte, em 1942. A obra póstuma *Uma Teoria Científica da Cultura* resume bem sua perspectiva sobre a teoria antropológica.

Já mencionamos que os antropólogos funcionalistas se rebelaram contra diversas perspectivas oitocentistas. Este é, sem dúvida, o caso de Malinowski. Em primeiro lugar, ele se opôs com veemência à noção defendida por Edward Burnett Taylor e Frazer de que o "homem primitivo" não possuía as mesmas

84 TEORIA SOCIAL CONTEMPORÂNEA

faculdades racionais que o "homem moderno". Malinowski tentou demonstrar que algumas práticas ou processos de pensamento que à primeira vista pareciam irracionais eram, afinal, dotados de razoabilidade, sendo possível mostrar que cumpriam propósitos específicos, tanto em termos sociais como psicológicos[8]. Veja-se o caso da magia e da religião. As abordagens anteriores não tinham compreendido "a performance utilitária e pragmática" das práticas religiosas e rituais. Malinowski sugeriu que se abandonasse a visão segundo a qual "a magia se define pelo que faz"[9] e sublinhou que as pessoas procuram conhecer e controlar o meio ambiente de forma a satisfazer suas necessidades biológicas.

No entanto, o meio exterior não é nem inteiramente previsível, nem completamente controlável. Esta incerteza produz um acúmulo de ansiedade que os seres humanos precisam apaziguar; a magia e a religião cumprem precisamente essa função. Malinowski assinalou ainda que os seres humanos são por vezes confrontados com acontecimentos disruptivos que interferem no fluxo inconsciente da vida cotidiana. Quando confrontados, por exemplo, com uma morte inesperada, recorrem à magia e à religião para lidarem com essa crise, e assim reduzirem sua ansiedade e desassossego emocional.

Em segundo lugar, os pensadores do século XIX tendiam a considerar que diversas práticas ou artefatos culturais contemporâneos eram apenas meras "sobrevivências" ou "vestígios emprestados" do passado. Ou seja, as crenças e práticas atuais podem ter desempenhado alguma função no passado, mas, à medida que foram sendo transmitidas de geração em geração, foram perdendo sua utilidade inicial. São como fósseis culturais, reminiscências de um passado longínquo.

De acordo com Malinowski, uma análise mais atenta mostra que muitos destes "vestígios" não são de todo apenas "pesos mortos"[10]. Podem ter sido transmitidos do passado, mas cumprem funções vitais nas sociedades contemporâneas. É um erro considerar a transmissão cultural como mera duplicação. Seria este o caso apenas se as pessoas não tivessem capacidade de aprender com as experiências do passado e pensar mais além. Mas essa capacidade

---

8. Bronislaw Malinowski, *A Scientific Theory of Culture*, Chapel Hill, University of Carolina Press, 1944, pp. 73-74.
9. *Idem*, p. 26.
10. *Idem*, pp. 26-35.

efetivamente existe e é posta em prática com frequência. Desta forma, os objetos culturais são, sempre que necessário, reajustados a novos contextos.

Em terceiro lugar, muitos cientistas sociais oitocentistas tentaram formular leis ou generalizações que se assemelhassem a leis e transcendessem a capacidade dos indivíduos para interferirem no curso dos acontecimentos. Também Comte, Durkheim e muitos outros insistiram que a sociedade é uma entidade *sui generis*. É evidente que a sociedade é constituída por indivíduos com características psicológicas e biológicas. Mas seria enganador tentar explicar a sociedade atribuindo uma causalidade primária quer aos mecanismos psicológicos quer aos biológicos.

A interpretação de Malinowski não podia ser mais distinta[11]. Primeiro, e antes de mais, intencionalmente ou não, as pessoas agem em proveito próprio, de forma a assegurarem a satisfação das suas necessidades fundamentais, desde logo, as de natureza biológica. Os produtos culturais são secundários, na medida em que ajudam os indivíduos a satisfazer as "necessidades biológicas primárias". Para mais, os indivíduos não são meros receptores passivos de forças externas. Desde o início da civilização que os seres humanos desenvolveram tecnologias com o objetivo de controlarem os seus desempenhos futuros, através de um uso sistemático das experiências do passado[12].

Em quarto lugar, e tal como foi já mencionado, as teorias antropológicas do século XIX possuíam uma base empírica pouco sólida. Percebe-se, assim, por que motivo Malinowski insistia tanto na necessidade de se proceder a uma pesquisa etnográfica detalhada. Apenas através de uma recolha empírica meticulosa poderiam os antropólogos perceber a lógica por trás das práticas que lhes eram estranhas, as funções atuais dessas mesmas práticas e a forma como as pessoas envolvidas manipulavam constantemente o seu meio ambiente. Muitos trabalhos antropológicos anteriores misturavam práticas, ações e relatos. Consideravam que os relatos que as pessoas faziam sobre suas práticas forneciam informações plausíveis sobre as suas ações. Durante o seu trabalho de campo, Malinowski apercebeu-se da discrepância muito nítida entre aquilo que os nativos diziam e faziam, e da sua vontade em quebrar regras ou

---

11. Ver, por exemplo, Bronislaw Malinowski, *A Scientific Theory of Culture*, p. 69.
12. *Idem*, pp. 7-14.

86 TEORIA SOCIAL CONTEMPORÂNEA

convenções sempre que isso lhes era conveniente. Esta tomada de consciência, realçava ainda mais a pertinência de um trabalho de campo extensivo.

A teoria das necessidades de Malinowski é essencial no seu aparato funcionalista, e deverá por isso ser aqui analisada. Para Malinowski, o conceito de necessidade e a noção de função estão intimamente relacionados: as práticas sociais desempenham uma função apenas e se conduzirem à satisfação de necessidades[13]. São três, basicamente, os tipos de necessidades que distingue.

O primeiro nível refere-se às "necessidades biológicas primárias" dos indivíduos, como as necessidades alimentares ou de satisfação sexual, essenciais para sua sobrevivência. O segundo nível refere-se às necessidades sociais, como a necessidade de cooperação e solidariedade. Estas necessidades sociais têm de ser cumpridas de forma que as necessidades primárias sejam satisfeitas. O terceiro nível refere-se às necessidades integradoras da sociedade. Compreende as instituições ou tradições que permitem a transmissão transgeracional dos padrões de comportamento que contribuem para a satisfação das necessidades sociais[14].

Malinowski observou alguns contrastes simples, mas importantes, entre os seres humanos e os animais[15]. Os animais não têm cultura e não podem, por isso, depender da satisfação das necessidades secundárias para satisfazerem as suas necessidades primárias. Também não o têm de fazer porque as suas características anatômicas e fisiológicas lhes permitem satisfazer, para todos os efeitos, as suas necessidades primárias. Os seres humanos têm cultura e podem, por isso, depender da satisfação das necessidades secundárias para satisfazerem as suas necessidades primárias. Mas dependem também da cultura para sobreviver porque as suas características anatômicas e fisiológicas não lhes permitem satisfazer as necessidades primárias sem o auxílio da cultura.

Por exemplo, os seres humanos podem (e devem) depender de normas sociais e convenções para assegurarem as suas necessidades de segurança. Dado que estes artefatos culturais constituem uma condição *sine qua non* para a sobrevivência da espécie humana, depreende-se que os seres humanos dependem da continuação da cultura através das gerações. Se os indivíduos tivessem de reinventar a cultura em cada geração, sua capacidade de sobrevivência seria, na

---

13. *Idem*, pp. 39 e 83.
14. *Idem*, pp. 75-144.
15. *Idem*, p. 120.

verdade, muito limitada. Malinowski cunhou o termo "imperativos integradores" para se referir às necessidades de transmissão destas normas e convenções de geração em geração.

Note-se, uma vez mais, o contraste com os animais. Não sendo os últimos dependentes da cultura, sua sobrevivência é, *a fortiori*, independente da transmissão cultural. Mas enquanto os animais podem desenvolver hábitos individuais se forem ensinados, ou através de tentativa e erro, são em geral incapazes de transmitir estes conhecimentos à sua descendência. Pelo contrário, os seres humanos têm sido bastante engenhosos para compensar sua fraqueza constitutiva: primeiro por convocarem práticas que promovem a satisfação das necessidades secundárias, e depois por transmitirem e preservarem essas práticas ao longo do tempo.

* * *

Radcliffe-Brown começou estudando psicologia e filosofia em Cambridge e depois antropologia com W. H. R. Rivers. Em Cambridge, revelou interesse pelos aspectos teóricos da disciplina, começando a desenvolver algumas das suas ideias fundamentais sobre teoria antropológica. Tomou conhecimento dos escritos de Durkheim, que manteriam uma forte influência sobre seu pensamento.

Comparado com Malinowski, Radcliffe-Brown não é relembrado pelo seu trabalho de campo. Enquanto *fellow* no Trinity College em Cambridge, empreendeu alguma pesquisa empírica, nomeadamente nas Ilhas Andaman e junto dos aborígenes da Austrália. Mas faltavam-lhe os métodos meticulosos de pesquisa de Malinowski e suas competências linguísticas, bem como sua perseverança e genuína empatia e paixão pelas populações que estudava. Ao contrário, esteve diretamente envolvido na institucionalização acadêmica da antropologia em várias partes do mundo.

Assumiu vários cargos e ajudou a criar departamentos de antropologia nas universidades da Cidade do Cabo, Sydney e Alexandria. Depois de uma curta estadia na Universidade de Chicago, ocupou a primeira cátedra em antropologia em Oxford, em 1937. Quando se reformou de Oxford em 1946, continuou a ensinar em diversos locais até a doença o ter impossibilitado de prosseguir. Sua influência sobre a antropologia foi patente na década de 1940.

88 TEORIA SOCIAL CONTEMPORÂNEA

A contribuição de Radcliffe-Brown para a teoria antropológica foi distinta da de Malinowski. Relembremos que a teoria de Malinowski assenta na primazia causal dos impulsos biológicos. A cultura e a transmissão cultural derivam da necessidade de satisfazer estas necessidades biológicas, das quais depende a sobrevivência da espécie. O funcionalismo de Radcliffe-Brown é muito distinto. Parafraseando Durkheim, ele argumentava que a sociedade possuía a sua própria e irredutível complexidade, e que não poderia ser explicada por mecanismos que operassem em um nível inferior[16].

A sociedade deve ser explicada por mecanismos sociais e não psicológicos, tampouco, certamente, por mecanismos biológicos. Assim, distancia-se com grande nitidez do funcionalismo de Malinowski[17]. A antropologia de Radcliffe-Brown é profundamente sociológica, apesar de ele ter procurado evitar esta designação. A razão que apontava para justificar a relutância em referir-se ao seu trabalho como "sociologia" residia no fato de não querer estar associado ao que considerava ser o trabalho impressionista e superficial frequentemente levado a cabo no mundo anglo-saxônico sob esse rótulo[18].

Tal como Malinowski, Radcliffe-Brown era muito cético em relação às teorias difusionistas. As explicações difusionistas da virada do século associavam com frequência teoria psicológica e conjecturas históricas. O trabalho de Rivers, professor de Radcliffe-Brown em Cambridge, é o exemplo por excelência da supremacia destas explicações psicológico-históricas. A abordagem de Radcliffe-Brown era substancialmente diferente. Em primeiro lugar, e em oposição à forte preponderância da psicologia em Rivers, Radcliffe-Brown negava que a sociedade pudesse ser entendida como uma amálgama de fenômenos psicológicos[19].

Em segundo lugar, considerava necessário abandonar a tendência difusionista de procura das origens; a uma empresa desse tipo faltaria sempre o necessário suporte empírico[20]. Em terceiro lugar, em vez das conjecturas históricas

---

16. Alfred R. Radcliffe-Brown, *Method in Social Anthropology*, Chicago, University of Chicago Press, 1958, p. 16.
17. Ver, por exemplo, Adam Kuper (ed.), *The Social Anthropology of Radcliffe-Brown*, London, Routledge/Kegan Paul, 1977, pp. 49-52.
18. Alfred R. Radcliffe-Brown, *Method in Social Anthropology*, p. 8, nota 3. Radcliffe-Brown revelava maior apreço pela sociologia francesa (*idem*, pp. 85-86).
19. *Idem*, p. 16.
20. *Idem*, p. 52.

de Rivers, Radcliffe-Brown proclamava antes uma sociologia comparativa, que permitiria aos antropólogos encontrarem leis universais sobre relações sincrônicas[21]. Em quarto lugar, enquanto o difusionismo assentava em fontes secundárias, Radcliffe-Brown considerava fundamental para o estudo científico das sociedades não ocidentais o trabalho de campo extensivo. No fundo, o significado dos objetos culturais dependia do contexto social, e apenas a observação sistemática permitiria aos antropólogos revelar os sentidos locais[22].

O envolvimento de Radcliffe-Brown ao longo de toda a sua vida com a institucionalização acadêmica da antropologia esteve interligado com a sua dedicação ao assunto enquanto disciplina científica. Na sua opinião, a antropologia estivera frequentemente, até esse momento, nas mãos de diletantes bem-intencionados que haviam desenvolvido teorias fortemente especulativas baseadas em fontes pouco críveis. A antropologia teria de se tornar uma ciência com capacidade para desenvolver leis gerais sobre a sociedade. Isto significava que ela precisava se fundar de forma sistemática sobre aquilo que o autor chamava de método indutivo e comparativo. Mas a posição de Radcliffe-Brown implicava uma profissionalização da antropologia.

A ênfase no método científico requeria um treino rigoroso nos métodos de trabalho de campo[23], e esta aprendizagem teria de ser feita nas universidades. Quando a antropologia estivesse instituída como ciência, poderia informar e guiar as administrações coloniais, os educadores e os responsáveis pela formulação de políticas[24]. As prescrições de Radcliffe-Brown assemelhavam-se muito às de Durkheim. A sociedade devia caminhar para um estado de eunomia, em oposição a um estado de disnomia. A eunomia, ou saúde social, ocorre quando as diferentes partes têm uma relação harmoniosa entre si. O antropólogo minuciosamente instruído ajudaria a administração colonial e local a atingir a eunomia[25].

Radcliffe-Brown difundiu diversos conceitos centrais à sua linha de pensamento, como o conceito de estrutura social, forma estrutural e função social.

21. *Idem*, pp. 108-129.
22. *Idem*, p. 67.
23. *Idem*, p. 66.
24. *Idem*, pp. 90-95.
25. Alfred R. Radcliffe-Brown, *Structure and Function in Primitive Society*, London, Cohen & West, 1952, pp. 182-183.

Com frequência, no entanto, os comentadores da obra de Radcliffe-Brown não compreenderam o sentido exato que ele atribuía a estes conceitos-chave no contexto específico da sua perspectiva teórica. O conceito de "estrutura", em especial, era usado de forma muito distinta do seu uso corrente na sociologia ou na antropologia (ver capítulo 1). Radcliffe-Brown insistia na ideia de que sua noção de estrutura não era uma abstração ou um modelo usado como forma de aproximação à realidade.

Em vez disso, ele considerava a estrutura (entende-se estrutura social) como uma realidade observável. O conceito geral de estrutura referia-se a uma combinação de partes interligadas, e as estruturas podiam ser observadas em diferentes domínios. A estrutura de uma peça musical, por exemplo, refere-se a uma combinação de sons, e a estrutura de uma molécula, a uma combinação de átomos. Da mesma forma, a estrutura social é o conjunto de relações sociais existentes num dado momento, e que ligam os indivíduos. Assim, os seres humanos são a componente fundamental da estrutura social. As suas relações pressupõem direitos e deveres bem definidos para todos os indivíduos envolvidos. A institucionalização dos incentivos e das sanções garantem o cumprimento destas prescrições por parte dos indivíduos[26].

Algumas estruturas, como as de um edifício, são relativamente invariáveis. Mas muitas alteram-se. Tal como o corpo humano, a estrutura social está em constante fluxo; tal como as moléculas em mutação dos corpos humanos, os indivíduos deslocam-se, ou assumem diferentes posições e papéis. Mas, no meio de qualquer mudança estrutural há também continuidade. Radcliffe-Brown utilizou o termo "forma estrutural" para se referir a esta continuidade estrutural observável. Por exemplo, um organismo humano mantém a sua forma estrutural apesar das alterações moleculares. Do mesmo modo, a estrutura social exibe uma forma estrutural observável: o uso de normas partilhadas pelos indivíduos é relativamente invariável[27].

A relativa estabilidade das formas deve-se àquilo que Radcliffe-Brown apelidou de "funções" desempenhadas pelas diferentes partes do sistema. Por função queria ele significar a soma total de todas as relações que um componente estabelece com o sistema inteiro do qual faz parte.

---

26. Adam Kuper (ed.), *The Social Anthropology of Radcliffe-Brown*, pp. 19-21 e 25-42.
27. Alfred R. Radcliffe-Brown, *Structure and Function in Primitive Society*, pp. 3-4 e 191.

A noção de função é também aplicável a muitos domínios da realidade: da mesma forma que as diferentes partes do corpo humano cumprem funções vitais, o mesmo se passa com os vários componentes da vida social[28]. A estabilidade da forma estrutural depende da "unidade funcional" do conjunto; ou seja, do mútuo ajustamento das diferentes partes. Particularmente central para a persistência das formas sociais é a "coaptação", que se refere à estandardização e mútuo ajustamento das atitudes e comportamentos dos membros da sociedade[29].

Malinowski e Radcliffe-Brown tiveram um enorme impacto na antropologia social. A recepção do primeiro funcionalismo pelos teóricos sociais não foi inequivocamente positiva. Esta resposta ambígua deverá ser explicada em parte pelo subsequente aparecimento de teorias funcionalistas rivais. No final dos anos 1940, Talcott Parsons tinha se tornado o principal expoente da teoria funcionalista, e pouco tempo depois Robert Merton começaria a ganhar reputação. Mas a recepção pouco calorosa a estas primeiras teorias funcionalistas também resultou de suas próprias limitações.

A título de exemplo, podemos citar duas fraquezas essenciais no funcionalismo primitivo. Em primeiro lugar, sua tendência para descrever todos os objetos culturais como funcionais. Malinowski, por exemplo, defendia este "funcionalismo universal" quando descreveu a cultura como um "sistema de objetos, atividades e atitudes em que cada parte é um meio para alcançar um fim"[30]. Para ele, "toda a realização cultural que implica o uso de artefatos e simbolismo é uma melhoria instrumental da anatomia humana e serve direta ou indiretamente a satisfação de uma necessidade física"[31]. Mas a hipótese do funcionalismo universal pode ser entendida de duas formas, segundo uma versão forte ou fraca.

Por um lado, podemos entender, à letra, que cada objeto social cumpre uma função central. Esta versão forte seria difícil de sustentar. A teoria evolucionista pode implicar que objetos muito disfuncionais sejam colocados à parte. Mas daqui não decorre que os objetos que persistem detenham funções centrais. Por outro lado, uma interpretação mais livre é a de que o funcionalismo universal significa que apenas os objetos que cumprem funções centrais são socialmente

---

28. Adam Kuper (ed.), *The Social Anthropology of Radcliffe-Brown*, pp. 21-24 e 43-48.
29. Alfred R. Radcliffe-Brown, *Structure and Function in Primitive Society*, p. 180.
30. Bronislaw Malinowski, *A Scientific Theory of Culture*, p. 150.
31. *Idem*, p. 171.

92 TEORIA SOCIAL CONTEMPORÂNEA

relevantes. Para efeitos metodológicos, todos os objetos deveriam ser tratados como se cumprissem uma função vital. Durante a pesquisa empírica, o investigador deve ser sensível ao fato de qualquer objeto observado poder servir a necessidades centrais da sociedade. Apesar de mais plausível, esta versão fraca do funcionalismo universal também não está isenta de problemas. Não é claro qual o critério utilizar para decidir se um objeto é ou não funcional e, caso o seja, qual a função que desempenha.

Uma outra fraqueza do primeiro funcionalismo é sua tendência em considerar que um certo nível de coesão e de consistência é necessário para a sobrevivência da sociedade. Radcliffe-Brown, por exemplo, remete para esta concepção de unidade funcional quando escreve que "todas as partes do sistema social trabalham em conjunto com um grau suficiente de harmonia ou de consistência interna"[32]. Esta asserção levanta dois tipos de problemas. Em primeiro lugar, a noção de "sobrevivência" pode ter um sentido claro no domínio da biologia, mas o mesmo não se verifica no caso das sociedades. Não é claro de que forma a sobrevivência de uma sociedade ou cultura se relaciona com a continuidade política ou cultural, ou antes com a ausência de extinção biológica por parte dos seus membros.

Da mesma forma, se a sobrevivência social se relaciona com a persistência política ou cultural, então não é fácil entender quanto dessa continuidade pode ser considerado sobrevivência. Em segundo lugar, não faz sentido afirmar que um certo nível de coesão ou de consistência interna é necessário. A questão não é tanto saber se a coesão é essencial, mas em que grau ela é necessária. Nenhum dos primeiros funcionalistas conseguiu responder este problema. Na prática, descreviam com frequência as sociedades como se estas precisassem de níveis muito elevados de estandardização dos sentimentos e das crenças. Isto não é surpreendente, visto que as sociedades que investigavam já possuíam esses níveis muito elevados. Mas alguma consciência da sua própria cultura teria ensinado que, apesar de as sociedades modernas ocidentais não estarem de acordo com essa imagem, ainda assim funcionam relativamente bem.

Para tentarmos não ser excessivamente críticos em relação a Malinowski e a Radcliffe-Brown, devemos antes de mais nada considerar que eram antropólogos empiristas, e não teóricos sociais. Seu mérito reside no fato de terem

---

32. Alfred R. Radcliffe-Brown, *Structure and Function in Primitive Society*, p. 181.

demonstrado que muitas teorias especulativas do século XIX tinham pouco substrato empírico. Desenvolveram etnografias detalhadas e mostraram sua relevância teórica. Estabeleceram uma tradição de pesquisa empírica rigorosa. Tendo em conta estes resultados, seria injusto atribuir-lhes a responsabilidade pelo desenvolvimento de uma perspectiva funcionalista coerente. Não deixa de ser irônico que esta tarefa tenha sido assumida por um homem cujo primeiro contato com as ciências sociais foram as palestras de Malinowski, às quais assistiu em 1925, quando ainda era estudante de licenciatura. Esse jovem americano era Talcott Parsons, que mudaria para sempre a teoria social.

TALCOTT PARSONS

Talcott Parsons (1902-1979) estudou inicialmente filosofia e biologia no Amherst College, e posteriormente ciências sociais em Inglaterra e na Alemanha. Foi aluno de L. T. Hobhouse, Ginsberg e Malinowski na LSE, e prosseguiu os seus estudos de doutorado em Heidelberg. Durante sua estadia na Europa, Parsons foi fortemente influenciado pela teoria social europeia. Sua tese de doutorado teve como tema a noção de capitalismo em Weber, Marx e Werner Sombart. O pensamento de Parsons sofreu também a influência duradoura de Durkheim e de Vilfredo Pareto.

Tentaria, ao longo da sua vida, incorporar estes diferentes pensadores europeus numa estrutura teórica unificada. Ao regressar aos Estados Unidos, tornou-se professor na Universidade de Harvard, onde permaneceu até sua aposentadoria, em 1973. Além de ser um autor prolífico, Parsons deteve também uma grande diversidade de cargos: foi, por exemplo, um dos editores fundadores da *The American Sociological Review*, e presidente da Eastern Sociological Society, da American Sociological Association e da American Academy of Arts and Sciences, tendo sido o primeiro sociólogo a ocupar este último cargo.

Inicialmente, a produção teórica abstrata de Parsons encontrava-se desajustada do ambiente fortemente ateórico que dominava a sociologia americana da época. Quando o seu primeiro livro, *A Estrutura da Ação Social*, foi publicado, em 1937, atraiu apenas o interesse de alguns especialistas em teoria social. Mas a sua obra foi ganhando gradualmente mais impacto, e em 1951, na época da publicação de *The Social System*, Parsons havia se transformado num dos

94 TEORIA SOCIAL CONTEMPORÂNEA

mais influentes teóricos sociais do seu tempo. Este impacto não se encontrava limitado à teoria social; seu trabalho era agora também considerado útil para finalidades empíricas.

No entanto, mesmo no auge de seu reconhecimento na década de 1950, sua obra nunca deixou de ser controversa, sendo considerada genial por alguns e, por outros, como ideologia conservadora disfarçada. Sua influência diminuiu no final dos anos 1960 e durante a década seguinte, e só recentemente se verificou um recrudescimento do interesse pela sua obra, como por exemplo nos escritos de Jeffrey Alexander e Richard Münch, como veremos mais à frente neste capítulo.

A teoria funcionalista de Parsons difere substancialmente do funcionalismo inicial de Malinowski e de Radcliffe-Brown. Enquanto a maioria dos primeiros funcionalistas perfilhavam uma concepção positivista da ciência social, Parsons era de opinião contrária. Insistia que a ciência social positivista era um erro porque não reconhecia a natureza essencialmente determinista da ação humana (ver capítulo 8). É algo intrínseco à ação humana que esta não possa ser reduzida a condições externas. O que é necessário é uma teoria que leve em conta o fato de que os indivíduos são simultaneamente conduzidos e constrangidos por objetivos. Não podem ser ignorados nem o caráter finalista da ação, nem as suas limitações externas; nenhum deles pode ser reduzido ao outro. Esta tentativa de transcender as formas extremas de positivismo e de idealismo percorre toda a obra de Parsons.

Isto encontra-se claramente presente nos seus trabalhos iniciais. O problema da ordem de Thomas Hobbes é fulcral em *A Estrutura da Ação Social*: como pode a sociedade sobreviver, dado que cada um dos seus membros persegue objetivos individuais?[33] As tentativas idealistas, positivistas e utilitaristas de resolução do problema da ordem demostram ser inadequadas. A perspectiva idealista ignora erroneamente a extensão das condicionantes externas a que a conduta humana está sujeita[34]. De modo semelhante, as perspectivas positivistas incorrem no erro de ignorar o papel relativamente independente do

---

33. Talcott Parsons, *The Structure of Social Action: A Study in Social Theory with Special Reference to a Group of Recent European Writers*, New York, McGraw-Hill, 1937, pp. 89-94.
34. *Idem*, pp. 473-694.

A METÁFORA BIOLÓGICA 95

domínio simbólico, enquanto as perspectivas utilitaristas erram ao reduzirem os padrões de valor a uma mera análise custo-benefício[35].

Parsons, pelo contrário, encontrou inspiração para sua resposta sociológica ao problema da ordem de Hobbes em parte na teoria da ação de Weber e, por outro lado, nas noções durkheimianas de "consciência coletiva" ou "representação coletiva" (ver capítulo 1). A solução de Parsons para o problema da ordem é basicamente durkheimiano, fazendo referência à interiorização de valores centrais e de normas sociais partilhadas pelas disposições da estrutura da personalidade. Os indivíduos tendem a não adotar uma atitude instrumental relativamente a valores interiorizados. Ao perseguirem os seus próprios objetivos, os indivíduos socializados contribuem inconscientemente para o cumprimento das necessidades centrais da sociedade[36].

Durante as décadas de 1940 e 1950, Parsons desenvolveu a sua "teoria geral da ação", a que prestaremos especial atenção aqui dada a centralidade que assume na sua obra. O objetivo desta teoria era fornecer uma estrutura teórica que reunisse várias disciplinas das ciências sociais: sociologia, política, psicologia e economia. A tentativa de desenvolver esta estrutura unificada estava de acordo com o cargo que Parsons ocupava na época em Harvard. Após lecionar nos departamentos de economia e sociologia, era então presidente do recém-fundado Departamento de Relações Sociais em 1946. Este novo instituto agrupava diversas disciplinas. Entre os colegas de Parsons neste departamento contavam-se os psicólogos Gordon Allport, Henry Murray e Robert Bales, os sociólogos George Homans e Samuel Stouffer, e o antropólogo Clyde Kluckhohn, muitos dos quais colaboraram com Parsons e influenciaram o seu pensamento. A teoria geral da ação foi, simultaneamente, o suporte acadêmico e o produto final do consulado de Parsons no cargo.

A ideia de "sistema" é central para a teoria geral da ação de Parsons. A teoria dos sistemas crescera em popularidade à época, e influenciava-o fortemente. Para Parsons, um "sistema de ação" refere-se a uma organização durável da interação entre aquilo a que chamava um "ator" e uma "situação". Este ator podia ser um indivíduo ou um grupo. A situação podia ou não incorporar outros "atores". Parsons defendia que qualquer sistema possuía três características.

35. *Idem*, pp. 3-470.
36. *Idem*, pp. 697-776.

96 TEORIA SOCIAL CONTEMPORÂNEA

Em primeiro lugar, um sistema é algo relativamente estruturado. No domínio social, afirmava que os padrões de valor e aquilo que chamava de "variáveis-padrão" contribuíam para a natureza estruturada do sistema. Em segundo lugar, certas funções têm de ser cumpridas para que o sistema sobreviva. Os sistemas sociais possuem, assim, necessidades especiais, e Parsons tentou listar e classificar estes "pré-requisitos funcionais". Em terceiro lugar, os sistemas sociais alteram-se, e essas mudanças ocorrem de forma ordenada. Parsons introduziu a noção de hierarquia cibernética de forma a captar o fenômeno de transformação ordenada do domínio social.

Estas três componentes requerem algum desenvolvimento. Antes de discutir suas noções de pré-requisitos funcionais e de dinâmica interna, analisaremos primeiro detalhadamente a abordagem que Parsons faz da natureza estruturada da interação. Seu ponto de partida é o de que os sistemas de ação se estruturam através de padrões de valor, que estipulam os objetivos finais para os quais se orientam as ações dos indivíduos. Na ausência destes princípios ordenadores, os indivíduos não possuiriam quaisquer diretrizes para sua conduta. Mas Parsons argumentava também que os padrões de valor eram estruturados por aquilo que chamou de "variáveis-padrão"[37]. Considerava que estes eram os princípios fundamentais através dos quais se obtinha uma estrutura sistêmica. São dicotomias universais que representam as escolhas básicas subjacentes à interação social.

As variáveis-padrão de Parsons podem ser consideradas como uma tentativa sofisticada de reconstrução de dicotomias introduzidas por autores anteriores. Podemos, em particular, pensar na distinção que Tönnies efetuava entre *Gesellschaft* e *Gemeinschaft*. Tönnies descrevia os tipos iniciais de sociedade como *gemeinschaftlich*, baseados nas relações pessoais e nos laços afetivos. A sociedade moderna é mais *gesellschaftlich*, uma vez que nela as interações impessoais são mais frequentes. Parsons considerava que a tipologia das relações de Tönnies conjugava diversas dicotomias e que, assim, era demasiado rude para possuir qualquer valor heurístico.

Várias relações observáveis são, na verdade, *gesellschaftlich* em alguns aspetos e *gemeinschaftlich* noutros. Parsons tratou de distinguir analiticamente

---

37. Ver, por exemplo, Talcott Parsons, *The Social System*, London, Routledge/Kegan Paul, 1951, pp. 46-51 e 58-67.

as dicotomias subjacentes, ou variáveis-padrão, o que lhe permitiu redefinir a questão de Tönnies. Mais do que tentar estabelecer se uma dada relação é *gesellschaftlich* ou *gemeinschaftlich*, as variáveis-padrão de Parsons permitem-lhe determinar em que sentido essa relação é uma ou outra coisa.

As variáveis-padrão são aplicáveis a qualquer sistema de ação, e referem-se às escolhas enfrentadas por um ator relativamente a um objeto. Como referimos anteriormente, o ator não é necessariamente um indivíduo – pode ser uma coletividade ou grupo. Da mesma forma, o objeto não é forçosamente um ente inanimado – pode ser um indivíduo ou um grupo social.

As variáveis-padrão constituem-se em universalismo contra particularismo, performance contra qualidade, relações específicas contra relações difusas, neutralidade afetiva contra afetividade. O primeiro elemento de cada par é característico da *Gesellschaft* de Tönnies, o segundo relaciona-se com a *Gemeinschaft*. Subjaz ao esquema de Parsons a observação de que a nossa sociedade se movimenta na direção do universalismo, da performance, das relações específicas e da neutralidade afetiva. Enquanto os dois primeiros pares se referem ao significado que o ator atribui a um objeto particular, os restantes aludem à natureza da relação entre ator e objeto. De novo segundo a terminologia de Parsons, os dois primeiros são variáveis-padrão da modalidade do objeto, e os restantes são variáveis-padrão da orientação do objeto.

No que diz respeito às variáveis-padrão da modalidade do objeto, o ator faz uso de critérios universalistas se atribuir significado ao objeto de acordo com critérios aplicáveis a uma grande variedade de outros objetos, enquanto recorre a critérios particularistas se o objeto é definido e julgado de acordo com termos que lhe são únicos. A burocracia, por exemplo, recorre a critérios universalistas, enquanto as relações no âmbito da família nuclear são particularistas. Embora um ator possa julgar um dado objeto em termos da sua performance ou capacidade de atingir objetivos, este pode igualmente avaliá-lo em função da sua qualidade intrínseca.

A performance ganha mais relevo no âmbito da estrutura ocupacional, enquanto a qualidade é valorizada nas amizades. No que respeita às variáveis-padrão de orientação, o ator pode adotar uma atitude de neutralidade afetiva em relação ao objeto em oposição a uma relação de afetividade. A relação entre um médico e um paciente, por exemplo, demonstra uma neutralidade afetiva, ao passo que as interações no interior da família são caracterizadas pela afetividade. Por fim, o ator pode encontrar-se envolvido com o objeto de maneiras específicas, ou relacionar-se com este de múltiplas formas. Uma vez mais, a relação entre médico e paciente é tipicamente específica, e as relações na família tipicamente difusas.

As variáveis-padrão ligam-se às dimensões mais voluntaristas da teoria de Parsons, uma vez que resumem e classificam escolhas por parte do ator. Em contraste, a noção parsoniana de "pré-requisitos funcionais" sublinha a extensão pela qual estas atitudes ou significados se encontram incrustados e restringidos pelos subsistemas sociais[38]. A teoria funcionalista de Parsons assenta sobre a ideia de que qualquer sistema de ação existe apenas na medida em que quatro necessidades básicas podem ser, pelo menos parcialmente, satisfeitas por quatro tipos de função. Segundo Parsons, as quatro necessidades e pré-requisitos funcionais são adaptação (a), cumprimento de objetivos (g) [*goal-attainment*], integração (i) e latência ou manutenção de padrão (l). Parsons refere-se frequentemente a este aspecto da sua teoria como o esquema ágil.

A "adaptação" refere-se ao fato de que qualquer sistema de ação deve ser capaz de se adaptar ao seu ambiente externo e fazer o ambiente adaptar-se às suas próprias necessidades. O "cumprimento de objetivos" representa a necessidade que qualquer sistema de ação tem de definir os seus objetivos e de mobilizar recursos por forma a atingi-los. A "integração" refere-se à necessidade de qualquer sistema de ação regular e coordenar as suas partes para garantir a sua estabilidade e coerência. Por fim, a "latência" ou "manutenção de padrão" significa que o sistema deve fornecer os meios necessários à sustentação da energia motivacional dos seus membros.

Parsons notou que se pode chegar a estas quatro funções através do uso de duas dicotomias: externo *versus* interno, e instrumental *versus* finalizador. As atividades que se orientam para o cumprimento de objetivos e para a integração são "finalizadoras" na medida em que procuram o cumprimento dos fins últimos do sistema, enquanto as atividades que se orientam para a adaptação ou a latência são "instrumentais" na medida em que se dirigem para o emprego dos meios necessários para atingir esses objetivos últimos. Do mesmo modo, Parsons notou que a adaptação e o cumprimento de objetivos se referem à interação entre o sistema e o seu ambiente externo, enquanto a latência e a

---

38. Ver, por exemplo, Talcott Parsons, *The Social System*, pp. 26-35.

integração se referem a assuntos relacionados com a organização interna do sistema. Desta forma, o esquema ágil pode ser resumido afirmando que qualquer sistema de ação necessita de se relacionar de forma bem-sucedida com o seu ambiente externo, bem como de se organizar a si próprio internamente.

Por cada sistema de ação podem ser identificados quatro subsistemas, cada um dos quais especializado em satisfazer uma das quatro funções: o organismo dirigido à adaptação, o sistema de personalidade relacionado com o cumprimento de objetivos, o sistema social dirigido à integração, e o sistema cultural orientado para a manutenção de padrões. A diferença entre estas quatro subunidades também pode ser considerada em termos da "hierarquia cibernética" parsoniana. Parsons deriva da teoria cibernética a ideia de que um sistema de ação, tal como qualquer outro sistema, promove a circulação e a troca de informação e energia. As unidades com alto teor de informação tendem a controlar as que possuem alto teor de energia, enquanto estas últimas tendem a condicionar as primeiras. O subsistema orientado para a manutenção de padrões tende a controlar os outros subsistemas. De modo semelhante, o subsistema orientado para a adaptação condiciona os restantes subsistemas[39].

A teoria da ação de Parsons é uma teoria geral. Podem ser identificadas distinções semelhantes para cada subsistema. Em consequência disto, seu esquema é como um conjunto de *matryoshkas*, onde cada boneca incorpora uma versão menor de si própria, mantendo uma estrutura idêntica. O próprio sistema social, por exemplo, pode ser dividido em quatro subsistemas. Temos, primeiro, a economia, que lida com a adaptação da sociedade ao seu ambiente. Em segundo lugar, a organização política da sociedade, que lida, principalmente, com o cumprimento de objetivos. Em terceiro lugar, a comunidade social, que se ocupa da integração e solidariedade. Por fim, o subsistema cultural fornece os valores e a regulação normativa que providenciam uma adequada socialização.

Parsons esforça-se por demonstrar a inter-relação entre o esquema ágil e as variáveis-padrão[40]. Sistemas com diferentes funções implicam a presença de diferentes variáveis-padrão. Por exemplo, os sistemas orientados para o cumprimento da função adaptativa caracterizam-se pelo universalismo, pela

---

39. Talcott Parsons, *Societies: Evolutionary and Comparative Perspectives*, Englewood Cliffs, NJ, Prentice-Hall, 1966, chap. 2.

40. Talcott Parsons, "Pattern Variables Revisited: A Response to Robert Dubin", *American Sociological Review*, vol. 25, n. 4, pp. 467-483, 1960.

neutralidade, pela especificidade e pela performance, enquanto os sistemas orientados para a função integrativa enfatizam o particularismo, a afetividade, a difusão e a qualidade.

2.1. Relações entre variáveis-padrão e pré-requisitos funcionais de qualquer sistema de ação[41]

	Universalismo (o) Neutralidade (m)	Afetividade (o) Particularismo (m)	
Especificidade (o) Performance (m)	adaptação	cumprimento de objetivos	Performance (o) Especificidade (m)
Qualidade (o) Difusão (m)	manutenção de padrão	integração	Difusão (o) Qualidade (m)
	Neutralidade (o) Universalismo (m)	Particularismo (o) Afetividade (m)	

o: variável-padrão de orientação para o objeto; *m*: variável-padrão de modalidade do objeto.

Enquanto os trabalhos iniciais de Parsons não se ocupavam de assuntos relacionados com transformações de longa duração, a sua obra posterior inspirou-se em analogias com a evolução biológica a fim de desenvolver um "paradigma da transformação evolucionária"[42]. Podemos identificar quatro noções fundamentais neste paradigma: diferenciação, melhoria adaptativa, inclusão e generalização de valor. Em primeiro lugar, com o passar do tempo, ocorre um

---

41. Baseado em Talcott Parsons, "Pattern Variables Revisited", p. 470.
42. Ver, por exemplo, Talcott Parsons, *Societies*; e *The Evolution of Societies*, Englewood Cliffs, NJ, Prentice-Hall, 1977.

processo de "diferenciação" que faz com que diferentes funções sejam satisfeitas por subsistemas no interior do sistema social. Por exemplo, as unidades econômicas e familiares vão se diferenciando gradualmente.

Em segundo lugar, a diferenciação arrasta consigo a noção de "melhoria adaptativa". Isto significa que cada subsistema diferenciado possui mais capacidade adaptativa do que o sistema não diferenciado que lhe deu origem. Em terceiro lugar, as sociedades modernas tendem a apoiar-se num novo sistema de integração. A diferenciação de processos implica uma necessidade mais urgente de competências especiais. Tal só pode ser cumprido através da passagem de um estatuto baseado na "atribuição" para um estatuto baseado na "realização". Isto implica a "inclusão" de grupos anteriormente excluídos.

Em quarto lugar, uma sociedade diferenciada precisa desenvolver um sistema de valores que incorpore e regule os diferentes subsistemas. Isto se torna possível através da "generalização do valor": os valores são estabelecidos a um nível mais elevado de modo a dirigir as atividades e funções dos vários subsistemas.

Podem ser identificados três problemas fundamentais na teoria social de Parsons. Em primeiro lugar, sua teoria geral da ação é em esquema conceitual, mais do que propriamente uma teoria. Não restam dúvidas de que, enquanto tal, a teoria geral é uma realização notável. É, no fim de contas, de uma grande consistência analítica e, devido ao seu elevado nível de generalidade, permite a categorização de diversos aspectos do domínio social. Mas não sobram também dúvidas de que o seu poder explanatório é débil. Fornece poucas proposições verificáveis acerca da realidade social[43]. Em segundo lugar, o quadro referencial teórico de Parsons negligencia intrinsecamente o conflito e o desequilíbrio.

Nos seus trabalhos iniciais, ele tinha desenvolvido uma argumentação teórica com o intuito de analisar a gênese da ordem social. De forma semelhante, sua análise dos sistemas tinha como objetivo primeiro explicar como se obtém a estabilidade de um sistema – como um sistema gere sua manutenção de fronteiras e sua integração interna. O quadro referencial de Parsons não só ignora, em grande medida, fatores de dissensão generalizada e de grandes conflitos

---

43. Ver argumentação semelhante em George Homans, *Social Behavior: Its Elementary Forms*, New York, Brace & World, 1961, p. 10; e Guy Rocher, *Talcott Parsons and American Sociology*, London, Thomas Nelson, 1974, pp. 164-165.

102 TEORIA SOCIAL CONTEMPORÂNEA

políticos ou industriais, como por vezes também parece excluir a própria possibilidade da sua existência[44].

Em terceiro lugar, algumas das fraquezas do primeiro funcionalismo ressurgem na obra de Parsons. Defende que existem quatro pré-requisitos funcionais para qualquer sistema social. Subjaz, portanto, à sua teoria a suposição de que estas funções centrais são essenciais para a manutenção e sobrevivência do sistema. Se estas funções centrais não fossem adequadamente satisfeitas, o sistema social iria se desintegrar, sendo, por fim, excluído. No entanto, tal como Malinowski e Radcliffe-Brown, Parsons mantém-se ambíguo no que diz respeito ao que são exatamente a sobrevivência e a manutenção no âmbito social. E, tal como no primeiro funcionalismo, permanece por esclarecer que grau de cumprimento de objetivos, adaptação, latência e integração é necessário assegurar para que um sistema se automantenha.

ROBERT MERTON

Talcott Parsons foi professor de vários sociólogos promissores, que vieram posteriormente a ser acadêmicos influentes por direito próprio. Sua longa lista de estudantes de doutorado incluía, por exemplo, Robert King Merton e Harold Garfinkel. Merton (1910-2003) foi um dos primeiros estudantes de doutorado de Parsons em Harvard. Sua tese teve como tema a ciência e a economia na Inglaterra do século XVII, e exibia já um ponto de vista funcionalista, embora ainda de forma embrionária. Merton foi também influenciado, durante sua passagem por Harvard, pelo sociólogo Pitirim A. Sorokin e pelo historiador da ciência George Sarton. Os acadêmicos europeus Émile Durkheim e Georg Simmel foram também uma forte influência no trabalho deste teórico.

Merton passou a maior parte da sua carreira docente na Universidade de Columbia, a qual, com ele e com Paul Lazarsfeld, entre outros, se transformou num centro de excelência para a sociologia. Verificava-se uma notável compatibilidade entre o funcionalismo de "médio alcance" de Merton e a metodologia quantitativa de Lazarsfeld. Quando comparada com a teorização abstrata de

---

44. Para uma argumentação semelhante, ver Percy Cohen, *Modern Social Theory*, London, Heinemann, 1968, caps. 2, 3 e 7.

Parsons, a teoria de médio alcance de Merton parecia ajustar-se de modo mais claro à investigação empírica, para a qual o uso sofisticado de métodos estatísticos de Lazarsfeld forneceria um sustentáculo metodológico.

Merton possuía um talento notável para demonstrar a validade das suas construções teóricas com a ajuda de aplicações empíricas relevantes. Dedicava-se a vários assuntos de importância substantiva, que iam desde a ciência à política americana. Com a publicação de *Social Theory and Social Structure*[45], em 1968, Merton transformou-se num dos principais defensores da causa funcionalista.

Embora tenha sido aluno de Parsons, a visão funcionalista de Merton divergia substancialmente da do seu mentor. Os escritos de Merton eram mais cautelosos e defensivos; existe na sua base uma consciência permanente das diversas críticas apontadas contra os quadros referenciais teóricos funcionalistas anteriores. Uma parte significativa de seu trabalho é dedicada a estas críticas. Na verdade, tentava regularmente demonstrar a sua invalidade ou referia erros que, embora cometidos por alguns funcionalistas, não eram intrínsecos ao argumento funcionalista. A proposta de Merton relativa a um paradigma funcionalista procurava evitar estes erros intelectuais.

Semelhante prudência norteia as teorias de médio alcance de Merton[46]. Contrariamente à grande teoria de Parsons, a teoria de médio alcance não tenta abarcar a totalidade da sociedade. Mas também não é uma série de hipóteses empíricas desgarradas.

As teorias de médio alcance [...] encontram-se entre as hipóteses de trabalho menores, mas necessárias, que evoluem abundantemente durante a investigação quotidiana e os esforços sistemáticos abarcantes que procuram desenvolver uma teoria unificada que explique a totalidade das uniformidades observadas no comportamento social, na organização social e na transformação social[47].

Merton acreditava que a teoria dos grupos de referência (e de privação relativa) era um exemplo bem-sucedido de uma teoria de médio alcance em sociologia. Esta teoria, para a qual Merton também contribuiu, afirma que os indivíduos avaliam a sua própria situação por comparação e contraste com a

---

45. Robert K. Merton, *Social Theory and Social Structure*, New York, The Free Press, 1968.
46. *Idem*, pp. 39-72.
47. *Idem*, p. 39.

de um grupo de referência. Merton julgava que esta era uma teoria de sucesso, uma vez que contrariava o senso comum e havia sido validada empiricamente[48].

Embora Merton seja considerado um dos "porta-vozes" do funcionalismo sociológico moderno, procurou distanciar-se de um grande número de obras produzidas sob essa bandeira. Tentou demonstrar que a maioria dos primeiros funcionalistas se apoiava em pressupostos insustentáveis. Aquilo que, segundo Merton, era tão problemático no primeiro funcionalismo pode ser bem resumido no termo alemão *hineinlesen*. Este termo (não utilizado pelo próprio Merton) refere-se ao ato de sobreinterpretar algo. E, para Merton, era isso mesmo que os primeiros funcionalistas faziam. Tendiam a ler, *ex post facto*, demasiada racionalidade funcional nas práticas sociais.

De que forma atribuíam os primeiros funcionalistas essa exagerada racionalidade funcional à realidade social? Merton argumentava que o faziam através da adesão a três princípios errados: o postulado da unidade funcional da sociedade, o postulado do funcionalismo universal, e o postulado da indispensabilidade[49]. O primeiro princípio afirma que a sociedade é um todo funcional, e que todas as suas partes se encontram completamente integradas e em equilíbrio. O segundo princípio afirma que todos os objetos culturais e práticas sociais são funcionais. O terceiro afirma que existem certos pré-requisitos funcionais universais para qualquer sociedade, e que só objetos ou práticas culturais específicas podem preencher essas funções.

Merton defendia que os primeiros funcionalistas estavam errados ao postularem antecipadamente estes princípios – eles precisavam ser demonstrados empiricamente e, ao longo da pesquisa empírica, mostravam-se incorretos. O primeiro princípio pode ser consistente com os dados de Malinowski ou Radcliffe-Brown acerca das sociedades "primitivas" iletradas. Mas seria um erro grosseiro alargar este princípio a sociedades literatas diferenciadas. O segundo princípio não reconhece a existência de sobrevivências sociais; isto é, objetos que podem ter cumprido uma função em algum momento do passado, mas que já não o fazem. O terceiro princípio ignora a existência de "alternativas funcionais" ou "equivalentes funcionais". O fato de que um dado objeto cumpra

---

48. *Idem*, pp. 40-41.
49. *Idem*, pp. 79-91.

uma função particular não implica necessariamente que essa mesma função não possa ser cumprida por objetos alternativos.

A proposta funcionalista de Merton baseava-se na sua crítica a esta trindade de postulados funcionais. Primeiro, abandonou a visão funcionalista inicial de que vivemos no melhor dos mundos possíveis. Muitas crenças ou práticas persistem apesar do fato de não comportarem efeitos benéficos visíveis para os indivíduos nelas envolvidos ou para a sociedade em geral. Podem ter consequências negativas, ou podem nem sequer ter qualquer efeito social significativo. Merton afirmava que os primeiros funcionalistas haviam sido até então parciais em relação às consequências positivas dos objetos sociais para o sistema social geral no qual estes objetos se situam.

Seu paradigma de análise funcional, por outro lado, atribuía um estatuto igual ao que ele chamava "funções" e "disfunções". Definia funções como os efeitos observáveis de objetos sociais que contribuíam para a adaptação ou o ajustamento do sistema sob análise. As disfunções eram as consequências observáveis que diminuíam a adaptação ou ajustamento de um dado sistema. Alguns objetos podiam parecer ser nem funcionais nem disfuncionais. Estes eram "não funcionais" na medida em que eram irrelevantes para o sistema. Merton acreditava que a atenção que prestava às disfunções fazia com que seu funcionalismo fosse mais apropriado para a análise da transformação social[50].

Em segundo lugar, os primeiros funcionalistas tinham tendência a privilegiar as chamadas funções para "a sociedade". Mas a noção de sociedade como totalidade é enganadora, porque o mesmo objeto pode ser funcional para alguns indivíduos, grupos ou sistemas e disfuncional para outros. Merton fazia, assim, a distinção entre as diferentes unidades para as quais um dado objeto pode comportar consequências. Em vez de se referir aos efeitos observáveis em geral, preferia especificar a natureza das unidades afetadas e o modo pelo qual eram afetadas. Estas unidades podem ser a sociedade, o sistema cultural, um grupo, uma unidade psicológica etc. De forma semelhante, podem-se considerar (dis)funções sociais, (dis)funções culturais, funções grupais, funções psicológicas, e assim sucessivamente[51].

---

50. *Idem*, pp. 84-86, 90 e 105.
51. *Idem*, pp. 79-84, 90 e 106.

O fenômeno da guerra pode ser utilizado para fazer luz sobre a distinção que Merton estabelecia entre funções e disfunções, bem como entre as diversas unidades de análise. Consideremos as seguintes unidades: a sociedade, a unidade econômica, o nível psicológico e o domínio político. No nível social, a guerra é obviamente disfuncional, na medida em que conduz a uma fratura imediata das famílias e ao provável ferimento ou possível morte dos seus membros. Mas a guerra tende também a reforçar a solidariedade interna de um país. O confronto com um inimigo externo visível tende a aumentar sentimentos de comunidade e pertença[52].

No nível psicológico, há quem sublinhe que o aumento de coesão contribui, por seu lado, para o bem-estar dos cidadãos – de onde o decréscimo observável da taxa de suicídios durante períodos de guerra. Não obstante este fato, a partida para a guerra possui também efeitos psicológicos nocivos para os soldados e para suas famílias, e para quem quer que seja que se preocupe com a paz e a humanidade. No nível econômico, os esforços de guerra são benéficos para os setores da economia que estão direta ou indiretamente envolvidos na produção de armamento. No entanto, a guerra conduz igualmente à negligência de outros setores da economia; pode conduzir, por vezes, a sanções econômicas por parte de outros países; e é quase sempre acompanhada por um decréscimo da atividade comercial e por um declínio do nível de vida das populações. No nível político-estratégico, a guerra pode distrair as atenções de problemas internos, aumentar a popularidade dos detentores do poder e ser, assim, crucial para sua reeleição. Mas os erros estratégicos podem também ter o efeito contrário.

Em terceiro lugar, Merton assinalava que uma das críticas comuns ao funcionalismo era a sua propensão conservadora. Reconhecia que os primeiros funcionalistas tendiam a fornecer interpretações legitimadoras da ordem existente, embora negasse que esta tendência fosse intrínseca ao funcionalismo. Esses primeiros funcionalistas chegavam a estas conclusões conservadoras precisamente porque a sua análise se confinava à identificação dos efeitos positivos para a sociedade como um todo. A partir do momento em que os funcionalistas incluíam as disfunções, e assim que especificassem as diversas unidades ou níveis de análise, poderiam estabelecer um "balanço total de um agregado de

---

52. Esta crescente solidariedade é frequentemente orquestrada de forma que a mobilização de forças possa ocorrer de forma mais suave.

consequências" para cada objeto. Ao procurar as alternativas funcionais possíveis numa dada estrutura social, o funcionalismo poderia ajudar a melhorar a sociedade[53].

Em quarto lugar, alguns relatos funcionalistas faziam confluir estados subjetivos dos indivíduos com consequências objetivas. Merton insistia que a função de uma prática é um efeito observável e, como tal, algo a ser distinguido da motivação que subjaz à dita prática. Algumas práticas podem, é claro, possuir funções que podem ser intencionais e reconhecidas pelos indivíduos nelas implicados. Merton chamava essas práticas de "funções manifestas". Mas há outras funções que não são intencionais nem reconhecidas pelos indivíduos envolvidos, as quais Merton chamava "funções latentes". Tome-se como exemplo a frequência cristã à igreja. Uma das suas funções manifestas é a celebração de Jesus e a proximidade a Deus. Uma das suas funções latentes consiste no reforço da integração social. A análise funcional pode ser libertadora na medida em que torna as (dis)funções latentes manifestas[54].

Um exemplo da teoria funcionalista de médio alcance de Merton pode ser encontrado nos seus artigos seminais "Social Structure and Anomie" e "Continuities in the Theory of Social Structure and Anomie"[55]. Subjacente a esta teoria encontra-se a distinção entre cultura e estrutura social: enquanto a cultura fornece aos indivíduos diretrizes normativas, a estrutura social refere-se ao conjunto organizado de relações sociais. A cultura informa os indivíduos acerca do que é desejável e do que deve ser atingido, enquanto o próprio fato de estes operarem no interior de uma estrutura social implica diversas oportunidades e constrangimentos.

Mais especificamente, Merton fazia uma distinção entre valores últimos, centrais para uma determinada cultura, por um lado, e a disponibilidade de meios legítimos para atingir esses objetivos, por outro. A anomia é definida como um estado de discrepância entre os valores últimos e os meios legítimos. Por exemplo, embora o sucesso material e profissional seja altamente valorizado na sociedade ocidental, poucos indivíduos possuem oportunidades estruturalmente induzidas para atingir estes objetivos. Merton argumentava

---

53. Robert K. Merton, *Social Theory and Social Structure*, pp. 91-100 e 106-108.
54. *Idem*, pp. 114-136.
55. *Idem*, 185-214 e 215-248.

que os indivíduos eram conduzidos à redução da discrepância, e que o comportamento desviante pode ser considerado como uma tentativa de restaurar o equilíbrio.

Merton dedicou muito do seu tempo à construção de um esquema de classificação das diferentes formas pelas quais os indivíduos podem adaptar-se a este estado de anomia.

2.2. Formas de adaptação dos indivíduos ao estado de anomia

Modos de Adaptação	Objetivos Culturais	Modos Institucionalizados
Conformidade	+	+
Inovação	+	–
Ritualismo	–	+
Retirada	–	–
Rebelião	+/–	+/–

A "inovação" ocorre quando os indivíduos aceitam os objetivos finais mas adotam meios ilegítimos para os atingirem. Merton citava algumas formas de crime de "colarinho branco" como exemplos deste fenômeno particular. O "ritualismo" é reservado para os casos em que os indivíduos baixaram os seus objetivos, mas aceitam os modos institucionalizados de procedimento. A "retirada" ocorre quando se rejeitam quer os objetivos quer os métodos, e os indivíduos tentam se afastar da sociedade. Algumas subculturas enquadram-se nesta categoria. A "rebelião" ocorre quando os indivíduos procuram mudar os objetivos culturalmente atribuídos da sociedade e os meios legítimos para os atingir. Para completar o quadro (embora não seja um caso desviante), Merton falava de "conformidade" quando os indivíduos aceitavam tanto os objetivos finais como os processos institucionalizados.

A principal contribuição de Merton foi uma reflexão crítica e uma elucidação acerca de conceitos centrais que eram regularmente utilizados à época; por exemplo, o conceito de função ou a noção de equivalente funcional. Sua estrutura conceitual era mais elaborada do que a dos primeiros funcionalistas, e Merton evitou alguns dos seus erros; por exemplo, distanciou-se com sucesso da imagem então vulgarizada da sociedade como um todo orgânico composto exclusivamente por partes funcionais e indispensáveis.

Mas o quadro referencial de Merton também tinha insuficiências. Em primeiro lugar, embora tenha desenvolvido um quadro referencial que, esperava, evitaria os erros cometidos pelo primeiro funcionalismo, Merton, em última análise, não conseguiu fornecer explicações convincentes para as ações dos indivíduos. Ao rejeitar o funcionalismo simples dos seus predecessores em favor de uma abordagem mais cautelosa, acabou por conseguir, infelizmente, jogar a criança fora com a água do banho. Em comparação com as teorias de Malinowski e Radcliffe-Brown, a estrutura de Merton possuía apenas um valor descritivo e heurístico; podia categorizar e delinear a vida social, mas não fazia mais do que isso. De fato, assinalar efeitos não intencionais, existentes ou potenciais, de práticas recorrentes, como faz Merton, não é, isoladamente, uma explicação desses padrões.

Em segundo lugar, há comentadores que têm, corretamente, indicado que algumas das próprias contribuições de Merton para a investigação de médio alcance nem sequer podem ser chamadas funcionalistas. Merton não presta muita atenção aos resultados involuntários das práticas dos indivíduos, e ao fazê-lo não segue os procedimentos normais dos funcionalistas. A maioria das afirmações que faz em "Social Structure and Anomie", por exemplo, aludem a uma lógica casual, não funcionalista. Não é certamente surpreendente que, na prática, Merton se desvie de seu quadro funcionalista. Seu poder explicativo é tão fraco que ele precisa recorrer a modos alternativos de explicação para que aquilo que diz seja minimamente significativo.

Em terceiro lugar, existe uma série de imprecisões no quadro analítico de Merton. Tais imprecisões são particularmente problemáticas na medida em que, se este quadro possui algum valor, seria as suas qualidades descritivas ou heurísticas, sendo, assim, fulcral a sua precisão analítica. Um exemplo de falta de precisão diz respeito à sua definição de funções manifestas e latentes. Nesta definição, Merton mistura o fato de se saber que algo vai ocorrer com a intenção de que ocorra. Não há funções manifestas nem latentes que expliquem

110 TEORIA SOCIAL CONTEMPORÂNEA

momentos em que os indivíduos, de forma consciente mas não intencional, produzem efeitos funcionais particulares[56].

Outrora tido como um programa de investigação promissor, com o objetivo de reunificar os diversos ramos das ciências sociais, o funcionalismo passou a ser alvo de severas críticas a partir do final da década de 1960. Parte das vozes dissidentes que se levantaram podem ser explicadas, pelo menos, pela alteração do clima político da época. Num período de radicalização política, os estudantes e os acadêmicos demonstravam uma insatisfação crescente com as alegadas inclinações ideológicas do funcionalismo. Não deixa de ser irônico que, enquanto muitos consideravam que a ênfase funcionalista no equilíbrio e na estabilidade era conservadora, ou mesmo reacionária, algumas das alternativas "radicais" em voga na época empregassem raciocínios de tipo funcionalista[57].

Independentemente deste fato, o funcionalismo enquanto escola foi tido como uma justificação da ordem existente e, como tal, enquanto algo que deveria ser abandonado. Para mais, muitos críticos argumentavam que, devido a seu foco na "estática social", o funcionalismo é inerentemente a-histórico. A pesquisa funcionalista passou a ser associada a tipos sincrônicos de análise nos quais uma imagem instantânea da sociedade é tida como suficiente para captar os mecanismos da estabilidade. Contra esta tendência a-histórica, argumentava-se que era necessária uma análise diacrônica até para explicar a ordem social[58].

Adicionalmente, os sociólogos mostravam alguma insatisfação com aquilo que consideravam ser uma negligência da ação humana por parte do funcionalismo – a capacidade que os indivíduos possuem para intervirem no curso dos

---

56. Sobre esta questão, ver Anthony Giddens, *Studies in Social and Political Theory*, London, Hutchinson, 1977, p. 106.
57. Por exemplo, Louis Althusser, *For Marx*, New York, Pantheon, 1978; Louis Althusser e Étienne Balibar, *Reading Capital*, London, New Left Books, 1970; Herbert Marcuse, *One-Dimensioned Man*, London, Verso, 1968.
58. Norbert Elias, *What is Sociology?*, New York, Columbia University Press, 1978; Anthony Giddens, *Central Problems in Social Theory: Action, Structure and Contradiction on Social Analysis*, London, Macmillan, 1979, pp. 198-233; "Agency, Institution and Time-Space Analysis", em Karin Knorr-Cetina e Aaron V. Cicourel (eds.), *Advances in Social Theory and Methodology: Towards and Integration of Micro- and Macro-Sociologies*, London, Routledge, 1981, pp. 161-175; ver também o capítulo 4, "A Invasão do Homem Econômico".

acontecimentos. Segundo o pensamento funcionalista, a conduta dos indivíduos era erroneamente tida como um mero produto de imperativos sistêmicos. Era também argumentado, em relação a este aspecto, que o funcionalismo subvalorizava, de forma equivocada, o conhecimento dos indivíduos: o fato de estes possuírem um grande conhecimento acerca da vida social e de o empregarem efetivamente nas suas interações cotidianas[59].

Estas críticas eram frequentemente justas, mas reforçavam involuntariamente uma imagem estereotipada daquilo que o funcionalismo é. Em primeiro lugar, as implicações políticas do funcionalismo não são tão claras como algumas críticas querem fazer crer. É verdade que o pensamento funcionalista pode ser utilizado para legitimar padrões existentes na sociedade. No entanto, não decorre daqui que o funcionalismo justifique *ipso facto* o *status quo*. A obra de Merton demonstra que é possível empregar noções funcionalistas sem ser vítima de tendências conservadoras. Em segundo lugar, embora seja verdade que as primeiras formas de funcionalismo tinham tendência a centrar-se exclusivamente no presente, tal era frequentemente devido a considerações metodológicas (por exemplo, a ausência de fontes históricas confiáveis) e não teóricas. Qualquer pensamento funcionalista requer alguma forma de evolucionismo e, como tal, uma sensibilidade para âmbitos temporais mais alargados.

Não é, assim, surpreendente que o trabalho posterior de Parsons tratasse bastante de transformações de longo prazo, e que outros funcionalistas o seguissem neste propósito. Em terceiro lugar, um argumento semelhante pode ser aplicado à alegada negligência da ação humana. Alguns funcionalistas, de fato, intencionalmente ou não, negligenciam a intervenção ativa dos indivíduos no curso dos acontecimentos, enquanto para outros (como Parsons) a ação humana era uma característica fulcral da sua teoria. Mas, mesmo neste último caso, não é necessário que uma teoria tome tudo em conta, e não é possível que uma teoria possa explicar todas as características de um fenômeno. A negligência da ação humana não é problemática desde que o formato teórico possua suficiente poder explicativo.

---

59. Anthony Giddens, *Studies in Social and Political Theory*, pp. 96-134; *The Constitution of Society: Outline of the Theory of Structuration*, Cambridge, Polity Press, 1984; ver também os capítulos 3 e 4, "O Engima da Vida Cotidiana" e "A Invasão do Homem Econômico".

O NEOFUNCIONALISMO E NIKLAS LUHMANN

Como foi dito, o funcionalismo perdeu o seu poder de atração a partir de meados dos anos 1960. Os sociólogos, insatisfeitos com a alegada tendência conservadora do pensamento funcionalista, foram rapidamente atraídos por uma série de argumentos teóricos alternativos; por exemplo, a sociologia da figuração de Norbert Elias, a teoria da estruturação de Giddens e o estruturalismo generativo de Bourdieu (ver capítulos 1 e 4). Mas, desde o início da década de 1980, tem-se assistido a um ressurgimento do pensamento funcionalista, primeiro na Alemanha e posteriormente nos Estados Unidos.

Na Alemanha, o "estruturalismo funcionalista" de Niklas Luhmann (1927--1998) foi decisivo para a reemergência do pensamento funcionalista. Nos Estados Unidos, os trabalhos de Jeffrey Alexander e de Paul Colomy lançaram o movimento neofuncionalista. Tanto o estruturalismo funcionalista como o neofuncionalismo se baseiam em Parsons, embora não sejam herdeiros acríticos do seu legado.

Niklas Luhmann é, muito provavelmente, o pensador alemão cujas contribuições mais inovaram o paradigma funcionalista. Seus pontos de vista baseiam-se numa grande variedade de fontes, que vão da teoria geral dos sistemas até o estrutural-funcionalismo de Parsons, passando pela antropologia filosófica de Arnold Gehlen e pela fenomenologia. Luhmann defende também a existência de analogias entre o mundo social e outros domínios, de onde o seu interesse pela teoria da autopoiesis e dos sistemas auto-organizados. Embora seja essencialmente um teórico, forneceu também muitos exemplos e aplicações dos seus pontos de vista, nomeadamente em assuntos legais e administrativos e na questão do amor romântico. O impacto de Luhmann na sociologia europeia foi muito significativo, mas os sociólogos anglo-saxônicos mostraram-se em geral mais relutantes em fazer uso das suas ideias.

Pode-se dizer que o ponto de partida de Niklas Luhmann é o sistema. De acordo com a sua perspectiva, o funcionamento de um sistema só pode ser completamente compreendido se se levar em conta a relação entre um dado sistema e o seu ambiente[60]. A principal tese de Luhmann é a de que os sistemas em geral reduzem a complexidade do ambiente no qual se inscrevem. A complexidade

---

60. Niklas Luhmann, *The Differentiation of Society*, New York, Columbia University Press, 1982, pp. 37 e 139.

de um ambiente depende do número de eventos, reais ou possíveis, verificáveis nesse mesmo ambiente. A redução da complexidade refere-se ao processo pelo qual um sistema seleciona acontecimentos relevantes no ambiente, e como reduz o número de formas de lidar com esse ambiente. O processo de diferenciação sistêmica interna é um dos mecanismos pelo qual a complexidade passa a ser gerida ou filtrada[61]. Na terminologia abstrata de Luhmann, os sistemas podem, por exemplo, ir de sistemas fisiológicos até sistemas sociais.

O interesse de Luhmann centra-se, obviamente, nos sistemas sociais; estes são definidos como padrões organizados de comportamento. O termo "sistema social" pode referir-se às sociedades em geral, a instituições dentro das sociedades, ou a formas regradas de comportamento. Os sistemas sociais diferenciam-se de outro tipo de sistemas na medida em que a redução da complexidade se efetua através da comunicação de significado (Sinn)[62]. Luhmann apoia-se aqui, fortemente, na antropologia filosófica de Gehlen, e em particular no seu conceito de *Entlastung*, que se refere ao modo pelo qual a institucionalização permite aos seres humanos compensar a sua indeterminação e indefinição intrínsecas. Ao contrário do que acontece com os outros animais, a adaptação inata dos seres humanos ao seu ambiente é pouco desenvolvida, e esta falta de orientação intrínseca conduz à necessidade de princípios reguladores.

De acordo com o léxico de Luhmann, o principal dispositivo de regulação é a "dupla contingência", que se refere ao processo pelo qual a interação entre indivíduos tem de levar em conta a orientação dos outros em relação a si. A partir da dupla contingência, defende Luhmann, decorre que os sistemas sociais são autopoiéticos. Estes sistemas que, quando confrontados com um ambiente que coloque potencialmente em risco a sua autonomia, registram e interpretam esse ambiente de forma que contribua para a sua autonomia. Através da dupla contingência, as ameaças potenciais para a autonomia do sistema social são processadas de forma a melhorar essa autonomia.

Luhmann faz um grande esforço para explicar a natureza autopoiética dos sistemas sociais (e, desta forma, também a sua autorreferencialidade)[63]. O impulso principal do seu argumento é o de que existem três dimensões nos

---

61. *Idem*, pp. 213-217.
62. Niklas Luhmann, *Essays on Self-Reference*, New York, Columbia University Press, 1990, pp. 21-85.
63. *Idem*, pp. 1-20.

sistemas autorreferenciais: o "código" do sistema, a sua "estrutura" (ou programa) e o seu "processo". Os códigos são procedimentos binários através dos quais a informação é processada – oposições binárias tais como "verdadeiro/falso", ou "significante/insignificante". A estrutura ou programa envolve os valores centrais, normas e expectativas do sistema, enquanto o processo consiste na interação continuada. Para um sistema se reproduzir a si próprio, o código precisa permanecer idêntico, enquanto a estrutura ou o processo podem ser alterados.

A dupla contingência é, assim, um processo de ordenação universal, mas, à medida que a modernidade implica uma maior contingência e complexidade, são necessários mecanismos mais sofisticados que permitam uma maior redução da complexidade. Luhmann fornece muitos exemplos de redução progressiva de complexidade na alta modernidade, que vão desde alterações no sistema legal a transformações administrativas. Com o advento da alta modernidade, os procedimentos "autorreflexivos" e a diferenciação social passam a ser de particular importância na redução da complexidade.

Os procedimentos autorreflexivos são os que podem ser aplicados não apenas a outros fenômenos, mas também a si próprios. Ensinar outros a ensinar, ou desenvolver pesquisa científica sobre atividades científicas, são exemplos de procedimentos autorreflexivos. Os processos autorreferenciais implicam a possibilidade de reajustamento e, como tais, são essenciais para a adaptação contínua do sistema social a um ambiente em rápida transformação que é crescentemente imprevisível[64].

Os sistemas sociais modernos não são apenas autorreflexivos; são também diferenciados. Luhmann observa, por exemplo, que ao longo do tempo há três níveis de sistema social que se distinguem uns dos outros: o nível de interações situacionais, o reino das organizações, e o nível social. Mas Luhmann também fala da diferenciação de uma maneira menos trivial. De um modo que faz lembrar a distinção durkheimiana entre solidariedade mecânica e orgânica, Luhmann distingue uma diferenciação "segmentária" e "não segmentária": a primeira implica uma fragmentação dos sistemas em unidades diferenciadas que desempenham funções idênticas, enquanto a última envolve partes que são funcionalmente diferentes.

---

64. *Idem*, pp. 123-174.

O tipo de diferenciação não segmentária pode ser tanto "hierárquica" como "funcional": a primeira implica uma estrutura hierárquica, enquanto a segunda não. No que diz respeito à capacidade de redução da complexidade, a diferenciação funcional é superior à diferenciação hierárquica, e esta última é superior à diferenciação segmentária. Uma vez que a modernidade se caracteriza por um aumento de complexidade no ambiente social, não é surpreendente verificar que a evolução da sociedade se desenrola de acordo com estes diferentes tipos: a diferenciação segmentária surge primeiro, seguida pela diferenciação hierárquica e, finalmente, pela diferenciação funcional. A visão evolutiva da história de Luhmann apoia-se em três conceitos centrais: variação, reprodução e seleção. A variação refere-se ao fato de a emergência dos sistemas sociais ser acidental. Sua reprodução ocorre, por exemplo, através da socialização e, a longo prazo, estes sistemas são selecionados com base na sua capacidade de se adaptarem ao ambiente[65].

A partir do que se disse acima, é óbvio que Luhmann tem uma posição fortemente crítica em face aos teóricos que concebem a compartimentação e a diferenciação como fontes de conflito e desordem social, ou que veem a despersonalização moderna em termos de alienação ou "cultura de massas". Para Luhmann, tal seria conceber a modernidade em termos de uma lógica sociológica pré-moderna: em vez de serem uma fonte de desordem, as diversas formas de diferenciação são centrais para a criação da ordem na sociedade moderna; em vez de serem alienantes, as relações impessoais fornecem novas formas de liberdade até então desconhecidas pela humanidade. Luhmann critica também a afirmação de Parsons de que valores e normas comuns são um pré-requisito para a ordem social. Com o advento da modernidade, a ordem social é conseguida sem valores centrais ou integração normativa alargada.

Existe uma tensão entre a antropologia filosófica de Luhmann, por um lado, e a sua avaliação das manifestações culturais da modernidade, por outro. Influenciada por Gehlen e aproximando-se de Malinowski, a antropologia filosófica de Luhmann postula que os seres humanos não possuem traços inatos significativos, e que necessitam de instituições efetivas para contrabalançar a ausência de uma estrutura interna. No entanto, esta posição requer uma atitude mais crítica em relação à modernidade do que aquela que Luhmann está

---

65. Niklas Luhmann, *The Diferentiation of Society*, pp. 232-238.

116 TEORIA SOCIAL CONTEMPORÂNEA

disposto a adotar. Ele tenta contornar este problema reduzindo a modernidade sobretudo à diferenciação e a noções com esta relacionadas. Mas é óbvio que a modernidade também implica um decréscimo de poder dos padrões de valor e das instituições. A adoção da antropologia filosófica de Gehlen não é facilmente conciliável com uma apreciação acrítica da sociedade moderna.

JEFFREY ALEXANDER E A SOCIOLOGIA CULTURAL

Com a morte de Luhmann em 2002, Richard Münch passou a ser o representante mais significativo do neofuncionalismo na Alemanha. A obra de Münch captou atenção internacional no início da década de 1980, com duplo conjunto de artigos sobre a influência kantiana no trabalho de Parsons. Mais tarde desenvolve uma teoria neoparsoniana da estruturação tentando complementar Weber com Durkheim. Mais recentemente, em *Ethics of Modernity*[66] e *Nation and Citizenship in the Global Age*[67], Münch tem se centrado em estudos internacionais comparativos de processos de modernização tardia.

Um elemento crucial destes últimos são, certamente, os crescentes fluxos migratórios das últimas décadas. A explicação neofuncionalista de Münch de como, numa economia mundial crescentemente globalizada, a integração social dos imigrantes se encontra estreitamente relacionada com os processos de formação de identidade coletiva nas sociedades de acolhimento é uma importante contribuição para esta problemática. Como já foi mencionado, praticamente ao mesmo tempo, nos Estados Unidos, Jeffrey C. Alexander (1947-) liderava o movimento neofuncionalista americano. O momento fundador do neofuncionalismo de Alexander foi a publicação de *Theoretical Logic in Sociology*, no início dos anos 1980.

Escrita numa época em que crescia, entre os sociólogos, o ceticismo acerca da utilidade de grandes sínteses teóricas, essa monumental obra em quatro volumes não foi bem recebida. Continua a ser, no entanto, um dos mais impressionantes tratados sociológicos do nosso tempo. Não possui certamente

66. Richard Münch, *Ethics of Modernity: Formation and Transformation in Britain*, France, Germany and the United States, Lanham, Rowman/Littlefield, 2000.
67. Richard Münch, *Nation and Citizenship in the Global Age: From National to Transnational Ties and Identities*, New York, Palgrave, 2001.

rival enquanto estrutura conceitual que procura explicar os processos de diferenciação pelos quais passaram as sociedades modernas ocidentais durante os últimos séculos. A fase neofuncionalista de Alexander atingiu seu ponto alto no final dos anos 1980. Tal como os neomarxistas tentaram se apoiar na obra de Marx descartando as suas deficiências, também os neofuncionalistas tentam produzir "avanços significativos relativamente a anteriores interpretações da tradição parsoniana"[68].

Embora seguindo os contornos básicos da argumentação parsoniana, os neofuncionalistas procuram ser menos dogmáticos do que os seus predecessores, abordando uma série de críticas. Tentam fundir Parsons com outros "clássicos" da teoria social (em particular Marx e Durkheim) e com outras escolas de pensamento (especialmente a fenomenologia, o interacionismo simbólico e a teoria da troca). Tal como o funcionalismo, o neofuncionalismo presta atenção às inter-relações entre os diferentes componentes de um sistema social. Mas, ao contrário da maior parte dos autores funcionalistas, os neofuncionalistas são particularmente sensíveis aos conflitos potenciais entre os diferentes subsistemas.

Enquanto alguns dos primeiros funcionalistas tendiam a superestimar o impacto da cultura noutras partes da sociedade, o neofuncionalismo rejeita explicitamente qualquer argumento reducionista ou monocausal. Enquanto alguns funcionalistas desvalorizam a microdimensão da vida social, considerando-a irrelevante para a finalidade da teoria social, os neofuncionalistas prestam também atenção à medida pela qual a ordem é continuamente produzida por nossas interações cotidianas (ver capítulo 3). Embora alguns dos primeiros funcionalistas considerassem a integração social como um dado adquirido, o neofuncionalismo reconhece a sua natureza problemática no seio da sociedade moderna.

Apesar de as antigas narrativas funcionalistas de transformação social conceberem o desenvolvimento social em termos de uma diferenciação crescente e irreversível, neofuncionalistas como Colomy reconhecem a possibilidade de desdiferenciação e de diferenciação irregular. O conceito de desdiferenciação é simples: refere-se ao processo pelo qual a sociedade se orienta em direção a um estado menos diferenciado. Ou seja, a desdiferenciação ocorre quando funções

---

68. Jeffrey Charles Alexander and Paul Colomy, *Differentiation Theory and Social Change*, New York, Columbia University Press, 1990, p. 55.

118 TEORIA SOCIAL CONTEMPORÂNEA

que eram previamente cumpridas por diversos subsistemas diferenciados são agora cumpridos no âmbito de um único sistema. A diferenciação irregular ocorre quando certos setores da sociedade são mais (ou menos) diferenciados do que outros.

Por fim, os neofuncionalistas como Alexander desvalorizam uma das características mais importantes do estrutural-funcionalismo parsoniano ortodoxo, nomeadamente a ideia de que os processos socioculturais devem ser estudados fazendo referência às funções que desempenham no âmbito de um sistema abrangente. Em vez de presumir que os requisitos funcionais do sistema podem efetivamente explicar os processos sociais correntes, Alexander sugere que, na melhor das hipóteses, estes estabelecem os parâmetros no seio dos quais ocorrem as ações individuais e coletivas.

O interesse de Alexander pela cultura, apresentado inicialmente como ilustração de um programa de pesquisa neofuncionalista, rapidamente se transformou num exercício de formação de paradigmas: nos últimos quinze anos, a "sociologia cultural" de Alexander tem sido apresentada como, nada mais nada menos, um exercício de refundação da própria disciplina[69]. Esta ambiciosa tarefa merece uma atenção cuidadosa. O afastamento do neofuncionalismo em direção à sociologia cultural inclui duas fases. Primeiro, Alexander critica a conhecida distinção analítica parsoniana entre cultura, sociedade e personalidade. Duvida, em particular, de que os códigos culturais e os padrões motivacionais possam efetivamente explicar a ação humana.

Para fazê-lo, é necessário levar em conta o agenciamento. O que significa isto? Ação e agência não devem ser misturados: esta última é uma dimensão analítica da anterior. Os atores sociais em geral não devem ser caracterizados como criativos, racionais, autorreflexivos etc. Estas são qualidades que os atores sociais podem, em determinados momentos e contextos, apresentar[70]. Em segundo lugar, Alexander afirma que Parsons não estudou o sistema cultural convenientemente.

Por contraste, a sociologia cultural de Alexander considera que o sistema cultural é um sistema simbólico autônomo que pode ser estudado de forma

---

69. Ver, por exemplo, Paul Colomy, "Jeffrey C. Alexander's Neofunctionalism", em Jonathan H. Turner (ed.), *The Structure of Sociological Theory*, Belmont, CA, Wadswoth-Thomson, 1997, pp. 43-59.

70. Jeffrey Charles Alexander, *Neo-Functionalism and After*, Oxford, Blackwell, 1998, p. 218.

independente de outros sistemas de ação (do sistema social e dos seus requisitos funcionais, por exemplo). Em outras palavras, esta ideia de "autonomia cultural" significa que a cultura não deve ser estudada como uma variável dependente explicável por fatores externos, mas antes como uma variável independente, "uma linha que percorre e que pode ser desfiada de qualquer forma social que se possa conceber"[71]. O reconhecimento da autonomia cultural é o traço mais importante do "programa forte" da sociologia cultural[72].

A sociologia cultural de Alexander deve, antes de mais, ser distinguida da mais tradicional "sociologia da cultura", em particular da variante desenvolvida por Bourdieu[73]. Esta última é criticada por promover uma abordagem externalista ao domínio cultural, na qual as variáveis "rígidas" da estrutura socioeconômica moldam, e são moldadas, por práticas culturais e sistemas de crença. Em contraste, a sociologia cultural começa por desacoplar analiticamente a cultura da estrutura social (autonomia cultural) de modo a obter um entendimento textual da vida social.

Essa tendência para ler a cultura como um texto deve ser complementada, segundo Alexander, por um interesse no desenvolvimento de "modelos formais que possam ser aplicados a diferentes casos históricos e comparativos"[74]. Esta reconciliação entre o projeto da "descrição espessa" hermenêutica – o conceito de Clifford Geertz que identifica uma análise detalhada e sutil de um fenômeno único que possua tantas características arquetípicas quanto possível[75] – e a análise causal origina o paradigma teórico de Alexander, a "hermenêutica estrutural".

Alexander, no entanto, talvez atribua excessiva autonomia à cultura. Em *Cultural Trauma and Collective Identity*, por exemplo, o seu estudo rico e detalhado do Holocausto, o "trauma" é definido primariamente em termos culturais (ou seja, a memória cultural como constructo social), evitando analisar desta

---

71. Jeffrey Charles Alexander, *The Meanings of Social Life: A Cultural Sociology*, Oxford, Oxford University Press, 2003, p. 7.
72. A expressão "programa forte" é tomada de empréstimo aos estudos da ciência. Ver, por exemplo, Bruno Latour e Steve Woolgar, *Laboratory Life: The Construction of Scientific Facts*, Princeton, Princeton University Press, 1986.
73. Jeffrey Charles Alexander, "Cultural Sociology or Sociology of Culture?", *Culture*, vol. 10, n. 3-4, pp. 1-5, 1996; ver também o capítulo 1, "Cem Anos de Teoria Social Francesa".
74. Jeffrey Charles Alexander, *The Meanings of Social Life*, p. 25.
75. Clifford Geertz, *The Interpretation of Cultures: Selected Essays*, New York, Basic Books, 1973.

forma as consequências psicológicas e sociais dos traumas. Aquilo que se ganha pelo emprego de um único fator na explicação de um fenômeno tão complexo e estratificado não é claro. Este problema é partilhado por todas as análises culturalistas – aquilo que é deixado de fora impede frequentemente um relato completo e equilibrado do fenômeno em questão. Além disso, a sugestão de Alexander de que "o estruturalismo e a hermenêutica podem se tornar em dois belos companheiros de cama"[76] também é problemática.

Do nosso ponto de vista, sua perspectiva presta mais atenção analítica e empírica à componente hermenêutica do que à sua congênere estrutural. Isto é particularmente claro no caso do conceito alexanderiano de "estrutura cultural", que consiste em enquadramentos narrativos e códigos binários simbólicos, tais como o puro e o poluído, o sagrado e o profano, o bem e o mal. Esta concepção *soft* de estrutura não está no nível das propostas neoinstitucionalistas da ciência política (ver capítulo 4), pelo menos no que diz respeito aos aspectos *hard* das estruturas culturais (por exemplo, a economia da produção cultural, as assimetrias de poder, e as estratégias das elites culturais para a manutenção das suas posições de privilégio). Muito embora Alexander preste alguma atenção ao controle dos meios de produção simbólica[77], a verdade é que sua proposta não lida com a distribuição assimétrica do poder de uma forma sistemática.

Apesar destes problemas, surgiram dois importantes desenvolvimentos no "programa forte" de sociologia cultural de Alexander. Em primeiro lugar, a publicação em 2006 da sua obra *The Civil Sphere*, uma monumental aplicação da sociologia cultural à esfera política. Embora seja o trabalho de Alexander que até a data revela mais sustentação empírica, é tão ambicioso conceitualmente como suas outras obras de orientação mais teórica. Na primeira parte, Alexander volta a apresentar sua tese anterior sobre sociedades civis reais[78].

Ele distingue três grandes definições de sociedade civil[79]: a primeira (Sociedade Civil I, ou sci) surgiu na Europa do século XVIII, com as lutas das classes sociais em ascensão contra as monarquias absolutistas. À época, a sociedade

---

76. Jeffrey Charles Alexander, *The Meanings of Social Life*, p. 26.
77. *Idem*, p. 32.
78. Ver Jeffrey Charles Alexander (ed.), *Real Civil Societies: Dilemmas of Institutionalization*, London, Sage, 1998.
79. Jeffrey Charles Alexander, *The Civil Sphere*, Oxford, Oxford University Press, 2006, pp. 24-35.

civil era tida como abarcando todas as instituições não estatais. A concepção seguinte de sociedade civil, scii, é um produto do debate oitocentista entre o mercado e o Estado, e como tal possui dois sentidos contraditórios: para os marxistas, a sociedade civil identifica-se com a sociedade burguesa e, consequentemente, com a exploração capitalista, enquanto para os liberais significa a libertação da intervenção estatal.

sciii, a definição proposta por Alexander para a sociedade civil contemporânea, engloba duas dimensões em relação dialética. Por um lado, refere-se a uma comunidade solidária de orientação universalista, que compreende um conjunto específico de códigos culturais (por exemplo, os valores democráticos), instituições (como a imprensa livre), e padrões de integração (como a confiança cívica). Por outro lado, é constituída por um conjunto de instituições específicas (os tribunais e os meios de comunicação social) e torna-se visível em práticas como a civilidade, a igualdade, a crítica e o respeito.

Após analisar as estruturas e as dinâmicas das sociedades civis (ou seja, os códigos binários do discurso civil nos Estados Unidos e as suas instituições comunicadoras e reguladoras), Alexander apresenta estudos aprofundados do movimento feminista e da luta pelos direitos civis. Esta aplicação empírica da sociologia cultural revela como a estrutura institucional moderna fornece frequentemente a própria base para a ação cívica: o combate pelos direitos civis nos Estados Unidos, por exemplo, é apresentado como parte integrante de uma complexa teia de significados que se vitaliza através do empenhamento cívico[80].

Em segundo lugar, a sociologia cultural está realizando uma "virada performativa" em direção a uma "teoria da pragmática cultural"[81]. Esta recente virada na direção da performance foi desencadeada pela questão "por que é que mesmo as sociedades mais racionalizadas são ainda permeadas pelo encantamento e pelo misticismo sob diversas formas?"[82] Apesar de tudo, os clássicos da sociologia como Weber e Durkheim marcaram esta disciplina antevendo, mais de um século atrás, que o futuro da modernidade seria marcado pela racionalização, pela burocratização, pelo individualismo e pelo desencanto. Alexander

---

80. *Idem*, p. 293.
81. Jeffrey Charles Alexander, "Cultural Pragmatics: Social Performance Between Ritual and Strategy", *in* Jeffrey Charles Alexander, Bernhard Giesen and Jason Mast (eds.), *Social Performance: Symbolic Action, Cultural Pragmatics, and Ritual*, Cambridge, Cambridge University Press, 2006, p. 29.
82. *Idem*, p. 76.

122 TEORIA SOCIAL CONTEMPORÂNEA

concorda apenas em parte com esta imagem, ressaltando que a forma através da qual a cultura se incorpora na ação contemporânea é idêntica a uma produção teatral. A ação social contemporânea como performance, sugere Alexander, é decisivamente distinta dos rituais de outrora, uma vez que hoje em dia os rituais são mais uma questão de escolha do que de obrigação.

Alexander distingue diversos elementos na performance cultural. As "representações coletivas" que constituem a cultura estabelecem o pano de fundo de cada ato performativo; os "atores" têm de convencer os seus "públicos" da autenticidade das suas performances culturais; os "meios de produção simbólica" referem-se aos objetos materiais e ao espaço físico de que os atores necessitam para representar; a *mise-en-scène* relaciona-se com as sequências temporais e com as coreografias espaciais necessárias para que um texto "caminhe e fale"; e o "poder social" deve ser levado em conta se se deseja compreender por que se permite a continuação de algumas performances e de outras não. Em resumo, este modelo conceitual se propõe a "determinar e avaliar se, e como, uma performance tem lugar, e até que ponto ela é bem-sucedida ou falha nos seus propósitos"[83].

LEITURAS ADICIONAIS

Um resumo conciso, mas crítico, do funcionalismo pode ser encontrado em "Functionalism: Après la Lutte" de Giddens (no seu *Studies in Social and Political Theory*). Uma abordagem extensa, e mais favorável, das teorias funcionalistas pode ser lida em *Functionalism*, de Abrahamson. *Anthropologists and Anthropology*, de Kuper, inclui dois excelentes capítulos sobre Malinowski e Radcliffe-Brown, que fazem luz sobre o ambiente intelectual da época. *Talcott Parsons and American Sociology*, de Rocher, é uma introdução muito lúcida à obra de Parsons.

Para os que prefiram ler a obra do próprio mestre, *A Estrutura da Ação Social* é, provavelmente, um dos textos mais acessíveis de Parsons; *The Social System* foi, sem dúvida, o seu trabalho mais importante. A obra de Sztompka, *Robert Merton: An Intellectual Profile*, continua a ser a melhor introdução ao quadro funcionalista de Merton, embora não seja muito crítico. Recomendamos

---

83. *Idem*, p. 36.

vivamente o artigo seminal de Merton, "Manifest and Latent Functions" (na coletânea *Social Theory and Social Structure*).

O livro *The Differentiation of Society* é o trabalho de Luhmann mais acessível em língua inglesa, e a tradução portuguesa de *Amor como Paixão* é recomendável quer pela importância da obra, quer pela qualidade da mesma. Há duas obras de Alexander que aconselhamos fortemente: *Neo-Functionalism and After*, pela visão que apresenta da sua fase neofuncionalista, e *The Meanings of Social Life*, um ponto de entrada acessível para o seu programa forte de sociologia cultural.

REFERÊNCIAS BIBLIOGRÁFICAS

ABRAHAMSON, Mark. *Functionalism*. Englewood Cliffs, NJ, Prentice Hall, 1978.

ALEXANDER, Jeffrey Charles. *Theoretical Logic in Sociology, Vols. 1-4*. Berkeley, University of California Press, 1982-1983.

_____. "Cultural Sociology or Sociology of Culture?". *Culture*, vol. 10, n. 3-4, pp. 1-5, 1996.

_____. *Neo-Functionalism and After*. Oxford, Blackwell, 1998.

_____ (ed.). *Real Civil Societies: Dilemmas of Institutionalization*. London, Sage, 1998.

_____. *The Meanings of Social Life: A Cultural Sociology*. Oxford, Oxford University Press, 2003.

_____. *Cultural Trauma and Collective Identity*. Berkeley, University of California Press, 2004.

_____. *The Civil Sphere*. Oxford, Oxford University Press, 2006.

_____. "Cultural Pragmatics: Social Performance Between Ritual and Strategy". *In:* _____; GIESEN, Bernhard & MAST, Jason (eds.). *Social Performance: Symbolic Action, Cultural Pragmatics, and Ritual*. Cambridge, Cambridge University Press, pp. 29-90, 2006.

_____ & COLOMY, Paul. *Differentiation Theory and Social Change*. New York, Columbia University Press, 1990.

ALTHUSSER, Louis. *For Marx*. New York, Pantheon, 1978.

_____ & BALIBAR, Étienne. *Reading Capital*. London, New Left Books, 1970.

COHEN, Percy. *Modern Social Theory*. London, Heinemann, 1968.

COLOMY, Paul. "Jeffrey C. Alexander's Neofunctionalism". *In:* TURNER, Jonathan H. (ed.). *The Structure of Sociological Theory.* Belmont, CA, Wadsworth-Thomson, pp. 43-59, 1997.

DURKHEIM, Émile. *The Rules of Sociological Method, and Selected Texts on Sociology and Its Method.* London, Macmillan, 1982.

_____. *The Division of Labour in Society.* Basingstoke, Macmillan, 1984.

ELIAS, Norbert. *What is Sociology?* New York, Columbia University Press, 1978.

GEERTZ, Clifford. *The Interpretation of Cultures: Selected Essays.* New York, Basic Books, 1973.

GIDDENS, Anthony. *Studies in Social and Political Theory.* London, Hutchinson, 1977.

_____. *Central Problems in Social Theory: Action, Structure and Contradiction in Social Analysis.* London, Macmillan, 1979.

_____. "Agency, Institution and Time-Space Analysis". *In:* KNORR-CETINA, Karin & CICOUREL, Aaron V. (eds.). *Advances in Social Theory and Methodology: Towards an Integration of Micro- and Macro-Sociologies.* London, Routledge, pp. 161-175, 1981.

_____. *The Constitution of Society: Outline of the Theory of Structuration.* Cambridge, Polity Press, 1984.

HOMANS, George. *Social Behavior: Its Elementary Forms.* New York, Brace & World, 1961.

KNORR-CETINA, Karin e CICOUREL, Aaron V. (eds.). *Advances in Social Theory and Methodology: Towards an Integration of Micro- and Macro-Sociologies.* London, Routledge, 1981.

KUPER, Adam (ed.). *The Social Anthropology of Radcliffe-Brown.* London, Routledge/ Kegan Paul, 1977.

_____. *Anthropologists and Anthropology: The British School 1922-1972.* London, Penguin, 1978.

LATOUR, Bruno & WOOLGAR, Steve. *Laboratory Life: The Construction of Scientific Facts.* Princeton, Princeton University Press, 1986.

LEVINE, Donald N. *Visions of the Sociological Tradition.* Chicago, The University of Chicago Press, 1995.

LUHMANN, Niklas. *The Differentiation of Society.* New York, Columbia University Press, 1982.

_____. *Essays on Self-Reference.* New York, Columbia University Press, 1990.

_____. *O Amor como Paixão para a Codificação da Intimidade.* Lisboa, Difel, 1991.

MALINOWSKI, Bronislaw. *A Scientific Theory of Culture.* Chapel Hill, University of North Carolina Press, 1944.

MARCUSE, Herbert, *One-Dimensional Man*. London, Verso, 1968.

MERTON, Robert K. *Social Theory and Social Structure*. New York, The Free Press, 1968.

MÜNCH, Richard. *Ethics of Modernity: Formation and Transformation in Britain, France, Germany and the United States*. Lanham, Rowman/Littlefield, 2000.

_____. *Nation and Citizenship in the Global Age: From National to Transnational Ties and Identities*. New York, Palgrave, 2001.

PARSONS, Talcott. *The Structure of Social Action: A Study in Social Theory with Special Reference to a Group of Recent European Writers*. New York, McGraw-Hill, 1937.

_____. *The Social System*. London, Routledge/Kegan Paul, 1951.

_____. "Pattern Variables Revisited: A Response to Robert Dubin". *American Sociological Review*, vol. 25, n. 4, pp. 467-483, 1960.

_____. *Societies: Evolutionary and Comparative Perspectives*. Englewood Cliffs, NJ, Prentice-Hall, 1966.

_____. *The Evolution of Societies*. Englewood Cliffs, NJ, Prentice-Hall, 1977.

RADCLIFFE-BROWN, Alfred R. *Structure and Function in Primitive Society*. London, Cohen & West, 1952.

_____. *Method in Social Anthropology*. Chicago, University of Chicago Press, 1958.

ROCHER, Guy. *Talcott Parsons and American Sociology*. London, Thomas Nelson, 1974.

SZTOMPKA, Piotr. *Robert Merton: An Intellectual Profile*. London, Macmillan, 1986.

3

O Enigma da Vida Cotidiana

O INTERACIONISMO SIMBÓLICO, A ABORDAGEM DRAMATÚRGICA E A ETNOMETODOLOGIA

Nos capítulos anteriores, discutimos duas tradições teóricas cujo foco são matérias macrossociológicas, e que lidam com entidades sociais que transcendem as rotinas e contingências da nossa vida cotidiana. De certo modo, esta imagem dominava a cena sociológica da década de 1950, e provavelmente alimentou um crescente, embora frágil, sentimento de autoconfiança entre os sociólogos. Enquanto a psicologia social supostamente tratava apenas do estudo empírico das interações entre os indivíduos, à sociologia era atribuído o papel fundamental de desvelar as funções latentes ou as estruturas sociais ocultas que se estendiam por longos períodos de tempo.

No início do século xix, Auguste Comte, não perdendo qualquer oportunidade para expressar os seus sentimentos de grandeza, chamava à sua própria criação, *la physique sociale* ou *la sociologie*, nada mais, nada menos do que a rainha das ciências. Durante os tempos áureos do estruturalismo e do funcionalismo, e após ter perdido parte da sua preponderância, a sociologia ainda se considerava como a ponta de lança das ciências sociais. Em breve, no entanto, até esse epíteto teria de ser deixado de lado.

As pretensões de supremacia esfumaram-se a partir do momento em que os sociólogos foram obrigados a reconhecer a importância de um conjunto de estudos que eram tradicionalmente considerados como sendo apenas relevantes para a psicologia social. Existem três escolas significativas a este propósito, todas elas notadamente norte-americanas, mas conceitualmente muito diferentes entre si. A primeira destas, frequentemente intitulada de "interacionismo simbólico", remete para o pragmatismo filosófico e, em particular, para a obra do filósofo americano G. H. Mead (1863-1931); outras influências adicionais incluem Georg Simmel (1858-1918) e G. H. F. Hegel (1770-1831).

A segunda escola, a da chamada "abordagem dramatúrgica", orbita em torno da obra de Erving Goffman (1922-1982), cujo pensamento foi significativamente influenciado por Mead, Simmel e Durkheim. A terceira escola, liderada por Harold Garfinkel (1926-), é conhecida pela infeliz designação de "etnometodologia". Tem raízes filosóficas na fenomenologia de Alfred Schutz e na obra tardia de Wittgenstein, entre outros.

Embora a macrossociologia tenha perdido o seu monopólio na década de 1960, isso não aconteceu de repente. A partir do momento em que as ideias do interacionismo simbólico, da abordagem dramatúrgica e da etnometodologia se espalharam no seio da comunidade sociológica, foram recebidas com reações mistas ou extremas. Para alguns, os novos credos representavam alternativas inovadoras e estimulantes aos "dogmas" codedutivos hipotéticos e funcional-estruturalistas da época. Mas outros consideravam que as novas abordagens eram quase triviais, reafirmando apenas o óbvio. As críticas mais extremadas afirmavam que as suas alegadas inclinações subjetivistas e individualistas eram, do ponto de vista sociológico, nada menos do que uma heresia.

À época não saiu qualquer vencedor claro desta batalha, mas desde então as atitudes mudaram. Alguns dos conceitos e métodos introduzidos por estas novas abordagens acabaram gradualmente por ser decantados. Esta aceitação gradual é demonstrada pela sua utilização nas tentativas feitas nos anos 1980 para desenvolver uma grande teoria da sociedade. A teoria da estruturação de Anthony Giddens apoiava-se fortemente na abordagem dramatúrgica de Goffman e na etnometodologia, e a teoria da ação comunicativa de Jürgen Habermas fazia uso de noções do interacionismo simbólico (ver capítulos 5 e 7).

Na década de 1990 estas tentativas de construir grandes sínteses teóricas deram gradualmente lugar a esforços mais circunscritos e menos ambiciosos. Para mais, a ênfase tradicional em características institucionais de grande escala das sociedades modernas (o sistema social, o Estado, a classe social etc.) foi substituída pelo estudo de características mais fluidas e dinâmicas das sociedades contemporâneas. As migrações globais, as identidades transnacionais, as comunidades virtuais e o consumismo político constituem apenas alguns exemplos da abundância dos novos e excitantes temas que interessam atualmente os cientistas sociais.

Na seção final deste capítulo discutimos um desses temas – a confiança – de modo a ilustrar como o trabalho de Garfinkel e de Goffman continua a inspirar as análises microssociológicas correntes da ação humana (por exemplo, a obra de Randall Collins), bem como a análise microestrutural e o interacionismo podem combinar-se produtivamente com a teoria da escolha racional, tal como é demonstrado pela obra de Russel Hardin[1].

G. H. MEAD E O INTERACIONISMO SIMBÓLICO

Como mencionamos acima, os interacionistas simbólicos apoiavam-se na obra de Mead. Embora se possa afirmar que aqueles faziam uso de uma interpretação particularmente idiossincrática desta obra, uma exposição da psicologia social de Mead constitui um passo importante para o entendimento do alcance do interacionismo simbólico. A expressão em si foi forjada por Herbert Blumer apenas em 1937 – após a morte de Mead, que era contemporâneo de Durkheim e de Weber – e o movimento só ganhou dinâmica na década de 1960.

Mead estudou no Oberlin College e nas Universidades de Harvard, Leipzig e Berlim. Apesar de nunca ter terminado seu doutorado, Mead lecionou durante a maior parte da sua vida no departamento de filosofia da então recém-criada Universidade de Chicago, uma posição que obteve a convite do seu colega e amigo John Dewey (que se demitiu de Chicago em 1904, sendo convidado para ir para Columbia no ano seguinte). Mead e Dewey tornaram-se amigos próximos e trocavam ideias regularmente, o que explica, em certa medida, as semelhanças entre as suas respectivas filosofias. No entanto, enquanto a influência de Dewey se fez sentir sobretudo nos domínios da filosofia e das ciências da educação, o trabalho de Mead teve um impacto significativo em disciplinas como a psicologia social e a sociologia.

---

1. Agradecemos a um dos *referees* anônimos por esta sugestão.

130 TEORIA SOCIAL CONTEMPORÂNEA

Dewey era um autor prolífico, e desde muito cedo se constituiu como uma estrela ascendente da filosofia americana. Mead, no entanto, embora fosse um professor inspirador, era indubitavelmente um escritor menos produtivo. Nunca terminou um livro ou monografia e publicou o seu primeiro artigo completo apenas aos quarenta anos. Só ganhou maior reconhecimento postumamente, através da publicação de uma série de livros baseados nas suas aulas e conferências. Dentre estas "notas de estudantes", *Mind, Self and Society*[2] foi de particular importância para a nossa compreensão das relações entre linguagem, interação social e reflexividade. Menos conhecido, mas também com algum interesse para os sociólogos, é o enigmático e vasto *The Philosophy of the Act*[3], que relaciona ideias da teoria evolutiva com o "behaviorismo social" atribuído a Mead.

Para quem se interesse pelo problema filosófico do tempo, existe o ainda mais obscuro *The Philosophy of the Present*[4], a tentativa um tanto confusa de Mead para integrar a biologia evolutiva, a filosofia bergsoniana, a teoria da relatividade e a sua própria psicologia social. Por fim, temos o seu fragmentário *Movements of Thought in the Nineteenth Century*[5], que, entre outras coisas, tenta demonstrar a crescente importância do tempo na ciência e na filosofia. Destes quatro volumes, *Mind, Self and Society* é sem dúvida o mais acessível, embora nele existam as ambiguidades inevitáveis que se podem esperar de um livro que não foi escrito diretamente pelo seu autor. Deste ponto de vista, o ponto de entrada mais rigoroso e compreensivo à obra de Mead é a recente coletânea de textos originais, *G. H. Mead: A Reader*[6].

Embora parcialmente inspirados pela filosofia alemã do século XIX, os pontos de vista de Mead, tal como são expressos em *Mind, Self and Society,* estavam muito além do seu tempo. Por exemplo, ao debater a natureza social do ser e do significado, Mead antecipa algumas das ideias centrais das *Investigações Filosóficas* de Wittgenstein. Muito antes da adequação da epistemologia positivista se tornar tema de discussão para as ciências sociais, Mead

---

2. George H. Mead, *Mind, Self and Society: From the Standpoint of a Social Behaviorist,* Chicago, University of Chicago Press, 1934.
3. George H. Mead, *The Philosophy of the Act*, Chicago, University of Chicago Press, 1938.
4. George H. Mead, *The Philosophy of the Present*, Chicago, University of Chicago Press, 1959.
5. George H. Mead, *Movements of Thought in the Nineteenth Century*, Chicago, University of Chicago Press, 1936.
6. George H. Mead, *G. H. Mead: A Reader*, ed. Filipe Carreira da Silva, New York, Routledge, 2011.

O ENIGMA DA VIDA COTIDIANA *131*

expressou dúvidas acerca da validade do behaviorismo de J. B. Watson para a psicologia social, e desenvolveu um cenário alternativo no qual a noção de automonitorização reflexiva desempenha um papel central[7]. Não é surpreendente que aqueles que contribuíram para a psicologia social, como Rom Harré e Paul Secord, que tentaram criar um contrapeso para a preponderância dos métodos positivistas e quantitativos, se inspirassem fortemente não apenas no muito celebrado Wittgenstein "tardio", mas também em Mead[8].

Um dos conceitos nucleares de Mead é o *self*. O *self* é uma característica exclusiva dos seres humanos. Implica a capacidade de se ser um objeto para si próprio a partir de uma perspectiva externa[9]. Ao escrevermos este parágrafo, por exemplo, assumimos a atitude de um leitor imaginário, escolhendo dessa forma modos alternativos de nos expressarmos antes de nos decidirmos por um deles. Em forte oposição à imagem cartesiana da consciência "solitária", uma das alegações centrais de Mead é a de que o *self* não pode ser senão social, interligado como está com a interação social e com a linguagem[10].

É justo afirmar que existem duas formas pelas quais o *self* de Mead é um *self social*, embora esta distinção não tenha sido feita pelo próprio pensador. Chamemo-lhes as dimensões "simbólicas" e "interacionistas" do *self social*, por razões que em breve se tornarão claras[11]. A dimensão interacionista é a mais simples das duas. Refere-se à capacidade dos indivíduos para adotarem a atitude de outrem. É de fato ao vermo-nos a partir da perspectiva de um leitor imaginário que somos capazes de refletir acerca do significado das formas alternativas de nos exprimirmos.

O *self* é social não apenas por causa da sua dimensão interacionista, mas também devido à sua dependência da partilha de símbolos, em particular da linguagem, com outros *selves*. É aqui que a dimensão simbólica entra em jogo. Continuando a recorrer ao exemplo de cima, é precisamente porque nós e o nosso leitor imaginário partilhamos um conhecimento da língua portuguesa que

---

7. Veja-se, por exemplo, o artigo de Mead "A Behaviorist Account of the Significant Symbol", publicado nos seus *Selected Writings* (New York, The Bobbs Merill Company, 1964, pp. 240-247).
8. Rom Harré and Paul Secord, *The Explanation of Social Behavior*, Oxford, Blackwell, 1972.
9. George H. Mead, *Mind, Self and Society*, p. 136.
10. *Idem*, pp. 1, 48-51, 140 e 222; *Selected Writings*, pp. 105-113 e 243.
11. Ver Patrick Baert, *Time, Self and Social Being: Outline of a Temporalised Sociology*, Aldershot, Ashgate, 1992, pp. 56-57.

132 TEORIA SOCIAL CONTEMPORÂNEA

somos capazes de prever quais seriam os significados da nossa escrita para essa pessoa. Sempre que existe partilha de signos, Mead usa os termos "gestos significativos" e "comunicação significativa"[12]. A interação entre os animais limita-se à comunicação não significativa. O ladrar de um cão para outro pode provocar a reação deste, mas o primeiro cão não poderá nunca antever essa reação.

Embora nossos exemplos tenham sido, até aqui, limitados à linguagem, o mundo simbólico de Mead envolve igualmente "gestos não verbais" e "comunicação não verbal". Cumprimentar alguém, acenar, as maneiras à mesa, piscar o olho a alguém ou ignorar essa pessoa – todos estes são exemplos de comunicação não verbal. Assemelham-se à comunicação verbal na medida em que também envolvem o *self* e a sua respectiva reflexividade, e dependem de um conhecimento básico do significado partilhado para serem atos bem-sucedidos.

Como é óbvio, o *self* relaciona-se com a autorreflexão e com aquilo a que se chama correntemente o autocontrole e a automonitorização. Por autorreflexão, um termo utilizado ocasionalmente por Mead, mas nunca definido, referem-se os psicólogos sociais à capacidade dos indivíduos para refletirem sobre as suas próprias circunstâncias, sobre o significado e os efeitos das suas ações (imaginárias, possíveis ou reais), nas suas crenças acerca de si próprios, e nas crenças acerca das suas crenças. Autocontrole e automonitorização são termos de origem mais recente, não utilizados explicitamente por Mead, mas claramente implicados nos seus escritos sobre o *self*.

De acordo com seu uso comum atual, autocontrole refere-se à capacidade dos indivíduos para dirigirem as suas ações com base na autorreflexão; automonitorização é uma forma de autorreflexão dirigida para o autocontrole[13]. Considerando, de novo, o exemplo da escrita, a automonitorização implica que um indivíduo reflete sobre o significado de formas alternativas de se exprimir, escolhendo depois entre essas alternativas. A imagem que nos é assim apresentada é muito diferente da do behaviorismo de John B. Watson – no argumento dominante da psicologia americana no início do século xx.

A visão de Watson era pouco sutil, senão simplista, mesmo para os padrões behavioristas: as ações humanas deviam ser consideradas como análogas ao

---

12. George H. Mead, *Mind, Self and Society*, pp. 61 e 81.
13. Ver, por exemplo, Walter Mischel e Harriet N. Mischel, "Self-Control and the Self", em Theodore Mischel (ed.), *The Self: Psychological and Philosophical Issues*, Oxford, Blackwell, 1977, pp. 31-64.

comportamento animal, sendo explicadas e antecipadas através de um mecanismo de estímulo e resposta. Watson excluía conceitos que não fossem imediatamente observáveis, tais como a mente ou o *self*. A psicologia social de Mead é construída em grande medida como uma alternativa a esta forma extrema de determinismo externo. Os indivíduos são diferentes dos animais porque possuem *selves*. O fato de o *self* não ser imediatamente acessível à observação não é suficiente para que seja excluído da análise científica. O *self* e a reflexividade caminham a par e passo, e a reflexividade implica que as ações dos indivíduos não podem ser explicadas, muito menos previstas, por um simples mecanismo de estímulo e resposta.

Não é incomum que alguns autores fiquem conhecidos publicamente por algumas das suas ideias menos penetrantes ou menos bem-desenvolvidas, e Mead não é uma exceção a esta triste regra. A sua distinção entre o "eu" e o "mim" ocupa um papel central na literatura secundária, embora permaneça maldefinido em *Mind, Self and Society*[14]. Esta distinção é reminiscente do ser dinâmico e estático de Henri Bergson, e não é improvável que, neste contexto, Mead tenha sido diretamente influenciado pelo filósofo francês, uma vez que, como pode ser deduzido de alguns dos seus artigos e notas de conferências, estava familiarizado com a obra de Bergson[15].

Numa primeira leitura, o "mim" representa as componentes sociais e conservadoras do *self*, e o "eu" reporta-se aos seus aspetos idiossincráticos e inovadores. Se o "mim" estabelece os limites do jogo através de regras que ditam quais as jogadas que são permitidas e quais as que não o são, o "eu" refere-se à natureza imprevisível de qualquer jogada. Mas, numa segunda leitura, a diferença entre o "eu" e o "mim" é a de que este último é, por definição, um objeto para o primeiro. O "eu" não pode nunca ser observado. Sempre que se tenta capturar o "eu", sempre que se tenta observá-lo, ele desaparece, já que aquilo que se observa não pode ser senão o "mim". Sempre que o "eu" age, transforma-se instantaneamente no "mim" e perde-se assim inexoravelmente no passado. É possível recuperá-lo, mas apenas como "mim".

---

14. George H. Mead, *Mind, Self and Society*, pp. 173-178 e 192.
15. Ver, por exemplo, George H. Mead, "Review of Henri Bergson's *L'Évolution Créatrice*", *Psychological Bulletin*, vol. 4, pp. 379-384, 1907; *Movements of Thought in the Nineteenth Century*, pp. 503-510.

134 TEORIA SOCIAL CONTEMPORÂNEA

Discutimos até aqui a dimensão interacionista do *self* em termos da capacidade do indivíduo para adotar a atitude de outros singulares. No entanto, uma das afirmações centrais de Mead em *Mind, Self and Society* é a de que os indivíduos, olhando para si próprios a partir da perspectiva de outros indivíduos, adotam frequentemente a atitude de um "outro generalizado"[16]. Isto refere-se a um todo coletivo, que transcende as características idiossincráticas dos seus membros individuais. Ao escrevermos, vemo-nos a nós próprios a partir da perspectiva de um leitor imaginário apenas na medida em que este é representativo da comunidade alargada de leitores de língua portuguesa.

Ao adotar a atitude de um "outro generalizado", tomamos em conta as regras e as convenções que pertencem à comunidade alargada e não apenas a indivíduos isolados. Assim, o "outro generalizado" aponta no sentido da natureza social do componente "mim" do *self*. Isto, no entanto, não nos deve levar a acreditar que o outro generalizado é apenas um constritor do "eu". Não é apesar de, mas por causa de um conjunto de normas e de convenções partilhadas que um "eu" criativo pode passar a existir. Se não existisse linguagem, o poeta criativo não possuiria recursos. A transformação pressupõe estrutura – não existe criação *ex nihilo*.

Os escritos de Mead não estão livres de críticas. Dado que o interacionismo simbólico de Blumer se apoiava fortemente na psicologia social de Mead, trataremos da relevância deste para a sociologia quando discutirmos Blumer. Vamos abordar agora a validade de algumas das argumentações filosóficas centrais apresentadas por Mead. A posição filosófica central de Mead é a de que o *self* é social, mas não era claro aquilo que queria dizer exatamente com isto. Percorrendo os seus escritos, é possível atribuir dois significados separados a esta noção. Em primeiro lugar, Mead produz uma alegação forte de que a sociedade e os símbolos partilhados são uma condição necessária (e talvez suficiente) para a emergência do *self*. Em segundo lugar, faz uma alegação mais fraca de que é produtivo, para os objetivos da psicologia social, conceber o *self* em relação com a sociedade e os símbolos partilhados.

Os escritos de Mead demonstram convincentemente a validade da alegação mais fraca, mas não o conseguem fazer relativamente à forte tese anticartesiana. Por vezes, Mead parece supor erroneamente que as provas que apoiam

---

16. George H. Mead, *Mind, Self and Society*, pp. 152-164; *Selected Writings*, pp. 245-247 e 284.

a alegação fraca implicam necessariamente a comprovação da alegação mais forte. Verificam-se ambiguidades semelhantes na sua crítica filosófica da psicologia behaviorista. Primeiro, Mead apresentou uma crítica interna. Parecia defender em particular que a importância da reflexividade na conduta humana explica a imprevisibilidade inerente do comportamento humano na medida em que o behaviorismo não produz as previsões precisas que pretende fazer.

Em segundo lugar, apresenta uma crítica externa. Aqui o argumento é o de que, ao negligenciar o *self*, o behaviorismo exclui aquilo que é essencial para a interação humana. Considerar o *self* conduz a uma compreensão enriquecida da conduta humana. Mead apoia bastante bem a sua crítica externa, mas não a sua crítica interna. Demonstrou, de forma bem-sucedida, que o seu conceito de *self* conduz a um entendimento mais sofisticado da interface entre indivíduo e sociedade. Mas em parte alguma dos seus escritos se podem encontrar provas concludentes ou argumentação que apoiem a afirmação de que, graças ao *self*, o comportamento é inerentemente imprevisível.

Tal como afirmamos anteriormente, a ideia de Mead de um *self social* criativo era dirigida contra o pensamento dominante da época. O determinismo de Watson tinha de ser posto de lado não pelo retorno a um subjetivismo introspectivo, mas através da superação do dualismo cartesiano da mente e do corpo, e indo para lá de uma oposição entre indivíduo e sociedade. O behaviorismo manteve-se sempre presente na sua mente, e foi um argumento dominante similar que, meio século mais tarde, se tornou alvo da nova escola do interacionismo simbólico.

O interacionismo simbólico surgiu como uma reação contra as práticas sociológicas dominantes da época – contra a alegada obsessão com os métodos quantitativos e as explicações estrutural-funcionalistas (ver capítulos 1 e 2). O legado de Durkheim, e em particular a sua metodologia positivista, era agora considerado demasiado pesado para as ciências sociais, cujo objeto, pela sua própria natureza, oferece resistência a camisa de força positivista.

Herbert Blumer (1900-1987) foi um dos instigadores da rebelião e, incidentalmente, também o responsável pela criação do termo "interacionismo simbólico"[17]. Estudou em Chicago, onde também ensinou durante algum tempo, indo depois para a Universidade da Califórnia, Berkeley, onde se afirmou

---

17. A expressão foi inicialmente introduzida por Blumer em um artigo da *Man and Society*, em 1937.

136 TEORIA SOCIAL CONTEMPORÂNEA

como um opositor das correntes funcionalista e estruturalista dominantes à época. Blumer tinha sido aluno de Mead e defendia a opinião de que a comunidade sociológica tinha muito a aprender com ele. Seguiu-se uma longa viagem de redescoberta – não só de Mead, mas também de Dewey e das origens do pragmatismo americano.

Mas, como acontece frequentemente com as redescobertas, no entanto, esta foi algo interesseira, inclinada para as ambições de Blumer em criar um novo paradigma para a sociologia e refletindo as suas próprias ideias para lá das de Mead. Embora a atribuição da autoria de tantas das suas ideias ao seu mentor, por vezes justificadamente, seja uma atitude louvável da parte de Blumer, esta redescoberta conduziu, talvez inadvertidamente, a uma interpretação distorcida de Mead.

O programa de investigação de Blumer pode ser abordado através da leitura de *Symbolic Interactionism*, uma coletânea de ensaios nos quais ele apresenta as propostas nucleares do seu argumento teórico. Existem quatro ideias centrais na sua versão do interacionismo simbólico. Em primeiro lugar, segue Mead ao sublinhar que os indivíduos possuem *selves* e, como tais, uma capacidade para a "autointeração"[18]. A autointeração entra em campo sempre que os indivíduos fazem indicações para si próprios – sempre que se dirigem a si próprios e respondem a essa interpelação antes de agirem em público. A autointeração permite-lhes avaliar e analisar as coisas de forma a planejar a ação antecipadamente. Assim, o comportamento do indivíduo não deve ser considerado como uma mera resposta ao ambiente; nem é o resultado de necessidades-disposições, atitudes, motivações inconscientes ou valores sociais. Através da interação consigo próprios, os indivíduos são capazes de prever os efeitos de linhas de conduta alternativas e, como tal, de fazer escolhas entre estas.

Em segundo lugar, Blumer desvia-se do behaviorismo social de Mead adicionando uma dimensão sociológica, aludindo, tal como Parsons, ao problema hobbesiano da ordem. A resposta de Parsons ao dilema de Hobbes é essencialmente durkheimiana, ao fazer referência à internalização de valores sociais centrais; para Blumer, a persistência de padrões sociais estabelecidos depende do uso recorrente que os indivíduos fazem de formas idênticas de interpretação[19].

---

18. Herbert Blumer, *Symbolic Interactionism: Perspective and Method*, New York, Prentice Hall, 1969, pp. 62-64.
19. *Idem*, pp. 65-68.

O esquema interpretativo de um indivíduo é, por sua vez, dependente da confirmação pelos esquemas interpretativos consistentes de outros. Ao abrir assim o caminho para um relato cognitivo da ordem social, Blumer antecipa a etnometodologia de Garfinkel. Mas ele foi para além disso, no entanto. Quando comparado com Garfinkel, Blumer está mais preocupado em retratar a vida social exclusivamente enquanto ordem social, insistindo que os indivíduos redefinem regularmente os atos uns dos outros, conduzindo possivelmente a novos objetos, novas interações ou novos tipos de comportamento.

Em terceiro lugar, os indivíduos agem em relação ao seu ambiente com base no significado que lhe atribuem. Para Blumer, o significado não é algo intrínseco aos objetos nem é uma mera expressão da mente do indivíduo[20]. Obedecendo à tradição filosófica pragmatista americana, Blumer argumenta que o significado de um objeto para um indivíduo emana da tendência individual para agir em função da sua presença. Assim, a disponibilidade de um indivíduo para usar um lápis como instrumento de escrita atribui ao objeto o significado daquilo a que chamamos "um lápis".

Decorre daqui que cada objeto pode ter vários significados – um número potencialmente infinito deles. As perdizes não significam a mesma coisa para um caçador e para um defensor dos direitos dos animais. Da mesma forma que são, de novo, objetos diferentes para um gourmet que as escolhe como prato principal de um jantar, ou para um observador de pássaros ou um ornitólogo. Esta tendência para agir de um modo particular é, por seu turno, constituída, mantida e modificada pelas formas pelas quais os outros se referem ou agem relativamente ao dito objeto. No domínio doméstico, por exemplo, as diversas expectativas por parte do marido e dos filhos reforçam, obviamente, um significado particular de feminilidade.

Em quarto lugar, Blumer utilizou o termo "ação conjunta" para se referir a uma "organização social da condução de diferentes atos por diferentes participantes"[21]. São exemplos de ações conjuntas, um casamento, uma conferência, uma partida de tênis ou um serviço religioso. Tal como o conceito durkheimiano de fato social, o qual não deve ser considerado apenas como a mera

---

20. *Idem*, pp. 68-70.
21. *Idem*, pp. 17 e 70-77.

138 TEORIA SOCIAL CONTEMPORÂNEA

resultante de fenômenos psicológicos, a "ação conjunta" de Blumer, embora constituída por atos componentes, difere de cada um destes, e do seu conjunto.

Em outros aspectos, no entanto, o interacionismo simbólico de Blumer difere substancialmente do ponto vista expresso por Durkheim nas *Regras do Método Sociológico,* ou pelo menos contrasta com uma série de pontos de vista que têm tradicionalmente sido atribuídos a Durkheim. A sua noção de fato social como algo externo conduziu a uma imagem de formas repetitivas e preestabelecidas de vida social que são independentes de um processo interpretativo. Blumer, ao contrário, insistia que as ações conjuntas, por estáveis que fossem, são constituídas a partir de atos componentes, e como tal dependentes da atribuição de significados.

Assim, mesmo na mais repetitiva das ações conjuntas, "cada instância dessa ação tem de ser executada de novo. Os participantes têm ainda que definir as suas linhas de ação e adaptá-las umas às outras através do duplo processo de designação e interpretação"[22]. Apesar disto, Blumer aproxima-se da alegação de Durkheim acerca do caráter externo dos fatos sociais quando defende que os indivíduos, ao atribuírem significados, recorrem a esquemas de interpretação preexistentes. Esta noção durkheimiana permite a Blumer aludir à dimensão histórica das ações conjuntas. Tal como para Mead, não existe tabula rasa possível no retrato que Blumer faz do mundo social.

Os sociólogos, incluindo alguns que se especializam em teoria social, têm-se mantido críticos do behaviorismo social de Mead e do interacionismo simbólico de Blumer. Subjacente ao seu ceticismo encontramos frequentemente a suposição de que qualquer contribuição teórica substancial para o estudo da sociedade deverá ter em conta duas ideias nucleares. Primeiro, temos a visão durkheimiana de que a sociologia se deverá centrar na forma pela qual a conduta dos indivíduos é constrangida pela estrutura social. Em segundo lugar, existe a posição weberiana de que os sociólogos deverão ser sensíveis aos efeitos não intencionais da ação objetiva. A crítica a Mead e a Blumer tem sido frequentemente de que estes não tomam em conta a estrutura social nem os efeitos involuntários, e que desta forma, por muito frutífero que seu trabalho possa ser enquanto contribuição para a psicologia social, falha enquanto teoria social. Nossa opinião é a de que esta crítica é apenas parcialmente justificada, pelo seguinte conjunto de razões.

---

22. *Idem,* p. 18.

Consideremos, primeiro, a noção durkheimiana, e avaliemos o trabalho de Mead e Blumer a esta luz. Não existe qualquer ambiguidade no caso de Blumer: ele evita deliberadamente qualquer referência a estruturas. No entanto, as coisas são mais complicadas no caso de Mead. Contrariamente ao ponto de vista corrente, achamos que os escritos de Mead não negligenciam necessariamente a estrutura social; depende apenas de como se pretende definir estrutura. Se decidirmos seguir a mais recente tendência da teoria social e conceber as estruturas como regras e recursos[23], a ideia de *self* de Mead e o conceito associado de outro generalizado implicam efetivamente o conceito de estrutura.

No fim das contas, a adoção de argumentos de outros implica a internalização das regras partilhadas implícitas da comunidade. Independentemente deste fato, e embora a estrutura seja reconhecida nos escritos de Mead, estes exibem um entendimento restrito, se não mesmo empobrecido, dessa mesma estrutura. Na obra de Mead, o "outro generalizado" surge sobretudo como um meio que possibilita (em vez de impedir) e facilita (em vez de constringir), a agência humana.

Recordemos que, do ponto de vista de Mead, é precisamente por causa do componente "mim" do *self* que o "eu" criativo passa a existir. Não há qualquer referência à ideia durkheimiana de que as estruturas, enquanto condições não reconhecidas, constringem e determinam as ações dos indivíduos[24]. De uma perspectiva durkheimiana, a linguagem ou os esquemas de funcionamento mental podem limitar a capacidade dos indivíduos para imaginar formas de vida possíveis ou escolhas de vida possíveis. Além do mais, mesmo se certas escolhas possam ser consideradas teoricamente possíveis, a interiorização do "outro generalizado" é constringente na medida em que faz associar escolhas imaginárias particulares com determinados efeitos particulares (ver capítulo 1).

Mead e Blumer têm também sido criticados por negligenciarem o conceito de consequência involuntária. Aqui, uma vez mais, as críticas são só parcialmente justificadas. Mead e Blumer mencionam ocasionalmente que os indivíduos são regularmente confrontados com acontecimentos novos ou

---

23. Ver, por exemplo, Anthony Giddens, *New Rules of Sociological Method*, 2nd. ed., Cambridge, Polity Press, 1993.

24. Cf. Émile Durkheim, *The Rules of Sociological Method, and Selected Texts on Sociology and Its Method*, London, Macmillan, 1982, p. 50; ver também o capítulo 1, "Cem Anos de Teoria Social Francesa".

140 TEORIA SOCIAL CONTEMPORÂNEA

imprevistos, que conduzem à emergência da reflexividade[25]. Ademais, em seus escritos sobre filosofia pragmatista, Mead também se refere ao fenômeno de tentativa e erro nas atividades científicas através do qual os cientistas aprendem com os seus erros[26]. No entanto, em parte nenhuma do trabalho de Mead ou Blumer se consegue encontrar uma tentativa sistemática de olhar para alguns destes acontecimentos inesperados ou "erros" como efeitos não intencionais ou imprevistos de ações anteriores. Uma vez mais, uma séria lacuna do ponto de vista da sociologia, embora não do ponto de vista da psicologia social.

Existem outras ambiguidades no trabalho de Mead e Blumer que o tornam menos útil para propósitos sociológicos. Consideremos, por exemplo, a noção de reflexividade, uma das ideias-chave do interacionismo simbólico. Mead e Blumer utilizaram este conceito pelo menos de duas formas diferentes. Uma delas é o que se pode chamar "reflexividade de primeira ordem", que implica conhecimento tácito e monitorização autorreflexiva. Neste caso, os indivíduos refletem sobre as suas ações, reais ou imaginárias. Quando falamos, por exemplo, refletimos sobre modos imaginários de nos expressarmos. Essa reflexividade de primeira ordem é obviamente saliente em *Mind, Self and Society* e em *Symbolic Interactionism*, mas tanto Mead como Blumer parecem sugerir ocasionalmente um tipo muito diferente de reflexividade, fazendo alusão à capacidade dos indivíduos para refletirem não apenas sobre as suas ações, mas também sobre as condições estruturais subjacentes a estas ações.

Essa "reflexividade de segunda ordem" interliga-se com o conhecimento explícito e discursivo[27]. No trabalho de Mead e de Blumer, estes dois tipos de reflexividade fundem-se num só. Para efeitos sociológicos, no entanto, esta distinção

25. David R. Maines, Noreen Sugrue and Michael A. Katovich, "The Sociological Import of G. H. Mead's Theory of the Past", *American Sociological Review*, vol. 48, n. 2, pp. 161-173, 1983, p. 163; George H. Mead, "The Nature of the Past", *in* John Coss, *Essays in Honor of John Dewey*, New York, Henry Colt, 1929, pp. 235-242.

26. George H. Mead, *Movements of Thought in the Nineteenth Century*, pp. 264-291 e 507; *The Philosophy of the Present*, p. 13.

27. Conceitos afins são, por exemplo, a noção de autoconsciência ou consciência social de Maturana, e o conceito de Giddens de "reflexividade institucional". Ver Humberto R. Maturana, "Man and Society", *in* Frank Benseler, Peter M. Hejl and Wolfram K. Köck (eds.), *Autopoiesis, Communication and Society: The Theory of Autopoietic Systems in the Social Sciences*, Frankfurt, Campus Verlag, 1980, pp. 11-32; Anthony Giddens, *The Consequences of Modernity*, Cambridge, Polity Press, 1989 (em particular pp. 36-44); *Modernity and Self-Identity: Self and Society in the Late Modern Age*, Cambridge, Polity Press, 1992.

é indispensável. A reflexividade de primeira ordem é central nas nossas interações diárias, incrustadas como estão nas práticas rotineiras e entretecidas com a reprodução involuntária das estruturas[28]. A reflexividade de segunda ordem é característica da "alta modernidade" e, se desenvolvida por mais do que um indivíduo singular e se for parte de uma discussão público-coletiva, transforma-se numa fonte potencial de manutenção ou transformação deliberadas[29].

Como é que, do ponto de vista sociológico, se pode comparar Blumer com Mead? Em primeiro lugar, é curioso que, embora Blumer tenha tentado demonstrar a relevância sociológica de Mead, não tenha levado em conta algumas das ideias sociológicas cruciais deste último. Mead reconhecia o papel central desempenhado pelo "outro generalizado" na reflexividade. É devido ao significado partilhado que os indivíduos são capazes de prever os efeitos de linhas alternativas de conduta. O "outro generalizado" encontra-se ausente na imagem feita por Blumer, e esta é uma falha considerável.

Em segundo lugar, quando comparado com Blumer, o trabalho de Mead apresenta erroneamente uma visão da sociedade demasiado consensual, que pode ser reminiscente de ordens mais tradicionais, mas que é sem dúvida inadequada para compreender sociedades mais avançadas. Blumer evitou, corretamente, apresentar esta imagem. Algum significado partilhado pode ser necessário para uma dada sociedade funcionar suavemente, mas a sociedade atual é caracterizada pela coexistência mútua de formas culturais distintas. Não estamos, seguramente, face a um único conjunto de normas e procedimentos implícitos.

Em terceiro lugar, quando comparada com o projeto puramente filosófico de Mead, a força de Blumer reside na forma pela qual conseguiu relacionar a sua teoria com matérias relativas à metodologia da investigação, como pode ser inferido das suas críticas à pesquisa por inquérito e dos seus escritos sobre o papel da metodologia de investigação qualitativa no quadro referencial do interacionismo simbólico. Leal às características dinâmicas da teoria do *self* e da sociedade de Mead, Blumer sublinha a natureza dinâmica da vida social – a readaptação contínua a um ambiente em permanente transformação – uma característica que uma série de métodos contemporâneos, sobretudo de recorte quantitativo, não conseguiram captar.

---

28. Esse assunto é abordado no capítulo 5, "A Sociologia Encontra a História". Ver também Anthony Giddens, *The Constitution of Society: Outline of the Theory of Structuralism*, Cambridge, Polity Press, 1984.
29. Ver também Patrick Baert, *Time, Self and Social Being*.

142 TEORIA SOCIAL CONTEMPORÂNEA

A ABORDAGEM DRAMATÚRGICA DE ERVING GOFFMAN

A decisão de Goffman de estudar sociologia não foi simples. Especializou-se, inicialmente, em ciências naturais, e tendo seguidamente abandonado a universidade, andou às voltas com a ideia de se dedicar ao cinema e só mais tarde decidiu fazer uma pós-graduação em sociologia e antropologia na Universidade de Chicago. Por essa altura, Chicago havia construído uma tradição considerável de investigação social empírica; Everett Hughes e Blumer contavam-se entre os professores de nomeada da instituição. Depois de se formar e de publicar o aclamado *A Representação do Eu na Vida Cotidiana*[30], Goffman lecionou durante dez anos na Universidade de Berkeley, onde foi um colaborador próximo de Gregory Bateson.

Entre outras coisas, Bateson e seu grupo estudavam o fenômeno da doença mental, e existem, sem dúvida, semelhanças entre a sua abordagem e o relato que Goffman faz dos indivíduos com perturbações mentais. Posteriormente, Goffman mudou-se para a Universidade da Pennsylvania, onde desenvolveu um interesse ativo pelo trabalho de um grupo de sociolinguistas. Este interesse conduziu, de novo, a uma intensa colaboração, e os escritos de Goffman passaram a lidar de forma crescente com as dimensões sociológicas do discurso e da conversação. Seu último livro, *Forms of Talk*[31], é uma compilação de ensaios dedicados a este tópico, e o trabalho tardio de Goffman é uma fonte recorrente para a análise conversacional.

A obra de Goffman é por vezes referida no contexto do interacionismo simbólico, e existem motivos óbvios para relacionar os dois. Ambos fizeram uma tentativa consciente para evitar explicar o comportamento humano em termos de imperativos sistêmicos. Ambos consideraram como seu objeto de estudo os padrões de interação entre os indivíduos. Ambos sublinharam que estes indivíduos possuem a capacidade de refletir sobre as suas ações e, desta forma, manipular o seu ambiente.

No entanto, existem também diferenças nítidas. Quando comparado com as ambiciosas alegações de Blumer, por exemplo, Goffman evitou conscientemente desenvolver um quadro referencial teórico consistente (algo pelo qual foi

---

30. Erving Goffman, *The Presentation of Self in Everyday Life*, Harmondsworth, Penguin, 1969.
31. Erving Goffman, *Forms of Talk*, Oxford, Blackwell, 1981.

frequentemente criticado). Da mesma forma, e em certos aspectos, o trabalho de Goffman encontra-se mais próximo de Garfinkel do que de Blumer, em particular quando se refere à forma pela qual a ordem social e a previsibilidade são realizações competentes por parte dos indivíduos nelas envolvidos. A obra de Goffman, idiossincrática e inovadora, não pode ser categorizada como um mero apêndice do interacionismo simbólico, e merece que nos debrucemos detalhadamente sobre os seus temas principais.

Goffman foi sempre crítico em relação à tendência para categorizar ou classificar o trabalho de um autor. Isto talvez explique por que é que raramente reconheceu grandes influências intelectuais no seu próprio trabalho. Duas influências, no entanto, parecem incontornáveis: Simmel e Mead. Tratemos primeiro do sociólogo alemão Georg Simmel. A atenção que prestou aos "tecidos desconhecidos ou não nomeados" da vida social teve um claro impacto sobre Goffman. Em primeiro lugar, tal como Simmel, Goffman retratava a vida cotidiana como uma atividade extremamente complexa na qual os seres humanos empregam uma série de conhecimentos tácitos e práticos. De forma análoga a Simmel, e antecipando algumas das afirmações centrais de Garfinkel, Goffman referia-se ao caráter visto-mas-não-reconhecido da maior parte das nossas atividades mundanas[32].

Em segundo lugar, a análise feita por Simmel da cultura moderna demonstrou até que ponto o caráter anônimo da vida moderna, em vez de conduzir a um *ethos* de manipulação cínica, dava origem à emergência de interações fortemente dependentes de mecanismos complexos de sigilo e de confiança mútua. O ponto de partida de Simmel é o de que, para que a interação entre indivíduos modernos, urbanos, seja possível, estes necessitam de um mínimo de informação acerca uns dos outros. No entanto, à medida que cada indivíduo tenta obter informação acerca dos outros, a informação que esses outros recebem do indivíduo precisa ser controlada[33].

Goffman apresentava um ponto de vista semelhante. Os indivíduos encontram-se em permanente processo de automonitorização, mascarando partes de si próprios e acentuando outros aspectos. A forma como nos vestimos, a forma como falamos, os nossos gestos – todos têm como intenção simultaneamente

---

32. Ver também Philip Manning, *Erving Goffman and Modern Sociology*, Cambridge, Polity Press, 1992.
33. Georg Simmel, *The Sociology of Georg Simmel*, Glancoe, IL, Free Press, 1950, pp. 307-378.

144 TEORIA SOCIAL CONTEMPORÂNEA

mostrar e esconder quem somos. Isso conduz-nos diretamente à influência de Mead: tanto Mead como Goffman apresentam um *self* dinâmico, que intervém ativamente no mundo.

Tal como Mead, Goffman sublinhava em que medida os indivíduos são seres reflexivos, capazes de monitorizar as suas ações e, desta forma, manipular o seu ambiente circundante. Recordemos que Mead reconhecia que os indivíduos partilhavam significados, sendo deste modo capazes de antever os efeitos de linhas de ação imaginárias alternativas. A imagem que Goffman faz da vida social assume esta estrutura meadiana. A existência daquilo a que Mead chamava o "outro generalizado" é, na verdade, uma condição *sine qua non* para uma ocultação e apresentação bem-sucedida do *self*. Sem significados partilhados, os sutis mecanismos de ocultação e revelação entrariam em colapso.

O interesse de Goffman residia nos "encontros"; isto é, as interações face a face nas quais os indivíduos se encontram constantemente na presença física de outros. Os encontros podem envolver uma interação "focada" ou "desfocada", sendo esta distinção apenas uma questão de ausência ou existência de reconhecimento mútuo entre os participantes envolvidos[34]. Decorrente do relato que Mead fazia do *self* e do assumir de papéis, Goffman argumentava que, em interação, os seres humanos cuidam continuamente das suas próprias ações, enquanto adotam os pontos de vista de outros. Uma breve análise de *A Representação do Eu na Vida Cotidiana* demonstrará como funciona a análise que Goffman faz dos encontros.

Goffman analisava os encontros através de metáforas e estabelecendo analogias com o teatro, de onde vem a referência ao seu trabalho como dramatúrgico. Ele não foi, como é claro, o único a fazê-lo. Shakespeare é conhecido por representar a vida social através do desempenho de papéis. O conceito de *homo sociologicus* de Ralf Dahrendorf baseia-se em uma imagem semelhante. No entanto, as analogias com a representação teatral e com o palco têm, de forma geral, conduzido ao desenhar de uma imagem da vida social como algo predeterminado. Tal não é seguramente o caso da abordagem dramatúrgica de Goffman. Na sua perspectiva, é justo afirmá-lo: os indivíduos não se limitam a

---

34. Erving Goffman, *Behavior in Public Places: Notes on the Social Organization of Gatherings*, New York, Free Press, 1963, p. 24; *Encounters: Two Studies in the Sociology of Interaction*, London, Penguin, 1972, pp. 7-13.

seguir um roteiro, e na medida em que o fazem, são também autores desse mesmo roteiro. As performances, o principal tópico de investigação de Goffman, são por ele definidas como todas as atividades dos indivíduos que servem para influenciar o "público" no seio de um encontro[35]. Do seu ponto de vista, estas performances são governadas por normas, que se referem a códigos práticos tácitos relativos ao comportamento apropriado.

A "frente" é o aspecto da performance que, de uma "maneira geral e fixa", ajuda o público a definir a situação[36]. Cada frente possui dois importantes aspectos: o cenário e a frente pessoal. O cenário, "as partes cênicas do equipamento expressivo", refere-se aos itens de fundo que propiciam a cena e os "adereços" para que a ação ocorra; por exemplo, a decoração. Enquanto o cenário é habitualmente associado a um lugar particular, a "frente pessoal" remete para os itens que se ligam intimamente com o *performer* e que, como tais, o devem seguir para onde quer que este vá; a expressão corporal ou padrões de discurso, por exemplo.

A frente pessoal pode ser dividida em "aparência" e "maneira". A aparência refere-se fundamentalmente ao estatuto social de quem performa, mas é também indicador do seu "estado ritual temporário"; por exemplo, se está envolvido em atividades de trabalho ou de lazer, ou se está ou não ocupado. A maneira indica qual o papel que o *performer* pretende desempenhar na interação iminente; por exemplo, uma maneira despreocupada pode indicar uma implicação reduzida por parte do *performer*.

De forma geral, os indivíduos esperam alguma consistência entre cenário, aparência e maneira, mas este nem sempre é o caso, o que pode levar a situações um tanto cômicas – por exemplo, quando alguém assume uma maneira desajustada do seu estatuto social. É uma característica das frentes sociais que estas sejam abstratas e gerais, aplicáveis a diferentes situações. Neste contexto, Goffman dá o exemplo dos jalecos brancos de laboratório usados habitualmente numa série de profissões, que criam uma aura de "profissionalismo" e confiança[37].

Em geral, enquanto interagem, os indivíduos são obrigados a dramatizar suas atividades de forma a projetarem a impressão de que estão desempenhando corretamente seu papel e mantêm a situação sob controle. Por vezes, estas

---

35. Erving Goffman, *The Presentation of Self in Everyday Life*, p. 28.
36. *Idem*, p. 32.
37. *Idem*, pp. 36-37.

146 TEORIA SOCIAL CONTEMPORÂNEA

duas ações não são compatíveis. Um estudante que se concentra em transmitir ao professor que está prestando atenção pode gastar tanto tempo e energia ao fazê-lo que acaba por absorver muito pouco do que está sendo ensinado.

Uma parte desta dramatização é a de que os indivíduos, durante suas performances, tendem a expressar os "valores oficialmente acreditados de uma sociedade", um hábito visível nos exemplos daqueles que aspiram ao estilo de vida dos que lhes são social ou economicamente superiores (ou, pelo menos, àquilo que creem ser o estilo de vida desses indivíduos). Por vezes os indivíduos desvalorizam suas qualidades, como no caso dos adolescentes que, na companhia de membros do sexo oposto, podem pretender ser algo tontos e inexperientes. Nestes dois cenários, os indivíduos têm frequentemente que ocultar as ações e os signos que sejam inconsistentes com os padrões que se pretendem cumprir.

Embora o descrito acima possa parecer altamente individualista, Goffman introduz o conceito de "equipe" para se referir a um grupo de indivíduos que cooperam com o fim de manter uma definição particular de uma situação. As equipes possuem certas características em comum[38]. Implicam lealdade e competência por parte de cada um dos indivíduos envolvidos, uma vez que o fracasso de um deles pode ser ameaçador para todos. Goffman introduz também o espaço na análise, com o conceito de região referindo-se a qualquer lugar que assinale uma barreira entre aquilo que é visível para o público e o que não é[39]. Enquanto as performances ocorrem no palco, os bastidores envolvem atividades de suporte ou preparação para o que acontecer no palco. Os bastidores fornecem os meios para a existência de um escape emocional do palco, sendo um exemplo claro o caso do garçom que aceita educadamente os pedidos, mas que, chegando à cozinha, expressa os seus sentimentos de desprezo para com o cliente.

Goffman introduz ainda o conceito de "gestão das impressões" para resumir os mecanismos descritos acima[40]. Os indivíduos tendem a controlar a forma pela qual são percebidos pelos outros através de uma série de dispositivos. Existem, antes de mais, os "atributos e práticas defensivas" que incluem, por exemplo, a "lealdade dramatúrgica", que significa que os membros da equipe têm de

38. *Idem*, pp. 83-108.
39. *Idem*, pp. 109-140.
40. *Idem*, pp. 203-230.

ser capazes de confiar uns nos outros e de manter segredos. Em segundo lugar, existem "práticas protetoras". Neste caso, é o próprio público que, por meio de tato, ajuda os *performers* a salvar o seu espetáculo. Um exemplo desta asserção contraintuitiva é o caso em que o público se mantém conscientemente afastado dos bastidores, ou em que os indivíduos demonstram uma desatenção discreta quando confrontados com situações embaraçosas.

Um terceiro tipo de dispositivo refere-se ao fato de que os *performers* têm de ser sensíveis a quaisquer indícios fornecidos pelo público de forma a poderem modificar o seu comportamento em consonância. Goffman explorou, noutras obras, a natureza regulamentada do mundo social, estabelecendo uma série de distinções importantes: entre normas simétricas e assimétricas, entre normas reguladoras e constitutivas e, acima de tudo, entre normas substantivas e cerimoniais[41]. Em comparação com as normas assimétricas, as simétricas implicam expectativas recíprocas. Enquanto as normas reguladoras fornecem aos indivíduos diretrizes comportamentais em determinadas circunstâncias, as normas constitutivas fornecem o contexto no qual as normas reguladoras podem ser aplicadas.

Embora as normas substantivas conduzam o comportamento no que respeita às áreas da vida que aparentam possuir significado por direito próprio, o interesse de Goffman orientava-se para as normas a que chamou "cerimoniais" e que se referem a questões de conduta em assuntos que possuem, na melhor das hipóteses, uma importância secundária quando tomados isoladamente. Estas normas, embora triviais à primeira vista, são fundamentais para a sustentação de sentimentos de segurança e confiança psicológicas. Goffman estabelecia uma distinção entre duas componentes destas normas cerimoniais: conduta e deferência[42].

Esta última refere-se ao modo pelo qual os indivíduos se apresentam como merecedores de confiança. A anterior refere-se ao modo pelo qual os indivíduos sustentam uma segurança e confiança ontológicas expressando apreciação através de "rituais de recusa" e "rituais de apresentação". Os rituais de recusa mantêm intactas as esferas ideais (terminologia de Simmel) que envolvem os

---

41. Erving Goffman, *Interaction Ritual: Essays on Face-to-Face Behavior*, Harmondsworth, Penguin, 1972, pp. 48-56.
42. *Idem*, pp. 56-95.

148 TEORIA SOCIAL CONTEMPORÂNEA

indivíduos: uma destas sendo o silenciamento de episódios embaraçosos. Os rituais de apresentação são instrumentos positivos para honrar os indivíduos através de, por exemplo, saudações, convites e cumprimentos.

A "adequação situacional" é uma outra noção crucial do trabalho de Goffman, que se relaciona com o modo pelo qual o significado de ações ou de conceitos se encontra dependente do contexto em que estas surgem[43]. Esta noção liga--se a uma ideia anterior na medida em que, enquanto seres humanos, vamos gradualmente adquirindo conhecimentos práticos e tácitos que nos permitem compreender o significado das ações no interior de um determinado contexto. Muitas manifestações de doença mental exibem um comportamento situacional inadequado, uma vez que a mesma conduta poderia ser tida como aceitável se o contexto fosse diferente. A noção de conhecimento prático e tácito relaciona-se também com o conceito goffmaniano de "envolvimento", que se refere à forma pela qual os indivíduos são capazes de prestar ou não atenção aos outros numa dada situação.

Esse envolvimento relaciona-se, por sua vez, com dois outros conceitos: a acessibilidade e a desatenção educada. O primeiro refere-se ao nosso conhecimento tácito relativo aos graus de disponibilidade face a estranhos e conhecidos, enquanto o segundo se relaciona com a capacidade de reconhecer a presença de estranhos, evitando uma atenção prolongada como sinal de deferência. A desatenção educada é uma das formas pelas quais os desconhecidos reforçam mutuamente sentimentos de confiança e relativa previsibilidade. Isto torna--se particularmente óbvio sempre que a desatenção educada é desrespeitada, sendo frequentemente um sinal de hostilidade aberta por parte do indivíduo que quebra a regra, resultando em sentimentos de desconforto e ansiedade da outra parte.

Três razões levaram a que o trabalho de Goffman tenha sido relativamente negligenciado no domínio da teoria social contemporânea. Em primeiro lugar, há quem defenda que embora ele tivesse introduzido um largo espectro de conceitos novos, faltava à sua obra um quadro referencial teórico consistente. Seu trabalho é descritivo. Na melhor das hipóteses, a presença da teoria está implícita em seu trabalho; na pior, está ausente. Em segundo lugar, alguns críticos afirmaram que Goffman não apresentou nada de novo. Existem duas vertentes

---

43. Erving Goffman, *Behavior in Public Places*, pp. 24, 193-197 e 216-241.

nesta crítica. Por um lado, é argumentado que um número significativo das ideias de Goffman já haviam sido expressas por cientistas sociais e romancistas que o antecederam. Por outro lado, argumenta-se que o trabalho de Goffman confirma o óbvio: limita-se a articular aquilo que qualquer indivíduo socialmente capaz já sabe na prática. Em terceiro lugar, tem sido afirmado que o conceito goffmaniano de *self* não é universal. Seu enquadramento é indicativo da cultura moderna ocidental – esta que é caracterizada pelo direcionamento ao outro – em que os indivíduos encenam de modo cínico, avaliando e manipulando regularmente o seu ambiente, e tratam outros indivíduos como meros objetos.

Estas críticas são justificáveis apenas em parte. No que diz respeito à primeira, não é inteiramente justo acusar Goffman de negligenciar a elaboração teórica. Embora seja verdade que o impulso principal da sua abordagem seja mais descritivo do que explanatório, sua obra posterior, *Frame Analysis*, demonstra amplamente que Goffman estava interessado em construir "afirmações gerais" acerca da estrutura do comportamento humano[44]. De acordo com o seu ponto de vista, o objeto primeiro da sociologia não é a cultura ou a estrutura de classes, mas antes a estrutura e organização do comportamento real comum[45]. Quando os agentes sociais se envolvem numa determinada situação, são imediatamente confrontados com a questão: "o que é que está acontecendo aqui?". De acordo com a análise de enquadramento de Goffman, aplicamos estruturas de referência de forma a fazer sentido da realidade.

Por exemplo, se nos encontramos num banco, temos de nos comportar como um cliente, ajustando as nossas atitudes, competências linguísticas e expressões faciais à situação. A finalidade de Goffman é desvelar este mundo socialmente oculto de estruturas de referência, chaves e elaborações, que, uma vez reveladas, passam a ser estabelecidas em todos os seus detalhes minuciosos. *Frame Analysis* é uma descrição brilhante e pormenorizada desta estrutura oculta de experiência social. Deste ponto de vista, essa obra pode ser considerada como o enquadramento teórico oculto de Goffman, sendo seguramente mais indutivo do que dedutivo, mais preocupado com a ilustração de uma ideia

---

44. Erving Goffman, *Frame Analysis: An Essay in the Organization of Experience*, Harmondsworth, Penguin, 1974, p. 14.

45. *Idem*, p. 564.

150 TEORIA SOCIAL CONTEMPORÂNEA

do que com a demonstração de uma hipótese, mas também mais criativo e original do que a maioria dos sociólogos do seu tempo.

No que respeita à segunda crítica, não faz parte do âmbito deste livro tratar da questão relativa à medida pela qual outros autores prefiguraram as ideias de Goffman. Uma questão intelectual mais pertinente é a de perceber se ele se limitou a afirmar o óbvio ou não, e se isto afeta a relevância da sua obra. Em alguns aspetos, Goffman expressou, de fato, aquilo que é "visto mas não percebido". Muitas das suas observações são articulações de aspectos triviais da vida cotidiana que permanecem ocultos aos indivíduos neles envolvidos – mas isso não os torna insignificantes aos olhos da teoria social. Goffman chamou a atenção para as inter-relações complexas entre a autoapresentação, a confiança e o tato, e existe um crescente reconhecimento por parte dos teóricos sociais, como Giddens e Randall Collins, de que estas noções são cruciais para a produção da ordem social e para a previsibilidade da interação social cotidiana.

Giddens e Collins sobrevalorizam Goffman ao adotarem uma noção vaga de ordem social. Existem fundamentalmente dois significados de ordem. Um é a ordem político-estratégica, que se refere a uma relativa ausência de dissidência ou discordância a respeito da distribuição de bens escassos ou de poder. O outro é a ordem simbólica, que se refere a uma espécie de acordo relativo ao significado de objetos e de ações, e, consequentemente, à coordenação das interações cotidianas. O trabalho de Goffman pode ser relevante para a explicação da ordem simbólica, embora não para abordar a ordem político-estratégica, e, como é óbvio, esta última não decorre da primeira. Afirmar que a obra de Goffman fornece ideias sobre a produção da ordem *in toto* é um erro. No entanto, seus trabalhos seguramente ajudam a explicar a ordem simbólica, sendo, dessa forma, relevantes para a teoria social.

Naquilo que respeita à última crítica, queremos afirmar três coisas. Primeiro, é certamente verdade que o ponto de vista de Goffman se encontra bastante enraizado na cultura moderna ocidental. Mas qualquer estrutura conceitual ou análise acerca da sociedade partilha alguns pressupostos com a cultura na qual tem origem. Como tal, por si só, este argumento não pode ser esgrimido contra Goffman. Em segundo lugar, os exemplos de Goffman são sem dúvida específicos ao enquadramento cultural por ele descrito, mas tal não implica *ipso facto* que seu trabalho seja etnocêntrico. Na verdade, um número significativo de conceitos por ele empregados podem ser (e têm sido) aplicados para compreender também outros enquadramentos culturais. Em terceiro lugar, não é verdade que Goffman se tenha apoiado numa noção de um *self* atomístico e calculista. Os indivíduos representados possuem, por exemplo, um forte empenho emocional no que respeita à sua apresentação do *self*. Através de tato social, ajudam os outros na sua apresentação do *self* – e confiam que os outros procedam da mesma forma. Estes indivíduos estão longe de serem cínicos e manipuladores.

Resumamos o que afirmamos acima. Durante muito tempo, Goffman foi considerado um rebelde, o *enfant terrible* da sociologia norte-americana. Foi tido como um romancista ou um impressionista. Só muito recentemente foi apresentado como um teórico relutante. Na famosa descrição de Isaiah Berlin, Tolstói era alguém que "era por natureza uma raposa, mas que acreditava que era melhor ser um ouriço"[46] – ou seja, embora Tolstói tentasse apresentar um único princípio organizador, seu pensamento era, na verdade, extremamente fragmentário e difuso. Goffman tem sido por vezes apresentado em termos simétricos. Há quem afirme que, embora se concebesse como alguém fascinado pelas minúcias da existência diária, Goffman não podia evitar a apresentação de uma ideia mais abrangente. Concordamos com esta leitura. Mas deve também ser recordado que, ao contrário de Blumer, Goffman não pretendeu abordar assuntos centrais da teoria social, e que a construção de teorias gerais não fazia parte das suas prioridades. O que deixa sua obra aberta a várias interpretações.

A ETNOMETODOLOGIA

A designação "etnometodologia" foi cunhada por Harold Garfinkel, que fundou uma nova escola sociológica sob esse estandarte. Embora alguns etnometodologistas recentes se desviem ligeiramente da linha geral definida por Garfinkel, seu trabalho permanece expressivamente associado a esta escola. Ele cursou doutorado em Harvard, sob orientação de Talcott Parsons. Em sua tese (defendida em 1952), Garfinkel havia já desenvolvido algumas das ideias que seriam preponderantes em seu trabalho posterior. Entrou depois para o departamento

---

46. Isaiah Berlin, *The Hedgehog and the Fox: An Essay on Tolstoy's View of History*, London, Weidenfeld & Nicholson, 1967, p. 4.

152 TEORIA SOCIAL CONTEMPORÂNEA

de sociologia da UCLA, onde foi uma inspiração para muitos estudantes de pós-graduação e onde fundou um ativo centro de pesquisa. A publicação do seu *Studies in Ethnomethodology* em 1967 levou a um interesse generalizado na escola recém-fundada. Outros acadêmicos adotariam o novo credo; são hoje etnometodologistas reconhecidos, como Deidre Bowden, John Heritage, Michel Lynch, Harvey Sacks e Don Zimmerman.

O interacionismo simbólico e a etnometodologia têm bastante em comum. Ambos analisam padrões de interação cotidiana em vez de estruturas sociais alargadas; ambos negligenciam períodos históricos mais vastos; ambos enfatizam a dimensão pela qual a ordem social é uma tarefa competente e negociada dos indivíduos nela envolvidos; ambos se opõem fortemente à ideia durkheimiana de que os fatos sociais devem ser tratados como coisas, de forma análoga aos objetos físicos; e tanto o interacionismo simbólico como a etnometodologia dirigem a sua atenção, em vez disso, para as práticas fabricadoras de sentido nas quais os indivíduos se encontram envolvidos – a forma pela qual o significado é atribuído ao mundo social.

Ainda assim, o interacionismo simbólico e a etnometodologia nascem de diferentes tradições filosóficas. Lembremo-nos de que o interacionismo simbólico era muito devedor das reflexões de Mead acerca da interação entre o *self* e a sociedade. As influências intelectuais sobre Garfinkel e seus seguidores são mais variadas. Temos, antes de mais, a influência de Parsons, sobretudo da sua abordagem ao problema da ordem de Hobbes. Em segundo lugar, temos a influência da fenomenologia de Schutz, em particular o seu conceito de *epoché* da atitude natural. Existe, em terceiro lugar, a influência de Mead sobre Garfinkel e os outros membros da escola. Mead teve um impacto direto e indireto (via Schutz) sobre a etnometodologia. Por fim, há a influência do Wittgenstein tardio, em particular da sua discussão acerca da relação entre o significado e as normas compartilhadas. Dentro do âmbito limitado deste livro, nos concentraremos apenas nas contribuições de Garfinkel para a etnometodologia. Garfinkel foi particularmente influenciado por Parsons e Schutz, e menos por Mead e Wittgenstein e, por isso, nos centraremos no impacto dos primeiros.

Garfinkel e a etnometodologia são frequentemente colocados em oposição à sociologia dominante, em particular ao quadro referencial de Parsons. É, sem dúvida, verdade que Garfinkel se rebelou contra alguns aspectos do trabalho de Parsons, mas é também verdade que partilha com ele algumas características.

As suas semelhanças e diferenças estão fortemente inter-relacionadas. Em primeiro lugar, a teoria voluntarista de Parsons opunha-se fortemente aos relatos positivistas que consideravam as ações dos indivíduos como sendo biologicamente determinadas ou como recipientes passivos dos respectivos ambientes[47]. No quadro referencial de ação deste autor, os indivíduos atribuem significados ao ambiente que os circunda, possuem objetivos, informação acerca de como atingi-los, e agem em consonância (ver capítulo 2).

Garfinkel desenvolveu, de modo similar, um ponto de vista que concebia os indivíduos como executores da agência – não como meros produtos de fatores sociais ou biológicos. Mas a abordagem que Garfinkel apresentava era mais "cognitiva" ou "reflexiva". Interessava-se pelo conhecimento tácito que os indivíduos empregam para atribuir sentido à realidade, e que, como tal, afeta essa mesma realidade. Enquanto que o quadro referencial de ação de Parsons desvalorizava o conhecimento dos indivíduos, Garfinkel atribuía um importante papel ao modo como estes compreendem e raciocinam[48]. Daqui deriva a noção de "indiferença etnometodológica" de Garfinkel e H. Sacks[49]: ao estudarem como os indivíduos consideram e produzem a realidade, os etnometodologistas devem evitar fazer julgamentos acerca da validade das práticas de atribuição de sentido desenvolvidas pelos indivíduos.

Em segundo lugar, uma das questões recorrentes nas obras de Parsons é a de como a ordem social é atingida. Esta questão foi levantada em primeiro lugar por Hobbes, e Parsons considerava-a uma das questões centrais de qualquer teoria social de substância. Considerava que os enquadramentos utilitaristas não eram capazes de responder ao "problema da ordem" de Hobbes. A solução, segundo ele, deveria ser encontrada principalmente no trabalho de Durkheim e, até certo ponto, no de Freud[50]. Para Parsons, Durkheim demonstrara de forma convincente que a solução do problema da ordem social se encontra na interiorização de valores e normas centrais na estrutura da personalidade dos

---

47. Harold Garfinkel, *Studies in Ethnometodology*, Englewood Cliffs, NJ, Prentice Hall, 1967, pp. 3-470.
48. *Idem*, pp. 3-103.
49. Harold Garfinkel and Harvey Sacks, "On Formal Structures of Practical Actions", *in* John C. McKinney and Edward A. Tiryakin (eds.), *Theoretical Sociology*, New York, Appleton-Century-Crofts, 1970, pp. 338-366.
50. Ver, por exemplo, Talcott Parsons, *The Structure of Social Action*, New York, McGraw-Hill, 1937, pp. 708-714 e 719-726.

154 TEORIA SOCIAL CONTEMPORÂNEA

indivíduos implicados. Os valores, que são interiorizados através da socialização, possuem um efeito duradouro tanto nos fins da ação como nos meios para atingi-los.

Em geral, os indivíduos não poderão adotar uma orientação instrumental dirigida aos valores e normas que interiorizaram. A interiorização explica as disposições de necessidade que levam os indivíduos a agir (ver capítulo 2). Garfinkel lidava precisamente com a mesma questão: como surge a ordem social? Considerava, no entanto, a resposta de Parsons insatisfatória, e dirigiu sua atenção para os procedimentos compartilhados, de senso comum, através dos quais os indivíduos interpretam permanentemente aquilo que os rodeia. No fim das contas, a "etnometodologia" alude literalmente aos métodos ou procedimentos pelos quais os membros comuns da sociedade interpretam e agem sobre suas vidas cotidianas[51]. A partir deste ângulo, passou a ser possível considerar a ordem social como dependente de contínuos atos interpretativos produzidos pelos indivíduos envolvidos.

Há um aspecto evidente em Garfinkel que o torna diferente de Parsons. Ao contrário da maioria da sociologia americana corrente, que era empírica e compartimentada, Parsons tinha uma inclinação pela grande teoria, realizava pesquisa empírica esporadicamente, e tinha por objetivo principal desenvolver uma teoria sociológica geral e compreensiva que conseguisse incluir uma grande variedade de disciplinas nas ciências sociais. Garfinkel, por outro lado, lidava apenas com um número restrito de questões e, juntamente com a sua equipe, levava a cabo diversas pesquisas empíricas a fim de responder a essas questões.

Garfinkel, juntamente com outros etnometodologistas, reconheciam a tendência empirista como algo fundamental para seu trabalho. Alguns exemplos das investigações de Garfinkel são as conhecidas experiências de ruptura, o seu trabalho sobre a "realização do gênero", e a sua análise do "método de interpretação documental"[52]. Todas estas desempenharam um papel fundamental no desenvolvimento intelectual de Garfinkel. Para além de Parsons, Garfinkel

---

51. Harold Garfinkel, "On The Origins of the Term 'Ethnometodology'", *in* Roy Turner (ed.), *Ethnometodology*, Harmondsworth, Penguin, 1974, pp. 15-18.
52. Harold Garfinkel, "A Conception of and Experiments with 'Trust' as a Condition of Stable Concerted Actions", in O. J. Harvey, *Motivation and Social Interaction*, New York, Ronald Press, 1963, pp. 187-238; *Studies on Ethnometodology*, pp. 76-185.

foi buscar a maior parte da sua inspiração teórica no trabalho do filósofo e ex-banqueiro Alfred Schutz (1899-1959).

Schutz opunha-se à tendência neopositivista para postular uma unidade metodológica entre as ciências sociais e naturais, afirmando que as primeiras lidavam com um mundo já "pré-interpretado" que requer uma metodologia interpretativa[53]. Schutz pretendia fundir a fenomenologia de Edmund Husserl com preocupações sociológicas, tentando perceber a forma como os indivíduos compreendem e atribuem sentido ao mundo social envolvente. Schutz seguia a fenomenologia husserliana ao atribuir importância à "atitude natural" e ao concomitante conhecimento do senso comum. Existe um conjunto de características típicas das práticas atribuidoras de sentido que os indivíduos levam a cabo na sua vida diária, e estas passam a ganhar relevo quando justapostas com o modo científico de atribuir sentido ao mundo[54].

Contrariamente, por exemplo, à racionalidade científica na qual a biografia do indivíduo é reduzida ao mínimo, a racionalidade do senso comum é percebida a partir de um ponto de vista particular e individual, específico a um tempo e um espaço. Enquanto a racionalidade científica duvida sempre da faticidade do mundo social, a racionalidade do senso comum assenta sobretudo sobre a *epoché* da atitude natural, o que implica que o mundo social deve ser tido por certo exceto quando ocorrem rupturas ou novos acontecimentos. A suspensão da dúvida encontra-se fortemente enraizada na nossa vida cotidiana. Através do "conjunto de conhecimentos disponíveis", que é predominantemente de origem social, os indivíduos abordam o mundo social em termos de "familiaridade e pré-conhecimento". Ao interagirem uns com os outros, os indivíduos supõem a "tese geral da reciprocidade de perspectivas".

Schutz argumentava ainda que, em vez de permanecerem ao nível da racionalidade científica e de a imporem ao mundo social, os sociólogos deveriam tentar registrar o senso comum, uma racionalidade prática através da qual os indivíduos percebem e atribuem sentido ao que os rodeia. Esta ideia foi recuperada pelos etnometodólogos e funcionou como um dos seus mecanismos metodológicos essenciais. A obra de Schutz e a distinção que efetuava entre as

---

53. Ver o artigo de Schutz, "Concept and Theory Formation in the Social Sciences", *Collected Papers, Volume 1*, The Hague, Martinius Nijhoff, 1962, pp. 48-66.
54. Ver os artigos de Schutz, "Commonsense and Scientific Interpretations of Human Action" e "On Multiple Rationalities", *Collected Papers, Volume 1*, pp. 3-47 e 207-259.

156 TEORIA SOCIAL CONTEMPORÂNEA

diversas formas de racionalidade eram, da mesma forma, de grande importância nas experiências de ruptura de Garfinkel. Estas demonstram até que ponto a racionalidade científica, quando aplicada a situações do cotidiano comum, corrói o pressuposto implícito da reciprocidade de perspectivas, acabando por conduzir à desorganização, à ruptura e à anomia.

Para Garfinkel, aquilo que é crucial no ponto de vista de Schutz é que, ao contrário dos cientistas, os indivíduos envolvidos em situações do dia a dia supõem uma correspondência segura entre o mundo tal como lhes aparece e o mundo tal como ele é[55]. Para mais, cada indivíduo espera que os outros também suponham esta correspondência e que ajam em consonância. Em suas vidas cotidianas, os indivíduos recorrem a um inquestionável "conjunto de conhecimentos disponíveis" ou "entendimentos de senso comum" através dos quais se tipificam a si e às suas ações. A tipificação articula-se com a capacidade do indivíduo para prever as respostas do outro às suas ações – uma noção verdadeiramente meadiana.

De forma semelhante ao "mundo tido como certo" de Mead, o conjunto de conhecimentos de um indivíduo é tido como "evidente" até "prova em contrário", até que ocorra uma disrupção. Implícita na maior parte das nossas interações diárias está também a noção *et cetera* – a noção de que podemos esperar que as coisas no futuro sejam razoavelmente idênticas ao que foram no passado. Garfinkel acrescentou a isto a importância da tese schutziana da reciprocidade de perspectivas, fazendo alusão tanto à "noção ou idealização da permutabilidade de pontos de vista" como à "noção ou idealização da congruência de relevâncias".

A primeira refere-se ao modo pelo qual qualquer indivíduo toma por certo que os outros veriam os acontecimentos de forma semelhante à sua se partilhassem o mesmo aqui e agora, e ao fato de que os outros também acreditam nisso. A segunda refere-se ao fato de que os indivíduos pensam que, apesar das suas diferenças, selecionam e interpretam os objetos que os rodeiam de forma empiricamente idêntica, e inclui também o fato de que os indivíduos supõem implicitamente que os outros agem em concordância com esta mesma

---

55. Harold Garfinkel, "A Conception of and Experiments with 'Trust' as a Condition of Stable Concerted Actions", pp. 210-211; John Heritage, *Garfinkel and Ethnometodology*, Cambridge, Polity Press, 1984, p. 52.

noção[56]. Esta noção de intersubjetividade viria a ser um dos *leitmotiv* da etnometodologia, uma vez que era tida como crucial para a compreensão da reprodução da ordem social. São as expectativas mútuas dos indivíduos que conduzem à reprodução involuntária da sociedade.

Os etnometodólogos estudam as rotinas da vida cotidiana. Os etnométodos referem-se à forma pela qual, na vida diária, os cidadãos comuns recorrem a uma rede complexa de procedimentos interpretativos, admissões e expectativas por via dos quais atribuem sentido e agem sobre aquilo que os rodeia[57]. Garfinkel introduz a noção de "reflexividade de relatos". Com isto, ele queria dizer que os indivíduos atribuem permanentemente sentido ao seu ambiente circundante, e que estas práticas de atribuição de sentido são constitutivas daquilo que tentam, dessa forma, descrever[58]. Os etnométodos são obtidos através do conhecimento tácito e prático, e não do conhecimento teórico ou discursivo. Isto quer dizer que os cidadãos comuns não precisam ter conhecimento explícito das regras ou dos procedimentos. Conhecem as regras apenas na medida em que agem competentemente de acordo com elas, o que difere de um conhecimento teórico das regras no sentido em que lhes permita enunciá-las discursivamente.

O caráter "visto mas não percebido" do nosso conhecimento nas interações diárias é exemplificado na famosa análise que Garfinkel faz de "Agnes", que, tendo nascido do sexo masculino, desenvolveu voluntariamente na adolescência uma configuração endócrina idiossincrática, e aos dezenove anos decidiu submeter-se a uma operação de mudança de sexo. Após ter se "tornado" biologicamente do sexo feminino, Agnes tinha ainda um longo percurso pela frente. Teve que aprender um conjunto complexo de novas regras e procedimentos acerca de como se comportar e falar como uma mulher. Enquanto as mulheres "aprenderiam" isto gradualmente através da prática, Agnes desenvolveu um conhecimento mais discursivo acerca de "como ser mulher", de forma semelhante a quem aprende uma língua estrangeira. Agnes é um estudo fascinante sobre a construção do gênero[59].

---

56. Harold Garfinkel, "A Conception of and Experiments with 'Trust' as a Condition of Stable Concerted Actions", pp. 212-213; Alfred Schutz, *Collected Papers, Volume 1*, p. 11.
57. Harold Garfinkel, "On the Origins of the Term 'Ethnomethodology'".
58. Harold Garfinkel, *Studies on Ethnometodology*, pp. 7-9.
59. *Idem*, pp. 116-185.

158 TEORIA SOCIAL CONTEMPORÂNEA

Neste ponto é central a noção de indexicalidade. O conceito de "signo indicial" foi originalmente criado por Charles Sanders Peirce e posteriormente desenvolvido por Y. Bar-Hillel, referindo-se ao fato de que o contexto em que um signo é usado atribui significado a esse signo. De forma análoga, Garfinkel usa a expressão "indexicalidade" e "expressões indexicais" para se referir à forma como o significado dos objetos, das práticas e dos conceitos sociais está dependente do contexto em que surgem[60]. Decorre daqui que esta noção de indexicalidade possui notáveis semelhanças com o conceito de propriedade situacional de Goffman. Parte do conhecimento tácito dos indivíduos é, na verdade, a capacidade de compreender o significado de objetos ou de práticas no interior de um contexto determinado, e, mais ainda, de inferir significados através da "criação" ou "atribuição" de um contexto.

A criação de significados não é, no entanto, um processo unilateral. Na realidade, de uma forma que recorda a noção de círculo hermenêutico, os indivíduos recorrem ao contexto ou situação para atribuírem significado às práticas, mas estas últimas também permitem aos indivíduos criar ou manter a sua ideia de contexto. Esta "mútua elaboração da ação e do contexto" é central para o método de interpretação documental de Garfinkel, que discutiremos em seguida.

Garfinkel é especialmente conhecido por sua investigação empírica, em particular pelas "experiências de ruptura" (*breaching experiments*) e pelo chamado método de interpretação documental. Suas experiências de ruptura eram concebidas para explorar as consequências da disrupção das rotinas da vida diária[61]. Por exemplo, era pedido a estudantes que se comportassem em casa como se fossem hóspedes. Desta forma os pais eram confrontados com filhos que agiam de acordo com regras e procedimentos que diferiam radicalmente daquilo que era habitualmente esperado por parte dos primeiros. Mantinham um comportamento muito formal para com os pais, só falavam quando lhes era dirigida a palavra etc. Os pais, ignorando que se tratava de uma experiência, reagiam com fúria, desconforto e espanto.

Garfinkel e seus colegas inferiram duas conclusões destas experiências. Primeiro, que os indivíduos possuem uma forte adesão emocional às regras e

---

60. *Idem*, pp. 4-7.
61. Ver, por exemplo, Harold Garfinkel, "A Conception of and Experiments with 'Trust' as a Condition of Stable Concerted Actions".

procedimentos implícitos a que recorrem continuamente. Em segundo lugar, demonstraram o modo pelo qual os processos interpretativos são "duplamente constitutivos" das atividades que organizam: as regras, expectativas e admissões tornam visível não apenas a conduta normal na interação cotidiana, mas também a conduta que se desvia da normalidade. A partir do momento em que as regras são quebradas, os indivíduos não ajustam necessariamente seus processos interpretativos, mas tendem, em vez disso, a condenar moralmente o comportamento "desviante"[62].

Igualmente importante é o conceito de método de interpretação documental – um termo emprestado de Karl Mannheim – e a investigação empírica a ele relacionada[63]. De forma semelhante à noção de círculo hermenêutico, o método de interpretação documental de Garfinkel alude a um mecanismo recursivo no qual os indivíduos recorrem a procedimentos interpretativos para construírem "provas documentais", que são, por sua vez, empregados para inferir os procedimentos interpretativos[64]. Enquanto os indivíduos recorrem aos procedimentos interpretativos que atribuem sentido à realidade, este mesmo enquadramento de referência mantém-se intacto e é reproduzido, mesmo nos casos em que a realidade implicada é potencialmente ameaçadora para esse enquadramento.

Por exemplo, é pedido a estudantes que assistam a uma sessão de aconselhamento: apesar do fato dos conselheiros fornecerem respostas aleatórias às suas perguntas, os estudantes afirmaram posteriormente que a sessão foi útil e que aprenderam muito acerca de si próprios. Não perceberam, obviamente, que a sessão havia sido "encenada". A razão para tal é que recorreram a um enquadramento interpretativo com expectativas de fundo acerca da situação social que encontraram; este enquadramento ajudou-os a atribuírem sentido à situação, de forma que essas expectativas permaneceram intactas apesar do fato de que a situação constituía uma ameaça potencial "óbvia" para essas mesmas expectativas.

Durante muito tempo, Garfinkel e os etnometodólogos foram considerados irrelevantes para os objetivos da teoria social. O estudo das atividades

---

62. John Heritage, "Ethnometodology", *in* Anthony Giddens and Jonathan Turner (eds.), *Social Theory Today*, Cambridge, Polity Press, 1987, pp. 226-240.

63. A expressão foi cunhada por Karl Mannheim no seu ensaio "On the Interpretation of Weltanschauung", *Essays on the Sociology of Knowledge*, London, Routledge/Kegan Paul, 1952, pp. 33-83.

64. Harold Garfinkel, *Studies on Ethnometodology*, p. 77.

160 TEORIA SOCIAL CONTEMPORÂNEA

mundanas era considerado importante para a psicologia social, mas não para a teoria social. Muitos autores contemporâneos, no entanto, avaliam a etnometodologia de Garfinkel de um modo diferente. Reconhecem que a sua força reside na capacidade para tratar a ordem social como uma realização competente de indivíduos detentores de conhecimento. Existe um consenso crescente de que as minúcias da interação diária podem ser fundamentais para a explicação da coordenação e coesão sociais (ver capítulo 4). Garfinkel demonstrou, efetivamente, que os indivíduos possuem um empenho emocional forte relativamente aos seus procedimentos interpretativos e às suas expectativas, e que reavaliam de forma relutante a sua validade quando confrontados com situações disruptivas. Para mais, enquanto a sociologia dominante tratava o conhecimento derivado do senso comum como um epifenômeno, Garfinkel mostrou como este precisava ser considerado um tópico valioso para a investigação social.

Existem, ainda assim, falhas na etnometodologia de Garfinkel. Em primeiro lugar, este afirmava ter respondido de forma mais adequada do que Parsons à velha questão da origem da ordem social. No entanto, tal como Goffman, o seu sucesso a esse respeito depende inteiramente da definição que tomamos de "ordem social". Tal como em Goffman, a força de Garfinkel reside na valorização da produção e do reforço dos significados compartilhados. E como em Goffman, no entanto, o enquadramento de Garfinkel não consegue explicar a relativa falta de discordância em relação à distribuição de bens escassos ou de poder. A superioridade do ponto de vista de Garfinkel relativamente a Parsons depende do aspecto de ordem que escolhermos considerar. Por muito bem-sucedido que Garfinkel possa ser na abordagem da ordem simbólica, o esquema de Parsons parece ser mais apropriado para explicar a ordem político-estratégica.

Em segundo lugar, em parte devido ao fato de Garfinkel ter se centrado na "atitude natural da vida cotidiana" dos indivíduos, sua abordagem falha no que diz respeito às transformações da estrutura social subjacente. Suas análises empíricas demonstraram que a maioria das atividades cotidianas implicam a aplicação contínua de conhecimento comum partilhado, e que, uma vez confrontados com experiências potencialmente disruptivas, os indivíduos tendem a desenvolver mecanismos complexos que lhes permitem restaurar a ordem. Não obstante esta observação, Garfinkel aparenta ignorar o potencial que os indivíduos possuem, quando confrontados com experiências novas, para refletir sobre os processos interpretativos, normas e expectativas subjacentes às quais recorreram anteriormente.

Em *A Estrutura das Revoluções Científicas*[65], Thomas Kuhn demonstrou como os cientistas, face à acumulação de resultados anômalos, são capazes de uma reflexão público-coletiva acerca das regras e consensos subjacentes ao seu paradigma, que podem ser conducentes à substituição destas por um novo conjunto de normas e noções. Isto é relevante para o projeto primordial da etnometodologia. Os etnometodologistas procuram explicar a ordem social, concebendo exclusivamente esta última enquanto realização involuntária. No entanto, a reprodução de estruturas pode também ser conseguida intencionalmente. De fato, a reflexão dos indivíduos sobre as estruturas que subjazem às suas ações pode conduzir à manutenção dessas mesmas estruturas.

Em terceiro lugar, é igualmente problemática a ausência de um formato explanatório substancial no trabalho de Garfinkel. Ele não abordou a razão pela qual os indivíduos ficam perturbados ou indignados quando as regras ou os procedimentos são quebrados, ou porque estes tentam reinstalar a ordem quando confrontados com potenciais disrupções. Neste sentido, sua pesquisa etnometodológica é descritiva – ao buscar mais explicações do que as que fornece. Tal não torna o trabalho de Garfinkel insignificante no que diz respeito à teoria social. No entanto, implica efetivamente que, seu trabalho, para ser de alguma utilidade para a teoria social, necessita de um suporte psicossociológico adicional.

Em quarto lugar, a tendência de Garfinkel para negligenciar problemas de poder, prestígio e de relações assimétricas levanta uma outra questão, uma vez que estes são provavelmente constitutivos de alguns dos mecanismos que investigou. Tomemos, por exemplo, o método de interpretação documental e, em particular, o caso dos alunos na sessão de aconselhamento. A aura, autoridade e prestígio gerais que envolvem as práticas profissionais são provavelmente constitutivas da disposição dos alunos para, de alguma forma, suspenderem a incredulidade no momento em que entram para a sessão de aconselhamento, e são também constitutivas da tendência para os estudantes manterem esta

---

65. Thomas Kuhn, *The Structure of Scientific Revolutions*, 2nd. ed., Chicago, University of Chicago Press, 1970.

162 TEORIA SOCIAL CONTEMPORÂNEA

suspensão mesmo se os conselhos apresentados aparentam ser pouco satisfató-
rios. Isto é indicador de que, tal como no conto de Hans Christian Andersen
"O Traje Novo do Rei", é necessário que seja uma criança inocente, ainda não
devidamente socializada, a revelar que o rei está nu. Os adultos da história, obviamente mais sensíveis à assimetria nas relações sociais, estão aparentemente
mais inclinados a suspenderem a incredulidade na presença da autoridade.

RITUAIS SOCIAIS, EMOÇÕES E CONFIANÇA:
COLLINS E HARDIN

A confiança é um fator central para as análises que Goffman e Garfinkel
fazem da vida social. Basta considerar a concepção deste último acerca da ordem social como realização competente e negociada de indivíduos reflexivos ou
a importante noção de "regras cerimoniais" de Goffman, que sustenta o sentimento individual de segurança psicológica e confiança. Em anos mais recentes,
este conceito transformou-se num dos chavões mais populares das ciências
sociais, mesmo se por vezes não do modo mais consistente[66]. Uma variedade de
disciplinas e de perspectivas teóricas empenham-se hoje no estudo das dinâmicas da confiança interpessoal, nos padrões de confiança social de longo termo,
e nas suas implicações (sobretudo políticas, mas também organizacionais). Não
deverá ser, assim, surpreendente que Randall Collins (1941-), um conhecido intelectual contemporâneo, herdeiro intelectual de Garfinkel, Goffman e
Mead, seja um dos principais teóricos sociais a trabalhar atualmente nesta área.

Desde a publicação de *Conflict Sociology*[67], Collins tem desenvolvido
uma microssociologia da ação humana. Seu principal argumento é o de que
a análise sociológica de estruturas de grande escala deve ser baseada numa
compreensão microssociológica do mundo das emoções, da moralidade e da
interação social. Grandes estruturas como a economia, por exemplo, devem
ser traduzidas em combinações de microeventos suscetíveis de serem alvo de
uma rigorosa análise empírica. Esta estratégia de tradução, diz Collins, "revela

---

66. Barbara Misztal, *Trust in Modern Societies: The Search for the Bases of Social Order*, Cambridge,
Polity Press, 1996, p. 2.
67. Randall Collins, *Conflict Sociology*, New York, Academic Press, 1975.

as realidades empíricas das estruturas sociais como padrões de microinteração repetitiva", ou seja, o comportamento repetitivo que "ocorre em fábricas específicas, edifícios de escritórios, caminhões etc."[68] Quais são, então, os principais componentes conceituais da microssociologia de Collins?

Em primeiro lugar, a unidade básica de análise sociológica não é nem o indivíduo nem a estrutura social, mas a situação em que os indivíduos se encontram face a face. Deste ponto de vista, os sistemas e estruturas sociais não são senão um produto da agregação de numerosas e sucessivas interações ao longo de extensos períodos de tempo[69]. Em segundo lugar, e apoiando-se criativamente no trabalho de Durkheim e de Goffman, Collins sugere que estas sucessivas interações nas quais os participantes focam mutuamente as suas emoções devem ser tratadas como "rituais de interação". Para que uma interação social possa ser definida como um ritual de interação, têm que se verificar quatro condições: a copresença física de duas ou mais pessoas; uma fronteira que separa os que estão dentro dos que estão fora; todos os participantes devem partilhar um foco de atenção mútuo; e todos eles têm de partilhar uma "disposição ou experiência emocional comum"[70].

Collins concebe estes elementos como variáveis: qualquer variação na sua intensidade provoca variações semelhantes nos efeitos de um dado ritual de interação. Existem quatro efeitos deste gênero: solidariedade de grupo, energia emocional (um sentimento de entusiasmo e excitação que induz à iniciativa), símbolos coletivos que são a reserva moral do grupo e, por fim, um sentimento de moralidade que gira em torno do respeito por estes símbolos grupais. Consideremos um jogo de futebol do campeonato como um exemplo de interação ritual. Os jogadores dos times estão em contato físico próximo; seu equipamento, hinos e bandeiras determinam o estatuto de interioridade ao grupo; sua atenção está focada no jogo; e a disposição comum é vencê-lo. Os fãs que apoiam os times fazem tanto parte do ritual como os próprios jogadores. A resultante

---

68. Randall Collins, "On the Microfoundations of Macrosociology", *American Journal of Sociology*, vol. 86, n. 5, pp. 984-1014, 1981, pp. 985 e 995.

69. Randall Collins, "Interaction Ritual Chains, Power and Property: The Micro-Macro Connection as an Empirically Based Theoretical Problem", *in* Jeffrey Charles Alexander, Bernhard Giesen, Richard Münch and Neil J. Smelser (eds.), *The Micro-Macro Link*, Berkeley, University of California Press, 1987, pp. 193-206.

70. Randall Collins, *Interaction Ritual Chains*, Princeton, Princeton University Press, 2004, p. 48.

é a solidariedade entre os grupos de fãs, exaltação ou desilusão (dependendo do resultado do encontro), objetos sagrados (jogadores estrela como Neymar), e indignação contra a falta de *fairplay*, faltas e assim por diante.

Em terceiro lugar, Collins conclui que as relações sociais dependem de um subjacente sentimento de confiança. A solidariedade ritual e o altruísmo são instâncias de cadeias de motivação que empurram os indivíduos de situação em situação. À medida que esta cadeia ritual de interação aumenta com o decorrer do tempo, argumenta Collins, vai se formando uma macroestrutura. Quando os fãs se reúnem para apoiar o seu time, para continuar com o exemplo de cima, emergem sentimentos de solidariedade de grupo e de confiança interpessoal, que ao longo do tempo dão origem a um sentimento de identidade coletiva.

Vemos aqui Collins utilizar aquilo que Durkheim chamou de "a base pré--contratual da solidariedade social"[71], para fornecer um caráter radical à sua teoria microssociológica das cadeias rituais de interação. Trata-se de uma microssociologia radical na medida em que defende que são as emoções e os rituais, e não a racionalidade estratégica, que constituem a base da vida social. Enquanto programa social construcionista, a teoria das cadeias de interação ritual de Collins aproxima-se do "programa forte" de sociologia cultural de Alexander (ver capítulo 2).

Na verdade, o trabalho de Collins sobre a confiança não é senão um exemplo da crescente literatura sobre confiança, capital social, redes pessoais e outros fenômenos microssociais relacionados. Seguindo a rota do trabalho pioneiro de Luhmann sobre a confiança[72], autores como Anthony Giddens e Ulrich Beck têm estudado a confiança em relação com as amplas transformações sociais no contexto das suas análises sobre a globalização, a modernidade tardia e o risco (ver capítulos 5 e 8). Outros autores exploram os aspectos filosóficos deste tema[73]. E há os que estudam a confiança (ou a sua ausência) do ponto de vista das

---

71. Émile Durkheim, "Precontractual Solidarity", *in* Randall Collins (ed.), *Three Sociological Traditions: Selected Readings*, New York, Oxford University Press, 1985, p. 161.
72. Niklas Luhmann, *Trust and Power*, New York, Wiley, 1980.
73. Veja-se Onora O'Neil, *A Question of Trust: The BBC Reith Lectures 2002*, Cambridge, Cambridge University Press, 2002.

suas implicações políticas. Aqui, *Bowling Alone*[74], de Robert Putnam, e *Trust*[75], de Francis Fukuyama, sobressaem como os títulos mais populares. Em ambos os casos, estamos face à reemergência de um argumento clássico de Alexis de Tocqueville. Sem um corpo de cidadãos merecedor de confiança não existe democracia: a confiança é a condição para a participação cívica, que, por sua vez, é a condição para qualquer regime político democrático e livre.

Tal como acontece com outros desenvolvimentos teóricos, este recente aumento de interesse sociológico pela confiança está relacionado com acontecimentos do mundo real. O primeiro destes foi seguramente a transição para a democracia de diversos países do Leste Europeu na sequência da queda do Muro de Berlim em 1989 e da subsequente queda da União Soviética[76]. A recente recuperação de Tocqueville como um clássico sociológico encontra-se estreitamente relacionada com a necessidade de identificar as condições que estes países (em particular, as suas sociedades civis) tiveram que enfrentar de forma que as suas transições para a democracia fossem bem-sucedidas.

Outra razão prende-se com o "mal-estar cívico" detectado por Putnam, Fukuyama e outros autores nos Estados Unidos no início do século XXI. Estes autores argumentam que, desde a visita de Tocqueville à América nos anos 1830 e ao longo da maior parte do século XX, uma rede de associações civis desempenhou um papel importante no combate às consequências perniciosas do individualismo nos Estados Unidos. Nas últimas décadas, no entanto, têm-se verificado um acentuado decréscimo da participação cívica. Se a confiança é um ingrediente necessário para a cooperação e para a ordem social, então este decréscimo de capital social (uma espécie de virtude cívica relacionada com as redes sociais e as normas de confiança que delas emergem) pode estar minando a própria base da democracia americana[77].

Esta asserção tem sido criticada por diversos ângulos. Embora muito possa ser dito acerca da validade empírica da tese de Putnam (existe mesmo um

---

74. Robert Putnam, *Bowling Alone: The Collapse and Revival of American Community*, New York, Simon & Schuster, 2000.
75. Francis Fukuyama, *Trust: The Social Virtues and the Creation of Prosperity*, New York, The Free Press, 1995.
76. Ver, por exemplo, Piotr Sztompka, *Trust: A Sociological Theory*, Cambridge, Cambridge University Press, 1999.
77. Ver Robert Putnam, *Bowling Alone*, p. 19.

decréscimo de participação cívica, ou tal depende fundamentalmente da forma como a medimos?), aquilo que desejamos discutir aqui é uma crítica poderosa às suas bases microssociológicas. Um dos protagonistas desta crítica é Russell Hardin (1940-). Hardin defende uma concepção de "confiança como interesse encapsulado"[78]: confio em você porque você tem um interesse em corresponder à minha confiança. Uma vez que você valoriza a continuação da nossa relação, você tem um incentivo racional para levar em conta os meus interesses, ou seja, encapsular os meus interesses nos seus próprios interesses.

Hardin usa um exemplo literário para ilustrar este ponto de vista. Nos *Irmãos Karamazov*, de Dostoievski, é contada a história de um tenente-coronel que, enquanto comandante de uma unidade nos arredores de Moscou, tinha um acordo com um comerciante local chamado Trifonov. O tenente-coronel emprestava somas substanciais de dinheiro do exército a Trifonov com a condição de que este o devolvesse, juntamente com uma oferta, sempre que se aproximasse a periódica auditoria às contas. Quando o tenente-coronel é inesperadamente removido do comando da unidade, pede a Trifonov que devolva a última quantia que lhe foi entregue, 4500 rublos. Para sua surpresa, Trifonov recusa. Uma vez que o tenente-coronel não podia ver suas transações ilegais virem a público, Trifonov deixou de ter um incentivo para ser merecedor de confiança.

Segundo a concepção encapsulada de confiança de Hardin, o tenente-coronel não deveria ficar nada surpreendido com a recusa de Trifonov. Existem dois elementos centrais neste modelo racional de confiança. As partes precisam de um incentivo para continuarem a ser merecedoras de confiança e precisam saber se podem confiar uma na outra. No momento em que lhe foi dito que iria ser substituído, o tenente-coronel deveria ter percebido que o seu parceiro de crime deixava de ter um incentivo para ser merecedor de confiança. Os interesses de Trifonov deixaram de encapsular os seus interesses. A partir desse momento, os dias desta relação de confiança estavam contados.

Utilizemos a imaginária relação de confiança entre o tenente-coronel e o comerciante Trifonov de Dostoievski para ilustrar os primeiros dois tipos de relações que estão subentendidos no modelo de confiança como interesse encapsulado de Hardin. O primeiro é um "jogo de confiança de sentido único"[79].

---

78. Russell Hardin, *Trust and Trustworthiness*, New York, Russell Sage, 2002, p. 1.

79. *Idem*, p. 14.

Trata-se de uma relação de confiança de sentido único porque é apenas o te-nente-coronel que tem que confiar em Trifonov para devolver o empréstimo; Trifonov só precisa agir de acordo com o seu próprio interesse. Além disso, se o jogo fosse para ser jogado apenas uma vez, Trifonov não teria qualquer interesse em devolver o dinheiro. Se, no entanto, o comerciante puder prever duas ou mais jogadas à frente, será sempre do seu interesse devolver o dinheiro.

O segundo tipo de relação de confiança é ligeiramente mais complexo, uma vez que envolve uma relação recíproca. Uma relação continuada de mútua confiança é mais estável do que a anterior porque, neste caso, ambas as partes têm um incentivo para serem merecedoras de confiança. Enquanto as expecta-tivas futuras da sua relação fossem motivantes, o tenente-coronel podia confiar em Trifonov porque era do interesse deste fazer o que o tenente-coronel lhe confiara, e vice-versa. Por fim, Hardin afirma que este modelo de confiança como interesse encapsulado inclui um terceiro tipo de relação de confiança, nomeadamente as "relações espessas" típicas dos círculos familiares ou de co-legas de trabalho próximos. Na verdade, existem autores que sugerem que é apenas nestas comunidades fechadas que a autêntica confiança pode vingar[80]. Hardin discorda. Para ele, deveríamos aplicar a mesma narrativa de escolha racional da confiança no caso das relações densas: elas são fonte de incentivos (do confiado para merecer a confiança) e de conhecimento (para permitir a confiança a quem confia).

Desta perspectiva, as relações densas, consideradas por alguns como sendo a condição única para a confiança, passam a ser "apenas um caso especial da teoria da confiança encapsulada"[81]. De acordo com esta teoria, existem três domínios amplos nos quais experimentamos relações de confiança. O primeiro é o das relações interpessoais: todos os três casos discutidos acima (jogos de confiança de sentido único, relações de confiança mútua e relações densas) cobrem a maioria das nossas relações de confiança a este nível. As outras duas categorias referem-se a relações de confiança experimentadas pelas instituições e àquelas que são mediadas por terceiros (não institucionais). A abordagem da escolha racional de Hardin alega que a confiança é importante apenas no nível

---

80. Bernard Williams, "Formal Structures and Social Reality", *in* Diego Gambetta (ed.), *Trust: Making and Breaking Cooperative Relations*, Oxford, Blackwell, 1988, pp. 3-13.

81. Russell Hardin, *Trust and Trustworthiness*, p. 22.

168 TEORIA SOCIAL CONTEMPORÂNEA

interpessoal. Em contextos de grande escala, a confiança é ou desnecessária (as instituições e os governos mantêm frequentemente a ordem e a cooperação através de mecanismos que não dependem da confiança), ou mesmo prejudicial para a cooperação (pode conduzir a redes fechadas)[82].

Note-se o contraste entre esta conclusão e a perspectiva neotocqueviliana representada por Putnam e Fukuyama, entre outros: enquanto esta última vê a confiança como um ingrediente essencial da cooperação social, os proponentes da escolha racional preferem enfatizar os diversos substitutos da confiança que tornam possível aos indivíduos, concebidos como átomos sociais de maximização funcional, viver juntos em sociedades altamente complexas. A aplicação da teoria da escolha racional ao problema da confiança é, claro está, um pequeno exemplo deste influente paradigma. O próximo capítulo é dedicado à discussão da sua natureza e limitações e às suas linhas de desenvolvimento mais recentes.

LEITURAS ADICIONAIS

No que diz respeito às ciências sociais, as ideias mais importantes de Mead encontram-se no seu *Mind, Self and Society*. De um ponto de vista sociopsicológico, os artigos "A Behaviourist Account of the Significant Symbol" e "The Genesis of the Self and Social Control" são importantes e estão ambos disponíveis em *G. H. Mead. A Reader*. Para uma introdução atualizada à obra de Mead, veja-se *G. H. Mead. A Critical Introduction* de Filipe Carreira da Silva. A interpretação de Mead por Blumer encontra-se expressa numa série de artigos do seu *Symbolic Interactionism; Perspective and Method*.

Para um interessante resumo do interacionismo simbólico, temos *The Making of Symbolic Interactionism* de Paul Rock. Para um relato detalhado e aprofundado dos debates em torno do interacionismo simbólico, uma interessante coletânea de artigos pode ser encontrada nos dois volumes de *Symbolic Interactionism*, editados por Plummer. A *magnum opus* de Schutz é sem dúvida *The Phenomenology of The Social World*, mas, para os que pretendem uma introdução menos filosófica à sociologia de inspiração fenomenológica, há também

---

82. Ver Karen S. Cook, Russell Hardin e Margaret Levi, *Cooperation Without Trust?*, New York, Russell Sage, 2005.

The Structures of the Life-World por Schutz, em colaboração com Luckmann. O estilo de escrita de Garfinkel é um pouco inacessível e repleto de jargão, e assim *Garfinkel and Ethnomethodology* de Heritage pode ser um *sine qua non* para a compreensão dos seus *Studies in Ethnomethodology. A Primer in Ethnomethodology*, de Leiter, lê-se bem, e é uma excelente introdução aos diversos conceitos e temas da etnometodologia; tal como *The Perspective of Ethnomethodology*, de Benson e Hughes.

No que diz respeito a Goffman, vale a pena começar pelo seu *A Representação do Eu na Vida Cotidiana*, passando depois para os seus *Asylums; Encounters; Stigma* e, por fim, *Strategic Interaction. Erving Goffman*, de Manning, é uma boa introdução, que relaciona Goffman com assuntos mais genéricos da teoria social, embora sua interpretação seja algo próxima à de Giddens. Fontes secundárias mais avançadas sobre Goffman incluem *Erving Goffman: Exploring the Interaction Order*, editado por Drew e Wootton, e *Os Momentos e os Seus Homens*, de Ives Winkin. A obra tardia mais importante de Collins é *Interaction Ritual Chains*, que é também um dos seus livros mais acessíveis até a data. *Bowling Alone* de Putnam é uma introdução acessível ao problema da confiança. Para uma crítica da escolha racional, ver *Cooperation Without Trust?*, de Karen Cook, Russell Hardin e Margaret Levi.

REFERÊNCIAS BIBLIOGRÁFICAS

BAERT, Patrick. *Time, Self and Social Being: Outline of a Temporalised Sociology.* Aldershot, Ashgate, 1992.

BENSELER, Frank; HEJL, Peter M. & KÖCK, Wolfram K. (eds.). *Autopoiesis, Communication and Society: The Theory of Autopoietic Systems in the Social Sciences.* Frankfurt, Campus Verlage, 1980.

BENSON, Douglas & HUGHES, John A. *The Perspective of Ethnomethodology.* London, Longman, 1983.

BERLIN, Isaiah. *The Hedgehog and the Fox: An Essay on Tolstoy's View of History.* London, Weidenfeld & Nicholson, 1967.

BLUMER, Herbert. *Symbolic Interactionism: Perspective and Method.* New York, Prentice Hall, 1969.

COLLINS, Randall. *Conflict Sociology.* New York, Academic Press, 1975.

_170_ TEORIA SOCIAL CONTEMPORÂNEA

_____. "On the Microfoundations of Macrosociology". _American Journal of Sociology,_ vol. 86, n. 5, pp. 984-1014, 1981.

_____. "Interaction Ritual Chains, Power and Property: The Micro-Macro Connection as an Empirically Based Theoretical Problem". _In:_ ALEXANDER, Jeffrey Charles; GIESEN, Bernhard; MÜNCH, Richard & SMELSER, Neil J. (eds.). _The Micro-Macro Link._ Berkeley, University of California Press, pp. 193-206, 1987.

_____. _Interaction Ritual Chains._ Princeton, Princeton University Press, 2004.

COOK, Karen S.; HARDIN, Russell & LEVI, Margaret. _Cooperation Without Trust?_ New York, Russell Sage, 2005.

Coss, John (ed.). _Essays in Honor of John Dewey._ New York, Henry Colt, 1929.

DREW, Paul & WOOTTON, Anthony (eds.). _Erving Goffman: Exploring the Interaction Order._ Cambridge, Polity Press, 1988.

DURKHEIM, Émile. _The Rules of Sociological Method, and Selected Texts on Sociology and Its Method._ London, Macmillan, 1982.

_____. "Precontractual Solidarity". _In:_ COLLINS, Randall (ed.). _Three Sociological Traditions: Selected Readings._ New York, Oxford University Press, pp. 161-74, 1985.

FUKUYAMA, Francis. _Trust: The Social Virtues and the Creation of Prosperity._ New York, The Free Press, 1995.

GARFINKEL, Harold. _The Perception of the Other: A Study in Social Order._ Cambridge, MA, Harvard University, Department of Sociology, 1952 (Ph. D. Dissertation).

_____. "A Conception of and Experiments with 'Trust' as a Condition of Stable Concerted Actions". _In:_ HARVEY, O. J. _Motivation and Social Interaction._ New York, Ronald Press, pp. 187-238, 1963.

_____. _Studies in Ethnomethodology._ Englewood Cliffs, NJ, Prentice-Hall, 1967.

_____. "On the Origins of the Term 'Ethnomethodology'". _In:_ TURNER, Roy (ed.). _Ethnomethodology._ Harmondsworth, Penguin, pp. 15-18, 1974.

_____ & SACKS, Harvey. "On Formal Structures of Practical Actions". _In:_ McKINNEY, John C. & TIRYAKIN, Edward A. (eds.). _Theoretical Sociology._ New York, Appleton-Century-Crofts, pp. 338-366, 1970.

GIDDENS, Anthony. _The Constitution of Society: Outline of the Theory of Structuration._ Cambridge, Polity Press, 1984.

_____. _The Consequences of Modernity._ Cambridge, Polity Press, 1989.

_____. _Modernity and Self-Identity: Self and Society in the Late Modern Age._ Cambridge, Polity Press, 1992.

_____. _New Rules of Sociological Method._ 2nd. Ed. Cambridge, Polity Press, 1993.

_____ & Turner, Jonathan (eds.). *Social Theory Today*. Cambridge, Polity Press, 1987.

Goffman, Erving. *Asylums*. Harmondsworth, Penguin, 1961.

_____. *Behavior in Public Places: Notes on the Social Organization of Gatherings*. New York, Free Press, 1963.

_____. *Stigma*. Englewood Cliffs, NJ, Prentice-Hall, 1964.

_____. *The Presentation of Self in Everyday Life*. Harmondsworth, Penguin, 1969.

_____. *Strategic Interaction*. Oxford, Blackwell, 1970.

_____. *Encounters: Two Studies in the Sociology of Interaction*. London, Penguin, 1972.

_____. *Interaction Ritual: Essays on Face-to-Face Behavior*. Harmondsworth, Penguin, 1972.

_____. *Frame Analysis: An Essay in the Organization of Experience*. Harmondsworth, Penguin, 1974.

_____. *Forms of Talk*. Oxford, Basil/Blackwell, 1981.

Hardin, Russell. *Trust and Trustworthiness*. New York, Russell Sage, 2002.

Harré, Rom & Secord, Paul. *The Explanation of Social Behavior*. Oxford, Basil/Blackwell, 1972.

Harvey, O. J. (ed.). *Motivation and Social Interaction*. New York, Ronald Press, 1963.

Heritage, John. *Garfinkel and Ethnomethodology*. Cambridge, Polity Press, 1984.

_____. "Ethnomethodology". *In:* Giddens, Anthony & Turner, Jonathan (eds.). *Social Theory Today*. Cambridge, Polity Press, pp. 224-272, 1987.

Kuhn, Thomas. *The Structure of Scientific Revolutions*. 2nd. ed. Chicago, University of Chicago Press, 1970.

Leiter, Kenneth. *A Primer on Ethnomethodology*. Oxford, Oxford University Press, 1980.

Luhmann, Niklas. *Trust and Power*. New York, Wiley, 1980.

Maines, David R.; Sugrue, Noreen M. & Katovich, Michael A. "The Sociological Import of G. H. Mead's Theory of the Past". *American Sociological Review*, vol. 48, n. 2, pp. 161-173, 1983.

Mannheim, Karl. *Essays on the Sociology of Knowledge*. London, Routledge/Kegan Paul, 1952.

Manning, Philip. *Erving Goffman and Modern Sociology*. Cambridge, Polity Press, 1992.

Maturana, Humberto R. "Man and Society". *In:* Benseler, Frank; Hejl, Peter M. & Köck, Wolfram K. (eds.). *Autopoiesis, Communication and Society: The Theory of Autopoietic Systems in the Social Sciences*. Frankfurt, Campus Verlag, pp. 11-32, 1980.

MCKINNEY, John C. & TIRYAKIN, Edward A. (eds.). *Theoretical Sociology*. New York, Appleton-Century-Crofts, 1970.

MEAD, George H. "Review of Henri Bergson's *L'Évolution Créatrice*". *Psychological Bulletin*, vol. 4, pp. 379-384, 1907.

_____. "The Nature of the Past". *In:* Coss, John. *Essays in Honor of John Dewey*. New York, Henry Colt, 1929, pp. 235-242.

_____. *Mind, Self and Society: From the Standpoint of a Social Behaviorist*. Chicago, University of Chicago Press, 1934.

_____. *Movements of Thought in the Nineteenth Century*. Chicago, University of Chicago Press, 1936.

_____. *The Philosophy of the Act*. Chicago, University of Chicago Press, 1938.

_____. *The Philosophy of the Present*. Chicago, University of Chicago Press, 1959.

_____. *Selected Writings*. New York, The Bobbs Merill Company, 1964.

_____. *G. H. Mead: A Reader*. Ed. Filipe Carreira da Silva. New York, Routledge, 2011.

MISCHEL, Walter & MISCHEL, Harriet N. "Self-Control and the Self". *In:* MISCHEL, Theodore (ed.). *The Self: Psychological and Philosophical Issues*. Oxford, Blackwell, pp. 31-64, 1977.

MISZTAL, Barbara. *Trust in Modern Societies: The Search for the Bases of Social Order*. Cambridge, Polity Press, 1996.

O'NEILL, Onora. *A Question of Trust: The BBC Reith Lectures 2002*. Cambridge, Cambridge University Press, 2002.

PARSONS, Talcott. *The Structure of Social Action*. New York, McGraw-Hill, 1937.

PLUMMER, Ken (ed.). *Symbolic Interactionism*. Aldershot, Edward Elgar, 1991, vols. I-II.

PUTNAM, Robert. *Bowling Alone: The Collapse and Revival of American Community*. New York, Simon & Schuster, 2000.

ROCK, Paul. *The Making of Symbolic Interactionism*. London, Macmillan, 1979.

SCHELLENBERG, James A. *Masters of Social Psychology: Freud, Mead, Lewin, and Skinner*. Oxford, Oxford University Press, 1978.

SCHUTZ, Alfred. *Collected Papers, Volume 1*. The Hague, Martinus Nijhoff, 1962.

_____. *The Phenomenology of the Social World*. Evanston, IL, Northwestern University Press, 1967.

_____ & LUCKMANN, Thomas. *The Structures of the Life-World*. London, Heinemann, 1974.

SILVA, Filipe Carreira da. *G. H. Mead: A Critical Introduction*. Cambridge, Polity Press, 2007.

SIMMEL, Georg. *The Sociology of Georg Simmel*. Glencoe, IL, Free Press, 1950.

SZTOMPKA, Piotr. *Trust: A Sociological Theory*. Cambridge, Cambridge University Press, 1999.

TURNER, Roy (ed.). *Ethnomethodology*. Harmondsworth, Penguin, 1974.

WILLIAMS, Bernard. "Formal Structures and Social Reality". *In:* GAMBETTA, Diego (ed.). *Trust: Making and Breaking Cooperative Relations*. Oxford, Blackwell, pp. 3-13, 1988.

WINKIN, Yves. *Os Momentos e os Seus Homens*. Lisboa, Relógio d'Água, 1999.

4

A Invasão do Homem Econômico

DA TEORIA DA ESCOLHA RACIONAL AO NOVO INSTITUCIONALISMO

As abordagens individualistas e econômicas da vida social estavam entre as *bêtes noires* do projeto sociológico de Durkheim. Uma parte da constituição da nova disciplina da sociologia consistia em distingui-la claramente da psicologia e da economia, não apenas em termos do seu objeto, mas também no que dizia respeito à abordagem teórica. Contrariamente ao que acontecia com as abordagens individualistas, a sociedade era considerada como uma entidade *sui generis* – não um mero agregado das suas partes componentes. Para mais, as atitudes de cálculo racional eram tidas como sendo limitadas a esferas particulares da vida social, e, mesmo nos casos em que estas atitudes eram prevalecentes, identificava-se uma pré-condição para a sua existência no âmbito das normas e valores partilhados.

Esta perspectiva durkhemiana dominou a sociologia durante muito tempo. Na sua versão fraca, o pensamento sociológico foi considerado como estranho à imagem de atores que perseguiam racionalmente seus interesses individuais. Uma versão mais forte presume que a razão é, nos termos de John Wilmot, "um *ignis fatuus* da mente humana": que por trás do nível superficial da ação racional se oculta um nível fundamental mais profundo de estruturas sociais não reconhecidas.

Essa perspectiva durkheimiana, defendida em qualquer das suas versões, permeou a sociologia do século XX; existe, na verdade, um consenso entre autores de

176 TEORIA SOCIAL CONTEMPORÂNEA

outra forma muito diferentes como Parsons, Dahrendorf, Garfinkel, Bourdieu e Giddens acerca da irredutibilidade da vida social à lógica econômica (ver capítulos 1, 2, 3 e 5). Até os teóricos da ação weberianos, que têm sido tradicionalmente hostis a tipos de explicação holística, distanciam-se rapidamente de qualquer forma de reducionismo econômico. A emergência da teoria da escolha racional nas ciências políticas e sociais durante os anos de 1980 foi, assim, bastante surpreendente e até revolucionária. A teoria da escolha racional assinala, nos estudos políticos e sociológicos, nada mais nada menos do que a invasão do homem econômico. É o grande assalto imperialista da economia à sociologia: a subordinação do *homo sociologicus* ao *homo economicus*.

É claro que se pode argumentar que o homem econômico também foi expansionista no passado. No fim de contas, a teoria política de Hobbes assentava fortemente sobre a ideia de que o mundo é habitado por agentes racionais com interesses próprios, e Adam Smith empregava por vezes raciocínios econômicos para explicar a ação política. Além do mais, as reformas utilitaristas do início do século XIX recorriam a uma lógica econômica que postulava que, em qualquer tempo e em qualquer lugar, as pessoas tendem a trocar a dor pelo prazer, e que as instituições deviam direcionar-se para estes princípios utilitaristas. Alguns teóricos da escolha racional vão ainda mais longe e defendem que as metodologias de Tocqueville e de Marx prefiguram a teoria da escolha racional[1].

No entanto, só mais recentemente a abordagem econômica foi empregada de modo mais sofisticado de forma a incluir os mais diversos aspectos da vida social, desde as práticas religiosas e o casamento até as situações de guerra e os padrões de suicídio[2]. A sofisticação e a aplicabilidade do pensamento econômico corrente devem-se ambas, parcialmente, à emergência e ao desenvolvimento da teoria dos jogos. A teoria dos jogos procura lidar conceitualmente

---

1. Ver, por exemplo, Raymond Boudon, *The Unintended Consequences of Social Action*, London, Macmillan, 1982; Jon Elster, *Making Sense of Marx*, Cambridge, Cambridge University Press, 1985. Foram levantadas sérias objeções a uma reinterpretação de Marx segundo este ponto de vista (por exemplo, Gerald A. Cohen, "Reply to Elster on Marxism: Functionalism and Game Theory", *Theory and Society*, vol. 11, pp. 483-495, 1982).

2. Ver, por exemplo, Kenneth Arrow, *Social Choice and Individual Values*, New Haven, Yale University Press, 1951; Gary C. Becker, *The Economic Approach to Human Behavior*, Chicago, Chicago University Press, 1976; James Coleman, *Foundations of Social Theory*, Cambridge, MA, Harvard University Press, 1990; Anthony Downs, *An Economic Theory of Democracy*, New York, Harper, 1957; Mancur Olson, *The Logic of Collective Action*, Cambridge, MA, Harvard University Press, 1965.

com situações nas quais os indivíduos tomam decisões estando conscientes de que as suas escolhas podem ser (e geralmente são) afetadas pelas escolhas dos outros jogadores[3]. Na sua sofisticação, a teoria dos jogos forneceu diversas excelentes ideias contraintuitivas: por exemplo, que em determinadas situações os indivíduos podem sair-se pior ao agirem de acordo com o seu interesse próprio. A natureza abstrata da teoria dos jogos favorece a sua ampla aplicação, encorajando ainda mais a sua popularidade.

Neste capítulo trataremos da abordagem econômica e do seu uso na explicação de fenômenos não econômicos. As primeiras três seções ajudam-nos a estabelecer o cenário. Na primeira seção – que quem já estiver familiarizado com a teoria da escolha racional pode querer saltar – discutimos os consensos que subjazem à abordagem econômica. Isto implica resumir aquilo que os defensores da abordagem econômica querem dizer com racionalidade e comportamento racional. Na segunda secção, discutimos a teoria dos jogos, frequentemente utilizada pelos teóricos da escolha racional. Na terceira seção, discutimos o novo institucionalismo, em particular a forma como se desenvolveu na ciência política. Na quarta seção, discutimos alguns exemplos de aplicações da escolha racional na ciência política e social. Exploraremos o trabalho de Downs, Olson, Becker, Coleman e Knight. Por fim, na quinta seção, dedicamo-nos à discussão das principais limitações da abordagem econômica.

Antes de começarmos, esclareçamos o que pretendemos discutir, ou, o que é mais importante, aquilo que não discutiremos. Este capítulo lida obviamente com a abordagem econômica, ou o que nos dias de hoje é chamada "teoria da escolha racional" (doravante, TER). Usamos o termo tal como ele é comumente empregado – ou seja, definido como uma teoria sociológica que procura explicar os comportamentos sociais e políticos pressupondo que os indivíduos agem racionalmente. Embora não controversas, uma série de consequências derivam desta definição. Em primeiro lugar, lidamos com a perspectiva da escolha racional como uma teoria que pretende explicar fenômenos sociais e políticos, e não o comportamento econômico.

Algumas das críticas que apontamos à TER poderiam igualmente aplicar-se à sua utilização na economia, mas preferimos deixar aos economistas o julgamento acerca da relevância para a sua disciplina das questões que aqui

---

3. Ver, por exemplo, David Kreps, *Game Theory and Economic Modelling*, Oxford, Claredon Press, 1990.

178 TEORIA SOCIAL CONTEMPORÂNEA

levantamos. Em segundo lugar, a TER (pelo menos de acordo com a nossa definição) deve ser distinguida das reflexões filosóficas acerca da racionalidade e da escolha racional. Estas visões filosóficas contribuem por vezes para a TER, mas esta seguramente não incorpora todas elas. Desta forma, nossas críticas à TER (infra) não constituem necessariamente críticas aos trabalhos filosóficos de Elster ou Hollis[4].

Em terceiro lugar, a TER é distinta da teoria da decisão. A teoria da decisão é uma teoria normativa, na medida em que nos informa acerca do que um indivíduo deve fazer para ser considerado racional. A TER apoia-se por vezes em ideias da teoria da decisão, mas não pretendemos focar-nos neste aspecto, e trataremos dele apenas na medida em que nossa crítica da perspectiva da escolha racional o propiciar. Em quarto lugar, os teóricos da escolha racional desenvolvem teorias sociológicas, e procuram explicar e prever padrões de comportamento de grupos de indivíduos. A TER não deve ser entendida como uma teoria que simplesmente explica ou prevê comportamentos individuais. Por exemplo, alguns teóricos da escolha racional pretendem explicar e antecipar padrões de votação – não a decisão de voto de cada indivíduo.

AS EXPLICAÇÕES DA ESCOLHA RACIONAL

Independentemente das múltiplas versões da TER, a maioria dos seguidores desta teoria adotam as seguintes noções-chave: a noção de intencionalidade; a noção de racionalidade; a distinção entre informação "completa" e "incompleta", e, no caso desta última, entre "risco" e "incerteza"; e a distinção entre ação "estratégica" e "independente". Trataremos de uma de cada vez.

Em primeiro lugar, os teóricos da escolha racional pressupõem a intencionalidade. As explicações da escolha racional são, na verdade, um subconjunto das chamadas "explicações intencionais". As explicações intencionais não

---

4. Ver, por exemplo, Jon Elster, *Ulysses and the Sirens*, Cambridge, Cambridge University Press, 1979; *Sour Grapes: Studies in the Subversion of Rationality*, Cambridge, Cambridge University Press, 1983; *Rational Choice*, New York, New York University Press, 1986; "Introduction", *Rational Choice*; *Nuts and Bolts for the Social Sciences*, Cambridge, Cambridge University Press, 1989; Martin Hollis, *The Cunning of Reason*, Cambridge, Cambridge University Press, 1988; *The Philosophy of the Social Sciences*, Cambridge, Cambridge University Press, 1994.

estipulam apenas que os indivíduos agem intencionalmente; ao invés disso, justificam as práticas sociais referindo-as às crenças e desejos dos indivíduos envolvidos. As explicações intencionais são frequentemente acompanhadas por uma busca pelos efeitos não intencionais (a chamada "agregação") das ações propositadas dos indivíduos. Ao contrário das formas de explicação funcionalistas (ver capítulo 1), os efeitos involuntários das práticas sociais não são empregados para explicar a persistência dessas mesmas práticas.

Os teóricos da escolha racional prestam particular atenção a dois tipos de consequências involuntárias negativas, ou "contradições sociais": a contrafinalidade e a subotimalidade. A contrafinalidade refere-se à "falácia da composição" que ocorre sempre que os indivíduos agem de acordo com a noção errônea de que o que é ótimo para um indivíduo numa circunstância particular é necessariamente e simultaneamente ótimo para todos os indivíduos nas mesmas circunstâncias[5]. Tomemos o exemplo do desmatamento de Sartre: cada camponês pretende obter mais terra através do abate de árvores, mas tal conduz ao desmatamento e por consequência à erosão, de forma que, no fim, os camponeses ficam com menos terra cultivável do que no princípio[6].

A subotimalidade refere-se a indivíduos que, confrontados com escolhas interdependentes, escolhem uma estratégia particular, conscientes de que os outros farão o mesmo, e com a consciência também de que todos poderiam obter, pelo menos, o mesmo se outra estratégia tivesse sido adotada[7]. Tomemos o exemplo dos camponeses de Sartre, de novo. A subotimalidade ocorre quando um camponês tem consciência da possibilidade de um resultado conjunto, mas ainda assim toma consciência de que, qualquer que seja a decisão dos outros, é vantajoso para ele cortar as árvores. O chamado "dilema do prisioneiro", que discutiremos adiante, é um claro exemplo de subotimalidade com o envolvimento de dois indivíduos.

Em segundo lugar, para além da intencionalidade, a TER supõe a racionalidade. As explicações de escolha racional são na verdade um subconjunto das explicações intencionais, e atribuem, como o nome sugere, racionalidade à ação social. Por racionalidade entende-se, a *grosso modo*, que, enquanto age e

---

5. Jon Elster, *Logic and Society: Contradictions and Possible Worlds*, Chichester, John Wiley & Sons, 1978, p. 106; *Nuts and Bolts for the Social Sciences*, p. 95.
6. Jean-Paul Sartre, *Critique de la Raison Dialectique*, Paris, Gallimard, 1960, p. 232.
7. Jon Elster, *Logic and Society: Contradiction and Possible Worlds*, p. 122.

180 TEORIA SOCIAL CONTEMPORÂNEA

interage, o indivíduo possui um plano coerente, e tenta maximizar a satisfação das suas preferências minimizando os custos envolvidos. A racionalidade implica, assim, a "presunção de interligação", que estipula que o indivíduo envolvido possui uma "ordenação preferencial" completa para as suas várias opções.

Dessa ordenação preferencial, os cientistas sociais podem inferir uma "função de utilidade" que atribui um número a cada opção, de acordo com sua classificação no interior da ordenação de preferência. Para um indivíduo ser considerado racional, sua ordenação preferencial precisa cumprir certos requisitos. O princípio de transitividade é um exemplo claro destas pré-condições: a preferência de X relativamente a Y e de Y relativamente a Z deverá implicar a preferência de X relativamente a Z. No caso em que se verificam tanto a interligação como a transitividade, os teóricos da escolha racional referem-se a uma "ordenação de preferências fraca"[8].

As explicações de escolha racional justificam o comportamento individual reportando-se às crenças e preferências subjetivas desse mesmo indivíduo – não às condições e oportunidades objetivas com as quais se depara. Desta forma, é possível para alguém agir racionalmente enquanto se apoia em falsas crenças a respeito daquilo que são os melhores meios para atingir os seus objetivos ou desejos. No entanto, para que alguém possa ser tido como racional, é suposto que reúna, dentro das fronteiras do possível, informação suficiente para sustentar as suas crenças. Uma interminável coleta de informação pode ser também um sinal de irracionalidade, em particular se a situação implica uma certa urgência. Quando confrontados com um ataque militar iminente, por exemplo, uma análise prolongada das estratégias possíveis teria consequências desastrosas.

Em terceiro lugar, temos a distinção entre incerteza e risco. Consideramos até aqui que os indivíduos conhecem com certeza as consequências das suas ações, mas, na realidade, eles possuem frequentemente apenas uma informação parcial no que diz respeito às relações entre ações específicas e suas respectivas consequências. Alguns autores assumem até mesmo a posição de que não existem situações reais nas quais os indivíduos possam ter acesso a informações perfeitas porque, como afirmou Edmund Burke há mais de dois séculos, "não é possível planejar o futuro com o passado".

---

8.   Kenneth Arrow, *Social Choice and Individual Values*, p. 13.

Existe uma distinção no âmbito da "informação perfeita" entre "incerteza" e "risco" – uma distinção introduzida inicialmente por J. M. Keynes[9] e por F. Knight[10] – e a TER tende a tratar a escolha em condições de incerteza da mesma forma que a escolha em condições de risco. Face ao risco, os indivíduos são capazes de atribuir probabilidades a diversos resultados, algo que não conseguem fazer quando confrontados com a incerteza. Os teóricos da escolha racional tendem a centrar-se no risco por uma de duas razões: quer porque defendem que não existem situações de incerteza, quer porque defendem que, se existirem, a TER seria inútil para a justificação das ações dos indivíduos.

Face ao risco, a TER considera que os indivíduos são capazes de calcular a "utilidade expectável" ou o "valor expectável" de cada ação. Para se perceber o significado do conceito de "utilidade expectável" é primeiro necessário, para cada resultado Xi, multiplicar a utilidade Ui desse resultado pela probabilidade Pi da sua ocorrência. A utilidade expectável é, assim, o resultado obtido pelo somatório destes produtos: (U1 × P1) + (U2 × P2) + ... + (Ui × Pi) + ... + (UN × PN), com N representando o número de resultados possíveis[11].

Em quarto lugar, temos a distinção entre escolhas estratégicas e paramétricas. Com a exceção dos dois tipos de contradição social referidos acima (que são indicativos de "escolhas estratégicas ou interdependentes"), nos concentramos até agora em "escolhas paramétricas". Estas referem-se a escolhas enfrentadas pelos indivíduos face a um ambiente independente das suas escolhas.

A subotimalidade e a contrafinalidade são exemplos de escolhas estratégicas nas quais os indivíduos precisam considerar as escolhas feitas por outros antes de decidirem o seu próprio curso de ação. Para dar outro exemplo, os indivíduos que compram e vendem ações na bolsa tendem a levar em consideração as escolhas dos outros antes de tomarem suas próprias decisões. Como parte da TER, a teoria dos jogos lida com a formalização de escolhas interdependentes ou estratégicas. Constrói modelos-tipo ideais que antecipam a decisão racional de cada jogador num jogo em que os participantes restantes também efetuam escolhas e no qual cada jogador precisa considerar as escolhas do adversário. A seção seguinte trata da teoria dos jogos.

---

9. John M. Keynes, *A Treatise on Probability*, London, Macmillan, 1921.

10. Frank Knight, *Risk, Uncertainty and Profit*, Boston, Houghton Mifflin, 1921.

11. Obviamente, em casos de incerteza em que *Pi* é incalculável, a sua utilidade expectável é, da mesma forma, indeterminada.

TEORIA DOS JOGOS

Apresentamos, até agora, apenas um esboço do que é a teoria dos jogos. Uma vez que esta é crucial para as explicações de escolha racional modernas, chegou agora o momento de tratarmos com mais profundidade as suas principais características. Um jogo consiste num conjunto de pelo menos dois jogadores que desenvolvem estratégias com a finalidade de obterem determinados resultados ou recompensas. Os jogos que envolvem dois indivíduos são chamados "jogos de duas pessoas"; jogos que envolvem mais do que dois jogadores são referidos como "jogos de N pessoas".

A recompensa de cada jogador depende não apenas da sua estratégia, mas também das estratégias e recompensas de todos os outros jogadores envolvidos. De forma semelhante, a estratégia de cada jogador depende da estratégia dos outros. Tendo as preferências de cada jogador para os diversos resultados ou recompensas como um dado, a teoria dos jogos tenta prever as estratégias dos jogadores que agem racionalmente com base na informação disponível. Obviamente, podem existir discrepâncias entre a previsão teórica de um jogo e as escolhas reais dos indivíduos em cenários experimentais ou reais.

É frequentemente estabelecida uma distinção entre a teoria de jogos "cooperativa" e "não cooperativa"[12]. A versão não cooperativa é a que é comumente considerada como a teoria dos jogos. Considera-se que os indivíduos agem de acordo com os seus próprios interesses, escolhendo cooperar com os outros apenas se tal favorecer os seus interesses individuais. Nos jogos cooperativos, cada indivíduo procura o melhor resultado para o grupo, e essa escolha pode não coincidir necessariamente com a melhor estratégia se fossem apenas tomados em conta os interesses individuais. Uma vez que a TER tende a tratar os indivíduos como maximizadores dos seus interesses pessoais, e dado que a versão cooperativa é um ramo muito menos desenvolvido da teoria dos jogos, nos centraremos em seguida na teoria de jogos não cooperativos.

Em alguns casos, nos chamados jogos de "soma variável" ou de "soma diferente de zero", o total das recompensas de todos os jogadores depende da estratégia assumida por cada um. Tal não é o caso com os jogos de "soma constante" ou de "soma zero": nestes o ganho de um dos jogadores implica

---

12. David Kreps, *Game Theory and Economic Modelling*, p. 9.

uma perda equivalente para os outros. Enquanto os jogos de soma constante envolvem um conflito puro e raramente ocorrem na vida real, os jogos de soma variável envolvem quer a pura colaboração quer uma combinação de conflito e colaboração. Os jogos de soma variável que implicam apenas colaboração são chamados jogos de coordenação, enquanto a combinação de conflito e colaboração é exemplificada pelo "dilema do prisioneiro", pela batalha dos sexos, pelo jogo das galinhas e pelo jogo da caça ao veado, dos quais trataremos mais à frente.

Podem ser distinguidos dois tipos de jogo no âmbito da teoria de jogos não cooperativos: jogos de "forma estratégica" e jogos de "forma extensiva"[13]. No jogo de forma estratégica (por vezes referido como jogo de forma normal) considera-se que os jogadores escolhem suas estratégias simultaneamente. O jogo de forma extensiva toma em consideração as escolhas e a informação recolhida pelos jogadores em cada instância. Assim, é típica uma análise sincrônica dos jogos de forma estratégica, enquanto os jogos extensivos implicam uma análise diacrônica.

É tecnicamente possível converter um jogo de forma extensiva num jogo de forma estratégica. Podem existir boas razões para o fazer: por exemplo, a imagem instantânea fornecida pelo jogo de forma estratégica é simples e presta-se facilmente à análise. O inverso é mais complicado: qualquer jogo de forma estratégica pode ser convertido num número infinito de jogos de forma extensiva. Dado que a lógica subjacente é basicamente a mesma em ambos os casos, consideraremos aqui, para efeitos de clareza, apenas os jogos de forma estratégica.

Tudo isto parece bastante complicado, mas alguns exemplos demonstrarão a simplicidade das noções básicas da teoria dos jogos. Começaremos com o "dilema do prisioneiro", um exemplo de jogo de soma variável com uma mistura de conflito e colaboração. Este é provavelmente o mais conhecido de todos os jogos, não apenas por sua relevância para diversas áreas da vida social e política, mas também por causa de algumas das suas implicações contraintuitivas. Imagine que você cometeu um crime em conjunto com outro indivíduo, são ambos presos, mas a polícia não consegue apresentar provas concludentes contra nenhum dos dois. São colocados em celas separadas e

---

13. *Idem*, pp. 9-25.

interrogados alternadamente pela polícia. É dito a você o seguinte: "Você tem duas escolhas: ou confessa ou nega o seu envolvimento no crime. Se você confessar e seu cúmplice não, você sai em liberdade e seu cúmplice é condenado a prisão perpétua. Se você confessar e seu cúmplice também, apanham ambos uma pena de vinte anos. Se ambos negarem o envolvimento no crime, apanham ambos uma pena de cinco anos. Ao seu cúmplice foram apresentadas as mesmas condições".

Para esclarecer o argumento que se segue, imagine que você se preocupa mais com a duração da sua própria sentença do que com a do seu cúmplice; considere que, na verdade, sua relação com ele é puramente "profissional", e que não desenvolveu com ele nenhuma relação particular enquanto se encontravam envolvidos em conjunto em atividades criminosas. O mesmo se aplica ao seu cúmplice, em quem, por conseguinte, você não tem qualquer razão para confiar, tal como ele em você. As preocupações do seu cúmplice são antes de mais nada com sua própria pena, e só depois com a sua.

Supondo que você se preocupa mais com a sua sentença do que com a do seu cúmplice, sua escolha é simples. Após uma reflexão racional, você decide confessar o seu envolvimento, porque isso representa a escolha mais vantajosa qualquer que seja a decisão do seu cúmplice. Isto é fácil de provar. Seu cúmplice tem duas possibilidades: a confissão ou a negação. Vejamos o caso em que seu cúmplice nega: a sua confissão lhe permitirá sair em liberdade, enquanto uma negação conduziria à sua detenção por um período de cinco anos. Um argumento semelhante pode ser aplicado se seu cúmplice confessar: nesse caso apanharão ambos vinte anos, enquanto se você negar espera-o uma sentença de prisão perpétua. Portanto, qualquer que seja a decisão do seu cúmplice, é vantajoso para você confessar.

Lembre-se, igualmente, que ao seu cúmplice foi apresentada a mesma história, e, assumindo que ele decide racionalmente e que a duração de sua própria sentença é sua prioridade, a decisão dele será a mesma que a sua: a confissão. Surge assim uma situação em que ambos decidem confessar, o que significa que apanharão ambos uma sentença de vinte anos. Mas repare que seria melhor para ambos negarem, uma vez que, assim, cumpririam apenas uma pena de cinco anos em vez de vinte.

O "dilema do prisioneiro" demonstra, desta forma, que o cumprimento de critérios racionais individuais pode conduzir a resultados subótimos indesejados.

Note também que a sua consciência (e a do seu cúmplice) deste paradoxo não ajuda a evitar o problema: continua a ser vantajoso para si confessar, qualquer que seja a escolha do seu cúmplice, e vice-versa. Em outras palavras, o resultado subótimo, embora involuntário, não é necessariamente imprevisível.

4.1. Dilema do Prisioneiro

		Cúmplice	
		Nega	Confessa
Você	Nega	3,3	1,4
	Confessa	4,1	2,2

Aproveitamos a oportunidade para apresentar algumas noções técnicas relacionadas à teoria dos jogos: recompensa, estratégia dominante e equilíbrio de Nash. No Quadro 1, os pares que constam em cada célula referem-se às recompensas para você e para seu cúmplice, em função da decisão de cada um. O número de recompensa, ou de utilidade, é uma indicação numérica de quão desejável é para cada jogador um determinado resultado. O primeiro número de cada par refere-se à recompensa do jogador da "fila" (você, neste caso), o segundo número indica a recompensa do jogador da "coluna" (seu cúmplice). Assumamos que as suas recompensas são 1 (o que significa uma indesejável sentença de prisão perpétua), 2 (vinte anos), 3 (cinco anos) ou 4 (liberdade).

É necessário exercer aqui alguma cautela: em termos estatísticos, um número de utilidade não é mais do que uma variável ordinária. Ou seja, aquilo que interessa é que 4 é maior do que 3; 3 maior do que 2; e 2 maior do que 1 – tão simples quanto isso. Não se pode considerar que um resultado de 4, por exemplo, seja duas vezes mais desejável do que um resultado de 2. Nosso exemplo demonstra o seguinte: não faz sentido afirmar que ser posto em liberdade é duas vezes melhor do que ser condenado a uma sentença de vinte anos.

186 TEORIA SOCIAL CONTEMPORÂNEA

Em termos de recompensas surge a seguinte imagem: se seu cúmplice confessar o envolvimento, você consegue 2 se também confessar, e 1 se negar; se seu cúmplice negar, você recebe a pontuação mais alta se confessar e 3 se negar. O mesmo se aplica ao seu cúmplice. Assim, a confissão é a sua "estratégia dominante"; é também a do seu cúmplice. Uma estratégia dominante é aquela que é favorável ao jogador seja qual for a estratégia adotada pelo seu adversário. Alguns jogos não admitem uma estratégia dominante, mas todos possuem pelo menos um equilíbrio de Nash.

O equilíbrio de Nash (por vezes referido simplesmente como "equilíbrio") é um par de estratégias em que cada uma representa a melhor solução face à estratégia do adversário[14]. No "dilema do prisioneiro", o equilíbrio de Nash refere-se ao par (confissão – confissão) – as estratégias dominantes para você e para seu cúmplice. No entanto, o equilíbrio de alguns jogos não consiste em estratégias dominantes. Em nosso exemplo existe apenas um equilíbrio de Nash, mas alguns jogos admitem múltiplos equilíbrios.

Discutimos até aqui apenas uma única instância do "dilema do prisioneiro". No entanto, o que acontece quando se é confrontado com o mesmo parceiro em vários dilemas do mesmo gênero ao longo do tempo? A resposta, aparentemente, depende da condição do número de jogos ser finito ou infinito, e dos jogadores envolvidos conhecerem antecipadamente o número de jogos a efetuar. Se o jogo for jogado *ad infinitum*, ou se os jogadores não souberem quantas vezes o jogo se repetirá, a estratégia de "olho por olho" parece ser um dos procedimentos mais eficazes[15]. De acordo com esta estratégia, o primeiro jogador coopera até que o adversário se retire da cooperação, caso em que sua próxima jogada será também a de se retirar. Mas se o jogo é repetido um número finito de vezes e se ambos conhecem esse número, consegue-se provar que a estratégia cooperativa de olho por olho entra em colapso.

A razão é que na última partida a utilidade da estratégia cooperativa se dissolve porque não haverá mais jogos. O último jogo transforma-se num único "dilema do prisioneiro", e a decisão racional será a de não cooperar. No entanto, isto também significa que as decisões dos jogadores no jogo final são fixas e

---

14. John Nash, "The Bargaining Problem", *Econometrica*, vol. 18, pp. 155-162, 1950.
15. Robert Axelrod, *The Evolution of Cooperation*, New York, Basic Books, 1984.

não são afetadas por nenhum dos jogos anteriores. Desta forma, as decisões do penúltimo jogo não são afetadas pelo último jogo, uma vez que essa escolha já se encontra fixada. Assim esta mesma lógica aplica-se aqui também, e assim sucessivamente *ad infinitum.* Os jogadores acabam por decidir não cooperar ao longo da sequência dos jogos. O princípio aqui empregado é o da "indução retroativa": imagina-se o último jogo e tomam-se decisões em função disso em direção ao primeiro jogo.

Um segundo tipo de dilema pode ser encontrado num jogo de coordenação – um jogo de soma variável de colaboração pura. Este jogo difere do anterior na medida em que é do interesse dos jogadores jogarem coordenadamente – daí o nome. Imagine uma situação em que você e outra pessoa pegam um elevador. Existe espaço para ambos no elevador, mas não podem entrar nele simultaneamente – alguém precisa entrar primeiro. Você não está particularmente apressado, e é muito cortês: por isso, não se importa que o outro entre primeiro. O que você quer evitar, no entanto, é que avancem os dois simultaneamente, ou que ambos fiquem parados à espera que o parceiro avance. Assumamos que o jogo é uma vez mais simétrico na medida em que a pessoa que também quer entrar no elevador possui preferências semelhantes às suas. O Quadro 4.2 representa um jogo de coordenação deste gênero. Existem dois equilíbrios: (esperar, avançar) e (avançar, esperar). Qualquer outra combinação é pior.

Uma vez que existem dois equilíbrios, não é claro à primeira vista o que cada jogador precisa fazer. Mas na realidade os jogos de coordenação tendem a repetir-se. Imagine que você se confronta com esta situação tortuosa e com a mesma pessoa diariamente. O primeiro encontro pode ser embaraçoso, mas é provável que após alguns encontros se estabeleça alguma regra ou convenção. Poderão, por exemplo, alternar – ou seja, ontem você entrou primeiro, espera que hoje a outra pessoa entre primeiro. Ou podem seguir a regra de que a pessoa mais velha entra sempre em primeiro lugar. Uma vez que nem você nem o outro indivíduo se importam com quem entra primeiro, a natureza da combinação não é importante. Mas, embora estabelecida arbitrariamente, é do interesse de ambos que a regra não seja alterada uma vez acordada. A regra ou convenção torna a vida social relativamente previsível, e é de interesse geral preservá-la.

4.2. Jogo de Coordenação

		Outra Pessoa	
		Espera	Avança
Você	Espera	0,0	1,1
	Avança	1,1	0,0

4.3. Guerra dos Sexos

		Mulher	
		Jantar	Cinema
Homem	Jantar	4,3	2,2
	Cinema	1,1	3,4

Tal como o "dilema do prisioneiro", a batalha dos sexos (ver o Quadro 4.3) é um exemplo de jogo de soma variável, com um misto de colaboração e conflito. Aqui, uma vez mais, é do interesse de ambos os jogadores estabelecerem entre si uma coordenação até certo ponto. O jogo é exemplificado através de um dilema comum aos casais – de onde a sua designação provocadora. Imagine um casal que planeja a sua noite. Querem fazer coisas diferentes, embora não o queiram fazer um sem o outro.

O homem prefere ir jantar em vez de ir ao cinema, mas ainda assim quer estar com a mulher mesmo que ela insista em ir ao cinema. A mulher prefere ir ao cinema em vez de ir jantar fora, mas, se isso significa ir ao cinema sozinha, prefere estar com o homem. Os dois equilíbrios são (jantar, jantar) e (cinema,

cinema). Qualquer outra combinação seria pior, porque o mais importante para ambos é evitarem estar sós.

A teoria dos jogos é relevante para a compreensão de uma série de fenômenos sociais. Lidamos apenas com exemplos do "dilema do prisioneiro", mas ela também pode ser aplicada aos outros jogos. Na realidade, os jogadores não precisam ser indivíduos; podem ser, por exemplo, corpos "decisórios" como firmas ou governos. Podem aqui ser distinguidos dois tipos de aplicações empíricas. Em primeiro lugar, existem os casos simples, nos quais lidamos apenas com dois jogadores. Em segundo, existe o caso alargado em que mais de dois (e por vezes muitos) jogadores se encontram implicados; as semelhanças com o jogo original são, no entanto, suficientemente notáveis para que a analogia seja frutífera.

Como exemplo do primeiro tipo, temos a corrida armamentista entre as duas superpotências pensada frequentemente como um "dilema do prisioneiro": mesmo que seja preferível que cada superpotência se desarme completamente, é do interesse de cada uma estar completamente armada independentemente do que a outra possa decidir, de onde o resultado subótimo[16]. Ou consideremos dois países que optam por políticas protecionistas uma vez que esta é a melhor escolha qualquer que seja a decisão do outro, embora o preferível para ambos fosse a celebração de um acordo de livre-comércio.

Em segundo lugar, a versão alargada com um grande número de jogadores lança luz sobre o problema dos chamados "caronas" (*free-riders*). Os caronas são instâncias decisórias racionais que se beneficiam dos esforços alheios sem desenvolverem eles próprios qualquer esforço. Temos como possível exemplo, estudantes que faltam às aulas e contam com os colegas para lhes fornecerem as anotações necessárias. Outro exemplo é o dos trabalhadores que preferem não fazer greve mas que, ainda assim, se beneficiam dos resultados da luta através dos esforços dos outros.

---

16. Para uma abordagem mais elaborada das aplicações da teoria dos jogos nesta área, ver, por exemplo, Robert Jervis, "Cooperation Under the Security Dilemma", *World Politics*, vol. 30, n. 2, pp. 167-214, 1978. Para uma panorâmica acerca da importância da teoria dos jogos para a ciência política em geral, veja-se, por exemplo, William Riker, "The Entry of Game Theory Into Political Science", *in* E. Roy Weintraub (ed.), *Toward a History of Game Theory; Annual Supplement to Vol. 24 of History of Political Economy*, London, Duke University Press, 1992, pp. 207-224.

190 TEORIA SOCIAL CONTEMPORÂNEA

O NOVO INSTITUCIONALISMO

Desde a década de 1980, um número crescente de acadêmicos começou a sentir que alguns dos pressupostos da TER eram demasiado estritos para terem aplicação no "mundo real". Sua resposta foi uma reavaliação do papel das instituições[17]. Na verdade, tratava-se mais da recuperação de um velho tema do que da descoberta de um novo tópico. A ciência política moderna, por exemplo, nasceu no século XIX como o estudo do Estado, a instituição política por excelência. No domínio da economia, o clássico de Thorstein Veblen *The Theory of the Leisure Class*[18] assinala a consolidação da economia institucional. A partir dos anos 1950, no entanto, o estudo do comportamento racional individual foi gradualmente substituindo a ênfase tradicional nas instituições.

Na ciência política, como na economia, isto marcou a ascensão quase hegemônica do *homo economicus*. Mas em anos mais recentes esta hegemonia começou a ser posta em causa através de uma reavaliação do papel das instituições, o chamado "novo institucionalismo". Algumas das propostas neoinstitucionalistas adotam orientações da TER, tentando ajustar a ênfase desta última em estratégias individuais de maximização da utilidade a fatores institucionais (como, por exemplo, às constituições políticas). Outras não. Neste caso, é frequentemente empregada uma metodologia mais histórica e indutiva. Nas páginas seguintes, nos centraremos no neoinstitucionalismo TER, contrastando-o com as versões de sensibilidade mais histórica.

As instituições situam-se agora no âmago de muitas das teorizações e das explicações provenientes do campo da economia e da ciência política, que eram antes bastiões da metodologia individualista radical[19]. O "novo institucionalismo" baseia-se em dois pressupostos gerais. As escolhas individuais, mesmo as estrategicamente racionais, já não são sujeitas a uma análise

---

17. James March and Johan Olsen, "The New Institucionalism: Organizational Factors in Political Life", *The American Political Science Review*, vol. 78, n. 3, pp. 734-749, 1984; *Rediscovering Institutions: The Organizational Basis of Politics*, New York, Free Press, 1989.

18. Thorstein Veblen, *The Theory of the Leisure Class: An Economic Study of Institutions*, Oxford, Oxford University Press, 2008 [1899].

19. Paul Pierson, "The Limits of Design: Explaining Institutional Origins and Change", *Governance: An International Journal of Policy and Administration*, vol. 13, n. 4, pp. 475-499, 2000, p. 475.

descontextualizada[20]. Aqui temos a primeira proposta para uma teoria do "novo institucionalismo": "as instituições são importantes" – ou seja, influenciam normas, crenças e ações. A segunda proposição é a de que "as instituições são endógenas": sua forma e seu funcionamento dependem do contexto em que foram criadas e no qual existem e se desenvolvem[21]. Em resumo, o interesse acadêmico pelas instituições econômicas e políticas, em particular o Estado, tem crescido nas últimas duas décadas, marcando um decréscimo de influência da metodologia individualista[22].

Apesar deste núcleo analítico comum, podem habitualmente distinguir-se três variedades de neoinstitucionalistas. Em primeiro lugar, temos o novo institucionalismo de escolha racional[23]. Surgiu nos anos 1970 a partir de um paradoxo. De acordo com a TER tradicional, os resultados do Congresso americano deveriam ser altamente voláteis e instáveis uma vez que os agentes políticos possuem agendas específicas e lhes é pedido que votem sobre uma grande variedade de assuntos. A realidade, no entanto, era muito diferente. Os resultados eram notavelmente estáveis e previsíveis. Por forma a tentar resolver este paradoxo, os cientistas políticos da escolha racional dirigiram sua atenção para as "regras do jogo", ou seja, as instituições.

Esses teóricos, considerando que os indivíduos escolhem estratégias que maximizam sua utilidade, descobriram que o estudo das instituições é crucial, uma vez que estas constringem o cálculo da utilidade expectável ao estabilizarem as expectativas sociais (por exemplo, é suposto um estudante universitário ser inteligente, popular, atraente etc.; de forma semelhante, espera-se de um cidadão que pague impostos, vote regularmente etc.). As instituições fazem isto através de duas formas diferentes. Fornecem informação crítica e sancionam certos tipos de comportamento. Ao fazê-lo, as instituições estabilizam

---

20. Elisabeth Clemens and James Cook, "Politics and Institutionalism: Explaining Durability and Change", *Annual Review of Sociology*, vol. 25, pp. 441-466, 1999, pp. 444-445; Ellen Immergut, "The Theoretical Core of the New Institutionalism", *Politics and Society*, vol. 26, n. 1, pp. 5-34, 1998, p. 85.

21. Adam Przeworski, "Institutions Matter?", *Government and Opposition*, vol. 39, n. 4, pp. 527-540, 2004, p. 527.

22. Ver, por exemplo, Peter Evans, Dietrich Rueschemeyer and Theda Skocpol (eds.), *Bring the State Back In*, Cambridge, Cambridge University Press, 1985; Bob Jessop, *State Theory*, Cambridge, Polity Press, 1990.

23. Jack Knight, *Institutions and Social Conflict*, Cambridge, Cambridge University Press, 1992.

as expectativas e estruturam a ação social de forma que possam ser obtidos resultados equilibrados.

Regressando, uma vez mais, ao exemplo do Congresso norte-americano, uma análise neoinstitucionalista TER estuda tipicamente a legislação (por exemplo, uma regulamentação econômica particular) como o resultado de um equilíbrio no âmbito de um jogo. As regras deste jogo são as características institucionais do processo de decisão política (neste caso, a estrutura de comitê do Congresso). A aprovação de legislação é o resultado do jogo. É o resultado de um equilíbrio, na medida em que é o desfecho ótimo de um processo de negociação entre agente políticos racionais. Ao centrar-se neste processo negocial, a análise neoinstitucionalista TER procura identificar as motivações dos agentes políticos ao aprovarem aquela legislação particular[24].

Em segundo lugar, o chamado "institucionalismo histórico" vai ainda mais longe. Não se limita a estudar a forma pela qual as "regras do jogo" afetam as escolhas políticas. A abordagem institucional histórica opera com um conceito alargado de instituição que inclui fatores como cultura, normas e rotinas. Paul Pierson e Theda Skocpol[25] identificaram três características distintivas do trabalho dos autores que operam neste ramo do neoinstitucionalismo. Em primeiro lugar, tendem a preferir agendas substantivas baseadas no "mundo real". As típicas questões de investigação dos institucionalistas históricos incluem, por exemplo, a tentativa de explicar por que alguns países são democracias estáveis e outros não.

Em segundo lugar, fazem uso recorrente de argumentos temporais. A noção de "dependência da trajetória" (*path dependency*), por exemplo, refere-se à dinâmica dos processos de *feedback* positivo no sistema político – uma vez criada uma trajetória institucional, é muito difícil aos atores políticos inverter o seu curso. Em terceiro lugar, os institucionalistas históricos prestam especial atenção ao contexto e às configurações. Enquanto os acadêmicos da escolha racional se centram nas "regras do jogo" que fornecem soluções de equilíbrio

---

24. Randall Calvert, Matthew McCubbins and Barry Weingast, "A Theory of Political Control and Agency Discretion", *American Journal of Political Science*, vol. 33, pp. 588-611, 1989.

25. Paul Pierson and Theda Skocpol, "Historical Institutionalism in Contemporary Political Science", *in* Ira Katznelson and Helen Milner (eds.), *Political Science: State of the Discipline*, New York, Norton, 2002, pp. 693-721.

para problemas de ação coletiva, os institucionalistas históricos analisam os instáveis equilíbrios de poder e de recursos.

Nesse ponto emerge uma diferença metodológica crucial entre estes dois ramos do novo institucionalismo. Enquanto a abordagem da escolha racional assenta numa "caixa de ferramentas universal" que pode ser aplicada em qualquer situação, o institucionalismo histórico rejeita esta lógica dedutiva e tende a desenvolver suas hipóteses de forma mais indutiva[26]. Esta é uma clivagem epistemológica séria e resiliente que mesmo a nova abordagem das instituições não conseguiu até agora ultrapassar.

Em terceiro lugar, emergiu um ramo do novo institucionalismo na sociologia ao mesmo tempo que os outros dois, mas de forma independente destes. A teoria organizacional, um subcampo da sociologia que se especializa em organizações de média e grande escala como empresas, sindicatos ou burocracias políticas, desempenhou um papel fundamental no desenvolvimento do institucionalismo sociológico. Uma diferença crucial distingue este novo institucionalismo sociológico do institucionalismo clássico weberiano. Este último enfatizava a distinção entre contextos de ação nos quais predominava a racionalidade instrumental (como os contextos burocráticos) e aqueles em que tipos de racionalidade cultural e solidária predominavam (por exemplo, o domínio íntimo ou privado). A nova versão rejeita liminarmente esta distinção.

Os novos institucionalistas sociológicos como Paul DiMaggio sustentam que a adoção pelas organizações modernas de certas formas institucionais e de procedimentos organizacionais só podem ser explicados em termos culturais[27]. A maximização de uma eficácia transcendente de meios e fins, assumida pelo velho institucionalismo como explicação da adoção de certos tipos de procedimentos em vez de outros pelas instituições modernas, não responde à questão de empresas que fabricam produtos radicalmente diferentes adotarem procedimentos semelhantes. A resposta avançada pelos novos institucionalistas é a de que uma empresa funciona de forma semelhante a qualquer outra instituição social.

---

26. Sven Steinmo and Kathleen Thelen, "Historical Institucionalism in Comparative Politics", *in* Sven Steinmo, Kathleen Thelen and Frank Longstreth (eds.), *Structuring Politics: Historical Institutionalism in Comparative Analysis*, Cambridge, Cambridge University Press, pp. 1-32, 1992, p. 12.

27. Paul DiMaggio and Walter Powell (eds.), *The New Institutionalism in Organizational Analysis*, Chicago, University of Chicago Press, 1991.

194 TEORIA SOCIAL CONTEMPORÂNEA

As formas e os procedimentos são transmitidos enquanto práticas culturais: o que é compartilhado entre as empresas que fabricam produtos diferentes não é uma racionalidade genérica, mas uma "cultura corporativa" específica que lhes atribui a sua identidade institucional (e as ajuda a distinguirem-se de, por exemplo, um ministério ou de uma instituição religiosa). Herbert Simon[28] utiliza, também, o conceito de "racionalidade limitada" para enfatizar os limites da cognição humana (acerca desta noção, ver também o capítulo 5)[29]. Sua ideia é simples. Contrariamente ao que é assumido pela TER, a escassez de tempo e de informação que caracteriza a vida social impede os indivíduos de calcularem suas preferências com base numa avaliação completa de todas as alternativas e das suas consequências.

É irrealista assumir a existência de um comportamento objetivamente racional desta natureza. Na vida real, dados os constrangimentos cognitivos – humanos, artificiais ou organizacionais – os indivíduos podem, no melhor dos casos, "pretender" ser racionais. A chave para a compreensão do comportamento humano reside, assim, nos atalhos da racionalidade limitada. Os mecanismos de gestão de situações, assim como a confiança em procedimentos operacionais *standard*, ao permitirem aos indivíduos ultrapassar suas limitações cognitivas, são o que tornam possíveis as ações coordenadas. Em virtude das capacidades limitadas da informação individual, são as organizações que promovem o comportamento racional no seio do seu contexto organizacional – de onde vem o termo "racionalidade limitada".

No entanto, há quem critique esta abordagem por não ser suficientemente sensível ao contexto. Peter Hall, em *Governing the Economy*[30], compara as influências que as organizações do capital, do trabalho e do Estado (empresas, sindicatos e ministérios, respectivamente) exercem sobre as escolhas de política econômica no Reino Unido e na França. Este autor acaba por excluir a utilização da noção de racionalidade limitada, uma vez que esta impõe erroneamente

---

28. Herbert Simon, "Human Nature in Politics", *American Political Science Review*, vol. 79, pp. 293-
    -304, 1985.
29. O conceito de "racionalidade limitada" foi originalmente cunhado por Simon nos anos 1950. Ver
    Herbert Simon, "A Behavioral Model of Rational Choice", *Models of Man, Social and Rational:
    Mathematical Essays on Rational Human Behavior in a Social Setting*, New York, John Wiley &
    Sons, 1957.
30. Peter A. Hall, *Governing the Economy*, Oxford, Oxford University Press, 1986.

a mesma lógica sobre a análise de diferentes tipos de organizações (capital, trabalho e Estado). De acordo com seu ponto de vista, as organizações têm sua própria lógica distintiva. Cada organização possui a sua própria racionalidade limitada; não existe uma racionalidade limitada organizacional abstrata. Como teremos oportunidade de ver no próximo capítulo, Hall apoia-se nesta ideia para sua abordagem das "variantes do capitalismo", um dos mais bem-sucedidos exemplos da concentração do institucionalismo histórico nas configurações de políticas, instituições formais e estruturas organizacionais.

Clarifiquemos agora o modo exato pelo qual o "novo institucionalismo" ajudou de fato a TER a ultrapassar algumas das suas dificuldades. Faremos isto contrastando a TER neoinstitucionalista com a TER convencional em primeiro lugar, e depois com os restantes novos institucionalismos. Ao concentrarem-se nas "regras do jogo", os institucionalistas da TER introduziram uma importante correção à análise da TER convencional das legislaturas, arenas internacionais e certos ambientes de mercado. Problemas de ação coletiva anteriormente intratáveis (como a estabilidade dos resultados do Congresso americano) são agora resolvidos incluindo na análise as instituições.

A este respeito, o institucionalismo TER constitui um progresso significativo em relação à TER convencional. A imagem é, no entanto, menos nítida quando confrontamos o institucionalismo TER com suas outras variantes. Como ponto de referência, consideremos a questão da origem e desenvolvimento das instituições: como surgem as instituições e como se prolongam no tempo? A resposta típica sugerida pelo institucionalismo TER é fortemente funcionalista. Tende a explicar as origens das instituições em termos dos efeitos pelos quais elas são responsáveis: por exemplo, supõe-se que os direitos constitucionais sociais e econômicos tenham sido incluídos nas constituições porque são benéficos para grandes segmentos da população. Em resumo, as origens são deduzidas a partir das consequências.

Os institucionalistas históricos encontram-se mais bem equipados para lidar com a questão das origens das instituições. Preferindo a indução à dedução, os institucionalistas históricos centram-se nos registros históricos para descobrirem por que é que os agentes políticos escolhem incluir esses direitos nos momentos de criação constitucional: a escolha constitucional é, assim, analisada não em termos das suas consequências futuras, mas nos seus próprios termos, enquanto processo de negociação entre agentes políticos racionais.

196 TEORIA SOCIAL CONTEMPORÂNEA

Embora o institucionalismo TER explique com sucesso os "jogos sob regras", o institucionalismo histórico mostra uma maior capacidade para explicar os não menos importantes "jogos sobre regras".

Os institucionalistas sociológicos abordam a questão das origens institucionais ainda de uma outra forma. Em vez das explicações funcionalistas avançadas pelo institucionalismo TER, autores como Yasemin Soysal realçam a importância que as preocupações com a legitimidade social assumem em momentos de criação institucional. Soysal centra-se na adoção de políticas de imigração pelos países europeus e pelos Estados Unidos. Através de uma análise comparativa pormenorizada, ela mostra que as políticas de imigração têm sido motivadas não por um cálculo instrumental do que poderia ser mais funcional para o Estado, mas por um julgamento político por parte das autoridades nacionais acerca do que é mais legítimo e apropriado à luz das concepções contemporâneas dos direitos humanos[31].

O contraste entre o institucionalismo sociológico e a variante da escolha racional é nítido. Este último centra-se numa concepção abstrata de instrumentalismo: "dados os interesses do Estado, quais são as políticas mais eficientes?" O problema desta abordagem é que as políticas são frequentemente levadas a cabo independentemente de seu claro caráter disfuncional. O que pode, então, explicar a adoção de políticas que não servem os interesses materiais daqueles que as implementam? A resposta sugerida pelos institucionalistas sociológicos de que essas políticas melhoram a legitimidade social das autoridades nacionais é uma correção significativa ao institucionalismo TER.

Nas últimas duas décadas, o novo institucionalismo passou a ser a abordagem dominante da ciência política. Tem também crescido em popularidade junto de economistas e sociólogos. Apesar da sua influência crescente, o novo institucionalismo está longe de ser uma escola de pensamento coesa, dividindo-se em vários ramos diferentes. Como vimos acima, a diferença mais importante no interior do neoinstitucionalismo é o contraste entre a TER e o institucionalismo histórico. Enquanto a primeira estuda as instituições em termos de mecanismos de coordenação geradores de equilíbrio, o último considera as instituições como estando incrustadas em processos históricos, concretos.

---

31. Yasemin Soysal, *Limits of Citizenship: Migrants and Postnational Membership in Europe*, Chicago, University of Chicago Press, 1994.

Ainda assim, está sendo desenvolvido um esforço para ultrapassar o espaço analítico entre as descrições históricas densas e os modelos acronológicos. Embora sendo certamente louvável, este esforço requer uma demonstração empírica. Tendo este assunto em consideração, dedicamo-nos agora a algumas aplicações concretas da TER e do novo institucionalismo.

EXEMPLOS DE APLICAÇÕES DA ESCOLHA RACIONAL E DO NOVO INSTITUCIONALISMO

Selecionamos, para este efeito, cinco livros que contribuíram para uma abordagem econômica mais sofisticada, e que contribuíram para sua maior aceitação junto das ciências sociais e políticas. *An Economic Theory of Democracy*, de Anthony Downs, foi uma das primeiras obras a explorar as aplicações da TER aos fenômenos políticos. *A Lógica da Ação Coletiva: Os Benefícios Públicos e uma Teoria dos Grupos Sociais*, de Mancur Olson, tentou utilizar o mesmo argumento para a compreensão das organizações. *The Economic Approach to Human Behavior*, de Gary Becker, era uma coletânea de ensaios que tentavam demonstrar a ampla aplicabilidade da abordagem econômica a uma diversidade de fenômenos que iam do abuso de drogas ao casamento. *Foundations of Social Theory*, de James Coleman, é uma contribuição para a teoria social a partir da perspectiva da TER. Por fim, *Institutions and Social Conflict*, de Jack Knight, ilustra o institucionalismo da escolha racional. Discutiremos em seguida cada um deles.

Em primeiro lugar, temos a *Economic Theory of Democracy* de Downs, em que se considera que os políticos e os eleitores agem racionalmente. As motivações dos políticos são desejos pessoais, tais como o rendimento, prestígio e poder associados à detenção de cargos de poder. Uma vez que estes atributos não podem ser obtidos senão por via eleitoral, as ações dos políticos têm como objetivo a maximização do apoio político, e suas políticas são apenas meios para atingirem este fim. Os eleitores estabelecem uma preferência entre as partes concorrentes baseada numa comparação entre o "rendimento utilitário" das atividades do governo em funções e o "rendimento utilitário" existente caso a oposição detivesse o poder. Sua escolha depende também do sistema eleitoral.

Num sistema bipartidário, o eleitor simplesmente vota no partido de sua preferência. Num sistema multipartidário, no entanto, o votante precisa ter em

198 TEORIA SOCIAL CONTEMPORÂNEA

conta as preferências dos outros. Por exemplo, se o partido de sua preferência não tem chance de ganhar, o eleitor opta por outro partido que possa evitar que o partido menos preferido alcance o poder. Os governos podem ganhar votos através de um aumento da despesa e perdê-los se subirem impostos. Podem continuar a gastar até que a margem de votos ganhos por suas atividades despesistas iguale a perda marginal de votos resultante do aumento de impostos necessário para financiar essa despesa. O ganho e perda de votos depende dos rendimentos utilitários de todos os eleitores e das estratégias dos partidos da oposição. A obra de Downs assinala o início da abertura de várias áreas da ciência política a uma abordagem típica da economia.

Em segundo lugar, temos *A Lógica da Ação Coletiva*, de Olson. Aquilo que Downs conseguiu fazer na ciência política, Olson fez para a teoria das organizações. Seu objeto de estudo são as organizações que favorecem os interesses comuns dos seus membros. Por exemplo, todos os membros de um sindicato possuem um interesse comum na melhoria das condições de trabalho ou em aumentos salariais[32]. Olson centra-se nos "benefícios públicos": ou seja, naqueles que, tendo sido fornecidos para um ou mais indivíduos de um grupo, não podem ser recusados aos outros membros do grupo[33]. Surge então o seguinte problema.

Consideremos que é do interesse de todos os membros de um grupo alargado a obtenção de um benefício público. A obtenção desse benefício público, no entanto, requer tempo e energia, e é, portanto, do interesse de cada membro do grupo não contribuir com o seu esforço, mas contar com o esforço dos outros. Assim que o benefício público for obtido estará acessível a todos, de qualquer modo. Para mais, em grandes grupos, o esforço de um indivíduo não faz grande diferença. Mas se todos operarem com base neste raciocínio ninguém obterá o benefício público. Portanto, embora seja do interesse de todos obter o benefício, o grupo não conseguirá necessariamente obtê-lo. Isto explica porque é que os grupos alargados tendem a empregar incentivos e sanções negativas para obrigar os indivíduos a contribuírem para a obtenção do benefício público[34].

Em terceiro lugar, *Economic Approach to Social Behavior*, de Becker, é uma coletânea de artigos com uma introdução arrojada e provocadora. Subjaz a esta

---

32. Mancur Olson, *The Logic of Collective Action*, p. 6.
33. *Idem*, p. 14.
34. *Idem*, pp. 22-52.

obra a ideia de que aquilo que distingue a economia das disciplinas que com ela se relacionam não é o objeto em causa, mas a abordagem efetuada[35]. O objetivo de Becker é demonstrar que aquilo que ele chama de "abordagem econômica" é extremamente poderoso na medida em que ela pode ser aplicada a uma grande variedade de fenômenos. Outros autores já haviam demonstrado a utilidade dessa abordagem para explicar a vida econômica, mas Becker considera que sua tarefa é demonstrar a aplicabilidade da abordagem econômica a uma grande variedade de comportamentos não econômicos.

Becker é o mais claro expoente do "imperialismo econômico", já que chega a afirmar que a abordagem econômica "fornece um enquadramento unificado valioso para a compreensão de todo o comportamento humano"[36]. Becker considera que as seguintes noções são centrais para a "abordagem econômica". Em primeiro lugar, as preferências dos indivíduos são relativamente estáveis, e não diferem de forma substancial entre as diversas categorias da população, ou entre diferentes culturas ou sociedades. Em segundo lugar, os indivíduos apresentam um comportamento maximizador baseado numa quantidade ótima de informação. Em terceiro lugar, existem mercados que propiciam a coordenação dos indivíduos envolvidos, bem como a consistência mútua dos seus comportamentos[37]. A força da obra de Becker reside na sofisticação técnica dos modelos do seu trabalho empírico.

Em quarto lugar, temos *Foundations of Social Theory* de Coleman. Tal como *Social System* de Parsons, *Social Theory and Social Structure* de Merton, e *Constitution of Society* de Giddens, o livro de Coleman procura ser um tratado de teoria social geral (ver capítulos 2 e 5). Como Merton, Coleman apoia a sua teoria em investigação empírica, que procura demonstrar a utilidade do seu programa de pesquisa. Como Parsons e Giddens, Coleman tenta transcender a tradicional oposição entre os níveis macro e micro da sociedade[38]. Desta forma, sua contribuição para a teoria social funciona três níveis: procura explicar como as propriedades do sistema afetam o nível individual; tenta demonstrar o que sucede a nível individual; e lida com a forma através da qual as ações individuais afetam o nível sistêmico[39].

---

35. Gary C. Becker, *The Economic Approach to Human Behavior*, pp. 3-5.
36. *Idem*, p. 14.
37. *Idem*, pp. 5-7 e 14.
38. James Coleman, *Foundations of Social Theory*, p. 6.
39. *Idem*, p. 8.

200 TEORIA SOCIAL CONTEMPORÂNEA

A ideia elementar é simples. A cultura gera valores específicos nos indivíduos envolvidos, o que os faz agir de acordo com esses valores e, ao fazê-lo, os indivíduos afetam por sua vez a sociedade. A elaboração posterior desta proposição é complexa e estende-se ao longo de quase mil páginas. De particular importância para esta pesquisa é a noção colemaniana de ação propositada e racional. De acordo com seu ponto de vista, os indivíduos não agem de forma meramente intencional, mas também escolhem ações ou bens que maximizam a utilidade[40].

Coleman fornece duas razões para esta ideia. Primeiro, uma teoria que assume que os indivíduos que maximizam a utilidade tem um poder antecipatório mais elevado do que uma teoria que postule simplesmente a intencionalidade. Em segundo lugar, a ideia de que os indivíduos que maximizam a utilidade aumentam a simplicidade da teoria[41]. De igual importância é também a ideia de Coleman de que a ação propositada afeta o nível macro. O autor presta especial atenção ao papel dos efeitos não intencionais. Os indivíduos agem com propósitos, mas podem produzir resultados não intencionados ou imprevistos. Por vezes estes efeitos podem até contrariar as intenções iniciais[42].

Em quinto lugar, temos *Institutions and Social Conflict*, de Jack Knight. Ao contrário das *Foundations* de Coleman, não é um tratado de teoria social geral. Seu propósito é, ao contrário, o de articular uma teoria dedutiva da emergência e desenvolvimento institucionais. A este respeito, o institucionalismo de escolha racional de Knight difere das versões de natureza mais histórica. Este autor utiliza exemplos históricos como ilustrações dos seus argumentos, não como a pedra basilar do seu modelo teórico. Seu interesse não é tanto os processos de transformação social e política de longa duração, mas o desenvolvimento de uma teoria que explique a origem das normas.

Dizemos "normas" porque para Knight as instituições são isso mesmo, normas. As instituições sociais – normas, mas também regras ou direitos – são mecanismos que estabilizam as expectativas sociais através de recompensas e sanções[43]. São exemplos disto todo o tipo de organizações sociais, das famílias às empresas ou legislaturas políticas. Como estas instituições surgem e perduram? A versão sofisticada de Knight do institucionalismo TER tenta ultrapassar a

---

40. *Idem*, p. 14.
41. *Idem*, pp. 14-19.
42. *Idem*, p. 19.
43. Jack Knight, *Institutions and Social Conflict*, pp. 2-3.

reconhecida desvantagem do institucionalismo TER convencional: o raciocínio funcionalista. Knight recorre à teoria do conflito para este efeito. Segundo seu ponto de vista, as instituições refletem e são o subproduto de conflitos sociais entre indivíduos detentores de poderes e recursos assimétricos.

Consideremos a instituição da "família" na Roma antiga[44]. A vantagem de recursos que os homens romanos historicamente detinham sobre as mulheres refletem-se nas regras que regem as famílias romanas. Estas regras eram instrumentos daqueles que se encontravam em posições de negociação superiores, nomeadamente os homens romanos. O resultado destes conflitos distribucionais são equilíbrios finais que favorecem sistematicamente os agentes sociais mais poderosos. A formalização deste raciocínio é uma elegante teoria da emergência institucional.

Dadas as assimetrias de poder entre os agentes sociais, em jogos com múltiplos equilíbrios a negociação individual é resolvida a favor daqueles que possuem uma vantagem relativa de recursos substantivos. Os agentes com menores recursos escolhem voluntariamente os equilíbrios favorecidos pelos atores em posições negociais superiores porque se encontram limitados por suas próprias expectativas quanto ao comportamento dos outros. Knight conclui que "à medida que isto passa a ser reconhecido como a combinação socialmente esperada de estratégias de equilíbrio, estabelece-se uma instituição social que se autoimpõe"[45].

PROBLEMAS COM A TEORIA DA ESCOLHA RACIONAL

Não é difícil perceber a atração da TER para os cientistas sociais e políticos. Em primeiro lugar, e em contraste com a complexidade das descrições filosóficas da racionalidade, as explicações de escolha racional no âmbito das ciências sociais e políticas são de uma simplicidade notável. O núcleo das ideias de Coleman e de Becker pode ser resumido em algumas linhas elementares. Em segundo lugar, alguns dos pressupostos das explicações de escolha racional aparentam ser da ordem do senso comum, e, como tais, encontram-se além

---

44. *Idem*, pp. 136-137.
45. *Idem*, p. 143.

de qualquer disputa. Tomamos por certo que os indivíduos agem com propósitos, que agem com conhecimento, mas que, ainda assim, produzem efeitos inesperados. Em terceiro lugar, alguns dos resultados das aplicações de escolha racional são, no entanto, contraintuitivos. Consideremos, por exemplo, a ideia de que aquilo que é racional para cada indivíduo não o é necessariamente para todos em simultâneo. Em quarto lugar, a TER alimenta a esperança da viabilidade de uma ciência social unificada. Durante dois séculos, os sociólogos e os economistas falaram línguas diferentes. A TER permitiria uma comunicação renovada entre as disciplinas.

Independentemente da atração, os problemas da TER são provavelmente demasiado sérios para que esta possa ser considerada uma alternativa viável ao pensamento "sociológico". Discutiremos cinco problemas maiores: a tendência dos teóricos da escolha racional a desenvolverem explicações *post hoc*; a sua suposição errônea de uma noção de racionalidade culturalmente livre; a falácia dos chamados teóricos "internalistas" da escolha racional; a falácia do "externalismo"; e o uso altamente restrito da história por parte dos teóricos da escolha racional.

Trataremos primeiro da questão do raciocínio *post hoc*. Os teóricos da escolha racional tendem a dar sentido às práticas sociais atribuindo-lhes uma racionalidade *ex post facto*. Na realidade, consideram por vezes que sua tarefa é demonstrar que as práticas sociais que à primeira vista são irracionais são, no fim das contas, racionais[46]. Quanto mais estas práticas parecem ser irracionais, mais significativa é a tentativa de demonstrar que são de fato racionais. Por exemplo, por muito irracional que possa parecer à primeira vista, alguns psicólogos sociais como Brown usam a teoria dos jogos para demonstrar que o comportamento de pânico é, no fim de contas, racional[47].

Os exemplos sociológicos incluem as tentativas de demonstrar que os padrões de matrimônio e de comportamento criminoso operam de acordo com uma lógica econômica[48]. Note-se a analogia com o primeiro funcionalismo (ver capítulo 2). Enquanto a tendência funcionalista era a de atribuir,

---

46. Ver, por exemplo, James Coleman, *Foundations of Social Theory*, p. 18; Gary C. Becker, *The Economic Approach to Human Behavior*, pp. 13-14.

47. Roger Brown, *Social Psychology*, New York, Free Press, 1965; ver também James Coleman, *Foundations of Social Theory*, pp. 203-211.

48. Gary C. Becker, *The Economic Approach to Human Behavior*, pp. 39-88 e 205-250.

A INVASÃO DO HOMEM ECONÔMICO *203*

retrospectivamente, uma racionalidade social a práticas que são à primeira vista irracionais, as explicações de escolha racional tentam dar sentido às práticas atribuindo-lhes uma racionalidade individual *ex post facto*. De forma não muito diferente da tendência que o primeiro funcionalismo exibia para legitimar as práticas existentes, a TER é por vezes invocada como um *deus ex machina*, sugerindo que os indivíduos vivem no "melhor (ou pelo menos, mais racional) dos mundos possíveis", como Leibniz ou Voltaire.

No entanto, existem graves problemas relacionados com esta teorização *post hoc*. A partir do simples fato de que estas práticas podem ser moldadas numa narrativa racional, não se pode concluir que, neste caso, a TER tenha sido empiricamente validada ou corroborada. A maioria, se não a totalidade, das práticas pode ser reconstruída desta forma, especialmente dada a tendência dos autores da escolha racional a atribuir aos seus objetos de investigação as preferências e as crenças que melhor se enquadram com sua teoria. Os teóricos da escolha racional apoiam-se frequentemente, na verdade, num raciocínio *ex post facto* para imunizar sua teoria contra potenciais falsificações.

Em primeiro lugar, quando confrontados com o fato de que os indivíduos nem sempre ajustam seus comportamentos a novas oportunidades, os teóricos da escolha racional tendem a argumentar que isso acontece "porque o ajustamento não ocorre sem custos, pode ser racional adiá-lo até que se tenha a certeza de que a transformação em causa seja duradoura"[49]. Em segundo lugar, confrontados com o fato de que os indivíduos contribuem mais frequentemente para a obtenção do bem coletivo do que é previsto pela teoria, os autores da escolha racional tendem a argumentar que os indivíduos envolvidos simplesmente superestimam o efeito das suas ações[50].

Em terceiro lugar, temos o conhecido "paradoxo da votação". Dado que votar requer tempo e que cada voto individual não será provavelmente decisivo, a TER deveria esperar que os indivíduos não se esforçassem para votar. Mas um número significativo de indivíduos vota. Em vez de tratarem este fato como uma falsificação, os teóricos da escolha racional tendem a moldar este fenômeno contraintuitivo, igualmente, numa narrativa racional. Foi argumentado que os indivíduos votam porque superestimam o impacto do seu voto ou

---

49. Jon Elster, "Introduction", *Rational Choice*, p. 24.
50. Russell Hardin, *Collective Action*, Baltimore, John Hopkins University Press, 1982, p. 115.

204 TEORIA SOCIAL CONTEMPORÂNEA

porque votar lhes fornece uma satisfação psicológica que não foi considerada pelos primeiros teóricos da escolha racional como Downs. Experimentam uma satisfação psicológica ao expressarem conformidade com um sistema político ou ao contribuírem para um empreendimento potencialmente bem-sucedido[51].

Em resumo, o problema com esta forma de teorização *post hoc* tem duas vertentes. Em primeiro lugar, assenta em considerações *post hoc* que não são empiricamente validadas (por exemplo, a concepção de que os indivíduos sobrestimam o impacto das suas ações). Em segundo lugar, acomoda observações mutuamente exclusivas (por exemplo, comportamento ajustado e desajustado; ação cooperativa e renúncia; votar e não votar), sendo assim não falsificável. Embora os teóricos da escolha racional tendam a situar a si próprios no interior de uma tradição falsificacionista (ver capítulo 8), não reconhecem que as reconstruções *post hoc* não servem de corroboração empírica da teoria.

O segundo problema é que a maioria dos autores da escolha racional tende a ignorar ou a apagar a diversidade cultural. Em primeiro lugar, alguns autores fazem-no de modo bastante claro ao produzirem a controversa afirmação de que as preferências são estáveis através das diferentes culturas[52]. Isto ajusta--se razoavelmente bem à sua tendência a atribuírem preferências aos sujeitos envolvidos sem verificarem empiricamente se esta atribuição se justifica (se as preferências são estáveis, então os investigadores podem na realidade ter confiança na atribuição de preferências aos outros).

São apresentadas diversas justificações insatisfatórias para a concepção de que as preferências são estáveis. A mais bizarra é a afirmação de que a economia sabe pouco acerca da formação de preferências, e de isto ser uma razão suficiente para assumir que as preferências são invariáveis[53]. O caráter absurdo desta lógica é notável: a fragilidade da abordagem (a sua incapacidade para explicar como se formam as preferências dos indivíduos) é utilizada como autojustificação.

---

51. James Coleman, *Foundations of Social Theory*, p. 290; Melvin J. Hinich, "Voting as an Act of Contribution", *Public Choice*, vol. 36, pp. 135-140, 1981; William Riker and Peter C. Ordershook, *Introduction to Positive Political Theory*, Englewood Cliffs, NJ, Prentice Hall, 1973, p. 62; Thomas Schwartz, "Your Vote Counts on Account of the Way It is Counted", *Public Choice*, vol. 54, pp. 101-121, 1987.

52. Gary C. Becker, *The Economic Approach to Human Behavior*, p. 5.

53. *Idem, ibidem.*

Uma razão mais convincente para assumir que as preferências são fixas é a de que tal contribui para a simplicidade do modelo.

Para além da verificação empírica, os teóricos da escolha racional usam frequentemente o critério da simplicidade para avaliar teorias rivais[54]. Mas embora possa, de fato, ser argumentado que a simplicidade é desejável, esta não deverá ser adotada a qualquer custo, especialmente se isso implicar produzir acepções empiricamente infundadas ou mesmo falsas. E este é frequentemente o caso. Em algumas áreas da economia, as preferências podem ser relativamente invariáveis, mas em muitas outras não. Supor simplesmente que o são (e, em alguns casos, desvalorizando contraprovas empíricas) representa falta de honestidade intelectual.

Em segundo lugar, temos o pressuposto mais abarcante da TER que afirma que, face à mesma situação e assumindo preferências constantes, existe um único "curso de ação racional" culturalmente livre. Por exemplo, os teóricos da escolha racional introduzem a noção da "crença racional" dos indivíduos sem levarem completamente em conta que o contexto cultural em que estes indivíduos se encontram afeta aquilo que pode ser considerada uma crença racionalmente fundada e aquilo que não pode. O problema para a TER é que lida com crenças acerca da relação entre ação e resultado que se encontram necessariamente fundadas em noções culturais, por exemplo, no que diz respeito à causalidade ou à agência. É um erro reduzir a causalidade ou a agência, como o faz a TER, apenas a uma dessas noções.

Consideremos, por exemplo, dois indivíduos, A e B, que observam que a ação X tende a ser seguida pelo resultado Y. A defende uma noção regular de causalidade, e o indivíduo B defende um ponto de vista realista[55]. A poderá assumir que a observação constitui uma prova suficiente (e necessária) para concluir que X causa Y; B não o assume. Mas seria errado afirmar que a crença de A é mais racional do que a de B, ou vice-versa, apenas com base na noção particular de causalidade que A e B defendem, em particular dado o fato de que, mesmo na literatura acadêmica, não existe consenso no que diz respeito à

---

54. Por exemplo, James Coleman, *Foundations of Social Theory*, p. 19.
55. Ver, por exemplo, Roy Bhaskar, *The Possibility of Naturalism*, Hemel Hempstead, Harvester, 1979; Nancy Cartwright, *Nature's Capacities and Their Measurement*, Oxford, Clarendon Press, 1989; Ian Hacking, *Representing and Intervening: Introductory Topics in the Philosophy of Natural Science*, Cambridge, Cambridge University Press, 1983.

206 TEORIA SOCIAL CONTEMPORÂNEA

superioridade de uma noção sobre a outra (isto não quer dizer que A ou B não possam ter melhores argumentos para defender as suas diferentes posições).

É importante mencionar que este segundo argumento pode também ser utilizado contra a teoria da decisão. Recordemos o leitor que, enquanto teoria normativa, a teoria da decisão indica aquilo que, numa particular ocasião, é o curso de ação racional a empreender. Não supõe que os indivíduos agem dessa forma (tal como não supõe que eles não agem dessa forma). Nossa objeção anterior à TER (o argumento contra a teorização *post hoc*) não afeta a validade da teoria normativa. Em contraste, no entanto, o argumento de que a TER assenta sobre uma noção errada de racionalidade culturalmente livre não atinge apenas a TER, mas também a teoria normativa.

O terceiro problema refere-se à distinção entre agir como se fosse racional, por um lado, e agir porque se é racional, por outro. Os teóricos da escolha racional defendem frequentemente suas teorias afirmando que estas são confirmadas por descobertas empíricas. É importante compreender exatamente o que eles querem dizer por corroboração ou confirmação empírica. De modo a justificar seu enquadramento, estes autores referem-se habitualmente ao fato de que o modelo, que é inferido desse enquadramento, permite fazer previsões exatas acerca das ações dos indivíduos e sobre os efeitos das suas ações. Subjaz a este raciocínio a noção epistemológica de que a validade de uma teoria depende de seu poder antecipatório.

A congruência entre o modelo e a realidade não é, no entanto, suficiente para corroborar as teorias de escolha racional que formam a base desse modelo. Em primeiro lugar, desenvolvimentos recentes da filosofia da ciência contrariam a noção de que a força de uma teoria depende do seu poder antecipatório (ver capítulo 8). Dado que os sistemas sociais tendem a ser sistemas abertos, a corroboração e falsificação de uma teoria são menos relevantes, uma vez que podem ser devidos a outros mecanismos generativos que podem intervir[56]. Em segundo lugar, existe uma distinção entre agir racionalmente por um lado, e agir como se fosse racional, por outro.

A partir da observação de uma congruência entre modelo e realidade (e do respectivo poder antecipatório da teoria), pode ser legítimo inferir que os

---

56. Ver Tony Lawson, "Abstraction, Tendencies and Stylised Facts: A Realist Approach to Economic Analysis", *Cambridge Journal of Economics*, vol. 1, n. 13, pp. 59-78, 1989.

indivíduos agem geralmente de acordo com princípios básicos de racionalidade. Mas seria errado considerar essa congruência como prova empírica de que os indivíduos agem geralmente de forma racional. Para que os indivíduos ajam como se fossem racionais não é requerido qualquer processo de decisão racional que seja remotamente parecido com aquele que é atribuído aos indivíduos pela TER.

Consideremos, por exemplo, uma teoria rival T' de acordo com a qual os indivíduos envolvidos adquirem tacitamente competências e práticas, e que essas competências e práticas dão origem a resultados que aparentam ser, em média, racionais. Se M for o modelo derivado da TER, e M' o modelo derivado da teoria rival T', então M é idêntico a M' porque a TER e T' diferem apenas no fato de considerarem a ação humana em termos de cálculo consciente ou de conhecimento tácito. Mas isto significa que a mesma prova empírica que foi utilizada para suportar a TER pode também ser utilizada para suportar a teoria rival T': se M produzir previsões exatas, então M', sendo idêntico a M, também o faz.

Alguns teóricos da escolha racional poderiam, é claro, responder que sua versão particular da TER é "externalista"[57]. Ao contrário dos internalistas, os externalistas abandonaram o requisito da intencionalidade. Becker, por exemplo, afirma que sua abordagem econômica "não presume que as unidades decisórias estejam necessariamente conscientes dos seus esforços para maximizar ou que possam verbalizar ou descrever por outra forma de um modo informativo as razões por detrás dos padrões sistemáticos do seu comportamento"[58]. Este posicionamento externalista introduz um argumento teórico que afirma que os indivíduos em geral agem racionalmente, e que o fazem quer porque adquiriram tacitamente competências ou práticas (às quais é atribuída uma razão), ou porque essas competências ou práticas são o resultado de um cálculo consciente.

Existem dois problemas com este contra-argumento. Em primeiro lugar, dado que o requisito do cálculo (necessariamente) consciente foi abandonado, esta posição externalista (T") passa a ser bastante semelhante aos argumentos rivais tais como T', e é tão justificável chamar a T" uma "perspectiva de escolha racional" como é descrever T' como tal. A única justificação para o fazer seria a

---

57. Ver, por exemplo, Gary C. Becker, *The Economic Approach to Human Behavior*; Milton Friedman, *Essays in Positive Economics*, Chicago University of Chicago Press, 1953; Richard A. Posner, "The Ethical and Political Basis of the Efficiency Norm in Common Law Adjucation", *Hofstra Law Review*, vol. 8, pp. 487-551, 1980.

58. Gary C. Becker, *The Economic Approach to Human Behavior*, p. 7.

de que T"deixa em aberto a possibilidade de que as competências e práticas dos indivíduos são produto de um cálculo racional, enquanto que T' considera este assunto exclusivamente em termos de conhecimento tacitamente adquirido.

Além disso, assim que deixamos o domínio das teorias artificiais (tais como T'), chegamos à conclusão de que os argumentos teóricos rivais (que se apoiam no conhecimento tácito ou prático) nem sequer excluem a possibilidade da intencionalidade; negam apenas a regularidade ou tipicidade da sua ocorrência. Consideremos, por exemplo, a perspectiva de Bourdieu da teoria social[59]. Bourdieu postula que o *habitus* dos indivíduos se ajusta às condições objetivas nas quais estes se situam, e que o *habitus* não é em geral adquirido de forma consciente. Bourdieu não excluiria o fato de que por vezes se chega ao *habitus* de forma consciente; negaria apenas que essa fosse a norma.

Não pretendemos argumentar que o formato explanatório fornecido por Bourdieu e aquele que é apresentado pelos externalistas sejam completamente idênticos, mas que ambos não divergem substancialmente um do outro no que respeita à questão de saber se as práticas são produto de um cálculo consciente. Resumidamente, não existem razões óbvias que justifiquem chamar à perspectiva externalista – mas não à de Bourdieu – uma perspectiva de escolha racional. Mas é claramente um absurdo considerar a teoria de Bourdieu uma TER, de onde decorre que é igualmente absurdo fazê-lo em relação ao ponto de vista externalista.

Em segundo lugar, o poder explanatório do argumento externalista é fraco. Esclareçamos esta afirmação invocando a noção weberiana de que tanto a "adequação causal" como a "adequação de sentido" são condições *sine qua non* para a validade da explicação social. Enquanto a adequação causal é cumprida se, e apenas se, a explicação fornecida é sustentada por regularidades observáveis, a adequação de sentido é cumprida se, e apenas se, a explicação fornecida torna as regularidades observadas inteligíveis. Dado que as ciências sociais lidam com sistemas abertos, não atribuiríamos a importância que Weber atribui às conjunções de regularidade.

Também não pretendemos comprometermo-nos com as suas outras especificações relativas à forma como a adequação de sentido pode ser cumprida

---

59. Pierre Bourdieu, *Outline of a Theory of Practice*, Cambridge, Cambridge University Press, 1977; *The Logic of Practice*, Cambridge, Polity Press, 1990; ver também o capítulo 1 deste livro, "Cem Anos de Teoria Social Francesa".

através da *Verstehen* (compreensão interpretativa). No entanto, é difícil negar o seu ponto de vista geral de que a adequação de sentido é essencial à explicação nas ciências sociais e políticas. Explicar é, na verdade, tornar inteligíveis os fenômenos observados. E é exatamente neste ponto que falha a visão externalista. Por muito que acertem na adequação da causalidade, os externalistas falham na adequação de sentido porque não pretendem comprometer-se com a explicação de como surgem os padrões observáveis.

Assim, não é surpreendente que aqueles que se posicionam no campo externalista tendam a invocar a intencionalidade e noções com esta relacionadas (como o conhecimento e a previsão) quando discutem os resultados das suas investigações. Tomemos, por exemplo, Becker (um autoproclamado externalista), que afirma que os indivíduos vivem um estilo de vida pouco saudável não por ignorarem as suas consequências, mas porque existem para eles coisas mais importantes do que a maximização do seu tempo de vida. Fumar frequentemente ou trabalhar demasiado "seriam decisões insensatas se uma vida longa fosse o objetivo único, mas na medida em que existem outros objetivos, estes podem ser informados e neste sentido sensatos"[60].

Se nos limitarmos a uma visão externalista (que Becker, teoricamente, subscreve), noções como "objetivos", "decisões informadas" e "decisões sensatas" deveriam ser postas à parte. Mas dado que, quanto à adequação de sentido, o externalismo é fraco, os autoproclamados externalistas só têm duas opções: ou se limitam à doutrina externalista, não podendo assim afirmar nada mais a não ser que os indivíduos agem geralmente como se fossem racionais; ou voltam a cair no internalismo quando discutem os seus resultados. Não é surpreendente que a maioria, como Becker, se vire para a segunda opção (apesar das dificuldades que mencionamos anteriormente).

Relativamente às limitações do institucionalismo de escolha racional, podemos afirmar que a TER enfrenta grandes dificuldades na mobilização do passado de forma a explicar o presente e a antecipar o futuro. Uma vantagem dos estudos históricos institucionalistas é a sua capacidade para incorporar processos causais lentos no seu enquadramento analítico. Algumas alterações institucionais podem levar décadas se desenvolvendo: por exemplo, as alterações nos sistemas de pensões refletem-se na despesa pública efetiva apenas duas ou

---

60. Gary C. Becker, *The Economic Approach to Human Behavior*, p. 10.

210 TEORIA SOCIAL CONTEMPORÂNEA

três gerações mais tarde. A teoria dos jogos, no entanto, requer geralmente que todos os atores relevantes, preferências e recompensas se encontrem estabelecidos e fixos no início do jogo.

Desta forma, a teoria dos jogos é incapaz de acompanhar o desenrolar histórico de processos como a criação e a transformação institucional[61]. Para mais, ela é particularmente adequada à explicação de situações relativamente simples no nível micro. Quando confrontada com cenários mais complexos, como é frequentemente o caso com os níveis meso e macro da análise institucional, a teoria dos jogos depara-se rapidamente com problemas. Uma dificuldade final reside na inabilidade da TER em produzir conhecimento histórico-comparativo cumulativo.

Recordemos o exemplo mencionado acima do estudo de escolha racional da política americana enquanto análise das escolhas dos políticos sob os constrangimentos organizacionais do Congresso. Em vez de abordar assuntos de investigação com um alcance cada vez mais amplo, a TER tende a redefinir a política em termos cada vez mais diminutivos. Assim, a política americana transforma-se no estudo dos processos decisórios do Congresso. A razão para a existência desta dificuldade em produzir conhecimento cumulativo reside no fato de a TER se apoiar na teoria dos jogos, uma abordagem teórica que a remete incessantemente para uma ênfase nos níveis micro.

LEITURAS ADICIONAIS

Para uma introdução simples à TER e às suas aplicações na ciência social e política, recomendamos o capítulo 2 de *Choice and Rationality in Social Theory*, de Barry Hindess, e a introdução de Gary Becker a *The Economic Approach to Human Behavior*. Convém ter presente que Becker é um defensor da TER, e Hindess não. Em seguida, sugerimos a introdução de Jon Elster ao volume por ele editado, *Rational Choice*: é uma excelente e atualizada compilação de assuntos filosóficos avançados relacionados com a TER. *Nuts and Bolts for the Social Sciences*, de Elster, e *The Philosophy of Social Science*, de Martin Hollis, são introduções à filosofia das ciências sociais do ponto de vista da escolha racional.

---

61. Gerardo Munck, "Game Theory and Comparative Politics: New Perspectives and Old Concerns", *World Politics*, vol. 53, n. 2, pp. 173-204, 2001.

The Economic Approach to Human Behavior, de Becker, e *Foundations of Social Theory*, de James Coleman, são obras *standard* sobre a TER e suas aplicações na investigação empírica. A maior parte das obras sobre a teoria dos jogos é escrita por e para economistas, e *Game Theory and Economic Modelling*, de David Kreps, é uma das melhores introduções. Também vale a pena ler *A Lógica da Ação Coletiva*, de Mancur Olson, uma das primeiras aplicações sistemáticas da TER a tópicos empíricos da política e sociologia. Pode ser encontrada outra tentativa de aplicação desta abordagem a um amplo leque de fenômenos empíricos em *The Unintended Consequences of Social Action*, de Raymond Boudon.

Rational Choice Theory, de Peter Abel, *Rational Choice*, de Jon Elster e *Rationality in Action*, de Paul Moser, são coletâneas editadas que possuem artigos seminais sobre a escolha racional. *Choice and Rationality in Social Theory*, de Hindess, é uma crítica equilibrada e acessível da TER. Uma crítica mais convincente é *Pathologies of Rational Choice Theory*, de Green e Shapiro. *Rediscovering Institutions*, de James March e Johan Olsen, apresenta uma boa introdução ao novo institucionalismo. Um dos melhores exemplos da análise neoinstitucionalista da TER é *Institutions and Social Conflict*, de Jack Knight.

REFERÊNCIAS BIBLIOGRÁFICAS

ABEL, Peter (ed.). *Rational Choice Theory*. Aldershot, Edward Elgar, 1991.

ARROW, Kenneth. *Social Choice and Individual Values*. New Haven, Yale University Press, 1951.

AXELROD, Robert. *The Evolution of Cooperation*. New York, Basic Books, 1984.

BECKER, Gary C. *The Economic Approach to Human Behavior*. Chicago, Chicago University Press, 1976.

BHASKAR, Roy. *The Possibility of Naturalism*. Hemel Hempstead, Harvester, 1979.

BOUDON, Raymond. *The Unintended Consequences of Social Action*. London, Macmillan, 1982.

BOURDIEU, Pierre. *Outline of a Theory of Practice*. Cambridge, Cambridge University Press, 1977.

_____. *The Logic of Practice*. Cambridge, Polity Press, 1990.

BROWN, Roger. *Social Psychology*. New York, Free Press, 1965.

CALVERT, Randall; McCUBBINS, Matthew & WEINGAST, Barry. "A Theory of Political Control and Agency Discretion". *American Journal of Political Science*, vol. 33, pp. 588-611, 1989.

CARTWRIGHT, Nancy. *Nature's Capacities and Their Measurement*. Oxford, Clarendon Press, 1989.

CLEMENS, Elisabeth & COOK, James. "Politics and Institutionalism: Explaining Durability and Change". *Annual Review of Sociology*, vol. 25, pp. 441-466, 1999.

COHEN, Gerald A. "Reply to Elster on Marxism: Functionalism and Game Theory". *Theory and Society*, vol. 11, pp. 483-495, 1982.

COLEMAN, James. *Foundations of Social Theory*. Cambridge, MA, Harvard University Press, 1990.

DIMAGGIO, Paul & POWELL, Walter (eds.). *The New Institutionalism in Organizational Analysis*. Chicago, University of Chicago Press, 1991.

DOWNS, Anthony. *An Economic Theory of Democracy*. New York, Harper, 1957.

ELSTER, Jon. *Logic and Society: Contradictions and Possible Worlds*. Chichester, John Wiley & Sons, 1978.

_____. *Ulysses and the Sirens*. Cambridge, Cambridge University Press, 1979.

_____. *Sour Grapes: Studies in the Subversion of Rationality*. Cambridge, Cambridge University Press, 1983.

_____. *Making Sense of Marx*. Cambridge, Cambridge University Press, 1985.

_____ (ed.). *Rational Choice*. New York, New York University Press, 1986.

_____. "Introduction". *Rational Choice*. New York, New York University Press, pp. 1-33, 1986.

_____. *Nuts and Bolts for the Social Sciences*. Cambridge, Cambridge University Press, 1989.

EVANS, Peter; RUESCHEMEYER, Dietrich & SKOCPOL, Theda (eds.). *Bring the State Back In*. Cambridge, Cambridge University Press, 1985.

FRIEDMAN, Milton. *Essays in Positive Economics*. Chicago, University of Chicago Press, 1953.

GIDDENS, Anthony. *The Constitution of Society: Outline of the Theory of Structuration*. Cambridge, Polity Press, 1984.

GREEN, Donald P. & SHAPIRO, Ian. *Pathologies of Rational Choice Theory: A Critique of Applications in Political Science*. New Haven, Yale University Press, 1994.

HACKING, Ian. *Representing and Intervening: Introductory Topics in the Philosophy of Natural Science*. Cambridge, Cambridge University Press, 1983.

HALL, Peter A. *Governing the Economy*. Oxford, Oxford University Press, 1986.

HARDIN, Russell. *Collective Action*. Baltimore, John Hopkins University Press, 1982.

HINDESS, Barry. *Choice and Rationality in Social Theory*. London, Unwin Hyman, 1988.

HINICH, Melvin J. "Voting as an Act of Contribution". *Public Choice*, vol. 36, pp. 135-140, 1981.

HOLLIS, Martin. *The Cunning of Reason*. Cambridge, Cambridge University Press, 1988.

_____. *The Philosophy of the Social Sciences*. Cambridge, Cambridge University Press, 1994.

IMMERGUT, Ellen. "The Theoretical Core of the New Institutionalism". *Politics and Society*, vol. 26, n. 1, pp. 5-34, 1998.

JERVIS, Robert. "Cooperation Under the Security Dilemma". *World Politics*, vol. 30, n. 2, pp. 167-214, 1978.

JESSOP, Bob. *State Theory*. Cambridge, Polity Press, 1990.

KEYNES, John M. *A Treatise on Probability*. London, Macmillan, 1921.

KNIGHT, Frank. *Risk, Uncertainty and Profit*. Boston, Houghton Mifflin, 1921.

KNIGHT, Jack. *Institutions and Social Conflict*. Cambridge, Cambridge University Press, 1992.

KREPS, David. *Game Theory and Economic Modelling*. Oxford, Clarendon Press, 1990.

LAWSON, Tony. "Abstraction, Tendencies and Stylised Facts: A Realist Approach to Economic Analysis". *Cambridge Journal of Economics*, vol. 1, n. 13, pp. 59-78, 1989.

MARCH, James & OLSEN, Johan. "The New Institutionalism: Organizational Factors in Political Life". *The American Political Science Review*, vol. 78, n. 3, pp. 734-749, 1984.

_____ & OLSEN, Johan. *Rediscovering Institutions: The Organizational Basis of Politics*. New York, Free Press, 1989.

MERTON, Robert. *Social Theory and Social Structure*. New York, The Free Press, 1968.

MOSER, Paul K. (ed.). *Rationality in Action; Contemporary Approaches*. Cambridge, Cambridge University Press, 1990.

MUNCK, Gerardo. "Game Theory and Comparative Politics: New Perspectives and Old Concerns". *World Politics*, vol. 53, n. 2, pp. 173-204, 2001.

NASH, John. "The Bargaining Problem". *Econometrica*, vol. 18, pp. 155-162, 1950.

OLSON, Mancur. *The Logic of Collective Action*. Cambridge, MA, Harvard University Press, 1965.

PARSONS, Talcott. *The Social System*. London, Routledge/Kegan Paul, 1951.

PIERSON, Paul. "The Limits of Design: Explaining Institutional Origins and Change". *Governance: An International Journal of Policy and Administration*, vol. 13, n. 4, pp. 475-499, 2000.

PIERSON, Paul & SKOCPOL, Theda. "Historical Institutionalism in Contemporary Political Science". *In:* KATZNELSON, Ira & MILNER, Helen (eds.). *Political Science: State of the Discipline.* New York, Norton, pp. 693-721, 2002.

POSNER, Richard A. "The Ethical and Political Basis of the Efficiency Norm in Common Law Adjudication". *Hofstra Law Review*, vol. 8, pp. 487-551, 1980.

PRZEWORSKI, Adam. "Institutions Matter?". *Government and Opposition*, vol. 39, n. 4, pp. 527-540, 2004.

RIKER, William. "The Entry of Game Theory Into Political Science". *In:* WEINTRAUB, E. Roy (ed.). *Toward a History of Game Theory; Annual Supplement to Vol. 24 of History of Political Economy.* London, Duke University Press, pp. 207-224, 1992.

_____ & ORDERSHOOK, Peter C. *Introduction to Positive Political Theory.* Englewood Cliffs, NJ, Prentice Hall, 1973.

SARTRE, Jean-Paul. *Critique de la Raison Dialectique.* Paris, Gallimard, 1960.

SCHWARTZ, Thomas. "Your Vote Counts on Account of the Way It is Counted". *Public Choice*, vol. 54, pp. 101-121, 1987.

SIMON, Herbert. "A Behavioral Model of Rational Choice". *Models of Man, Social and Rational: Mathematical Essays on Rational Human Behavior in a Social Setting.* New York, John Wiley & Sons, 1957.

_____. "Human Nature in Politics". *American Political Science Review*, vol. 79, pp. 293-304, 1985.

SOYSAL, Yasemin. *Limits of Citizenship: Migrants and Postnational Membership in Europe.* Chicago, University of Chicago Press, 1994.

STEINMO, Sven & THELEN, Kathleen. "Historical Institutionalism in Comparative Politics". *In:* STEINMO, Sven; THELEN, Kathleen & LONGSTRETH, Frank (eds.). *Structuring Politics: Historical Institutionalism in Comparative Analysis.* Cambridge, Cambridge University Press, pp. 1-32, 1992.

VEBLEN, Thorstein. *The Theory of the Leisure Class: An Economic Study of Institutions.* Oxford, Oxford University Press, 2008 [1899].

WEINTRAUB, E. Roy (ed.). *Toward a History of Game Theory; Annual Supplement to Vol. 24 of History of Political Economy.* London, Duke University Press, 1992.

5

A Sociologia Encontra a História

SOCIOLOGIA E MODERNIDADE

À medida que a modernidade foi gradualmente substituindo formas mais antigas de organização social e política, foram surgindo novas disciplinas científicas que tratavam este fenômeno de mudança de época histórica. Neste sentido, a sociologia e a modernidade são projetos que se relacionam estreitamente, e não admira que os autores de teoria social tenham sempre estado particularmente preocupados com as origens e as implicações da modernidade.

Os autores clássicos da sociologia, em particular Weber, mas também Marx, Tönnies e Durkheim, estavam particularmente interessados na dimensão histórica deste problema. Quais foram as condições para a emergência do capitalismo na Europa ocidental? O que permitiu o nascimento da ciência moderna nesta parte do mundo? Por que os "tempos modernos" se encontram estreitamente relacionados com a ascensão do Estado-Nação territorial, com uma concepção sem precedentes da cidadania universal e um aparelho burocrático regulado por uma racionalidade instrumental?

Poucos autores contemporâneos de teoria social têm dedicado tanto do seu esforço a reexaminar a relação entre a sociologia e a modernidade como Anthony Giddens (1938-). Como veremos, sua teoria da estruturação e seus trabalhos sobre as formas sociais e políticas da "modernidade tardia" contam entre os escritos sociológicos mais influentes do final do século XX. Contrastaremos as ideias de Giddens com outras narrativas sociológicas da modernidade.

216 TEORIA SOCIAL CONTEMPORÂNEA

Selecionamos quatro pensadores cujo trabalho acerca das formas políticas e sociais modernas demonstra maior sensibilidade histórica do que o de Giddens.

As revoluções modernas, esses fenômenos de transformação temporais que assinalam o nascimento da modernidade política, mereceram a atenção de Charles Tilly e Theda Skocpol. Michael Mann desenvolveu uma ambiciosa teoria social sobre as fontes do poder social, prestando particular atenção às suas configurações modernas. Concluímos com as recentes propostas de um dos anciãos da disciplina, Shmuel N. Eisenstadt, para um programa de investigação das "múltiplas modernidades".

A sensibilidade à transformação histórica de longo prazo e à diversidade cultural global não precisa, no entanto, ser posta em oposição às reflexões sociológicas acerca da modernidade como, por exemplo, as de Giddens. Como tentamos mostrar, o discurso sociológico sobre a modernidade enfrenta um duplo desafio. Enquanto discurso que é produto do objeto dos seus estudos, a teoria social precisa se envolver numa autorreflexão crítica[1]. O outro desafio, não menos intimidante, é o de lidar com a modernidade enquanto época histórica e enquanto condição social. Nosso primeiro tópico de discussão é a teoria da estruturação de Giddens. Começamos por apresentar algumas notas introdutórias acerca de sua carreira.

Embora Giddens se tenha assumido como um dos principais expoentes da teoria social anglo-saxônica desde o início da década de 1970, sua formação inicial foi em psicologia. Trocou-a mais tarde pela sociologia na pós-graduação, mas permaneceu, em alguns aspectos, leal ao seu interesse inicial. Enquanto a maior parte dos teóricos sociais anteriores a Giddens "desvalorizariam" Goffman ou Garfinkel por se debruçarem sobre matérias "triviais" da vida cotidiana, um dos temas recorrentes de Giddens tem sido o de que as grandes teorias podem aprender bastante com os estudos empíricos destas práticas rotineiras (ver capítulo 3).

Ademais, a sua teoria da estruturação apoia-se fortemente numa leitura em profundidade da obra de Sigmund Freud e da egopsicologia de E. H. Erikson e E. V. Sullivan. A noção de segurança ontológica de R. D. Laing desempenha

---

1. Um exemplo desta necessidade de autorreflexão é a crítica do "nacionalismo metodológico" levada a cabo em primeiro lugar por Hermínio Martins e Niklas Luhmann nos anos 1970 e recentemente reeditada por Ulrich Beck (ver capítulo 8).

um papel importante na teoria da estruturação, e os trabalhos mais recentes de Giddens sobre a modernidade tratam explicitamente de uma série de assuntos psicológicos, como as formas intensificadas de reflexividade.

Giddens transferiu-se para a sociologia à época de seu mestrado na London School of Economics. A LSE era um dos principais centros de estudos sociológicos na Inglaterra nessa época – nos anos 1950 e 1960, Oxford e Cambridge tinham ainda alguma relutância em aceitar as ciências sociais como disciplinas acadêmicas de direito próprio. No entanto, a sociologia encontrava-se em ascensão, especialmente nas universidades mais recentes como a de Leicester, onde Giddens ingressou como professor do departamento de sociologia em 1961, ensinando, inicialmente, sobretudo psicologia social. Leicester era uma universidade animada e cosmopolita, e entre os colegas mais velhos de Giddens incluíam-se Norbert Elias, Ilya Neustadt e Percy Cohen.

Numa idade notavelmente avançada, com a publicação de *Introdução à Sociologia*, Elias passaria a ser um dos precursores do assalto teórico ao império do funcionalismo parsoniano – uma posição que Giddens herdaria pouco depois[2]. Durante esse período em Leicester, Giddens escreveu uma série de artigos dirigidos essencialmente à investigação empírica. Em geral, o "primeiro" Giddens parecia menos preocupado com assuntos de grande teoria social, muito embora seus artigos sobre o suicídio e o livro que editou, *The Sociology of Suicide*[3] incluíssem considerações conceituais.

Outro exemplo (embora menos nítido) desta fase inicial é o seu *Class Structure of the Advanced Societies*[4], que lida com questões concretas relacionadas com o problema das classes sociais e das suas origens na sociedade moderna. No entanto, em muitos aspectos este trabalho pertence já àquilo que se pode chamar um estágio posterior do desenvolvimento intelectual de Giddens. Envolve um comentário crítico a matérias teóricas presentes nos clássicos das ciências sociais e procura (embora de forma aproximativa) desenvolver a sua própria teoria social. Giddens introduz neste livro o agora conhecido conceito de "estruturação", relacionando-o com uma discussão acerca da medida pela qual as classes são produzidas e reproduzidas através das práticas sociais.

---

2. Norbert Elias, *What is Sociology?* New York, Columbia University Press, 1978.
3. Anthony Giddens (ed.), *The Sociology of Suicide*, London, Cass, 1971.
4. Anthony Giddens, *The Class Structure of the Advanced Societies*, London, Hutchinson, 1981 [1ª. ed. 1973].

218 TEORIA SOCIAL CONTEMPORÂNEA

O início da segunda fase de Giddens coincide mais ou menos com sua mudança de Leicester para a Universidade de Cambridge, onde iniciou sua atividade letiva em 1969. De 1970 em diante, os trabalhos de Giddens demonstram um interesse crescente pela grande teoria, centrando-se em alguns dos autores clássicos da sociologia, nomeadamente Marx, Durkheim e Weber. Seu primeiro livro, *Capitalismo e Moderna Teoria Social*, é uma análise crítica das obras destes autores[5]. Escreveu também obras de introdução a Max Weber[6] e Émile Durkheim[7]. Embora não falte originalidade a estes trabalhos, em particular na avaliação crítica dos autores em pauta, seu objetivo primordial é a elucidação pedagógica dos clássicos da sociologia, mais do que elaborar um novo quadro referencial sistemático para a compreensão da vida social.

Esta posição viria a mudar com a publicação de *Novas Regras do Método Sociológico*[8]. A referência no título às *Regras do Método Sociológico* de Durkheim não é, obviamente, acidental. O objetivo de Giddens não é outro senão desenvolver um enquadramento conceitual e uma metodologia não positivista para as ciências sociais, através da análise de autores de inspiração hermenêutica como Gadamer, Schutz e Wittgenstein. Esta obra marca a terceira fase do trabalho de Giddens. Embora ainda discuta rigorosamente outros autores, a exegese passa para um nível secundário, e seu principal objetivo agora é estabelecer os contornos da sua própria contribuição para a teoria social[9].

Ao longo das suas discussões de uma grande variedade de tradições intelectuais diferentes (do funcionalismo a Habermas), Giddens vai introduzindo gradualmente sua teoria da estruturação. Muito embora os dois volumes de *A Contemporary Critique of Historical Materialism*[10] tratem de aspectos da teoria

---

5. Anthony Giddens, *Capitalism and Modern Social Theory: An Analysis of the Writings of Marx, Durkheim and Max Weber*, Cambridge, Cambridge University Press, 1971.

6. Anthony Giddens, *Politics and Sociology in the Thought of Max Weber*, London, Macmillan, 1972.

7. Anthony Giddens, *Durkheim*, London, Fontana, 1978.

8. Anthony Giddens, *New Rules of Sociological Method*, 2ª. ed., Cambridge, Polity Press, 1993 [1ª. ed. 1976].

9. Anthony Giddens, *Studies in Social and Political Theory*, London, Hutchinson, 1977; *Central Problems in Social Theory: Action, Structure and Contradiction in Social Analysis*, London, Macmillan, 1979; "Commentary on the Debate", *Theory and Society*, vol. 11, pp. 527-539, 1982.

10. Anthony Giddens, *A Contemporary Critique of Historical Materialism*, vol. I: *Power, Property and the State*, London, Macmillan, 1981; vol. II: *The Nation-State and Violence*, Cambridge, Polity Press, 1985.

da história de Marx, são também veículos do desenvolvimento da sua própria teoria. Esta terceira fase culmina com *A Constituição da Sociedade*[11], que é, como o seu subtítulo sugere, considerada a *magnum opus* de Giddens no que respeita à grande teoria social.

A quarta fase de Giddens é marcada por uma ruptura radical com suas obras anteriores. Enquanto seus livros anteriores se centravam na teoria social geral, Giddens preocupava-se agora com a sociologia da cultura e, em particular, com os problemas relacionados com a modernidade e a destradicionalização. Esta nova fase teve início com as conferências proferidas na Universidade de Stanford e na Universidade da Califórnia em Riverside no final da década de 1980, que levaram à publicação de *As Consequências da Modernidade*[12], em que Giddens explora as características centrais da alta modernidade e a sua relação com a chamada condição pós-moderna. A formação do Estado-Nação territorial, a instituição política moderna por excelência, é outro dos tópicos desta fase da sua carreira[13]. Seguiu-se o desenvolvimento de temas relacionados com estes, centrando-se nas transformações concomitantes ao nível da estrutura da personalidade[14].

A publicação de *Para Além da Esquerda e da Direita*[15] anunciou provavelmente uma quinta fase. Esta obra trata da possibilidade de uma nova agenda política social-democrata, de forma a fazer face aos desafios colocados pela globalização. Giddens sempre havia demonstrado um forte interesse pela política, mas passou a desempenhar um papel progressivamente mais ativo no Partido Trabalhista britânico a partir do início da década de 1990. Algumas das ideias presentes em *Para Além da Esquerda e da Direita* serviram de inspiração para o primeiro-ministro britânico Tony Blair, tendo influenciado as suas políticas.

---

11. Anthony Giddens, *The Constitution of Society: Outline of the Theory of Structuration*, Cambridge, Polity Press, 1984.
12. Anthony Giddens, *The Consequences of Modernity*, Cambridge, Polity Press, 1990.
13. Ver Anthony Giddens, *A Contemporary Critique of Historical Materialism, vol. II: The Nation-State and Violence.*
14. Anthony Giddens, *Modernity and Self-Identity: Self and Society in the Late Modern Age*, Cambridge, Polity Press, 1991; *The Transformation of Intimacy: Sexuality, Love and Eroticism in Modern Societies*, Cambridge, Polity Press, 1992.
15. Anthony Giddens, *Beyond Left and Right: The Future of Radical Politics*, Cambridge, Polity Press, 1994.

220 TEORIA SOCIAL CONTEMPORÂNEA

A adesão de Giddens à centro-esquerda progressista sobreviveu à saída de cena de Blair: *Over to You, Mr. Brown: How Labour Can Win Again*[16], um dos livros mais recentes de Giddens com orientação política, oferecia conselhos ao sucessor de Blair, Gordon Brown, acerca de assuntos como a reforma da segurança social. Escreveu também *A Política da Mudança Climática*[17], em que defende uma orientação ecológica para a política. De modo geral, os interesses de Giddens deslocaram-se para além das atividades puramente acadêmicas em direção a assuntos de caráter mais prático. Foi diretor da London School of Economics entre 1997 e 2003, uma posição que o envolveu amplamente em assuntos de política educativa na Grã-Bretanha e no exterior.

Nas páginas que se seguem iremos focar na terceira fase de Giddens. Isto é, trataremos especificamente da sua contribuição particular para a teoria sociológica – a chamada "teoria da estruturação". A teoria da estruturação é uma teoria geral cujo objetivo é explorar a interação entre estruturas sociais e a ação humana. Surgiu entre o final da década de 1970 e o início da década de 1980 como uma alternativa teórica tanto às perspectivas estrutural-funcionalistas como às perspectivas interacionistas (ver capítulos 1, 2 e 3). Embora se encontre apenas associada à obra de Giddens, seria um erro pensar nesta teoria como um produto intelectual isolado. Na verdade, algumas das noções centrais da teoria da estruturação foram desenvolvidas simultaneamente por outros autores. A argumentação de Giddens exibe notáveis semelhanças, por exemplo, com a teoria de Bourdieu (ver capítulo 1).

A TEORIA DA ESTRUTURAÇÃO DE GIDDENS

Giddens tenta interligar diferentes níveis temporais de análise. Numa ponta do espectro encontra-se a *durée* da experiência cotidiana de Alfred Schutz, ou seja, a natureza repetitiva e rotineira das nossas vidas diárias. Na outra ponta do espectro temos a *longue durée* do tempo institucional de Fernand Braudel, ou seja, estruturas relativamente invariáveis que se estendem por longos

---

16. Anthony Giddens, *Over to You, Mr. Brown: How Labour Can Win Again*, Cambridge, Polity Press, 2007.
17. Anthony Giddens, *The Politics of Climate Change*, Cambridge, Polity Press, 2009.

períodos de tempo. Entre estas duas extremidades daquilo que Claude Lévi-
-Strauss chamaria de tempo reversível, encontra-se o tempo de vida do indivíduo.

Sua irreversibilidade encontra-se contida no *Dasein* heideggeriano e na noção da finitude da vida humana que com ele se relaciona – o *Sein zum Tode*. A obra de Giddens procura relacionar estes diferentes leques temporais, demonstrando assim, por exemplo, como a reprodução ao nível da *durée* de Schutz contribui para a reprodução ao nível da *longue durée* de Braudel. Uma das con-
sequências daqui resultantes é a de que a teoria da estruturação de Giddens procura transcender a tradicional divisão entre micro e macro existente no seio da sociologia. Na vida social estes três âmbitos temporais intersectam-se, e é necessário levar isso em conta[18].

A segunda antinomia que Giddens tenta ultrapassar é a que opõe aquilo que ele chama de "análise institucional" à "análise da conduta estratégica". Chega-se a estes dois tipos de análise através de uma "sistematização metodológica". A análise institucional é obtida através de uma seriação sistemática da ação estratégica. Investiga o modelo recursivo da reprodução de estruturas, e não trata os indivíduos como sendo detentores de conhecimento ou intencionalidade.

O estudo da ação estratégica, por outro lado, é efetuado colocando o do-
mínio institucional sob uma *epoché*. Estuda a forma pela qual os indivíduos recorrem a regras e recursos para assegurarem a continuação das suas ativida-
des. Neste caso, os indivíduos são tratados como agentes ativos com grande conhecimento da vida social. Ao contrário da divisão efetuada na teoria social entre análise estratégica e institucional, a teoria da estruturação de Giddens procura atribuir um estatuto igual a estes dois tipos de análise. Nenhum é mais importante do que o outro; são ambos necessários para uma compreensão total do funcionamento da sociedade[19].

É mais fácil compreender o âmbito e propósito da teoria da estruturação de Giddens no âmbito deste contexto alargado. Uma das suas noções-chave re-
fere-se à chamada "dualidade de estrutura", que postula uma relação particular entre estrutura social e ação humana. O conceito de dualidade de estrutura, de que falaremos mais adiante, permite a Giddens unir diferentes níveis temporais

---

18. Anthony Giddens, *The Constitution of Society*, pp. 34-37; *A Contemporary Critique of Historial Materialism, vol. I: Power, Property and the State*, pp. 19-20.

19. Ver, por exemplo, Anthony Giddens, *The Constitution of Society*, p. 288.

222 TEORIA SOCIAL CONTEMPORÂNEA

e atribuir um estatuto equivalente à análise estratégica e institucional. Antes de tratarmos disto em maior profundidade, precisamos primeiro clarificar a conceitualização que Giddens faz da ação humana e, de forma concomitante, da sua noção de poder. Em seguida avançaremos para sua ideia de estrutura social e os termos a ela relacionados.

Giddens recorre a Heidegger quando afirma que a ação – ou agência – não se refere a uma "série de atos discretos", mas a um "fluxo contínuo de conduta". Na verdade, Giddens define ação como "uma corrente de intervenções causais, reais ou pensadas, de seres corpóreos no processo contínuo dos eventos no mundo"[20]. Note-se que esta definição separa a ação da intencionalidade: "a ação não se refere às intenções que os indivíduos têm ao fazerem coisas, mas, antes de tudo, à sua capacidade para fazerem estas coisas"[21].

Decorre daqui que a ação deve ser considerada como "servidora de um objetivo" – não como "intencional". Ou seja, os indivíduos podem não possuir intenções claras na vida diária, mas prestam, ainda assim, atenção regular às suas ações e às ações dos outros. Afirmar que os indivíduos são agentes é reconhecer que são sempre capazes de agir de outra forma: em qualquer situação, os indivíduos podem decidir intervir ou evitar fazê-lo. Em resumo, a noção que Giddens faz de agência implica que os indivíduos são capazes de transformar as coisas, e que *a fortiori* o futuro não é um dado adquirido[22]. O poder consiste, no jargão giddensiano, nesta "capacidade transformadora".

Convém explorar brevemente o conceito giddensiano de poder, e contrastá-lo com noções alternativas de poder. O poder é por vezes tido como a capacidade que um indivíduo possui para cumprir a sua vontade, frequentemente (embora não necessariamente) contra a vontade dos outros. Por vezes é considerado como propriedade de uma coletividade, relacionado com o interesse ou inerentemente opressivo. Para Giddens, nenhuma destas conceitualizações é convincente. Em seu entender, o poder é intrínseco à ação: refere-se à capacidade do indivíduo para intervir de forma causal numa série de eventos. Dessa definição decorrem dois pontos importantes. Em primeiro lugar, o poder não deve ser considerado já como um simples obstáculo à liberdade ou à emancipação. Torna-se, em vez

---

20. Anthony Giddens, *Central Problems in Social Theory*, p. 55.
21. Anthony Giddens, *The Constitution of Society*, p. 9.
22. Anthony Giddens, *New Rules of Sociological Method*, pp. 78-82.

disso, o meio através do qual a liberdade deve ser atingida[23]. Em segundo lugar, todas as relações de dependência fornecem recursos que permitem aos subordinados influenciar os seus superiores. Por muito assimétricas que sejam as relações, existe sempre uma "dialética do controle"[24].

A ideia de estrutura é, em Giddens, diferente da dos autores do funcionalismo ou do estrutural-funcionalismo. Enquanto estes tendem a associar estrutura e sistema, Giddens esforça-se para distinguir uma do outro (ver capítulos 1 e 2). Sistema refere-se aos padrões das relações sociais ao longo do tempo e do espaço, enquanto estrutura refere-se a um conjunto de regras e recursos sociais que se encontram recursivamente implicados na interação. De modo semelhante à distinção saussuriana entre linguagem e discurso, a estrutura, marcada pela "ausência do sujeito", localiza-se fora do espaço e do tempo, existindo apenas de forma virtual enquanto vestígios de memória a ser implementados em interações localizadas de forma temporal e espacial.

Giddens apoia-se fortemente na discussão wittgensteiniana acerca das regras, definindo-as como técnicas implícitas ou "procedimentos generalizáveis" que são implementados na realização ou reprodução das práticas sociais[25]. Giddens distingue dois tipos de regras e dois tipos de recursos. As regras ou constituem o significado das coisas, ou relacionam-se com a sanção da conduta. Os recursos podem ser de autoridade ou atributivos. Os recursos atributivos referem-se ao controle sobre os objetos, e são um alvo tradicional dos autores marxistas que tendem a reduzir o domínio à posse ou controle da propriedade[26]. Os recursos de autoridade aludem a tipos de capacidade transformadora, que geram controle sobre os indivíduos. Os recursos de autoridade são discutidos por autores como Foucault, e referem-se à organização do tempo e do espaço, do corpo e das hipóteses de vida[27].

Giddens é muito cauteloso na distinção dos diversos aspetos de "estrutura", e a terminologia que utiliza é algo complexa. É impossível fornecer aqui

---

23. *Idem*, p. 118; *The Constitution of Society,* pp. 14-16; *A Contemporary Critique of Historical Materialism, vol. II: The Nation-State and Violence*, p. 7.
24. Anthony Giddens, *The Constitution of Society*, p. 16.
25. *Idem*, p. 21.
26. *Idem*, pp. 31 e 258.
27. *Idem*, p. 33. Ver também Ian Craib, *Anthony Giddens*, London, Routledge, 1992, pp. 46-47 (ver também o capítulo 5).

224 TEORIA SOCIAL CONTEMPORÂNEA

uma descrição exaustiva de todos os seus conceitos "relativos à estrutura", e tal descrição tampouco é necessária para a compreensão das linhas fundamentais do seu argumento. Assim, apresentaremos aqui apenas os termos que são verdadeiramente centrais para a sua perspectiva da análise institucional.

"Estrutura", no singular, deve ser distinguida de "instituições", e de "propriedades estruturais" dos sistemas sociais. Na terminologia de Giddens, as instituições não são organizações. As instituições são práticas regularizadas que se estendem por longos períodos de tempo e através do espaço: por exemplo, o casamento. As propriedades estruturais são precisamente as características institucionalizadas dos sistemas sociais, que fornecem sua "solidez" ao longo do espaço e do tempo. A divisão do trabalho é um exemplo de uma propriedade estrutural da sociedade capitalista[28].

Os princípios estruturais são as mais enraizadas propriedades estruturais implicadas na reprodução das totalidades societais: indicam, por exemplo, até que ponto o Estado e a economia se encontram separados, ou o grau de distanciamento espaço-temporal. O estudo dos princípios estruturais constitui o nível mais abstrato de análise social, e permite a Giddens distinguir diferentes tipos de sociedade: tribal, dividida por classes, e sociedades classistas. Enquanto que nas sociedades tribais o distanciamento espaço-temporal é baixo e as redes de parentesco e a tradição são importantes, nas sociedades divididas por classes a cidade transforma-se num "contentor de armazenamento" do poder político e militar. Nas sociedades classistas, o poder encontra-se concentrado no Estado-Nação, e o tempo e o espaço passam a ser mercadorias[29].

As estruturas, enquanto regras e recursos, são compreendidas pela distinção analítica de três "modalidades"; isto é, "linhas de mediação" entre a interação social e a estrutura social. Estas modalidades são a comunicação do significado, a aplicação de sanções e a utilização do poder. A análise da conduta estratégica concebe os indivíduos como detentores de conhecimento que recorrem a estas modalidades para continuarem a efetuar suas interações cotidianas. Em primeiro lugar, e na medida em que a interação social lida com a "comunicação" de significados, os indivíduos recorrem a "esquemas interpretativos" que, no nível da estrutura social, podem ser considerados "regras semânticas".

---

28. Anthony Giddens, *The Constitution of Society*, pp. 16-25.
29. *Idem*, p. 185.

A SOCIOLOGIA ENCONTRA A HISTÓRIA *225*

Em segundo lugar, a aplicação de sanções na interação implica que os indivíduos recorrem a "normas" que, no nível da estrutura social, podem ser analisadas enquanto "regras morais". A terceira modalidade relaciona-se com a capacidade transformadora dos indivíduos. A utilização do poder na interação implica que os indivíduos recorrem a "meios" que, no nível estrutural, podem ser analisados enquanto "recursos" que envolvem estruturas de dominação. Embora se encontrem analiticamente separadas, na realidade estas modalidades ou linhas de mediação intersectam-se[30].

Podemos colocar uma *epoché* sobre uma conduta social reflexivamente monitorizada, e embarcar assim numa análise institucional. De forma análoga à distinção efetuada entre diferentes modalidades, podemos distinguir diversas instituições e propriedades estruturais: s quer dizer significação, D dominação e L legitimação. Com efeito, cada uma das três tende a desempenhar um determinado papel. Por exemplo, enquanto a legitimação é certamente central para o funcionamento das instituições legais, a significação e a dominação não são também inteiramente negligenciáveis. De modo semelhante, enquanto a dominação é vital para o funcionamento das instituições políticas e econômicas, estas últimas dependem também da significação e da legitimação.

5.1. A dimensão da dualidade da estrutura[31]

Interação	Comunicação	Sanção	Poder
(Modalidade)	Esquema Interpretativo	Norma	Meios
Estrutura	Significação	Legitimação	Dominação

---

30. *Idem*, pp. 28-30.
31. Baseado em Anthony Giddens, *Central Problems in Social Theory*, p. 82; *The Constitution of Society*, p. 29.

5.2. Instituições e propriedades estruturais[32]

Significação	Ordem institucional
S. D. L.	Ordens simbólicas/modos de discurso
D (autoridade). S. L.	Instituições políticas
D (alocação de recursos). S. L.	Instituições econômicas
L. D. S.	Lei/formas de sancionamento

É agora possível especificar de forma mais precisa o que Giddens quer dizer com dualidade de estrutura, e situar esta noção no âmbito do campo intelectual da época. Para os leitores com conhecimentos de biologia, existe uma homologia ou identidade estrutural entre sua noção de dualidade de estrutura, por um lado, e a teoria de Maturana e Varela relativa à autopoiesis e aos sistemas autorreprodutivos, por outro. Embora as terminologias de Giddens e de Maturana sejam diferentes, a semelhança entre as duas teorias é notável, e o próprio Giddens admite a influência destes desenvolvimentos da biologia no seu trabalho. Tanto sua teoria como a de Maturana prestam atenção aos mecanismos pelos quais os sistemas ou estruturas asseguram sua própria reprodução[33].

A noção de dualidade de estruturas de Giddens é basicamente a de que as estruturas, enquanto regras e recursos, são simultaneamente a pré-condição e o resultado não intencional da ação dos indivíduos. O que isto quer dizer exatamente? Mencionamos já que, de acordo com o ponto de vista de Giddens, os indivíduos recorrem às estruturas para efetuar suas interações diárias. Agora, Giddens acrescenta que, embora recorrendo a estas estruturas, os indivíduos não podem senão reproduzir essas mesmas estruturas. Desta forma, a estrutura permite a agência, que por sua vez conduz à reprodução involuntária dessa mesma estrutura. Em outras palavras, as estruturas estão recursivamente implicadas no processo de reprodução social.

---

32. Baseado em Anthony Giddens, *Central Problems in Social Theory*, p. 107; *The Constitution of Society*, p. 33.

33. Anthony Giddens, "Structuration Theory: Past, Present and Future", *in* Christopher Bryant and David Jary (eds.), *Giddens' Theory of Structuration*, London, Routledge, 1989, p. 204.

A SOCIOLOGIA ENCONTRA A HISTÓRIA *227*

Da noção de dualidade de estrutura deriva a ideia de que existe uma estreita relação entre diferentes níveis temporais da vida social. O "tempo reversível" das instituições é, no fim de contas, simultaneamente meio e efeito das práticas sociais incrustadas na "continuidade da vida cotidiana"[34]. Decorre também da dualidade de estrutura que não é possível a existência de uma tabula rasa no domínio do social. Qualquer transformação, por mais radical que seja, pode apenas ocorrer ao recorrer (e reproduzir) as propriedades estruturais disponíveis. Isto explica por que Giddens descarta a noção de Georges Gurvitch de "desestruturação". Tal como Sartre, Gurvitch opõe erroneamente estrutura e liberdade, atribuindo assim significado sociológico à noção de desestruturação. Qualquer transformação, afirma Giddens, acontece sempre de mão dada com a estruturação[35].

A dualidade de estrutura de Giddens é facilmente exemplificada através de uma analogia com o uso da linguagem. Ao falarem, os indivíduos recorrem necessariamente às regras sintáticas da língua portuguesa, mas suas enunciações ajudam a reproduzir essas mesmas propriedades estruturais. Este exemplo demonstra também até que ponto o modelo recursivo de Giddens concebe a reprodução das estruturas como um resultado não intencional das práticas sociais.

Os indivíduos, por exemplo, não falam com a intenção de reproduzir a língua portuguesa, mas ao falarem contribuem de fato, involuntariamente, para a reprodução dessa língua. O mesmo se aplica a outras formas de comportamento regulado: por exemplo, quando interagem, os indivíduos recorrem a regras locais de boa educação e propriedade, e ao fazê-lo reproduzem-nas de forma não intencional. As estruturas são as consequências involuntárias das nossas práticas, e são reconduzidas a estas como condições despercebidas para a existência de mais ações. Mas contrariamente ao funcionalismo e à sua noção de necessidade social, estas consequências involuntárias não devem ser entendidas como explicação para a persistência das práticas[36].

Contrastemos agora esta visão da estrutura com a visão durkheimiana (ver capítulo 1). Existe um *locus classicus* nas *Regras do Método Sociológico*, em que

---

34. Anthony Giddens, *The Constitution of Society*, p. 36.
35. Anthony Giddens, *Central Problems in Social Theory*, pp. 70-71.
36. Anthony Giddens, *Studies in Social and Political Theory*, p. 294; *The Constitution of Society*, pp. 26-27.

228 TEORIA SOCIAL CONTEMPORÂNEA

Durkheim define os fatos sociais como gerais, externos e constringentes. Os fatos sociais são gerais porque se aplicam a todos os indivíduos de uma comunidade: por exemplo, as regras do vocabulário e da gramática do português são partilhadas por todos os falantes da língua portuguesa. Os fatos sociais são externos na medida em que antecedem a existência dos indivíduos: por exemplo, os indivíduos recorrem a uma língua que existia antes do seu nascimento. Os fatos sociais são também constringentes: por exemplo, a nossa linguagem impõe limites ao nosso pensamento.

O conceito de fato social foi fundamental para a tentativa de Durkheim de demonstrar até que ponto a sociedade é uma entidade *sui generis* e, *mutatis mutandis*, até que ponto a sociologia deveria ser considerada uma disciplina independente, irredutível a outras. Em geral, Durkheim, inspirando-se numa filosofia naturalista das ciências sociais, adere a um dualismo entre estrutura e agência no qual a primeira, de alguma forma, "age" sobre esta última. Giddens demonstra o paradoxo implicado neste ponto de vista no que respeita à relação entre ação e estrutura:

[...] quanto mais o constrangimento estrutural se associa ao modelo das ciências naturais, mais liberto surge, paradoxalmente, o agente – no âmbito de qualquer que seja o espaço para a ação individual deixado pela operação de constrição. As propriedades estruturais dos sistemas sociais, por outras palavras, são como as paredes de uma sala de onde o indivíduo não pode escapar mas no interior da qual este se pode mover à sua vontade[37].

Giddens tenta ultrapassar este dualismo durkheimiano entre estruturas e ações. Em primeiro lugar, considera as estruturas como vestígios de memória que são constantemente instanciados nas práticas sociais, e as estruturas são, como tais, internas às nossas ações[38]. A persistência das estruturas depende destas instanciações regulares. Se deixássemos de falar português, esta língua deixaria, de alguma forma, de existir[39]. Em segundo lugar, Giddens olha para as estruturas não apenas como constrições, mas também como facilitadoras[40].

---

37. *Idem*, p. 70.
38. *Idem*, p. 25.
39. Sobre a problemática da extinção de línguas naturais, veja-se o projeto "Endangered Languages", de Mark Turin, bem como o seu artigo "Voices of Vanishing Worlds: Endangered Languages, Orality, and Cognition", *Análise Social*, vol. 205, n. 47 (4º.), 2012.
40. Anthony Giddens, *The Constitution of Society*, p. 25.

Neste sentido, sua abordagem apresenta afinidades com o argumento meadiano ou interacionista simbólico (ver capítulo 3). Por exemplo, não é apesar da linguagem que somos capazes de pensar e de intervir, mas é precisamente por causa da existência da linguagem que somos capazes de o fazer. "A estrutura não deve assim ser conceitualizada como uma barreira à ação, mas como algo essencialmente implicado na sua produção"[41]. O conceito giddensiano de dualidade de estrutura assenta na noção de capacidade de conhecimento, conhecimento tácito e consciência prática. Uma das suas asserções fundamentais é a de que os indivíduos são "agentes portadores de conhecimento" que possuem uma grande sabedoria acerca da vida social, embora não necessariamente de forma explícita.

Tomemos, de novo, o exemplo da linguagem. Sabemos falar nossa língua no sentido em que sabemos, na prática, falar de acordo com as regras da gramática. Isto não significa que tenhamos que conhecer nossa língua nativa de uma forma explícita para a falarmos corretamente. Ao invés disso, o uso de nossa língua nativa tende a apoiar-se em formas tácitas e implícitas de conhecimento. Sabemos como falar e como continuar a fazê-lo sem conhecer necessariamente as regras que subjazem a essa atividade. O mesmo se aplica a outras formas de comportamento regulado. Sabemos como nos comportar em público sem necessidade de explicar discursivamente as regras em que nos apoiamos.

Aquilo a que Schutz chama "conhecimento armazenado" ou Giddens chama "conhecimento mútuo" não se encontra imediatamente acessível à consciência dos indivíduos envolvidos. Substituindo a tradicional distinção psicanalítica entre ego, superego e id, Giddens defende a sua "estratificação do modelo de ação", segundo a qual a consciência prática deve ser distinguida da consciência discursiva ou do inconsciente. A distinção entre estes dois níveis de consciência não é impermeável (um conduz facilmente ao outro), mas sua separação relativamente ao nível da motivação ou cognição é inconsciente. Neste contexto, a capacidade de conhecimento dos indivíduos não é apenas delimitada pelo inconsciente, mas também pelas condições não reconhecidas e pelas consequências involuntárias das suas ações.

Para Giddens, a consciência prática relaciona-se com as rotinas e com o tempo reversível das nossas atividades diárias, e é neste ponto que ele recorre

---

41. Anthony Giddens, *Central Problems in Social Theory*, p. 70.

230 TEORIA SOCIAL CONTEMPORÂNEA

à etnometodologia e a Goffman (ver capítulo 3). Podem encontrar-se também semelhanças com a obra de Garfinkel, por exemplo. Nas experiências de ruptura de Garfinkel, os indivíduos recorrem a enquadramentos cognitivos que lhes permitem interpretar a realidade de forma a que estes enquadramentos permaneçam intactos, mesmo nos casos em que a realidade pode ter um efeito potencialmente disruptivo sobre estes mesmos enquadramentos cognitivos. Encontramos aqui um modelo recursivo análogo ao da dualidade de estrutura.

Mas a interpretação que Giddens faz de Garfinkel vai mais longe. Giddens encontra, nas experiências de Garfinkel relativas à confiança, provas de que muitas das nossas normas sociais se encontram profundamente interligadas com um sentimento de segurança ontológica. Estas experiências demonstram que as disrupções no caráter rotineiro das nossas atividades cotidianas conduz a formas extremas de ansiedade ou raiva. Giddens relaciona esse fato com uma interpretação particular de Freud. As rotinas minimizam as fontes inconscientes de ansiedade e garantem assim um sentimento de segurança ontológica. Não é, desta forma, surpreendente que a perturbação das nossas rotinas conduza aos efeitos descritos pelos etnometodologistas.

A dualidade de estrutura desempenha um papel central na descrição que Giddens faz do problema da integração. A integração, argumenta Giddens, necessita de uma abordagem radicalmente nova. Em geral, esta envolve uma "reciprocidade de práticas (de autonomia e dependência) entre os agentes ou coletividades"[42]. No entanto, as teorias anteriores não conseguem estabelecer uma distinção entre "integração social" e "integração do sistema". A integração social refere-se à reciprocidade entre indivíduos em contextos de copresença.

A integração do sistema, por outro lado, trata da reciprocidade entre grupos ou coletividades através de longos intervalos espaço-temporais. A integração sistêmica implica que as estruturas "interliguem" o tempo e o espaço, na medida em que o conhecimento tácito dos indivíduos permite à sociedade perdurar através de longos intervalos temporais e disseminar-se através do espaço. Da dualidade de estrutura decorre que a integração social é uma condição essencial para a integração sistêmica. Na verdade, qualquer interação face a face conduz de forma não intencional à reprodução de estruturas, contribuindo finalmente para a interligação do tempo e do espaço.

---

42. Anthony Giddens, *The Constitution of Society*, p. 28.

Isto não quer dizer que toda a integração sistêmica possa ser reduzida à integração social. Existem outros tipos de consequências involuntárias, não contempladas na dualidade de estrutura, que são essenciais para a integração sistêmica. Neste ponto, Giddens estabelece uma distinção entre "circuitos causais homeoestáticos", "*feedback* autorregulador" ou "autorregulação reflexiva". Todos estes são cruciais para a integração do sistema. A homeoestase refere-se à operação de "circuitos causais" (*causal loops*) nos quais uma série de variáveis produzem efeitos umas sobre as outras, e onde a primeira variável da série é afetada pela última de forma a que aquela é revertida ao seu estado inicial. Isto é exemplificado pelo ciclo de empobrecimento por privação material, no qual esta conduz a uma deficiente educação, que conduz a empregos de baixo nível, que por sua vez conduz à continuação da privação material.

O funcionalismo tende a limitar a integração dos sistemas à homeoestase, e tende também a não considerar o *feedback* autorregulador e a autorregulação reflexiva. A autorregulação através de *feedback* difere dos sistemas homeoestáticos na medida em que ocorre, na primeira, uma inversão de sentido do fluxo. Por exemplo, uma melhor educação para os pobres pode conduzir a melhores perspectivas de emprego de forma que se quebre o ciclo de empobrecimento. A autorregulação reflexiva refere-se a processos nos quais o conhecimento dos indivíduos acerca do mundo social é incorporado nas suas ações. Por exemplo, os políticos podem adquirir conhecimento acerca do funcionamento dos ciclos de empobrecimento e agir de acordo com esse conhecimento[43].

Resulta claro desta discussão sobre a integração social e sistêmica que as intersecções espaço-temporais são cruciais para a vida social. No entanto, as características espaço-temporais das sociedades "modernas" são radicalmente diferentes das que caracterizam as sociedades "tradicionais". Em primeiro lugar, nas sociedades modernas, o espaço e o tempo tornaram-se medidas independentes, abstratas e estandardizadas. Esta ideia particular de espaço e tempo é frequentemente tida como se fosse universal, quando na verdade não o é. Por exemplo, o reconhecimento temporal ocorria exclusivamente, na maior parte das sociedades tradicionais, em referência a outros "marcadores socioespaciais" ou a eventos naturais regulares[44].

---

43. Anthony Giddens, *Central Problems in Social Theory*, pp. 78-79.
44. Anthony Giddens, "Structuration Theory: Past, Present and Future", pp. 17-21.

232 TEORIA SOCIAL CONTEMPORÂNEA

Em segundo lugar, a modernização caracteriza-se por um "distanciamento espaço-temporal", ou seja, a extensão dos sistemas sociais ao longo do tempo e do espaço. Este fenômeno é devido, por exemplo, à centralização, formas intensificadas de vigilância, e sistemas de comunicação eficientes. Um indicador do distanciamento espaço-temporal é o crescente "desenraizamento" das interações sociais. Os mecanismos de desenraizamento retiram às relações sociais o caráter imediato de um contexto local. Giddens distingue dois tipos de mecanismos de desenraizamento: "marcas simbólicas" e "sistemas especializados". As marcas simbólicas são "meios de permuta" que transcendem o tempo e o espaço. Existem diversos tipos de marcas simbólicas, mas o dinheiro é um exemplo óbvio.

Os sistemas especializados são sistemas de conhecimento especializado e profissional que tornam possível o funcionamento adequado da nossa vida diária. Existem, por exemplo, diversos sistemas especializados que tornam o transporte aéreo uma atividade relativamente segura. Estão envolvidas competências e especialidades técnicas sofisticadas na concepção e fabricação das aeronaves, na construção dos aeroportos, no controle de tráfego aéreo, e assim por diante. Note-se que a confiança é fundamental tanto para as marcas simbólicas como para os sistemas especializados. Os indivíduos tendem a demonstrar "fé" no dinheiro sem uma apreciação cognitiva dos mecanismos do seu funcionamento. Da mesma forma, confiam geralmente nos sistemas especializados sem perceberem realmente o conhecimento que neles está envolvido. A confiança é, deste modo, um componente central da modernidade[45].

A teoria da estruturação tem sido objeto de aceso debate e crítica desde a publicação de *Novas Regras do Método Sociológico* e em especial desde *A Constituição da Sociedade*. Discutiremos em seguida aquilo que consideramos ser as áreas mais problemáticas da teoria da estruturação. De certo modo, os pontos fortes de Giddens também revelam suas fraquezas. É, de fato, difícil encontrar falhas lógicas ou contradições em sua teoria da estruturação. Sempre que confrontado com um aspecto particular da vida social, Giddens parece ser capaz de fazer notar de forma bem-sucedida até que ponto tal aspecto pode ser enquadrado nos parâmetros da sua teoria.

---

45. *Idem*, pp. 4-35.

No entanto, aquilo que lhe possibilita evitar críticas e "absorver" a realidade para o interior do seu trabalho é precisamente a natureza da construção teórica que apresenta. Algumas partes nucleares da teoria da estruturação de Giddens constituem um modo de teorização contra o qual nos avisou Karl Popper desde a publicação de *A Lógica da Pesquisa Científica* (ver capítulo 8). Ao contrário de outros grandes teóricos, Giddens abstém-se em geral de apresentar conjecturas arrojadas – na verdade, algumas das suas asserções básicas aproximam-se da tautologia.

É difícil argumentar contra a sua ideia de que a capacidade de conhecimento dos indivíduos é sempre delimitada por condições não reconhecidas e por consequências imprevistas – como poderia ser de outra forma? Muitos aspectos desta cuidadosamente bem trabalhada teoria de Giddens são virtualmente impossíveis de refutar, e são tão autoevidentes como se de fórmulas lógicas se tratasse. Para mais, mesmo quando lida com assuntos mais substantivos como as transformações de longo prazo, Giddens mantém-se algo cauteloso, reportando-se à noção relativamente consensual do distanciamento espaço-temporal.

A fuga ao risco por parte de Giddens vai de par com a sua tendência a atribuir argumentos frágeis aos seus opositores de forma a melhor os refutar. Em contraste com sua própria natureza cautelosa, estes "espantalhos" criados por Giddens correm grandes riscos, uma vez que se torna extremamente fácil demonstrar o seu logro. O retrato que faz do funcionalismo, por exemplo, é estereotipado e ultrapassado, evitando lidar com versões mais sofisticadas como as do neofuncionalismo de Alexander, a teoria dos sistemas de Luhmann ou as leis da consequência de Cohen (ver capítulo 2). O principal alvo de sua análise crítica do funcionalismo é Merton, em particular sua infeliz distinção entre funções latentes e manifestas.

Mesmo quando explicitamente instado a apresentar um comentário num debate acerca de interpretações contemporâneas de Marx (sobre as diferenças entre a perspectiva de escolha racional de Jon Elster e a interpretação de Cohen das leis da consequência), Giddens escusa-se a abordar realmente os argumentos funcionalistas implicados, aproveitando a oportunidade para reiterar a sua própria posição no seio da teoria social[46]. De modo semelhante, suas críticas ao evolucionismo não tomam em consideração os desenvol-

---

46. Anthony Giddens, "Commentary on the Debate".

vimentos recentes mais sofisticados relativos à analogia entre a evolução biológica e social[47]. Ironicamente, Wright faz notar que, assim que se adota uma definição menos estereotipada do evolucionismo, a própria teoria da história de Giddens cai, em termos do distanciamento espaço-temporal, dentro desta mesma categoria.

Mais problemático do que isto é, no entanto, o fato de que a teoria da estruturação, pelo menos na sua forma arquetípica, toma em consideração o tempo apenas na medida em que este revela a produção da ordem social. Rejeita acertadamente a identificação produzida pelo "senso comum" (e pelo funcionalismo) entre tempo e transformação (e entre ordem e análise sincrônica), mas tende a deslocar-se em direção ao extremo oposto, subscrevendo um modelo recursivo e conservador da sociedade[48].

Embora a teoria da estruturação apresente uma resposta diferente do "modelo de integração normativa" de Durkheim e Parsons, tende a focar-se na mesma questão de como a ordem social (por oposição à transformação) é engendrada. Isso relaciona-se com a tendência, por parte da teoria da estruturação, para sobrevalorizar aquilo que Nicos Mouzelis[49] chama de relação "natural/performativa", apoiando-se em conceitos de "primeira ordem". Ao sublinhar a reprodução competente da sociedade através do conhecimento tácito e da consciência prática, a teoria da estruturação é particularmente adequada à compreensão das rotinas da vida cotidiana.

Aquilo que tende a ser negligenciado é, no entanto, a possibilidade da emergência do conhecimento explícito ou discursivo, e o papel que pode desempenhar nos processos de transformação ou manutenção das estruturas sociais. Quando confrontados com novas experiências que não se enquadram

---

47. Por exemplo, Roy Bhaskar, "The Consequences of Socioevolutionary Concepts for Naturalism in Sociology: Comentaries on Harré and Toulmin", e Rom Harrré, "The Evolutionary Analoggy in Social Explanation", *in* Uffe Jensen and Rom Harré (eds.), *The Philosophy of Evolution*, Brighton, Harvester Press, 1981, pp. 196-209 e pp. 161-175; Eric O. Wright, "Models of Historical Trajectory: An Assessment of Giddens' Critique of Marxism", *in* David Held and John Thompson (eds.), *Social Theory of Modern Societies: Anthony Giddens and His Critics*, Cambridge, Cambridge University Press, 1989, pp. 77-103.

48. Ver também Margaret Archer, "Human Agency and Social Structure: A Critique of Giddens", *in* Jon Clark, Celia Modgil and Sohan Modgil (eds.), *Anthony Giddens: Consensus and Controversy*, London, The Falmer Press, 1990, pp. 77-78.

49. Nicos Mouzelis, "Restructuring Structuration Today", *Sociological Review*, vol. 37, pp. 613-635, 1989.

no seu mundo previamente conhecido e tido por certo, os indivíduos podem adotar uma atitude mais distanciada e teórica relativamente às estruturas que até então tomavam como garantidas, podendo então agir em consonância com esse conhecimento. Mesmo aqueles cujo intuito é apenas explicar a reprodução das estruturas não podem ignorar a importância da capacidade que os indivíduos possuem para desenvolver um conhecimento discursivo e teórico acerca de regras e assunções previamente tidas como tácitas.

Como já referimos na nossa discussão de Bourdieu (ver capítulo 1), é enganador conceber a reprodução de estruturas apenas como uma realização não intencional do conhecimento tácito e da consciência prática. Acontece frequentemente que a articulação e a consciência discursiva dos indivíduos façam parte constitutiva da reprodução. Os problemas com a teoria da estruturação tornam-se ainda mais evidentes quando a modernidade passa a ser o foco da sua atenção. O próprio Giddens considera a modernidade como uma quebra de rotinas, como uma capacidade dos indivíduos para refletirem sobre as suas condições e para utilizarem esse conhecimento como molde para as suas ações futuras.

No entanto, estas são características dificilmente compatíveis com a teoria da estruturação, uma vez que esta enfatiza a produção da ordem social através de mecanismos de consciência prática e de conhecimento tácito. Não será, assim, surpreendente que nos textos de Giddens sobre a modernidade se encontre ausente o cerne da sua teoria da estruturação. Os conceitos que introduz nestes textos (como a "reflexividade institucional") são independentes da teoria da estruturação, e não dela derivados. A razão para tal liga-se precisamente ao fato de a teoria da estruturação não se adequar à interpretação da modernidade, e com a própria modernidade tornar aparentes, por si própria, estas insuficiências da teoria. Voltaremos a este ponto nas nossas observações finais.

TRAZENDO A HISTÓRIA DE VOLTA: TILLY, SKOCPOL, MANN E EISENSTADT

Como acabamos de ver, o tratamento que Giddens faz do tempo é ambivalente. Por um lado, pode-lhe ser atribuído crédito por desbravar o caminho para uma nova era de interpretação histórica weberiana graças à sua reconsideração,

236 TEORIA SOCIAL CONTEMPORÂNEA

com sensibilidade histórica, dos clássicos da sociologia[50]. Por outro lado, sua teoria da estruturação não incorpora o tempo de forma satisfatória. Existe uma série de propostas recentes cujo objetivo é atenuar a falha entre a teorização abstrata e a atenção à história. Nas páginas que se seguem, nos dedicaremos consecutivamente a quatro destes exemplos: os escritos de Charles Tilly acerca da ação coletiva, a análise das revoluções sociais de Theda Skocpol, o trabalho de Michael Mann sobre as fontes do poder social, e o paradigma das "múltiplas modernidades" de S. N. Eisenstadt.

Na pegada de George Homans[51], Barrington Moore[52], e Stein Rokkan[53], Charles Tilly (1929-2008) dedicou-se ao estudo entrecruzado da história e da sociologia. Tentando superar o fosso entre o particularismo histórico e os modelos abstratos sociocientíficos[54], a sociologia histórica de Tilly é particularmente instrutiva no que diz respeito à incorporação do tempo na construção teórica. Ao combinar técnicas estatísticas para testar hipóteses sociológicas com pesquisas arquivísticas para o estudo da história, Tilly consegue desenvolver uma teoria inovadora da ação coletiva.

Tilly contesta uma tradição sociológica que trata os protestos populares de massas como sinais de perturbações psicológicas. De Durkheim e Tarde a Parsons e Smelser, existe uma tradição intelectual que tende a interpretar as perturbadoras consequências sociais da transição para a modernidade em termos de "turbas", "desordens" e "movimentos de massas". Tilly, ao invés disso, considera estas noções como "termos dirigidos de cima para baixo", "palavras que as autoridades e as elites usam para designarem as ações dos outros – e, frequentemente, para ações que ameaçam os seus próprios interesses"[55]. Tilly

---

50. Anthony Giddens, *Capitalism and Modern Social Theory*.
51. Ao contrário de Tilly, Homans separa os seus interesses sociológicos e históricos de investigação. Ver, sobre estes últimos, George C. Homans, *English Villagers of the Thirteenth Century*, Cambridge, MA, Harvard University Press, 1941; e, sobre os primeiros, *Social Behavior: Its Elementary Forms*, New York, Harcourt, Brace & World, 1961.
52. Barrington Moore, *Social Origins of Dictatorship and Democracy: Lord and Peasant in the Making of the Modern World*, Boston, Beacon, 1966.
53. Stein Rokkan, "Dimensions of State Formation and Nation-Building: A Possible Paradigm for Research on Variations Within Europe", *in* Charles Tilly (ed.), *The Formation of National States in Western Europe*, Princeton, Princeton University Press, 1975.
54. Por exemplo, Charles Tilly, *As Sociology Meets History*, New York, Academic Press, 1981, p. 32.
55. Charles Tilly, *From Mobilization to Revolution*, Reading, MA, Addison-Wesley, 1978, p. 227.

adota, inversamente, uma abordagem de baixo para cima, segundo a qual a mobilização, a ação coletiva e mesmo as revoluções são parte integral e não menos legítima da vida social moderna.

A esta luz, por exemplo, um motim deixa de ser um sintoma patológico de desagregação social e passa a ser um subproduto inevitável das lutas entre diferentes grupos sociais na defesa de interesses conflituantes. Esta "nova história social" a partir de baixo presta-se à formalização. No caso da ação coletiva, Tilly propõe um modelo com cinco grandes componentes. Primeiro, os "interesses" em causa quando um grupo interage com outro: "quem ganha e quem perde o quê?" Em segundo lugar, a "organização" do grupo: "em que medida a forma como o grupo se organiza afeta sua capacidade de agir em defesa de seus próprios interesses?"

Em terceiro lugar, a "mobilização" refere-se ao processo pelo qual o grupo adquire os recursos (tão variados como armamento, votos, bens ou apenas poder laboral) que lhe são necessários à ação. Em quarto lugar, a "oportunidade" refere-se à relação entre o grupo e o mundo que o rodeia: transformações nesta relação podem por vezes significar uma ameaça aos interesses de um grupo e uma nova oportunidade para outro. Em quinto lugar, quando os indivíduos se reúnem em torno de interesses comuns, temos a "ação coletiva", o produto de combinações mutáveis de interesses, organizações, mobilizações e oportunidades[56].

Qual é o objeto desta análise da ação coletiva? Tilly distingue três áreas que se intersectam: a unidade analítica básica é o "grupo", ou seja, uma população particular com alguma estrutura comum e crenças partilhadas; o ponto de partida da análise pode também ser um "evento", tal como uma revolução específica ou uma série de motins numa dada região; por fim, os "movimentos sociais" (por exemplo, o movimento dos direitos das mulheres) podem também ser objeto da análise da ação coletiva[57]. Equipados com este modelo podemos analisar ações coletivas como a resistência ao Stamp Act na Filadélfia e em Nova York no final do século XVIII de forma a delas extrairmos generalizações.

A formalização deste evento implicaria um mapeamento dos interesses dos intervenientes, uma estimativa do estado de oportunidade e ameaça relativo a

---

56. *Idem*, p. 7.
57. *Idem*, pp. 9-10.

238 TEORIA SOCIAL CONTEMPORÂNEA

esses interesses, uma verificação dos seus níveis de mobilização, e a identificação da influência que estas variáveis desempenharam no caráter e intensidade da sua ação coletiva. Tilly faz ainda uma distinção entre análises de curto prazo e longo prazo. Numa perspectiva de curto prazo, os grupos envolvidos na resistência ao Stamp Act são vistos como tendo desenvolvido suas ações de forma intencional: procuram defender seus interesses com os meios à sua disposição, dentro dos limites definidos pela sua relação com o mundo que os rodeia.

Quando estão em causa transformações sociais de larga escala (como a industrialização ou a formação de Estados), Tilly passa dos modelos intencionais para modelos causais: essas transformações de longo prazo afetam simultaneamente os interesses e a organização dos grupos em conflito[58]. A relação entre estas duas escalas temporais é análoga à que existe entre a fotografia e um filme. Nos instantâneos de curta duração vemos interação estratégica. Mas à medida que estes retratos rápidos vão se acumulando no tempo, o cientista social deverá integrá-los num "relato contínuo do processo pelo qual a ação coletiva se transforma e flui"[59].

Assim que o tempo passa a ser considerado na análise, os repertórios políticos presentes da ação coletiva são postos em perspectiva. Para os manifestantes do Stamp Act, a manifestação em si não tinha ainda entrado para o repertório. Da mesma forma, a greve não estava ainda disponível enquanto forma de ação coletiva legalmente reconhecida aos trabalhadores. Uma teoria da ação coletiva precisa reconhecer o caráter contingente dos repertórios políticos, enquanto busca generalizações que permitam comparar diferentes contextos, identificar elos de causalidade e apresentar explicações para o fenômeno estudado. O objetivo final da obra de Tilly é a resolução dessa tensão entre história e teoria.

Muito embora Theda Skocpol (1947-) concorde seguramente com este objetivo, sua ideia para a reconciliação entre a história e a teoria é bastante diferente da de Tilly. Enquanto que a teoria da ação coletiva de Tilly se centra nos interesses, ideias e crenças dos atores como ferramentas explicativas, a análise que Skocpol faz das revoluções sociais privilegia uma análise estrutural que gira em torno do "Estado". Em *Estados e Revoluções Sociais*, propõe-se colmatar

---

58. Charles Tilly, *Coercion, Capital and European States AD 1990-1992*, Cambridge, MA, Blackwell, 1990, pp. 14-15.
59. Charles Tilly, *From Mobilization to Revolution*, p. 231.

o fosso entre história e teoria que assola muitas abordagens contemporâneas através de uma "análise histórica comparativa" cujo objetivo é desenvolver, testar e aperfeiçoar "hipóteses de explicação causal para eventos ou estruturas fundamentais para macrounidades como os Estados-Nação"[60].

Skocpol centra-se em três revoluções sociais: a Revolução Francesa, de 1786-1800, a Revolução Russa, de 1917-1921 e a Revolução Chinesa, de 1911--1949. Sua primeira tese é a de que, apesar das suas muitas diferenças, estes três casos de revoluções sociais bem-sucedidas possuem em comum padrões causais semelhantes. Recusando a abordagem "voluntarista" de Tilly da ação coletiva, Skocpol afirma que estas revoluções sociais foram o resultado de pressões cruzadas entre dois tipos de fenômenos[61]. Em primeiro lugar, existiam desafios externos. Nas décadas que antecederam estas revoluções sociais, os Estados do Antigo Regime enfrentavam uma intensa rivalidade ao nível internacional, que incluíam a condução de guerras contra adversários mais modernizados. Em segundo lugar, as divisões internas também desempenharam um papel importante à medida que as classes médias emergentes entravam em conflito com as elites terratenentes, dando origem a recorrentes conflitos políticos internos.

Existe, assim, um padrão comum aos três casos – na França, na Rússia e na China as revoluções sociais foram antecedidas por revoltas camponesas generalizadas que puseram em causa e por fim destruíram o poder das classes dominantes. Pode-se então perguntar se os argumentos causais que Skocpol desenvolveu para estes casos podem ser estendidos para uma teoria geral das revoluções; a sua resposta é um "não" inequívoco[62]. As diferentes circunstâncias históricas mundiais e as diversas histórias políticas tornam difícil, se não mesmo impossível, transformar suas generalizações descritivas numa explicação sociocientífica adequada.

Por exemplo, o contexto mundial dos finais do século XVIII deu à Revolução Francesa um pano de fundo radicalmente diferente daquele em que ocorreram as revoluções na Rússia e na China. Ainda assim, como atesta a orientação mais recente do trabalho histórico-institucionalista de Skocpol (ver capítulo 4), a autora acredita que um melhor entendimento das estruturas e conjunturas

---

60. Theda Skocpol, *States and Social Revolutions: A Comparative Analysis of France, Russia, and China*, Cambridge, Cambridge University Press, 1979, p. 36.
61. *Idem*, p. 16.
62. *Idem*, p. 288.

240 TEORIA SOCIAL CONTEMPORÂNEA

em jogo nestes três períodos de crise revolucionária pode ser obtido por forma a contribuir para uma concepção cumulativa da ciência[63].

Estados e Revoluções Sociais deixou, sem dúvida, uma marca duradoura nesta disciplina[64]. Inspirou toda uma geração de sociólogos com inclinações históricas para o estudo de fenômenos sociais e políticos de larga escala. Adquiriu, três décadas após a sua publicação inicial, o merecido estatuto de texto sociológico clássico, pelo menos no domínio da sociologia histórica. Tal como com qualquer outro texto, em particular os clássicos, diversas críticas têm sido feitas a *Estados e Revoluções Sociais*. Começamos por contrastar a perspectiva de Skocpol com a proposta de Tilly para apresentarmos em seguida uma dessas críticas.

Embora Skocpol critique explicitamente Tilly por seu "idealismo", pode-se também afirmar que sua análise estrutural pode ela própria ser criticada pela razão oposta. A ação coletiva surge na análise de Skocpol como uma variável explanatória e não como um fenômeno que careça de explicação. Em consequência disto, "classes dominantes", "classe camponesa" e "vanguardas revolucionárias organizadas" surgem como entidades sem rosto que supostamente explicam as condições políticas e socioeconômicas que conduziram às revoluções sociais. Não nos é, no entanto, fornecida qualquer explicação quanto às suas motivações ou mecanismos organizacionais. Como vimos acima, este é o exato propósito da teoria da ação coletiva de Tilly.

Considerando agora uma possível crítica ao trabalho de Skocpol, é altamente questionável alegar, como o faz Skocpol, que destas três revoluções sociais emergiram Estados reforçados – mais centralizados e com burocracias modernas eficientes[65]. O colapso da União Soviética, por exemplo, é frequentemente atribuído em grande parte a uma esmagadora ineficácia burocrática por parte do regime. Um forte crítico da tese skocpoliana de que as revoluções devem ser entendidas como processos de racionalização burocrática é o sociólogo britânico Michael Mann, sobre cuja obra agora nos debruçamos. Michael

---

63. Ver Paul Pierson e Theda Skocpol, "Historical Institutionalism in Contemporary Political Science", *in* Ira Katznelson and Helen Milner (eds.), *Political Science: State of the Discipline*, New York, Norton, pp. 693-721, 2002, pp. 713-718.

64. Ao mesmo nível de *Revolution and the Transformation of Society*, de Eisenstadt, este é sem dúvida um dos textos mais influentes acerca da temática da "revolução" escritos na segunda metade do século XX. Ver Shmuel N. Eisenstadt, *Revolution and the Transformation of Society*, New York, Free Press, 1978.

65. Theda Skocpol, *States and Social Revolutions*, p. 285.

Mann (1942-) enfrenta criticamente Skocpol no segundo volume de *As Fontes do Poder Social*, sua *magnum opus* e um dos tratados sociológicos de concepção mais ambiciosa das últimas décadas.

Mann centra-se no caso da França pós-revolucionária. De acordo com seu ponto de vista, embora seja indiscutível que os revolucionários franceses modernizaram e burocratizaram a administração do Estado, tal não significa que a dimensão ou o âmbito total da administração tenha de alguma forma aumentado. De igual modo, o desempenho do Estado revolucionário encontrava-se longe da imagem de eficiência que projetava. Possuía, por exemplo, uma máquina fiscal sofrível, incapaz de recolher mais do que dez por cento dos impostos que exigia. Durante a maior parte do século XIX, a França não possuía uma administração, mas diversos ministérios, nos quais a discrição individual prevalecia sobre a abstração e universalidade que se encontram associadas à burocracia moderna. Escreve Mann: "Assim a Revolução Francesa, tal como a Americana, prometia mais burocracia do que aquela que conseguia apresentar. [...] Skocpol e Tilly realçam a burocratização e o poder do Estado; eu realço os seus limites"[66].

Pode-se acrescentar a isto que Skocpol, Tilly e o Giddens tardio ilustram a recente virada empírica da teoria social (ver capítulo 8). Em contraste, o objetivo permanente de Mann tem sido o de produzir uma teoria com um grau de abstração e generalidade equivalentes ao funcionalismo estrutural de Parsons. Ao contrário deste, no entanto, Mann rejeita a concepção das sociedades humanas como sistemas sociais fundados sobre consensos acerca de crenças e expectativas partilhadas. A alternativa de Mann consiste na alegação de que a sociedade não é uma totalidade nem um sistema. Em vez disso, oferece-nos um ponto de entrada para lidar com a complexidade "impura e promíscua"[67] da vida social sob a forma de um modelo de redes de poder que se sobrepõem e intersectam constituindo a sociedade.

Mann distingue quatro fontes de poder social: o poder ideológico, econômico, militar e político (IEMP). Ao contrário do modelo AGIL de Parsons (ver capítulo 2), o modelo IEMP de Mann não se reporta a um sistema social abstrato, dividido em subsistemas ou dimensões. É, antes, a formalização das

---

66. Michael Mann, *The Sources of Social Power*, vol. II: *The Rise of Classes and Nation-States*, Cambridge, Cambridge University Press, 1993, p. 463.
67. *Idem*, p. 10.

principais redes sociais presentes nas sociedades humanas concretas desde o início dos registros históricos até a atualidade. Vejamos agora em pormenor como Mann conceitualiza as fontes do poder social e suas formas institucionais; seguindo a isto uma breve análise de dois livros, nos quais Mann aplica este "relato em desenvolvimento de uma abstração, o poder"[68] a fenômenos históricos concretos, tais como o fascismo e a limpeza étnica.

A aceitação inicial do modelo IEMP de Mann é a de que a vida social pode ser preferencialmente concebida como um drama no qual os atores sociais se debatem, por vezes até a morte, para assumir o controle de organizações de poder ideológico, econômico, militar e político. O exercício do poder geral sobre um território é feito através de uma combinação de quatro tipos específicos de poder. O "poder ideológico" refere-se ao poder social que o controle de uma ideologia confere aos grupos ou indivíduos que o monopolizam. Mann tem em mente, aqui, dois exemplos distintos: as religiões e as ideologias seculares como o liberalismo, o socialismo e o nacionalismo.

A importância desses movimentos produtores de sentido reside em sua capacidade para controlar uma necessidade humana crucial, nomeadamente a busca de sentido na vida, seja num ritual religioso ou numa manifestação política. O "poder econômico" é especialmente importante, uma vez que diz respeito à necessidade de produzir, de forma a assegurar a subsistência: nenhuma sociedade humana pode sobreviver muito tempo sem extrair, transformar, distribuir e consumir recursos naturais. A luta pelo controle do poder econômico é, assim, uma característica fundamental da vida social. Mann argumenta, indo mais além do que Marx, que as formas organizacionais do poder econômico incluem não apenas as classes sociais, mas também as seções e segmentos sociais.

Por exemplo, qualquer classe social é composta por diversas seções (como uma dada categoria profissional), enquanto um segmento significa aqui um grupo cujos membros têm origem em diversas classes (por exemplo, o segmento social "cliente-comprador" inclui membros de pelo menos duas classes sociais). A análise de Mann é, assim, mais fina do que a análise convencional das classes sociais, lidando melhor com o caráter multicausal e multiestratificado

---

68. Michael Mann, *The Sources of Social Power*, vol. I: *A History of Power from the Beginning to A.D. 1760*, Cambridge, Cambridge University Press, 1986, p. 538.

da maior parte dos fenômenos sociais. O "poder militar" refere-se ao monopólio da violência detido pelo Estado-Nação moderno.

Esta fonte de poder social é relativamente recente. Até o século XIX, os exércitos eram geralmente controlados por nobres (como na Idade Média), ou tinham uma substancial autonomia relativa ao poder político. Tal como indicado acima, o poder geral é exercido através de uma combinação dos quatro tipos de poder, que gozam de uma relativa autonomia uns em relação aos outros. O último tipo, o "poder político", refere-se ao poder exercido pelo Estado[69]. A regulação exercida pela burocracia administrativa central sobre o território do Estado-Nação demonstrou ser um ingrediente central da história humana moderna.

Mann intitula sua teoria do Estado de "estatismo institucional", uma parte do seu mais geral "materialismo organizacional"[70]. Sua teoria do Estado surge em duas etapas. Primeiro, Mann tenta apresentar uma definição institucional de Estado. Para este fim, reinterpreta a concepção weberiana a partir de uma perspectiva neoinstitucionalista (ver capítulo 4). Mann é, desta forma, capaz de identificar diversos atores organizados da política doméstica e estrangeira, as duas áreas principais de intervenção do Estado. Em segundo lugar, procura contrariar a tendência da análise institucionalista para fazer proliferar a complexidade organizacional recorrendo à análise funcionalista.

Mann o faz desenvolvendo uma "teoria polimorfa das 'cristalizações de alto-nível do Estado'"[71]. O que isto quer dizer? A ideia é que cada Estado é polimorfo, ou seja, é composto por múltiplas instituições. Com o tempo, estas instituições tendem a cristalizar-se. Desta forma, os acadêmicos realistas tendem a afirmar que os Estados modernos se cristalizaram em Estados que buscam a segurança, enquanto os marxistas defendem habitualmente que aqueles se cristalizaram em Estados capitalistas. A abordagem de Mann oferece uma síntese destas perspectivas. De acordo com seu ponto de vista, existem

---

69. Sobre o "regresso do Estado", ver capítulo 4, "A Invasão do Homem Econômico". Sobre a análise que Mann faz do Estado, ver também Michael Mann, *States, War and Capitalism*, Oxford, Blackwell, 1988.

70. Michael Mann, *The Sources of Social Power*, vol. II, p. 52.

71. *Idem*, p. 54.

244 TEORIA SOCIAL CONTEMPORÂNEA

quatro "cristalizações de alto nível" básicas: "capitalistas, militaristas, representativas e nacionais"[72] – nenhuma das quais gozou alguma vez de um estatuto hegemônico.

Mann aplicou recentemente este enquadramento social teórico à análise de fenômenos históricos concretos. Em *Fascistas*[73], oferece-nos uma combinação exemplar de investigação histórica em profundidade e de análise sociocientífica geral. Na verdade, Mann consegue quase colmatar o fosso entre a história e a sociologia. Em primeiro lugar, estabelece uma comparação entre as trajetórias dos movimentos fascistas na Alemanha, Itália, Espanha, Áustria, Hungria e Romênia. Em segundo lugar, Mann apresenta interessantes comparações inter-regionais dentro de cada país. Em terceiro lugar, combina estas últimas com análises das sucessivas fases do processo de desenvolvimento de cada movimento fascista[74].

Mann faz desta forma uma importante contribuição para a literatura existente sobre regimes autoritários: demonstra que em todos os seis casos existe um núcleo de apoio fascista, ou seja, uma base social de sustentação que tornou possível aos regimes fascistas emergirem e consolidarem-se. Ao invés de serem apoiados, como é comumente aceito, pela classe média baixa, Mann demonstra que os regimes fascistas vão buscar sua base social de apoio em um conjunto social heterogêneo que inclui soldados, veteranos, funcionários públicos, professores e membros de maiorias étnicas residentes em territórios disputados. Para mais, Mann demonstra que, na Alemanha nazista, uma parte da sociedade civil (nomeadamente, associações de classe média, protestantes e oriundas de cidades pequenas) forneceram um apoio fundamental ao regime de Hitler[75].

Esta descoberta parece confirmar a tese de Jeffrey Alexander apresentada em *Real Civil Societies*[76] acerca do caráter ambivalente da sociedade civil (ver capítulo 2), enquanto, ao mesmo tempo, põe em causa a ideia de Putnam de que a participação cívica se encontra necessariamente relacionada com a

72. *Idem*, p. 81.
73. Michael Mann, *Fascists*, Cambridge, Cambridge University Press, 2004.
74. *Idem*, pp. 1-30.
75. *Idem*, pp. 177-206.
76. Jeffrey Charles Alexander (ed.), *Real Civil Societies: Dilemmas of Institutionalization*, London, Sage, 1998.

democracia liberal (ver capítulo 4). Uma outra aplicação da teoria social de Mann é *The Dark Side of Democracy*[77], um longo e detalhado estudo sobre o fenômeno da limpeza étnica. Estranhamente (dado o título), no entanto, a análise da limpeza étnica efetuada por Mann não é limitada aos regimes democráticos, quer estabelecidos, quer em formação. A maior parte do livro não trata sequer de democracias. Mann discute extensamente o genocídio armênio, o holocausto, os *pogrom* comunistas, a antiga Iugoslávia e a Ruanda.

Ao contrário do que o título sugere, a limpeza étnica surge como o lado negro do nacionalismo. Apesar desta incongruência, Mann consegue identificar um conjunto de condições necessárias para a ocorrência de limpezas étnicas[78]. Estas condições incluem *1.* uma elite dividida de onde emerge um segmento radicalizado; *2.* um núcleo de apoio composto principalmente por jovens do sexo masculino, que se mobiliza em apoio do segmento radical da elite; *3.* diversos grupos étnicos com ambições concorrentes relativamente ao território ou ao Estado; e *4.* uma situação de crise que faça crescer de modo dramático um sentimento de insegurança entre a elite.

Fazendo uma generalização a partir de diversos estudos de caso, Mann sugere que a limpeza étnica ocorre tipicamente quando se encontram reunidos os três fatores: existe um segmento radicalizado da elite, que possui o controle do Estado e mobiliza a sua base social de apoio para levar a cabo os assassinatos, em resposta a uma intensificação da situação de crise. Mann rejeita desta forma duas explicações tradicionais para a limpeza étnica: que esta requer um apoio social substancial e que é uma atividade planejada pelo Estado. A sua tese é a de que, pelo contrário, os assassinatos de limpeza étnica, um fenômeno distintamente moderno, têm sido efetuados por grupos relativamente pequenos e estão longe de ser uma política de Estado cuidadosamente implementada e planejada com grande antecipação.

No que respeita aos defeitos do trabalho de Mann, devemos ressaltar o seu caráter demasiado eurocêntrico. Esta crítica é pertinente, é claro, não tanto em relação à sua recente investigação aplicada, mas antes à sua teoria social geral, tal como é apresentada nos volumes de *As Fontes do Poder Social*[79].

---

77. Michael Mann, *The Dark Side of Democracy: Explaining Ethnic Cleansing*, Cambridge, Cambridge University Press, 2005.
78. *Idem*, pp. 1-33.
79. Michael Mann, *The Sources of Social Power*, vols. I, II.

246 TEORIA SOCIAL CONTEMPORÂNEA

Consideramos, em particular, que a explicação de Mann para a "ascensão do Ocidente" na era moderna – associada fundamentalmente à expansão do poder político do Estado – é pouco convincente. A Europa ocidental é tratada como um todo coerente, o que é uma perspectiva no mínimo discutível, e fenômenos como a ascensão dos núcleos urbanos[80], a Reforma[81] ou a revolução científica são desvalorizados por Mann enquanto explicações possíveis para a emergência da modernidade ocidental.

Mas, mais importante, a exposição de Mann carece de uma perspectiva comparativa. Só se pode explicar adequadamente a ascensão do Ocidente se nessa análise se incluir uma comparação com as sociedades não ocidentais. Há muito tempo que autores como Jack Goody[82] têm vindo a enfatizar a ideia de que a compreensão de qualquer unidade civilizacional requer uma perspectiva comparativa global. Este é, aliás, o objetivo final do programa das "múltiplas modernidades" de Eisenstadt, tópico que em seguida abordaremos[83].

A longa e distinta carreira de Shmuel N. Eisenstadt (1923-2010) merece algumas notas introdutórias. Para começar, Eisenstadt foi provavelmente o sociólogo com maior erudição histórica desde Max Weber. Ao longo de mais de meio século de trabalho sobre a teoria sociológica, análises empírico-comparativas e estudos de caso em profundidade, Eisenstadt ofereceu à disciplina numerosas e importantes contribuições[84]. Nas páginas que se seguem, o foco recairá sobre sua recente abordagem comparativa das civilizações. Enquanto teoria macrossociológica, representa uma alternativa às teorias dominantes acerca da modernização. Eisenstadt iniciou sua carreira como discípulo de Parsons, mas durante os anos 1960 desenvolveu uma crítica crescente ao

---

80. Charles Tilly and Win Blockmans (eds.), *Cities and the Rise of States in Europe, A.D. 1000 to 1800*, Boulder, Westview Press, 1994.

81. Philip S. Gorski, *The Disciplinary Revolution: Calvinism and the Rise of the State in Early Modern Europe*, Chicago, Chicago University Press, 2003.

82. Por exemplo, Jack Goody, *The East in the West*, Cambridge, Cambridge University Press, 1996.

83. Ver, por exemplo, Luis Roniger e Carlos Waisman (eds.), *Globality and Multiple Modernities: Comparative North American and Latin American Perspectives*, Brighton, Sussex Academic Press, 2002.

84. Por exemplo, Shmuel N. Eisenstadt, *The Political Systems of Empires*, New York, Free Press, 1963; *A Sociological Approach to Comparative Civilization: Theoretical Development and Direction of a Research Programme*, Jerusalem, Hebrew University, 1986; Shmuel N. Eisenstadt and Mihai Curelaru, *The Form of Sociology: Paradigms and Crises*, New York, Wiley, 1976.

evolucionismo deste último, passando a recorrer a Weber como fonte principal de inspiração[85].

Importa esclarecer a forma como Eisenstadt se posiciona a si próprio no seio da tradição sociológica weberiana se quisermos compreender os seus trabalhos finais. Sua noção de "múltiplas modernidades" rejeita não apenas as teorias parsonianas da modernização e da convergência das sociedades industriais, mas também a análise sociológica clássica de Marx, Durkheim e mesmo Weber[86]. A ideia de Eisenstadt é a de que a realidade desmentiu o evolucionismo de Parsons. Em vez da esperada convergência das sociedades individuais para um modelo comum de "sociedade moderna", com os Estados Unidos desempenhando o papel tranquilizador de "pioneiro", os desenvolvimentos globais efetivos indicam que as diferentes sociedades se modernizaram de acordo com linhas distintas de desenvolvimento institucional.

Embora todas as sociedades estejam se "modernizando", o significado preciso de "modernidade", bem como as suas expressões institucionais, varia enormemente. Nas palavras do próprio Eisenstadt, a modernidade espalhou-se de fato pela maior parte do mundo, mas não deu origem a uma única civilização, ou a um padrão institucional, mas antes ao desenvolvimento de diversos padrões civilizacionais modernos, ou seja, a sociedades ou civilizações que partilham características comuns, mas que ainda assim tendem a desenvolver dinâmicas ideológicas e institucionais diferentes, embora afins[87].

A teoria macrossociológica comparativa das civilizações de Eisenstadt identifica cinco fatores principais que determinam os contornos institucionais das "múltiplas modernidades". Em primeiro lugar, os contornos das modernidades têm vindo a mudar em resultado das dinâmicas internas das diversas arenas institucionais (políticas, econômicas, tecnológicas etc.) de cada sociedade. Em segundo lugar, as modernidades têm sido moldadas pelas lutas políticas entre os diferentes Estados. Em terceiro, a alteração das hegemonias nos diferentes sistemas internacionais (por exemplo, o Império Britânico durante a

---

85. Shmuel N. Eisenstadt (ed.), *Max Weber on Charisma and Institution Building*, Chicago, University of Chicago Press, 1968.

86. Shmuel N. Eisenstadt, "Multiple Modernities in the Framework of a Comparative Evolutionary Perspective", *in* Andreas Wimmer and Reinhart Kössler (eds.), *Understanding Change: Models, Methodologies, and Metaphors*, Basingstoke, Macmillan, pp. 199-218, 2006, p. 199.

87. *Idem*, p. 200.

248 TEORIA SOCIAL CONTEMPORÂNEA

maior parte do século XIX e a influência americana no século XX) contribuíram também para moldar os contornos institucionais das modernidades.

Em quarto lugar, o confronto entre a modernidade e as civilizações não ocidentais (como a islâmica, a hinduísta, a budista, a confucionista e a japonesa) é também outro fator relevante para esta moldagem. Em quinto lugar, os confrontos resultantes das promessas da modernidade (desenvolvimento econômico estável e crescente, democracia política liberal, igualdade social, progresso científico) relativamente às suas efetivas realizações (crises econômicas cíclicas, democracia liberal como regime político de apenas alguns países desenvolvidos, desigualdades globais crescentes, limites éticos e ambientais à atividade científica) ativam a consciência das contradições inerentes ao programa cultural da modernidade[88]. Weber havia já identificado essa contradição entre "a dimensão criativa inerente às visões que conduzem à cristalização da modernidade, e o nivelamento dessas visões, o 'desencanto' do mundo, presente na crescente normalização e burocratização"[89].

Um dos exemplos prediletos de Eisenstadt para ilustrar a cristalização destas múltiplas modernidades é o Japão[90]. Desde a Restauração Meiji da segunda metade do século XIX, que introduziu o programa ocidental da modernidade na sociedade japonesa, até a atual configuração institucional do Japão moderno, Eisenstadt oferece-nos uma exposição detalhada desta modernidade específica. Enfatiza, em particular, a função desempenhada pelas constelações de elites, as suas relações de poder com os outros setores da sociedade, o impacto dos fatores internacionais e a incorporação do Japão no sistema internacional moderno enquanto variáveis explicativas fundamentais para o processo japonês de modernização. À medida que as variáveis relevantes mudam nas diferentes partes do mundo, muda também a configuração institucional da modernidade.

Desse modo, o programa cultural da modernidade, que surgiu inicialmente na Europa ocidental, tem sido apropriado e reinterpretado pelas outras civilizações num processo de interação constante. Uma das maiores vantagens deste programa de investigação das "múltiplas modernidades" reside na sua

---

88. *Idem*, pp. 207-208.
89. Shmuel N. Eisenstadt (ed.), *Multiple Modernities*, New Brunswick, Transaction Publishers, 2002, p. 8.
90. Shmuel N. Eisenstadt, *The Japanese Civilization in Comparative Perspective*, Chicago, University of Chicago Press, 1996.

capacidade de evitar aquilo que Bernard Yack[91] descreveu adequadamente como "fetichismo da modernidade" – ou seja, a admissão generalizada de que a "modernidade" deve ser concebida como um monólito coerente, independentemente da sua imensa, e real, diversidade e contradição. Não existe "modernidade" no singular, se com isso quisermos significar um todo unificado e harmonioso. Existem, ao contrário, tantas "modernidades" quanto diferentes configurações institucionais modernas.

Nesse sentido, a noção de múltiplas modernidades de Eisenstadt é um passo promissor em direção à clarificação das implicações empíricas e analíticas de uma compreensão não fetichista da modernidade. Existem, no entanto, problemas com esta proposta. A mais importante destas dificuldades prende-se com o uso no plural da expressão "múltiplas modernidades". Se por modernidade se quer significar toda uma época da história mundial, ou uma condição social expressa por um conjunto de formas institucionais, ou mesmo algo tão difuso como uma "orientação temporal"[92], não resulta claro sobre quais fundamentos empíricos se pode falar de modernidades, no plural.

Questionamo-nos se Eisenstadt e seus colegas não estão ressaltando demais as diferenças entre as sociedades modernas e desprezando as diferenças entre estas e as suas antecessoras pré-modernas. Consideremos o exemplo do Japão. A tese de Eisenstadt é a de que o Japão moderno tem mais a ver com o Japão pré-moderno do que, por exemplo, com a Alemanha contemporânea, já que concebe a existência de uma maior variância entre linhas civilizacionais do que a que existe ao longo do tempo[93].

Temos dúvidas de que esta tese pudesse resistir a um sério escrutínio empírico: são assim tão diferentes as arenas institucionais que definem o Japão e a Alemanha como sociedades modernas? Serão a ciência, a tecnologia e a economia destes dois países tão diferentes ao ponto de se poder falar, por exemplo, de uma "ciência alemã" como sendo fundamentalmente diferente (seguindo

---

91. Bernard Yack, *The Fetishism of Modernities: Epochal Self-Consciousness in Contempoary Social and Political Thoughts*, Notre Dame, University of Notre Dame Press, 1997.

92. Göran Therborn, "Entangled Modernities", *European Journal of Social Theory*, vol. 6, n. 3, pp. 293--305, 2003, p. 294.

93. Ver também Volker Schmidt, "Multiple Modernities or Varieties of Modernity?", *Current Sociology*, vol. 54, n. 1, pp. 77-97, 2006, p. 81.

250 TEORIA SOCIAL CONTEMPORÂNEA

diferentes princípios e chegando a diferentes resultados) de uma "ciência japonesa"? Dificilmente será este o caso.

Tem sido desenvolvida uma alternativa válida no campo emergente da economia política e dos estudos neoinstitucionalistas (ver capítulo 4), no qual existe uma literatura crescente sobre as "variantes do capitalismo"[94]. Mesmo quando estamos lidando com o mesmo fenômeno básico – o capitalismo –, este modelo permite-nos distinguir suas configurações institucionais específicas: enquanto membros diferentes de uma mesma família, a variante alemã do capitalismo pode ser diferenciada da sua congênere japonesa. De modo semelhante, em vez de falarmos de "múltiplas modernidades", deveríamos antes analisar diferentes "variantes da modernidade"[95], cujos percursos históricos de desenvolvimento se caracterizam por sucessivos "entrelaçamentos"[96].

Apesar destes problemas, uma coisa parece certa. Quer seja fazendo uso da noção de "múltiplas modernidades", "modernidades entrelaçadas" ou "variantes da modernidade", os trabalhos mais recentes de sociologia histórica comparativa fornecem razões abundantes para se descartar a visão eurocêntrica giddensiana da modernidade. Ao contrário do que nos é dito no seu *best-seller As Consequências da Modernidade*, a modernidade não é um modelo social que surgiu na Europa do século XVII e cuja influência a seguir se propagou ao resto do mundo[97]. Tal como Eisenstadt e seus colegas demonstraram, é possível ser moderno de formas radicalmente diversas.

Adicionalmente, tal como demonstrou Goody[98], a maior parte daquilo que nós, ocidentais, tendemos a pensar como sendo distintivamente "ocidental" é de fato importado de outras civilizações. O pensamento etnocêntrico é o preço que se paga ao ignorar a vasta história dos empréstimos culturais. Num sentido fundamental, assim, autores como Eisenstadt demostram que a história e um saudável trabalho comparativo nos permitem ganhar uma distância crítica

---

94. Peter A. Hall and David Soskice, *Variants of Capitalism: The Institutional Foundations of Comparative Advantage*, Oxford, Oxford University Press, 2001

95. Volker Schmidt, "Multiple Modernities of Varieties of Modernity?", p. 82; ver também Filipe Carreira da Silva, *Mead and Modernity: Science, Selfhood, and Democratic Politics*, Lanham, MD, Lexington Books, 2008, pp. 9-29.

96. Acerca das "modernidades entrelaçadas", ver Göran Therborn, "Entangled Modernities".

97. Anthony Giddens, *The Consequences of Modernity*, p. 1.

98. Jack Goody, *The Theft of History*, Cambridge, Cambridge University Press, 2006.

relativamente às nossas crenças e preconceitos[99]. Ficamos assim mais perto de estar à altura do desafio de considerar a modernidade simultaneamente como época histórica e condição social.

LEITURAS ADICIONAIS

Para uma breve introdução à teoria da estruturação, recomendamos o capítulo final de *Novas Regras do Método Sociológico*, de Anthony Giddens; o capítulo 2 do seu *Central Problems in Social Theory*; a introdução de *A Constituição da Sociedade*; e o capítulo de Cohen em *Social Theory Today*, editado por Giddens e Jonathan Turner. Veja-se igualmente *Dualidade da Estrutura: Agência e Estrutura*. Para uma introdução aos pontos de vista de Giddens sobre a modernidade sugerimos o capítulo de abertura do seu *Modernidade e Identidade Pessoal*. Uma sólida, embora não crítica, introdução à teoria da estruturação de Giddens pode ser encontrada em *Structuration Theory: Anthony Giddens and the Constitution of Social Life*, de Ira Cohen. Uma das melhores introduções à sociologia histórica é *Vision and Method in Historical Sociology*, uma coletânea de ensaios editada por Theda Skocpol.

O clássico de Tilly *From Mobilization to Revolution* constitui um interessante e acessível ponto de entrada a sua obra. No que respeita à obra mais recente de Tilly, recomendamos *Cities and the Rise of States in Europe*, A.D. *1000 to 1800*, uma coletânea de ensaios editada por ele e Wim Blockmans. O clássico *Estados e Revoluções Sociais* de Skocpol continua a ser leitura obrigatória por quem se interesse por sociologia histórica. A introdução e o capítulo dedicado à teoria do Estado moderno no segundo volume de *As Fontes do Poder Social* são um ponto de entrada acessível relativamente às ideias de Mann.

É também útil a coletânea de ensaios editada por Hall e Schroeder dedicada à teoria social de Mann, *An Anatomy of Power*. O capítulo de introdução à "sociologia do movimento fascista" em *Fascistas* de Mann é uma das melhores aplicações disponíveis do método histórico comparativo. A coletânea de

---

99. Ver também Quentin Skinner, "A Reply to My Critics", *in* James Tully (ed.), *Meaning and Context: Quentin Skinner and His Critics*, Cambridge, Cambridge University Press, pp. 231-288, 1988, p. 287.

252 TEORIA SOCIAL CONTEMPORÂNEA

ensaios *Múltiplas Modernidades* é uma boa introdução ao trabalho mais recente de Eisenstadt e dos seus seguidores no domínio da sociologia histórica comparativa. Veja-se também a recente tradução portuguesa, *As Grandes Revoluções e as Civilizações da Modernidade.*

REFERÊNCIAS BIBLIOGRÁFICAS

ALEXANDER, Jeffrey Charles (ed.). *Real Civil Societies: Dilemmas of Institutionalization.* London, Sage, 1998.

ARCHER, Margaret. "Morphogenesis Versus Structuration: On Combining Structure and Action". *British Journal of Sociology*, vol. 33, n. 4, pp. 455-483, 1982.

_____. *Culture and Agency: The Place of Culture in Social Theory.* Cambridge, Cambridge University Press, 1988.

_____. "Human Agency and Social Structure: A Critique of Giddens". *In:* CLARK, Jon; MODGIL, Celia & MODGIL, Sohan (eds.). *Anthony Giddens: Consensus and Controversy.* London, The Falmer Press, pp. 73-84, 1990.

BERNSTEIN, Richard J. "Social Theory as Critique". *In:* HELD, David & THOMPSON, John (eds.). *Social Theory of Modern Societies: Anthony Giddens and His Critics.* Cambridge, Cambridge University Press, 1989.

BHASKAR, Roy. "The Consequences of Socioevolutionary Concepts for Naturalism in Sociology: Commentaries on Harré and Toulmin". *In:* JENSEN, Uffe J. & HARRÉ, Rom (eds.). *The Philosophy of Evolution.* Brighton, Harvester Press, pp. 196-209, 1981.

BRYANT, Christopher G. A. & JARY, David (eds.). *Giddens' Theory of Structuration.* London, Routledge, 1991.

CALLINICOS, Alex. "Anthony Giddens: A Contemporary Critique". *Theory and Society*, vol. 14, pp. 133-166, 1985.

COHEN, Ira. "Structuration Theory and Social Praxis". *In:* GIDDENS, Anthony & TURNER, Jonathan (eds.). *Social Theory Today.* Cambridge, Polity Press, pp. 273-308, 1987.

_____. *Structuration Theory: Anthony Giddens and the Constitution of Social Life.* Basingstoke, Macmillan, 1989.

CRAIB, Ian. *Anthony Giddens.* London, Routledge, 1992.

EISENSTADT, Shmuel N. *The Political Systems of Empires.* New York, Free Press, 1963.

_____ . (ed.). *Max Weber on Charisma and Institution Building.* Chicago, University of Chicago Press, 1968.

_____. *Revolution and the Transformation of Society*. New York, Free Press, 1978.

_____. *A Sociological Approach to Comparative Civilization: Theoretical Development and Direction of a Research Programme*. Jerusalem, Hebrew University, 1986.

_____. *The Japanese Civilization in Comparative Perspective*. Chicago, University of Chicago Press, 1996.

_____ (ed.). *Multiple Modernities*. New Brunswick, Transaction Publishers, 2002.

_____ . "Multiple Modernities in the Framework of a Comparative Evolutionary Perspective". *In:* WIMMER, Andreas & KÖSSLER, Reinhart (eds.). *Understanding Change: Models, Methodologies, and Metaphors*. Basingstoke, Macmillan, pp. 199--218, 2006.

_____. *As Grandes Revoluções e as Civilizações da Modernidade*. Org. e Intr. F. C. Silva. Lisboa, Edições 70, 2011.

_____ & CURELARU, Mihai. *The Form of Sociology: Paradigms and Crises*. New York, Wiley, 1976.

ELIAS, Norbert. *What is Sociology?* New York, Columbia University Press, 1978.

GIDDENS, Anthony (ed.). *The Sociology of Suicide*. London, Cass, 1971.

_____. *Capitalism and Modern Social Theory: An Analysis of the Writings of Marx, Durkheim and Max Weber*. Cambridge, Cambridge University Press, 1971.

_____. *Politics and Sociology in the Thought of Max Weber*. London, Macmillan, 1972.

_____. *Studies in Social and Political Theory*. London, Hutchinson, 1977.

_____. *Durkheim*. London, Fontana, 1978.

_____. *Central Problems in Social Theory: Action, Structure and Contradiction in Social Analysis*. London, Macmillan, 1979.

_____. *The Class Structure of the Advanced Societies*. London, Hutchinson, 1981 [1973].

_____. *A Contemporary Critique of Historical Materialism*, vol. I: *Power, Property and the State*. London, Macmillan, 1981.

_____. "Commentary on the Debate". *Theory and Society,* vol. 11, pp. 527-539, 1982.

_____. *The Constitution of Society: Outline of the Theory of Structuration*. Cambridge, Polity Press, 1984.

_____. *A Contemporary Critique of Historical Materialism*, vol. II: *The Nation-State and Violence*. Cambridge, Polity Press, 1985.

_____. *Social Theory and Modern Sociology*. Cambridge, Polity Press, 1987.

_____. "Structuration Theory: Past, Present and Future". *In:* BRYANT, Christopher & JARY, David (eds.). *Giddens' Theory of Structuration*. London, Routledge, 1989, pp. 201-21.

254 TEORIA SOCIAL CONTEMPORÂNEA

_____. *The Consequences of Modernity*. Cambridge, Polity Press, 1990.

_____. *Modernity and Self-Identity: Self and Society in the Late Modern Age*. Cambridge, Polity Press, 1991.

_____. *The Transformation of Intimacy: Sexuality, Love and Eroticism in Modern Societies*. Cambridge, Polity Press, 1992.

_____. *New Rules of Sociological Method*. 2ª. ed. Cambridge, Polity Press, 1993.

_____. *Beyond Left and Right: The Future of Radical Politics*. Cambridge, Polity Press, 1994.

_____. *A Dualidade da Estrutura: Agência e Estrutura*. Intr. Rui Pena Pires. Oeiras, Celta, 2000.

_____. *Over to You, Mr. Brown: How Labour Can Win Again*. Cambridge, Polity Press, 2007.

_____. *The Politics of Climate Change*. Cambridge, Polity Press, 2009.

_____ & TURNER, Jonathan (eds.). *Social Theory Today*. Cambridge, Polity Press, 1987.

GOODY, Jack. *The East in the West*. Cambridge, Cambridge University Press, 1996.

_____. *The Theft of History*. Cambridge, Cambridge University Press, 2006.

GORSKI, Philip S. *The Disciplinary Revolution: Calvinism and the Rise of the State in Early Modern Europe*. Chicago, Chicago University Press, 2003.

HALL, John & SCHROEDER, Ralph. *An Anatomy of Power: The Social Theory of Michael Mann*. Cambridge, Cambridge University Press, 2006.

HALL, Peter A. & SOSKICE, David. *Variants of Capitalism: The Institutional Foundations of Comparative Advantage*. Oxford, Oxford University Press, 2001.

HARRÉ, Rom. "The Evolutionary Analogy in Social Explanation". *In:* _____ & JENSEN, Uffe J. (eds.). *The Philosophy of Evolution*. Brighton, Harvester Press, pp. 161--175, 1981.

HOMANS, George C. *English Villagers of the Thirteenth Century*. Cambridge, MA, Harvard University Press, 1941.

_____. *Social Behavior: Its Elementary Forms*. New York, Harcourt, Brace & World, 1961.

JENSEN, Uffe J. & HARRÉ, Rom (eds.). *The Philosophy of Evolution*. Brighton, Harvester Press, 1981.

MANN, Michael. *The Sources of Social Power*, vol. I: *A History of Power from the Beginning to A. D. 1760*. Cambridge, Cambridge University Press, 1986.

_____. *States, War and Capitalism*. Oxford, Blackwell, 1988.

_____. *The Sources of Social Power*, vol. II: *The Rise of Classes and Nation-States, 1760-1914*. Cambridge, Cambridge University Press, 1993.

_____. *Fascists*. Cambridge, Cambridge University Press, 2004.

_____. *The Dark Side of Democracy: Explaining Ethnic Cleansing*. Cambridge, Cambridge University Press, 2005.

MOORE, Barrington. *Social Origins of Dictatorship and Democracy: Lord and Peasant in the Making of the Modern World*. Boston, Beacon, 1966.

MOUZELIS, Nicos. "Restructuring Structuration Theory". *Sociological Review*, vol. 37, pp. 613-635, 1989.

PIERSON, Paul & SKOCPOL, Theda. "Historical Institutionalism in Contemporary Political Science". *In:* KATZNELSON, Ira & MILNER, Helen (eds.). *Political Science: State of the Discipline*. New York, Norton, pp. 693-721, 2002.

ROKKAN, Stein. "Dimensions of State Formation and Nation-Building: A Possible Paradigm for Research on Variations Within Europe". *In:* TILLY, Charles (ed.). *The Formation of National States in Western Europe*. Princeton, Princeton University Press, 1975.

RONIGER, Luis & WAISMAN, Carlos (eds.). *Globality and Multiple Modernities: Comparative North American and Latin American Perspectives*. Brighton, Sussex Academic Press, 2002.

SCHMIDT, Volker. "Multiple Modernities or Varieties of Modernity?" *Current Sociology*, vol. 54, n. 1, pp. 77-97, 2006.

SILVA, Filipe Carreira da. *Mead and Modernity: Science, Selfhood, and Democratic Politics*. Lanham, MD, Lexington Books, 2008.

SKINNER, Quentin. "A Reply to My Critics". *In:* TULLY, James (ed.). *Meaning and Context: Quentin Skinner and His Critics*. Cambridge, Polity Press, pp. 231-288, 1988.

SKOCPOL, Theda. *States and Social Revolutions: A Comparative Analysis of France, Russia, and China*. Cambridge, Cambridge University Press, 1979.

_____ (ed.). *Vision and Method in Historical Sociology*. Cambridge, Cambridge University Press, 1984.

THERBORN, Göran. "Entangled Modernities". *European Journal of Social Theory*, vol. 6, n. 3, pp. 293-305, 2003.

THOMPSON, John B. "The Theory of Structuration". *In:* HELS, David & THOMPSON, John (eds.). *Social Theory of Modern Societies: Anthony Giddens and His Critics*. Cambridge, Cambridge University Press, pp. 56-76, 1989.

TILLY, Charles. *From Mobilization to Revolution*. Reading, MA, Addison-Wesley, 1978.

256 TEORIA SOCIAL CONTEMPORÂNEA

_____. *As Sociology Meets History*. New York, Academic Press, 1981.

_____. *Coercion, Capital and European States ad 1990-1992*. Cambridge, MA, Blackwell, 1990.

_____ & BLOCKMANS, Win (eds.). *Cities and the Rise of States in Europe, A. D. 1000 to 1800*. Boulder, Westview Press, 1994.

WRIGHT, Eric O. "Models of Historical Trajectory: An Assessment of Giddens' Critique of Marxism". *In:* HELD, David & THOMPSON, John (eds.). *Social Theory of Modern Societies: Anthony Giddens and His Critics*. Cambridge, Cambridge University Press, pp. 77-103, 1989.

YACK, Bernard. *The Fetishism of Modernities: Epochal Self-Consciousness in Contemporary Social and Political Thought*. Notre Dame, University of Notre Dame Press, 1997.

6

A História do Presente

A ARQUEOLOGIA E GENEALOGIA DE FOUCAULT

Michel Foucault (1926-1984), um dos pensadores mais influentes do final do século XX, iniciou sua carreira nos anos 1940, na famosa École Normale Supérieure, em Paris. Entre seus professores estavam o filósofo hegeliano Jean Hippolite, os filósofos da ciência Georges Canguilhem e Georges Dumézil, e o estruturalista marxista Louis Althusser. O marxismo, o existencialismo e, mais tarde, o estruturalismo eram as correntes de pensamento dominantes durante os anos de formação de Foucault na École Normale, e sua obra pode ser vista como uma alternativa ao marxismo sartreano.

A obra de Foucault, tal como a de seu amigo Gilles Deleuze, foi marcada de forma significativa pela influência de Nietzsche; tal como Deleuze, Foucault opunha-se fortemente aos princípios humanistas do existencialismo marxista, à adesão deste último ao conceito cartesiano da identidade do ser, à sua tendência para a construção de uma grande narrativa e ao papel central que atribui à praxis[1]. Depois da École Normale, Foucault lecionou na Universidade de Uppsala, na Suécia, seguindo-se curtos períodos como diretor dos institutos franceses de Varsóvia e Hamburgo, após o que regressou à França. Entretanto,

---

1. Michel Foucault, *Politics, Philosophy, Culture: Interviews and Other Writings, 1977-1984*, London, Routledge, 1990, pp. 3-16.

258 TEORIA SOCIAL CONTEMPORÂNEA

havia publicado *Maladie Mentale et Personnalité*[2], um trabalho acadêmico acerca dos distúrbios mentais, notavelmente não foucaultiano, quer em estilo, quer no espírito.

Em 1961, publicou sua tese de doutorado, *História da Loucura* – o agora reconhecido estudo acerca da história da relação entre a loucura e a razão a partir da Idade Média, que se centra no modo como a razão e a irracionalidade se diferenciaram com o advento da modernidade e a forma como esta diferenciação foi acompanhada pela atribuição de um caráter clínico à loucura[3]. Muito embora *História da Loucura* tenha sido bem-recebida nos círculos acadêmicos, e seu estilo literário e alegórico tenha merecido aplausos, não foi uma obra com grande difusão pública. Ainda assim, este livro forneceu a Foucault reconhecimento acadêmico suficiente para que lhe fosse concedida uma cátedra de filosofia na Universidade de Clermont-Ferrand.

Seguiu-se *O Nascimento da Clínica*, em 1963[4]. Numa veia semelhante à da *História da Loucura*, mas com uma influência mais explícita do estruturalismo, este livro é um estudo "arqueológico" da percepção médica, tratando da relação entre o conhecimento médico e a emergência das ciências humanas. Trataremos do método arqueológico mais à frente neste capítulo; basta dizer por agora que o seu objetivo é o de desvelar as ideias subjacentes dominantes durante um longo período de tempo. O nascimento das ciências humanas (*sciences de l'homme*) foi também um tema central em *As Palavras e as Coisas*[5]. Fortemente influenciado pelo pensamento estruturalista, esse livro é uma história arqueológica das regras de organização e de formação que estruturam os enquadramentos intelectuais. Sua publicação deu origem a um espetacular reconhecimento do autor na cena intelectual francesa.

Pouco depois, no entanto, Foucault deixa a França para ensinar na Universidade de Túnis, perdendo, assim, os acontecimentos de maio de 1968. Regressa um ano depois destes distúrbios para a recém-fundada Universidade

---

2. Michel Foucault, *Maladie Mentale et Personnalité*, Paris, PUF, 1954.
3. Michel Foucault, *Madness and Civilization: A History of Insanity in the Age of Reason*, London, Routledge, 1989.
4. Michel Foucault, *The Birth of Clinic: An Archaeology of Medical Perception*, London, Routledge, 1989 [1963].
5. Michel Foucault, *The Order of Things: An Archaeology of the Human Sciences*, London, Routledge, 1989 [1966].

de Vincennes, publicando ao mesmo tempo *A Arqueologia do Saber*[6]. Esta obra pode ser considerada um comentário metodológico sobre os seus livros anteriores, o equivalente foucaultiano às *Regras do Método Sociológico* de Durkheim, em que o autor, entre outras coisas, elabora acerca do seu posicionamento intelectual, nomeadamente face ao estruturalismo e a outros movimentos intelectuais.

Em 1971, Foucault deixa a agitação de Vincennes para ocupar a cátedra de História dos Sistemas de Pensamento no Collège de France. O contraste não podia ser mais agudo. Por essa época, Vincennes encontrava-se num estado de perpétuo caos, enquanto o Collège de France era, e ainda permanece, o equivalente francês do All Souls College de Oxford: sem estudantes e praticamente sem obrigações letivas, é o arquétipo da torre de marfim acadêmica. Curiosamente, foi durante este período que Foucault voltou a envolver-se ativamente na política, em concordância com o seu conceito de luta local e com o concomitante papel que nela está reservado ao intelectual.

Em 1975, publica *Vigiar e Punir*, uma história da punição e do encarceramento, provavelmente o seu mais influente trabalho no exterior, embora tenha sido menos bem recebido na França[7]. Apesar de se apoiar mais nos métodos genealógicos nietzschianos do que nos seus próprios métodos arqueológicos anteriores, *Vigiar e Punir* reúne um conjunto de temas presentes nas obras precedentes de Foucault, em particular o papel das ciências sociais emergentes na formação de novas técnicas disciplinares.

Uma análise genealógica semelhante e uma crítica análoga da psicanálise é também central aos três volumes da *História da Sexualidade*[8]. Um de seus principais alvos é aqui o discurso psicanalítico e a "hipótese da repressão" a ele relacionada. Ao invés de ser uma força libertadora, a psicanálise é indicadora, e nasceu de procedimentos confessionais que são centrais à sociedade moderna. Estavam planejados mais volumes sobre a história da sexualidade, mas Foucault morreu inesperadamente em 1984. Por essa altura tinha já assegurada a reputação de *enfant terrible* da academia francesa. Possuía um conjunto empenhado de seguidores que admiravam o seu estilo literário e a sua nova

---

6. Michel Foucault, *The Archaeology of Knowledge*, London, Routledge, 1989 [1969].
7. Michel Foucault, *Discipline and Punish: The Birth of the Prison*, London, Allen Lane, 1977.
8. Michel Foucault, *The History of Sexuality*, vol. I: *An Introduction*; vol. II: *The Use of Pleasure*; vol. III: *The Care of the Self*, London, Penguin, 1979/1990/1992.

260 TEORIA SOCIAL CONTEMPORÂNEA

abordagem à história, e um grupo igualmente empenhado de inimigos que afirmavam que ele não passava de um charlatão, intelectualmente superficial, mas hábil a agradar às mídias e às mais recentes modas parisienses.

Algumas destas críticas apoiam-se numa leitura pouco sofisticada dos escritos de Foucault. Na verdade, muitas das fontes secundárias não fazem justiça ao seu trabalho, e mesmo as interpretações mais favoráveis tendem a não reconhecer a natureza radical do seu projeto intelectual, julgando a sua obra à luz de parâmetros de avaliação convencionais. Muitos dos comentadores de Foucault não percebem sequer a medida pela qual as críticas que lhe são dirigidas são críticas externas. Ou seja, não reconhecem que a agenda de Foucault é, explícita e conscientemente, diferente da teoria social e história tradicionais. Neste capítulo, ao invés disso, focaremos na natureza singular do projeto intelectual de Foucault e tentaremos avaliar sua obra em seus próprios termos.

UM NOVO CONCEITO DE AQUISIÇÃO DO SABER

O melhor ponto de partida para se entender o pensamento e a obra de Michel Foucault é contrastá-lo com a visão dominante da sociologia e da teoria social. Desde o nascimento das ciências sociais, se estabeleceu um consenso nos círculos sociocientíficos e filosóficos acerca da natureza do conhecimento nas ciências sociais. Em primeiro lugar, considera-se que esse conhecimento tem como objetivo representar, explicar ou compreender um "mundo exterior". Este mundo é diferente, e existe independentemente dos pressupostos teóricos de cada um. Em segundo lugar, o tipo de conhecimento implicado é, *ipso facto*, não autorreferencial.

Ou seja, o objetivo do conhecimento nas ciências sociais não é revelar ou compreender os pressupostos que constituem o meio pelo qual se chega a esse mesmo conhecimento. Em terceiro lugar, este tipo de conhecimento deverá ter como objetivo a explicação de fenômenos incomuns socorrendo-se de analogias com fenômenos comuns. De forma mais crua, este tipo de conhecimento tenta erradicar o incomum ou excepcional ao transformá-lo em algo comum. Muito tem sido dito, seguramente, acerca das diferenças entre as diversas filosofias das ciências sociais. Não pretendemos pôr em causa as muitas diferenças entre, por exemplo, o positivismo, o realismo ou o falsificacionismo no que diz respeito à demarcação entre a ciência e a não ciência, a natureza da explicação ou a noção de causalidade (ver capítulo 8).

Apesar dessas diferenças, as três características referidas acima são partilhadas por um número significativo de filosofias da ciência social. Algumas filosofias podem ser mais explícitas na promoção de uma ou mais destas afirmações (por exemplo, a primeira e a terceira estão entre as *idées maitresses* do realismo), mas na sua maioria subscrevem, pelo menos de forma implícita, todas estas três posições. Ainda mais importante é o fato de que a maioria dos investigadores empíricos em ciências sociais leva a cabo os seus estudos à luz destes três pressupostos. Podemos, pois, falar num "consenso tradicional" na sociologia.

Aquilo que defendemos aqui é que Foucault apresenta uma alternativa ao consenso tradicional. Defende uma forma de conhecimento acerca do mundo social que é, antes de tudo, "autorreferencial". Ou seja, não se encontra primeiramente (e seguramente não apenas) dirigido à reconstrução de um mundo exterior, mas antes, e em última análise, direcionado à revelação das concepções que possuíamos anteriormente. Com isto relaciona-se o fato de que o seu alvo principal não é o incomum, mas o comum. Mais precisamente, em vez de recorrer a analogias com o comum para explicar o incomum, os escritos de Foucault procuram criar um distanciamento, revelando e ameaçando aquilo que até aí era tido por garantido.

Nas páginas que se seguem, demonstraremos que este tipo de aquisição do saber atravessa toda a obra de Foucault e, dado que se trata de um historiador, trataremos das consequências desta concepção do conhecimento quando aplicada à disciplina da história. Esperamos, desta forma, indicar algumas das falsas interpretações de Foucault, defendendo-o assim contra as críticas errôneas que lhe são dirigidas. Alguns acadêmicos familiarizados com a obra de Foucault poderão apresentar objeções ao modo como afirmamos que a sua obra é atravessada pelo mesmo tema metodológico. Tem sido, de fato, sublinhado que existe uma "ruptura epistemológica" ou descontinuidade que separa a sua arqueologia inicial da sua genealogia posterior[9].

---

9. Ver, por exemplo, Alan Sheridan, *Michel Foucault: The Will to Truth*, London, Routledge, 1990; Barry Smart, *Michel Foucault*, London, Routledge, 1988, p. 41.

262 TEORIA SOCIAL CONTEMPORÂNEA

Da mesma forma que se tornou um lugar comum falar de um Marx inicial e de um Marx maduro, ou de um Wittgenstein inicial e tardio, os acadêmicos opõem habitualmente uma fase arqueológica a uma fase genealógica em Foucault. Existem, sem dúvida, argumentos convincentes para se considerarem os dois períodos como sendo radicalmente diferentes. Os pontos de vista filosóficos que os influenciaram são, apesar de tudo, claramente distintos: os métodos arqueológicos encontram-se bastante enraizados no pensamento estruturalista francês, enquanto a genealogia deve bastante aos escritos de Nietzsche. Assim, enquanto arqueólogo, Foucault partilha as pretensões científicas e objetivistas de seus colegas estruturalistas, enquanto o Foucault genealogista é um arauto do pensamento pós-estruturalista.

Pensamos que, no entanto, ao dividir a obra de Foucault entre arqueologia e genealogia, seus críticos acabam por não reconhecer a continuidade metodológica que atravessa sua obra. Quando os comentadores reconhecem esta continuidade, este reconhecimento tende a ser apenas temático. Por exemplo, há quem argumente que, embora Foucault não discuta explicitamente o conceito de poder na primeira fase da sua obra, este é ainda assim um tema que lhe é permanente (uma opinião que é expressa pelo próprio Foucault). Pretendemos, em vez disso, demonstrar que os tipos de aquisição de conhecimento implicados no Foucault inicial e tardio não são tão radicalmente diferentes como é por vezes sugerido, sendo assim possível atribuir a sua obra mais continuidade metodológica do que a habitualmente considerada. Primeiro, discutiremos seu trabalho arqueológico, tratando em seguida de seus escritos genealógicos. Por fim, faremos um resumo das semelhanças respeitantes ao tema da aquisição do saber.

Gostaríamos antes de mais nada, porém, de fazer uma ressalva. É sabido que Foucault fez várias tentativas para se distanciar de rótulos específicos tais como o de "estruturalista"[10]. Dado o "campo" cultural parisiense, no qual as alegações de originalidade são fundamentais para a construção da reputação, é compreensível que Foucault, tal como outras *prima-donnas* francesas, não desejasse ser excessivamente associado com tendências intelectuais existentes. Seria um erro, no entanto, considerar Foucault como um mero *enfant terrible*

---

10. Michel Foucault, *The Archaeology of Knowledge*, p. 15; *The Order of Things*, p. 14, ver também o capítulo 1.

que trabalhava fora de qualquer quadro de referência intelectual. Apesar das suas tentativas para afirmar que os métodos arqueológicos se desenvolvem sem recurso à análise estrutural, é nossa convicção que esta última é indispensável para atribuir sentido ao primeiro.

Isso não quer dizer que os métodos arqueológicos de Foucault sejam estruturalistas *in toto*. Por exemplo, sua noção da linguagem como evento ou ato é, na realidade, muito distanciada, senão contraditória, com o conceito estruturalista da *langue* como estrutura. Aquilo que queremos dizer, em vez disso, é que as duas perspectivas partilham efetivamente um número significativo de pressupostos, e que o realçar das suas diferenças não acrescenta nada de significativo à compreensão da arqueologia. Mesmo que seja verdade que Foucault não utiliza conscientemente o estruturalismo na sua arqueologia, é perfeitamente legítimo (e, ironicamente, perfeitamente alinhado com os próprios métodos arqueológicos de Foucault) designar a sua arqueologia como "estruturalista".

Isto por três razões: em primeiro lugar, porque a análise estruturalista é uma condição *sine qua non* para atribuir sentido à arqueologia; em segundo lugar, porque o estruturalismo foi predominante durante os anos de formação de Foucault; e, em terceiro lugar, porque alguns dos professores de Foucault conheciam bem e simpatizavam com o novo movimento estruturalista. A originalidade de Foucault não depende da sua capacidade para criar ideias e conceitos novos. Reside, antes, na sua capacidade para combinar de forma bem-sucedida diferentes tendências intelectuais, e, é claro, na sua capacidade para as dirigir para um tipo de aquisição do saber autorreferencial.

ARQUEOLOGIA

Em geral, os primeiros escritos históricos de Foucault apoiam-se naquilo que ele chama de método arqueológico. Este método está subjacente à maioria das suas publicações da década de 1960, das quais *História da Loucura* e *As Palavras e as Coisas* são as mais conhecidas. Em *A Arqueologia do Saber*, Foucault elucida sua metodologia e situa-a no âmbito dos então recentes desenvolvimentos intelectuais franceses. Sua arqueologia é influenciada por uma grande variedade de tradições intelectuais, das quais duas merecem ser citadas. Antes de mais, temos a (já mencionada) influência do movimento estruturalista

264 TEORIA SOCIAL CONTEMPORÂNEA

francês em geral e da historiografia estruturalista francesa (a escola dos Annales) em particular (ver capítulo 1). Em segundo lugar, temos o impacto da filosofia francesa da ciência[11].

Comecemos pelo estruturalismo e pela investigação histórica estruturalista da escola dos Annales. Para que fique claro, é necessário fazer a distinção entre duas correntes da ciência social estruturalista (ver capítulo 1). Uma tenta lidar com os sistemas sociais baseando-se em analogias com os sistemas linguísticos. Esta corrente "linguística" apoia-se frequentemente nas ideias de Saussure (ou de Jakobson) acerca do significado e da sua relação com a *langue*. A vida social é tida como uma amálgama de signos; o significado de cada um destes signos é arbitrário, e depende da diferença existente entre cada um dos signos correntemente em uso. O *Sistema da Moda*[12] de Barthes é, por exemplo, uma ilustração desta corrente linguística. O Foucault inicial apoia-se também neste tipo de estruturalismo, mas a escola dos Annales não, e, como é nossa intenção tratar primeiro da sua influência sobre Foucault, omitiremos, *ad interim*, a corrente linguística.

Isto conduz-nos à segunda forma de estruturalismo, que tenta demonstrar até que ponto os pensamentos e as ações dos indivíduos são moldados e constrangidos por estruturas subjacentes. Esta corrente apoia-se necessariamente numa filosofia realista da ciência; tem uma concepção "estratificada" da realidade que atribui estatuto de realidade não apenas aos fenômenos observados, mas também às estruturas subjacentes que geram ou causam os fenômenos (ver capítulo 8)[13]. Esta corrente remonta a alguns dos escritos de Durkheim, e é este tipo de estruturalismo durkheimiano que foi adotado pelos membros da escola dos Annales, que se opõem ao que Braudel chamou *courte durée* ou *histoire événementielle*[14], sendo esta última expressão usada em referência a uma história dos acontecimentos ou à história dos grandes homens ou mulheres que moldaram o nosso passado.

---

11. Ver Michel Foucault, *The Archaeology of Knowledge*, pp. 3-30.
12. Roland Barthes, *The Fashion System*, New York, Hill & Wang, 1983.
13. Para uma discussão acerca da concepção estratificada de realidade na filosofia realista, ver Patrick Baert, "Realist Philosophy of the Social Sciences and Economics: A Critique", *Cambridge Journal of Economics*, vol. 20, pp. 513-522, 1996.
14. Fernand Braudel, *La Méditerranée et le Monde Méditerranéen à l'Époque de Philippe II*, Paris, Armand Colin, 1966, préface.

A HISTÓRIA DO PRESENTE 265

Contra essa abordagem narrativa da história, tão típica da *histoire Sorbonniste*, Braudel e outros autores defendem a importância dos inquéritos históricos de tipo estruturalista. Reagindo contra as tendências positivistas da historiografia francesa, a investigação histórica estruturalista procura revelar a *longue durée*; isto é, as estruturas constringentes, ignoradas e relativamente estáveis, que se estendem ao longo de grandes períodos cronológicos. Por trás do nível dos acontecimentos, das escolhas individuais e de outras vicissitudes, residem níveis mais profundos e estáveis de estruturas subjacentes. Algumas destas estruturas são físicas, como constrangimentos de ordem geográfica ou climática. Alguns estudiosos interessam-se mais pelos constrangimentos mentais, focando sua atenção, nomeadamente, no modo como enquadramentos epistemológicos particulares exerceram o seu domínio em épocas específicas.

O trabalho arqueológico de Foucault deve muito à história estruturalista francesa, uma vez que tenta também desvelar as estruturas latentes que se estendem ao longo de grandes períodos de tempo[15]. Quando faz menção ao nível "arqueológico" da análise, Foucault refere-se na verdade às regras formativas que estipulam as condições de possibilidade do que pode ser dito no âmbito de um discurso particular durante um período de tempo relativamente longo. Traz a lume, por exemplo, discursos particulares acerca de loucura e de sanidade que foram comuns durante séculos, detectando igualmente epistemes dominantes da ciência e da filosofia. Tanto os discursos como as epistemes referem-se a normas implícitas e partilhadas que operam "pelas costas" dos indivíduos e que são uma condição *sine qua non* para a formação das afirmações por estes produzidas. Estas normas especificam quais afirmações podem ser feitas e qual o seu valor de verdade ou falsidade[16].

Tal como Foucault admite em *A Arqueologia do Saber*, seu trabalho faz também uso de ferramentas conceituais introduzidas por historiadores da ciência como Bachelard e Canguilhem. Estes acadêmicos opõem-se a uma concepção contínua da história, e introduzem a noção de descontinuidade ou ruptura para distinguir diversas épocas científicas e para sublinhar suas diferenças[17].

---

15. Michel Foucault, *The Archaeology of Knowledge*, pp. 3-17.
16. *Idem*, em especial a parte dois.
17. *Idem*, especialmente a parte três. Ver também Gaston Bachelard, *The New Scientific Spirit*, Boston, Beacon Press, 1984; Georges Canguilheim, *On the Normal and the Pathological*, Dortrecht, Reidel, 1978.

266 TEORIA SOCIAL CONTEMPORÂNEA

Foucault contrasta a "nova história" com os tipos anteriores de história, nos quais a tarefa do historiador era a de apagar a descontinuidade – e a transformar numa narrativa de continuidade:

> Para a história na sua forma clássica, o descontínuo era simultaneamente um dado e o impensável: a matéria-prima da história, que se apresentava sob a forma de acontecimentos dispersos – decisões, acidentes, iniciativas, descobertas: um material que, através da análise, tinha de ser organizado, reduzido, apagado de forma a revelar a continuidade dos acontecimentos. A descontinuidade era o estigma do deslocamento temporal que o historiador tinha como tarefa remover da história[18].

Desta forma, de acordo com o modelo antigo de história, a descontinuidade era, no melhor dos casos, um embaraço para o trabalho do historiador – uma falha, talvez sinal de uma falta de competência profissional. Segundo o novo modelo de história, com o qual Foucault se identifica, a descontinuidade, em vez de ser uma obstrução, passa a ser essencial para a prática do historiador:

> Uma das características mais essenciais da nova história é provavelmente esta deslocação do descontínuo: a sua transformação de obstáculo em objeto do próprio trabalho; a sua integração no discurso do historiador, onde não desempenha já o papel de uma condição externa que tem de ser reduzida, mas o de um conceito operatório; e desta forma a inversão de sinal através da qual deixa de ser o negativo da leitura histórica (o seu reverso, o seu fracasso, o limite do seu poder), mas o elemento positivo que determina o seu objeto e valida a sua análise[19].

Foucault reconhece a natureza dual desta afirmação. Por um lado, significa que o historiador utiliza a noção de descontinuidade como um instrumento de aproximação da realidade. A descontinuidade é uma ferramenta que permite ao historiador dividir domínios ou períodos. Por outro lado, quer dizer que o historiador assume que a descontinuidade é uma parte da realidade[20].

Foucault funde noções estruturalistas com este conceito de descontinuidade, e seu método arqueológico procura, desta forma, assinalar dois fenômenos. Em primeiro lugar, procura estruturas subjacentes, relativamente ignoradas pelos

---

18. Michel Foucault, *The Archaeology of Knowledge*, p. 8.
19. *Idem*, p. 9.
20. *Idem, ibidem.*

indivíduos envolvidos, e que são relativamente estáveis durante longos períodos de tempo. Em segundo lugar, procura as transformações radicais da história que separam períodos de relativa estabilidade – as rupturas que produzem o fim de uma época e o surgimento de uma nova *longue durée*. A visão que Foucault tem da história sugere, de fato, longos períodos de permanência, cada um destes dominado por um enquadramento ou conjunto de práticas particular. Estes períodos são separados por intervalos relativamente curtos (alguns durando apenas algumas décadas) nos quais se concretiza a mudança da velha para a nova estrutura.

Existem, assim, dois "ritmos" na imagem que Foucault faz da história: o ritmo muito lento da *longue durée* (que reflete a influência da história estruturalista) e o ritmo acelerado da *rupture* (que revela bastante a influência da história francesa da ciência). Note-se que Foucault nem sempre mostra muito interesse em explicar como surgem estas transformações radicais. Justifica por vezes a sua falta de interesse por essa questão afirmando que os problemas metodológicos que ela implica são severos[21].

É agora importante regressarmos à influência exercida pelo estruturalismo nos escritos de Foucault, em particular a influência da corrente linguística inaugurada por Saussure. No cerne desta corrente, encontra-se uma teoria holística do significado (ver capítulo 1). Segundo esta teoria, o significado de um signo depende da sua diferença face aos outros signos de uso corrente no interior dessa estrutura[22]. Conjugada com a ideia foucaultiana acima descrita da descontinuidade histórica, esta teoria holística do significado implica que as diversas estruturas que se sucedem no tempo não são apenas diferentes, mas incomensuráveis. Na verdade, cada ruptura conduz à emergência de uma estrutura radicalmente diferente, e uma vez que o significado dos signos se encontra dependente da estrutura (pela forma acima descrita), o próprio significado também sofre uma profunda alteração.

É por isso que, ao lermos Foucault, ficamos com a impressão de que cada descontinuidade engendra um mundo completamente diferente. Isso explica a referência de Foucault à fictícia enciclopédia chinesa de Jorge Luis Borges no prefácio de *As Palavras e as Coisas*. Nessa enciclopédia os animais são divididos em:

---

21. Michel Foucault, *The Order of Things*, p. 13.
22. Ver, por exemplo, Ferdinand Saussure, *Course in General Linguistics*, London, Peter Owen, 1959, pp. 88, 110, 120-122.

(a) pertencentes ao Imperador, (b) embalsamados, (c) mansos, (d) leitões, (e) sereias, (f) fabulosos, (g) cães vadios, (h) incluídos na presente classificação, (i) frenéticos, (j) inumeráveis, (k) desenhados com um pincel de pelo de camelo muito fino, (l) *et cetera*, (m) tendo acabado de partir o jarro da água, (n) aqueles que à distância se parecem com moscas[23].

Foucault sublinha o modo como esta taxonomia chinesa assenta em normas e anuências que nos são estranhas. Por exemplo, a construção de Borges não depende da nossa distinção entre "o Mesmo e o Outro". De forma semelhante, a história de Foucault, se bem-sucedida, pretende apresentar estas desconcertantes descontinuidades, no pensamento e na prática, ao longo do seu curso.

Podemos agora debruçar-nos sobre a forma como a arqueologia de Foucault sugere um conceito autorreferencial de conhecimento, e como recorre ao estranho para explicar o familiar. Os diferentes períodos retratados por Foucault não são apenas radicalmente diferentes uns dos outros, mas contrastam igualmente com o tempo presente. Na verdade, estendem-se com frequência até o tempo presente. Assim, a caracterização feita por Foucault envolve necessariamente um contraste entre passado e presente. Decorrem daqui uma série de consequências. A mais óbvia é a de que o trabalho de Foucault propicia a consciência de que, expresso de forma epigramática, o presente nem sempre foi. Ou seja, a representação dos diferentes períodos permite-nos adquirir a consciência do fato de que alguns dos conceitos ou práticas em uso hoje em dia não são tão universais ou fixos como aparentam ser.

Por exemplo, ao lermos *História da Loucura*, percebemos a forma como as definições passadas de loucura e os modos de tratamento dos doentes mentais são estranhos às concepções, categorizações e práticas atuais. Em segundo lugar, através de uma justaposição com o passado, o presente torna-se visível. Ou seja, as estruturas tendem a ser dadas como certas pelos indivíduos que a elas se encontram sujeitos, sendo assim pouco provável que estes as consigam ver. A justaposição com uma estrutura diferente, real ou imaginária, pode contribuir para tornar manifesta uma estrutura anteriormente latente. E é precisamente isto que Foucault faz. Seu retrato de epistemes passadas, por exemplo, permite descobrir as concepções contemporâneas que rodeiam a epistemologia e a ontologia.

---

23. Michel Foucault, *The Order of Things*, p. 15.

A HISTÓRIA DO PRESENTE *269*

Em terceiro lugar, é nesta altura claro que, em certos aspectos, a arqueologia de Foucault implica o exato simétrico da concepção realista da ciência. O realismo defende que a ciência tenta dar sentido a fenômenos incomuns estabelecendo analogias com fenômenos comuns (ver capítulo 8). Em contraste, a metodologia de Foucault tenta recorrer ao conhecimento acerca (e a diferença com) o não familiar (o passado distante) de forma a obter acesso a um "familiar estranho" (o presente tido por certo). Repare-se na forma como o passado, mais do que um mero objeto de investigação ou ponto de chegada, é um meio para aceder ao presente.

Em quarto lugar, dado que a arqueologia de Foucault torna manifestas as estruturas atuais e demonstra que estas não são universais, e dado que as estruturas exercem o seu poder sobretudo através da sua invisibilidade e através do fato de serem experimentadas como sendo universais, a sua obra inicial cria a possibilidade de uma corrosão do presente. A partir do momento em que os indivíduos tomam consciência dos pressupostos aos quais recorreram inconscientemente até então, e assim que tomam consciência de quão radicalmente diferentes estas eram no passado, mina-se a força destes pressupostos – instalada a dúvida, está revelado o potencial subversivo e emancipatório da história como arqueologia.

GENEALOGIA

Nos anos 1970, Foucault troca a arqueologia pela genealogia, sendo *Vigiar e Punir* e os três volumes da *História da Sexualidade* apresentados como obras genealógicas. Tem sido frequentemente notado que, neste período, Foucault foi fortemente influenciado pelo filósofo alemão Friedrich Nietzsche (1844-1900). Cremos que esta é uma opinião justa. Não quer isto dizer que Nietzsche não tenha exercido qualquer influência sobre Foucault antes de 1970[24]. Quer apenas dizer que a sua influência se torna mais explícita e sistemática após essa data. Em primeiro lugar, Foucault adota a noção nietzscheana de genealogia – por exemplo, no artigo "Nietzsche, História, Genealogia", em que reconhece explicitamente e cita o seu mentor *in extensor*[25].

24. Michel Foucault, *The Archaeology of Knowledge*, pp. 12-14.
25. Michel Foucault, *Language, Counter-Memory, Practice*, Ithaca, Cornwell University Press, 1997, pp. 140-164. O artigo foi primeiro publicado num volume em homenagem a Jean Hyppolite, com o título "Nietzsche, la Généalogie, l'Histoire".

270 TEORIA SOCIAL CONTEMPORÂNEA

Em segundo lugar, neste período, Foucault, como Nietzsche, propõe uma posição antiessencialista. De acordo com este ponto de vista nominalista, o significado dos objetos ou das práticas varia segundo o contexto em que estes emergem. Isto pode explicar a relutância de Foucault em fornecer uma definição explícita para conceitos como o poder, que são apresentados de novo. Em terceiro lugar, tal como Nietzsche, Foucault faz uso do conceito de poder, desempenhando este conceito um duplo papel na sua teoria. Tal como Nietzsche, Foucault percebe que as lutas pelo poder acompanham a emergência de novos significados. Nietzsche, por exemplo, argumenta que os significados de bem e de mal sofreram uma transformação radical com o advento do cristianismo, e que esta transformação de significado resultou de uma particular luta pelo poder à época.

Foucault também vai beber em Nietzsche quando concebe o poder como algo intrinsecamente interligado com o conhecimento; o conhecimento não é neutro relativamente ao poder, nem é apenas autoemancipatório. Foucault demonstra, por exemplo, em *Vigiar e Punir*, o modo pelo qual as ciências sociais emergentes e a psiquiatria, embora disfarçadas de forças libertadoras, foram essenciais para o desenvolvimento de novas, e mais eficientes, formas de controle social[26]. Em quarto lugar, tal como em Nietzsche, a história genealógica de Foucault opõe-se a qualquer metanarrativa que incorpore passado, presente e futuro. Existe, certamente, uma linha narrativa que percorre *Vigiar e Punir* (e agora, a *História da Sexualidade*), mas não um arranjo teórico geral que se desenvolva necessariamente ao longo do tempo.

Trataremos em seguida daquilo que consideramos serem as características cardinais da noção foucaultiana de genealogia. O genealogista recua no tempo de forma a provar que numa dada altura foram atribuídos novos significados aos conceitos. É então demonstrado que a emergência destes novos significados ocorreu devido a lutas de poder ou à contingência. Os novos significados foram posteriormente transmitidos às gerações seguintes, tendo-se incorporado na cultura. Estes significados passaram gradualmente a ser considerados pelos indivíduos como autoevidentes, necessários, inócuos (se não honrados) e consistentes[27]. A genealogia de Foucault, por outro lado, procura demonstrar

26. Ver, em particular, Michel Foucault, *Power/Knowledge: Selected Interviews and Other Writings 1972-1977*, Hemel Hempstead, Harvester Wheatsheaf, 1980.
27. Em relação ao conceito de genealogia, ver a excelente contribuição de Raymond Geuss, "Nietzsche and Genealogy", *European Journal of Philosophy*, vol. 2, n. 3, pp. 274-292, 1994.

que tais significados não são nem óbvios, nem necessários, nem inofensivos, honráveis ou coerentes.

Em primeiro lugar, a natureza autoevidente dos significados correntes é minada pela demonstração da existência no passado de significados radicalmente diferentes. Em segundo lugar, opõe-se a qualquer visão mecânico-causal ou teleológica a atenção que o genealogista presta aos "acidentes, aos desvios diminutos – ou, ao contrário, às completas inversões – os erros, as falsas apreciações e aos cálculos defeituosos que deram origem às coisas que continuam a existir e a possuir valor para nós"[28]. Em consequência disto, o genealogista rompe com qualquer ponto de vista presentista que assuma um desenrolar necessário de leis ou motores da história: "as coisas que nos parecem mais evidentes são sempre formadas na confluência de encontros e acasos, durante o curso de uma história precária e frágil"[29].

Em terceiro lugar, os significados correntes demonstram ser menos inofensivos ou honrados do que aquilo que se supõe ao provar-se que se encontram inter-relacionados com lutas pelo poder. O ponto de partida de um genealogista é o de que os sistemas de crenças ou os sistemas éticos são inócuos ou, quando mais fortes, devem ser respeitados; afinal de contas, lidam com a verdade e a moralidade. Ele demonstra que, contrariamente ao que aparentam, esses sistemas estão profundamente implicados nas lutas de poder[30].

Em quarto lugar, a falta de coerência é posta em evidência através da demonstração de como os novos significados coexistem com os antigos. Seria na verdade um erro assumir que os velhos significados são completamente apagados pelo surgimento dos novos como se fosse possível uma tabula rasa. Nas próprias palavras de Foucault: "Não devemos ser levados a pensar que esta herança é uma aquisição, uma possessão que cresce e que se solidifica; é, antes, uma montagem instável de falhas, fissuras e camadas heterogêneas que ameaçam o frágil herdeiro a partir do interior ou por baixo"[31].

Antes de abordarmos o modo como Foucault usa a genealogia em *Vigiar e Punir*, detenhamo-nos um pouco mais no seu conceito de poder. O poder é, afinal, central para a genealogia: recordemos que as lutas pelo poder acompanham

---

28. Michel Foucault, *Language, Counter-Memory, Practice*, p. 146.
29. Michel Foucault, *Politics, Philosophy, Culture*, p. 37.
30. Michel Foucault, *Language, Counter-Memory, Practice*, p. 142.
31. *Idem*, p. 146.

272 TEORIA SOCIAL CONTEMPORÂNEA

e explicam a emergência de novos significados. Foucault apresenta o conceito algo tardiamente. Fazendo lembrar o Mr. Jourdan de Molière, que percebe subitamente e que durante toda a sua vida falou em prosa, Foucault afirmou numa entrevista de 1977: "Em retrospectiva, pergunto-me de que outra coisa falava eu na *História da Loucura* ou no *Nascimento da Clínica*, senão de poder"[32].

Ao tratar do poder, Foucault recorre a um argumento contrafactual: aquele entra em jogo sempre que os indivíduos são forçados a fazer algo que não fariam de outra forma. No entanto, insiste que sua análise não pretende apresentar uma "teoria" do poder, mas antes uma "analítica" do mesmo[33]. Esta analítica do poder refere-se a uma descrição do domínio ocupado pelas relações de poder, e à identificação das ferramentas necessárias à análise desse domínio. Apesar desta atitude "instrumental", a discussão que Foucault produz sobre o poder reveste-se de um caráter inegavelmente teórico e geral.

Desde logo, revolta-se contra o que considera serem os dois posicionamentos teóricos relativos ao poder: a concepção "jurídico-liberal" e a concepção marxista. Foucault afirma que ambas restringem o poder à sua dimensão econômica. Nos escritos marxistas, por exemplo, o poder surge como uma mercadoria, dirigida à manutenção e reprodução das relações econômicas. A ideia de poder em Foucault é, ao contrário, explicitamente não econômica[34]. Em segundo lugar, os marxistas apoiam-se frequentemente naquilo que Foucault chama de uma análise de tipo "descendente". Isto é, o poder é visto como algo que é imposto sobre os indivíduos vindo de cima.

Já as regras metodológicas de Foucault sugerem uma análise "ascendente" do poder. Nesta, a compreensão das figurações locais contribui para os mecanismos alargados ao nível macro[35]. Em terceiro lugar, Foucault afirma que algumas macroanálises tendem a descrever o poder em termos de "possessão": referem-se a uma classe ou a um Estado como possuindo o poder e impondo-o sobre os seus súditos. Na microfísica foucaultiana do poder, este surge ao invés como estratégia, emergindo das relações entre os indivíduos, transmitido através dos súditos e não sobre eles imposto. Enquanto propriedade particular de ninguém, o poder não pode ser localizado. É, assim, disperso e

---

32. Michel Foucault, *Power/Knowledge*, p. 115.
33. Michel Foucault, *The History of Sexuality*, vol. I, p. 82.
34. Michel Foucault, *Politics, Philosophy, Culture*, pp. 104-105.
35. Michel Foucault, *The History of Sexuality*, vol. I, pp. 84-85.

não centralizado na sociedade; não existe um *locus* de controle, um centro de gravidade[36].

Em quarto lugar, a rejeição foucaultiana do poder como algo sob a posse de um indivíduo ou grupo relaciona-se com a sua recusa em lidar com o conceito em termos de intencionalidade ou decisão. A função do poder é comparável a uma corrente na medida em que "circula" através de uma organização "em forma de rede". O indivíduo não é um "núcleo elementar", um "átomo primitivo" sujeito ao poder. Uma das características centrais do poder é a de que este identifica indivíduos que, em vez de serem "pontos de aplicação" do poder, se transformam em "veículos" através do qual ele circula[37]. Em quinto lugar, e relacionado com o ponto anterior, Foucault não pretende aceitar uma leitura "negativa" do poder. Numa abordagem negativa, o poder é apenas um impedimento à agência.

Consideremos a história da sexualidade, por exemplo. Segundo uma concepção negativa, o poder só entra em jogo na medida em que o sexo e o prazer são reprimidos ou negados: "o poder não 'pode' fazer nada a não ser dizer-lhes não"[38]. Para Foucault, o poder não opera apenas de forma negativa, é também um constituinte das coisas (e estas são, por vezes, os veículos da sua replicação); Cria, por exemplo, em primeiro lugar, o "indivíduo", ou o desejo sexual[39]. Finalmente, em alguns escritos estruturalistas, pouco lugar resta para a agência. Foucault afirma, inversamente, que as relações de poder envolvem sempre a possibilidade da resistência. Estas relações são intrinsecamente instáveis e sujeitas a inversão[40]. A genealogia pode ajudar a derrubar este "arriscado jogo de dominação".

Uma das críticas dirigidas à "analítica" do poder de Foucault tinha a ver com seu enfoque aparentemente exclusivo na textura detalhada de práticas e técnicas particulares de poder. Diziam os críticos que, ao fazer isto, Foucault estava negligenciando as relações de larga escala entre grupos, agentes coletivos

---

36. *Idem*, pp. 92-95.
37. Michel Foucault, *Power/Knowledge*, pp. 97-98.
38. Michel Foucault, *The History of Sexuality*, vol. I, p. 83.
39. Michel Foucault, *Power/Knowledge*, pp. 120-124.
40. Michel Foucault, *The History of Sexuality*, vol. I, p. 95.

e instituições[41]. Foucault respondeu a esta crítica nas suas conferências de finais dos anos 1970 sobre "governamentalidade"[42]. Nestas conferências, tentava demonstrar a continuidade metodológica entre a "microfísica do poder", tal como a que ele aplicou no estudo das técnicas disciplinares que se encontram na raiz do sistema penal moderno em *Vigiar e Punir*, e a "macrofísica do poder", cujo objeto são as técnicas e práticas empregues no controle das populações no nível do Estado-Nação.

Em 1978, Foucault lecionou um curso com a duração de um ano chamado "Segurança, Território e População", como parte de uma série de conferências iniciadas em 1970 e que durariam até a sua morte em 1984. Neste curso em particular, apresentou uma conferência sobre o tema da "racionalidade governativa" (ou "governamentalidade", para usar o neologismo de Foucault) em que tentava mostrar como o poder havia sido exercido nas sociedades ocidentais desde o início da época moderna[43]. Do nosso ponto de vista, esta conferência pode ser considerada como um exercício genealógico.

O objetivo explícito de Foucault era transformar o poder estatal numa "problemática", questionando assim o caráter autoevidente ou necessário das formas como pensamos a política. Foucault não está interessado em identificar, como o fazem habitualmente os filósofos políticos, a "melhor forma de governo". Em vez disso, seu objetivo é estudar as questões "como governamos?" e "como somos governados?", ou seja, analisar as condições sob as quais regimes políticos específicos surgem, são mantidos e se transformam. Do ponto de vista desta "analítica do governo", o poder exercido pelo Estado-Nação moderno, longe de ser o resultado natural de um processo histórico qualquer, deve ser considerado como a resultante de "um triângulo soberania-disciplina-governo, que tem como alvo prioritário a população e como mecanismo essencial os aparelhos de segurança"[44].

---

41. Colin Gordon, "Governmental Rationality: An Introduction", *in* Colin Gordon, Graham Burchell and Peter Miller (eds.), *The Foucault Effect: Studies in Governmentality*, Chicago, Chicago University Press, pp. 1-51, 1991, p. 4.

42. Michel Foucault, "Governmentality", *in* Colin Gordon, Graham Burchell and Peter Miller (eds.), *The Foucault Effect*, pp. 87-104.

43. Para um balanço genealógico acerca do tema da governamentalidade na obra de Foucault, ver Mitchell Dean, *Governmentality: Powerand Rule in Modern Society*, London, Sage, 1999, pp. 40-59.

44. Michel Foucault, "Governmentality", p. 102.

A HISTÓRIA DO PRESENTE *275*

O argumento de Foucault é bastante claro. Na Europa medieval e no início da modernidade, a razão de ser do poder político era garantir a continuidade do poder do soberano sobre os territórios que compunham o seu reino. No início do século XVI, no entanto, esta razão de ser sofre uma transformação dramática. A finalidade do governo é agora a vida (e morte) dos seres humanos constituídos enquanto população. Segundo Foucault, isto marca o nascimento da "biopolítica". Em 1976, ele tinha já sugerido esta forma específica de poder exercido sobre os indivíduos enquanto seres vivos quando apresentou a noção de "biopoder" no capítulo final da *História da Sexualidade*. Mas nesta conferência Foucault vai mais longe e associa-o à problemática do Estado Moderno e do governo.

Consequentemente, podemos agora ver de forma mais clara como o triângulo acima referido, constituído por soberania, disciplina e governo, emergiu e se desenvolveu. As origens históricas deste triângulo podem remontar a dois processos antagônicos que ocorreram na Europa do século XVI. Existia, por um lado, um movimento dirigido para o estabelecimento do Estado-Nação territorial ("centralização do Estado"), um processo histórico que tem, desde longa data, prendido a atenção dos sociólogos históricos, como vimos no capítulo precedente. Por outro lado, havia um movimento totalmente diferente de "dispersão e dissidência religiosa" promovido pela Reforma e pela Contrarreforma[45].

É nesta época que começam a emergir as doutrinas da razão de Estado. Esta literatura acerca do governo, que se prolongaria pela maior parte dos dois séculos seguintes, representa nada mais nada menos do que uma revolução epistemológica – com ela, a "arte do governo" adquire um tipo autônomo de racionalidade. Os princípios do governo deixam de ser parte integrante da ordem divina do mundo, como sugeriam as teorias medievais de direito divino. O Estado começa agora a ser concebido como sendo governado por princípios racionais que lhe são intrínsecos. O tema organizador da "razão de Estado", no sentido em que o Estado, tal como a natureza, é governado por uma variedade autônoma de racionalidade, é apontado por Foucault como o primeiro sinal da emergência da racionalidade governativa moderna, ou governamentalidade[46].

---

45. *Idem*, pp. 87-88.
46. *Idem*, p. 97.

276 TEORIA SOCIAL CONTEMPORÂNEA

Foucault quer, dessa forma, descrever os modos como pensamos acerca do poder político e do governo. As questões que surgem associadas à governamentalidade incluem quem pode governar, quem e o que é governado e, em primeiro lugar, como o governo é possível. O governo é visto como uma prática ou, como afirma Foucault, uma "arte", na medida em que envolve um conjunto de técnicas e de procedimentos. A "macrofísica" do poder foucaultiana propõe-se a reconstituir o percurso histórico do desenvolvimento desta forma de racionalidade governativa especificamente ocidental. Esta reconstituição, no entanto, não assume a forma de uma série de etapas de desenvolvimento sucessivas, como acontece frequentemente com o evolucionismo. A alternativa de Foucault é concebê-la como uma relação entre três formas de poder – soberania, disciplina e governo – cujo objeto é a população. Daí o termo biopolítica.

A biopolítica foi surgindo à medida que a "arte do governo" dos séculos XVI e XVII deu gradualmente lugar, durante o século XVIII, a uma "ciência política". O objeto fundamental da biopolítica é o ser humano constituído em população. É um regime de práticas políticas relacionadas com assuntos de vida ou de morte, com a saúde e a doença. Para atingir este objetivo, o Estado faz uso da economia política, uma nova ciência cuja finalidade é prestar assistência à intervenção do governo nesse setor específico da realidade que é a economia. O saneamento, a habitação e as condições laborais não são senão alguns dos aspectos da intervenção do poder biopolítico. Da mesma forma, a escola, a prisão e a fábrica não são senão algumas das instituições através das quais pode ser observado, monitorizado, moldado e controlado o comportamento dos indivíduos.

Sendo a população a finalidade do governo, a sua racionalidade inclui uma relação triádica entre diferentes formas de poder. Vejamos agora como Foucault descreve a história da governamentalidade. Em resultado da mudança de caráter da arte do governo entre os séculos XVI e XVIII, a soberania deixa de ser uma matéria puramente jurídica e política para passar a ser um assunto político-econômico. A soberania de um país não se limita já à manutenção da integridade territorial; implica também o fornecimento de fundamentos legais para as suas atividades biopolíticas (por exemplo, o bem-estar da população e a melhoria das suas condições de vida).

Quanto à disciplina, não restam dúvidas a Foucault. Com a ascensão da biopolítica, a necessidade de desenvolver tecnologias e práticas disciplinares aumenta significativamente. Uma política que diga respeito à administração da vida, especialmente de populações inteiras, requer uma "gestão da população na sua profundidade e detalhe"[47]. Por fim, o terceiro vértice do triângulo, o governo, adquire um novo sentido quando se trata de significar a governação de uma população. Trata-se agora de um "governo econômico"[48]. As suas intervenções no domínio da economia e da população adquirem um caráter econômico em dois sentidos diferentes: do ponto de vista fiscal, necessita ser financeiramente viável; e da perspectiva da sua organização interna, necessita obedecer a uma lógica econômica. Vale a pena citar a descrição genealógica que Foucault faz da governamentalidade na íntegra:

O conjunto formado pelas instituições, procedimentos, análises e reflexões, os cálculos e as táticas que permitem o exercício desta muito específica embora complexa forma de poder, que tem como alvo a população, como sua principal forma de conhecimento a economia política, e como meios técnicos fundamentais o aparelho de segurança[49].

Tratamos até aqui da teoria por trás das noções foucaultianas de genealogia e poder. Regressemos à genealogia para mostrar o uso que Foucault faz deste conceito em *Vigiar e Punir*. Defende Foucault que até ao período final do século XVIII a punição era um espetáculo público e medonho, que simbolizava a força do soberano e era dirigido ao corpo da vítima[50]. Esforça-se por demonstrar que, em vez de ser apenas um sistema bárbaro, a forma de punição possuía a sua própria lógica – uma lógica tão sofisticada e internamente coerente como a nossa. Fosse como fosse, esta prática dava origem a muita desordem, porque o indivíduo a ser executado não tinha, face à morte, nada a perder, e, confrontado com uma enorme audiência, possuía um poder considerável. Não era incomum que alguém nessa situação falasse abertamente contra o soberano ou o regime, e que a audiência concordasse então com o condenado[51].

Confrontados com estes problemas da "sociedade do espetáculo", os políticos e intelectuais pensaram em formas mais "eficientes" de exercício do controle social. Isto inspirou as reformas utilitaristas do início do século XIX, que puseram em marcha uma sociedade "disciplinar", na qual as concepções de punição

47. *Idem*, p. 102.
48. *Idem*, pp. 92-95.
49. *Idem*, p. 102.
50. Michel Foucault, *Discipline and Punish*, pp. 3-69.
51. *Idem*, pp. 57-69.

278 TEORIA SOCIAL CONTEMPORÂNEA

sofreram uma transformação radical. A disseminação do poder disciplinar tem como objetivo um adestramento e monitorização regular e sistemática do corpo[52]. Já no século XVIII, os *philosophes* haviam expressado sua hostilidade em relação ao antigo sistema penal com base em razões humanitárias. O novo sistema de Jeremy Bentham, no entanto, não tinha praticamente nenhuma semelhança com aquilo que tinham pensado. A consequência desse sistema era tudo exceto a reabilitação dos criminosos; o seu efeito foi a implementação de formas mais eficientes de controle social que podiam ser (e foram) aplicadas fora do sistema penal.

Uma das características da sociedade disciplinar emergente era a ênfase no encarceramento, "vigilância hierárquica", o "exame" e a "sanção normalizadora"[53]. O panóptico é o exemplo foucaultiano por excelência da vigilância hierárquica no século XIX. O panóptico implica uma organização particular do espaço de forma que os reclusos, a cada instante, sejam incapazes de saber se estão sendo observados, sabendo que podem estar sendo. Tal sistema supostamente conduz a uma "autocorreção": sabendo que podem estar sendo observados a qualquer momento, os reclusos acabam por monitorar a si próprios[54]. Para lá da vigilância hierárquica, o poder disciplinar reforça aquilo a que Foucault chama a "sanção normalizadora". Ou seja, os elementos comportamentais são premiados ou punidos em função da sua adesão ou desvio em relação à norma postulada. Com base nesta contabilidade penal, os indivíduos são classificados em função da extensão da sua conformidade com os cânones[55].

A combinação da vigilância hierárquica com a sanção normalizadora culmina na noção de "exame". A implementação bem-sucedida do examine dependia, em última instância, do desenvolvimento de procedimentos sofisticados de documentação e classificação. A emergência das "ciências humanas" tornou possíveis tais procedimentos. Assim, as ciências sociais, embora pareçam à primeira vista orientadas para a autoemancipação, desempenharam um papel crucial no processo que deu origem às sociedades "disciplinares". No entanto, por muito que esta sociedade da "vigilância" se encontrasse associada ao controle social, o novo sistema veio a aparecer gradualmente como algo óbvio, coerente

52. *Idem*, pp. 135-169.
53. *Idem*, pp. 170-194.
54. *Idem*, pp. 170-177 e 195-228.
55. *Idem*, pp. 177-184.

e benevolente. Assim, por alturas do final do século XX, o regime disciplinar permeava muitos dos domínios do social:

> Os juízes da normalidade encontram-se presentes por todo o lado. Vivemos na sociedade do professor-juiz, do educador-juiz, do "trabalhador social"- juiz; é neles que se baseia o reino universal do normativo; e cada indivíduo, onde quer que se encontre, sujeita a este o seu corpo, os seus gestos, o seu comportamento, as suas aptidões, as suas realizações. A rede carcerária, nas suas formas compactas ou disseminadas, com os seus sistemas de inserção, distribuição, vigilância e observação, tem sido, na sociedade moderna, o maior suporte do poder normalizador[56].

Deste modo, a genealogia desvaloriza o presente de diversas formas. Em primeiro lugar, tal como a arqueologia, provoca uma erosão no presente através de uma justaposição com o passado. O presente é tornado manifesto, chegando-se à conclusão de que não é universal: "a história serve para mostrar que aquilo-que-é nem sempre o foi"[57]. Foucault abre *Vigiar e Punir* com um contraste significativo: uma narrativa detalhada da macabra execução pública de Damiens, em 1757, seguida pelo rígido calendário de um regime prisional oitenta anos mais tarde[58]. A justaposição do espetáculo público e do sistema prisional revela os pressupostos de ambos. O leitor fica impressionado com a diferença entre o espetáculo público de outrora e o sistema penal atual, enquanto se revelam as condições deste último sistema.

Em segundo lugar, a genealogia retira valor aos significados do presente demonstrando os acidentes que acompanharam a sua emergência inicial. Por exemplo, os infortúnios e os resultados involuntários do antigo sistema penal conduziram à necessidade da criação de um sistema diferente[59]. "O que a razão percebe como sendo a sua necessidade, ou antes, o que as diferentes formas de racionalidade oferecem como sendo a sua essência necessária, pode muito bem ser demonstrado como algo que possui uma história; e a rede de contingências da qual esta emerge pode ser determinada"[60]. Assim, estas formas de racionalidade "residem" na prática humana e na história humana, e "uma vez

---

56. *Idem*, p. 304.
57. Michel Foucault, *Politics, Philosophy, Culture*, p. 37.
58. Michel Foucault, *Discipline and Punish*, pp. 3-7.
59. *Idem*, p. 73.
60. Michel Foucault, *Politics, Philosophy, Culture*, p. 37.

280 TEORIA SOCIAL CONTEMPORÂNEA

que estas coisas foram feitas, podem ser desfeitas, desde que saibamos como foram feitas"[61].

Em terceiro lugar, a genealogia acarreta uma certa perda de inocência, uma vez que aquilo que até então é experimentado como sendo inócuo acaba por ser exposto como algo manchado pelas lutas de poder. Foucault demonstra em *Vigiar e Punir* que, em vez de serem apenas emancipatórias, as ciências sociais não só estão implicadas na sociedade disciplinar como são essenciais para sua emergência. Da mesma forma, por muito benevolentes que sejam as suas intenções, fica demonstrado que o sistema prisional é uma característica definidora deste regime disciplinar[62].

Em quarto lugar, a genealogia desvaloriza as justificações particulares do presente. Os sistemas de crenças ou práticas presentes são muitas vezes legitimados através da indicação de que constituem uma progressão contínua vinda do passado. A genealogia procura demonstrar que tanto a noção de continuidade como a noção de progresso são um erro. As práticas e os conceitos passados surgem tão diversos que não podem ser moldados numa narrativa contínua. Cada sistema cria a sua própria lógica e justificação interna, e é impossível apresentar um padrão independente que compare, por exemplo, dois diferentes regimes de poder. Isto explica por que, após os macabros detalhes da execução de Damiens, Foucault embarca na difícil tarefa de demonstrar a lógica interna do sistema em causa. E explica igualmente por que Foucault sublinha que o sistema penal atual se relaciona com o avanço das técnicas disciplinares não sendo, desta forma, um mero progresso humanitário (quando comparado com o *Ancien Régime*):

A humanidade não progride gradualmente de combate em combate até chegar à reciprocidade universal, na qual a lei finalmente substitui a guerra; a humanidade instala cada uma das suas violências num sistema de regras, progredindo, assim, de dominação em dominação[63].

Em quinto lugar, a genealogia desvaloriza a aparente coerência dos sistemas normativos ou de crenças presentes. Aquilo que aparenta ser um sistema unitário e consistente é apresentado como algo heterogêneo e composto por

---

61. *Idem, ibidem.*
62. Michel Foucault, *Discipline and Punish*, p. 293.
63. *Idem*, p. 151.

camadas díspares de significado. Em parte, isso acontece, como mencionamos anteriormente, porque os significados anteriores nunca são completamente apagados. No entanto, na prática, Foucault nem sempre parece conseguir aplicar este quinto princípio de forma bem-sucedida. Na verdade, uma das críticas recorrentes apontadas a *Vigiar e Punir* é a de que, contrariamente à imagem aparentemente em preto e branco apresentada por Foucault, a "sociedade do espetáculo" é dominante ainda hoje em dia – uma crítica que encontra paralelo na noção de genealogia. Mas, noutras ocasiões, Foucault parece ser mais sensível à natureza multiestratificada da realidade. A ciência do homem pode autorrepresentar-se como singularmente autoemancipatória, mas fica demonstrado em *Vigiar e Punir* que possui igualmente outras características[64].

AVALIAÇÃO E DESENVOLVIMENTO CONTEMPORÂNEOS

Tem sido tradicionalmente afirmado que os períodos arqueológico e genealógico de Foucault são radicalmente diversos um do outro; tal como é comum distinguir-se o período azul do período rosa de Picasso, também com Foucault a sua arqueologia e genealogia são postas em contraste. Sugerimos, em vez disso, que se olhe para Foucault de uma maneira diferente, prestando mais atenção aos traços de continuidade presentes na sua obra. Tentamos demonstrar que Foucault se apoia, ao longo de todo o seu trabalho, num conceito de aquisição do conhecimento que é autorreferencial e que recorre ao estranho para acessar o comum. Essa abordagem apresenta a importância deste conceito de aquisição de conhecimento quando aplicado ao estudo da história. Dentro das fronteiras do consenso tradicional, o historiador procura explicar acontecimentos passados. Essa explicação só pode ser relevante para o presente na medida em que as regularidades observadas não se restrinjam apenas a esse período, e que possam ser assim uma fundação para generalizações de tipo normativo.

Por contraste, quando um conceito autorreferencial foucaultiano é adotado, o historiador encontra-se em busca do presente, e o passado passa a ser a sua porta de entrada para esse presente. O próprio ato de revelação do presente é, em si, também, uma corrosão deste mesmo presente. No jargão foucaultiano,

---

64. *Idem*, p. 192; *Power/Knowledge*, p. 107.

282 TEORIA SOCIAL CONTEMPORÂNEA

a história transforma-se numa "história do presente" uma vez que Foucault considera que o seu papel é o de descrever "a natureza do presente" e da "nossa inclusão no presente", à luz do fato de que o presente "é um tempo que nunca é exatamente como outro qualquer"[65].

Esta forma de olhar para Foucault possui uma série de vantagens, duas das quais vale a pena mencionar aqui. Em primeiro lugar, permite-nos pensar a sua obra como um todo coerente. Não só nos permite perceber o elo entre a arqueologia e a genealogia, como também torna inteligíveis alguns temas ou ideias que de outra forma poderiam parecer marginais (ou não relacionadas) com o projeto fundamental da sua obra. Consideremos a noção que Foucault faz do papel do intelectual. É sabido que ele argumenta contra aquilo que considera ser uma concepção "tradicional" de intelectual. Para Foucault, essa concepção tradicional presume que o intelectual é uma figura messiânica, que discursa a partir de uma posição superior, e que incita à ação política em nome da verdade. É também sabido que Foucault substitui esta concepção por uma outra mais modesta, que denomina "novo" intelectual: isto é, alguém que fornece conhecimentos técnicos e especializados no apoio a lutas locais[66].

Admitimos que é possível tratar a rejeição foucaultiana da noção tradicional de intelectual sem recurso ao argumento principal que apresentamos acima. Poderia, por exemplo, ser argumentado que o seu posicionamento contra o intelectual tradicional é um corolário necessário da sua hostilidade pós-moderna em relação às metanarrativas ou aos sistemas totalizantes. Mas torna-se mais difícil fazer sentido da proposta de Foucault para um novo intelectual sem recorrermos à perspectiva elaborada ao longo deste capítulo. É de fato difícil conceber em que consistiria o papel de "conselheiro" do novo intelectual se nos mantivermos presos ao âmbito do conceito tradicional de aquisição de conhecimento. O nosso argumento é o de que os instrumentos apresentados pelo novo intelectual são exatamente aqueles que sublinhamos neste capítulo: são revelações acerca, e alterações, dos nossos próprios pressupostos. O próprio Foucault admite-o quando discute a "ética" do novo intelectual ao fazer a distinção entre um mero acadêmico e o acadêmico que é também um intelectual:

---

65. Michel Foucault, *Politics, Philosophy, Culture*, p. 36.
66. Michel Foucault, *Power/Knowledge*, p. 62.

A HISTÓRIA DO PRESENTE *283*

O que pode ser a ética de um intelectual [...] senão [...] tornar-se permanentemente capaz de se separar de si próprio (que é a atitude oposta à da conversão)? [...] Ser ao mesmo tempo um acadêmico e um intelectual é tentar manipular um tipo de conhecimento e de análise que é ensinado e recebido nas universidades de forma a alterar não apenas as ideias dos outros, mas também as suas próprias. Este trabalho de alteração do seu próprio pensamento bem como o dos outros parece ser a *raison d'être* de um intelectual[67].

Em segundo lugar, esta forma de olhar para Foucault ajuda a explicar aquilo que parecem ser, do ponto de vista do consenso tradicional, as peculiaridades, omissões e fraquezas do seu trabalho. Por exemplo, muitas das críticas apresentadas centram-se na sua falta de interesse em explicar a descontinuidade. Foucault apresenta, de fato, demonstrações de mudanças radicais, por exemplo, em epístemes ou sistemas de punição, sem muitas vezes explicar apropriadamente como é que essas alterações surgiram. No entanto, isto é apenas problemático se lhe é imposta *ab extra* a concepção tradicional de aquisição de conhecimento. A partir do momento em que se admite que Foucault adota uma concepção autorreferencial, fica claro que a explicação da descontinuidade não cabe necessariamente no âmbito do seu projeto (isto não quer dizer que a explicação da descontinuidade *ipso facto* esteja fora do seu projeto).

Em vez de considerar apenas por que razão ocorreram no passado algumas transformações particulares, o objetivo principal de Foucault é elucidar e minar os sistemas éticos e de crenças correntes. Assim que se abandona o consenso tradicional e se adota uma concepção autorreferencial, não se pode senão compreender suas omissões. Se a nossa perspectiva acerca do conceito de aquisição de conhecimento de Foucault está correta, então estas críticas simplesmente erram o alvo. Foucault é criticado por não ter conseguido fazer algo que não se propôs a fazer, e que, seja como for, segundo seu ponto de vista, não interessa necessariamente ser feito.

Isto não quer dizer que os escritos de Foucault se encontrem isentos de falhas. Existem problemas com a sua obra, e iremos agora tratar de duas das lacunas mais importantes. Estas ligam-se à posição relativista do seu trabalho arqueológico e com a noção de poder expressa no seu período genealógico. Já mencionamos o relativismo que se pode encontrar nos trabalhos iniciais de Foucault. Afirmamos que este assenta em dois pressupostos fundamentais:

---

67. Michel Foucault, *Politics, Philosophy, Culture*, pp. 263-264.

284 TEORIA SOCIAL CONTEMPORÂNEA

numa teoria estruturalista do significado e numa noção de descontinuidade. Se, *ex hypothesi*, o significado de um conceito deve ser derivado da sua relação com a totalidade ausente no seio de um jogo de linguagem, seja discurso ou episteme, e se assumirmos uma descontinuidade radical entre diferentes jogos de linguagem, então na verdade a noção de "incomensurabilidade" entre estes diferentes jogos de linguagem parece ser uma conclusão possível.

Esta é, cremos, a defesa mais plausível para o relativismo na arqueologia de Foucault. No entanto, se atentarmos bem, as coisas complicam-se. Temos, antes de mais nada, o fato óbvio e afirmado por diversos autores, de que a asserção relativista de Foucault, como qualquer afirmação do gênero, é necessariamente aplicável a si própria e, como tal, autodesarma-se. Mesmo se pusermos de lado este problema geral do relativismo, a versão particular de Foucault falha porque não apresenta critérios que possam justificar por que ele considera que certos jogos de linguagem são descontínuos e outros não.

Mas, mais importante, qualquer decisão relativa a critérios é uma decisão arbitrária. Pode-se, é claro, argumentar que a descontinuidade entre jogos de linguagem existe se, e somente se, as suas regras subjacentes forem suficientemente distintas. Mas neste caso teremos uma situação arbitrária em relação às regras subjacentes que devem ser escolhidas. Permanece, também, a questão de saber qual o grau de diferença a partir do qual se pode afirmar haver uma incomensurabilidade. Os discursos e epistemes selecionados possuirão seguramente, ainda assim, um grande número de noções subjacentes em comum (não existe, no fim de contas, tabula rasa no domínio social).

Igualmente problemática é a noção foucaultiana de poder. Recordemos que Foucault afirma que é um erro conceber o poder como algo exclusivamente negativo. O poder não é apenas repressivo ou impeditivo; é também constitutivo. É produtivo na medida em que pode ser criador. Dado o amplo espectro apresentado, não é surpreendente descobrir que Foucault conclui subsequentemente que o poder está por todo lado[68]. Somos levados a concordar com a crítica geral de Layder de que

[...] a noção foucaultiana de poder é bastante elástica e escapa a qualquer tentativa de identificação. Em resultado do caráter vago ou difuso que envolve a sua noção de

---

68. Michel Foucault, *The History of Sexuality*, vol. I, p. 93.

poder, Foucault consegue evitar ou rechaçar críticas potenciais através de uma extensão dessa noção de modo a cobrir todas as eventualidades[69].

Um conceito que quase não exclui nada é altamente suspeito. Para que estender o conceito de poder para lá dos limites que lhe são atribuídos pelo uso comum, e por que negligenciar as distinções minuciosas efetuadas por outros teóricos? Conceitos tais como as ideias parsonianas de influência, socialização e interiorização ficam subitamente sob o cabeçalho imperialista do conceito foucaultiano abrangente de poder ou dominação. A tendência de Foucault a conceber o poder de forma tão ampla não é tão inócuo como pode parecer à primeira vista, uma vez que a partir dessa posição basta um pequeno passo para se afirmar que as relações de poder existentes serão necessariamente substituídas por novas relações de poder, e sistemas de dominação anteriores substituídos por sistemas de dominação posteriores[70].

Foucault prossegue com a ideia de que "as relações de poder são simultaneamente intencionais e não subjetivas"[71], mas a apresentação que faz da relação entre ação intencional e efeitos involuntários é confusa. Seu argumento é que "não existe poder que seja exercido sem uma série de alvos e objetivos. Mas isto não quer dizer que ele resulte da escolha ou decisão de um sujeito individual"[72]. Até aqui nada a dizer, mas em seguida surge a diretiva metodológica de não "procurar a sede que preside à sua racionalidade; nem a casta que governa, nem os grupos que controlam o aparelho de Estado, nem os que tomam as decisões econômicas mais importantes dirigem a totalidade da rede de poder que funciona numa sociedade"[73].

É óbvio que este conselho metodológico não decorre da anterior afirmação acerca da incongruência entre intenção e efeito. O fato de os indivíduos quererem uma coisa e acabarem ficando com outra não é razão suficiente para abandonar o estudo da relação entre a vontade e o efeito (ao contrário, tal fato implica esta questão), e a compreensão dessa relação só é possível, antes de mais nada, através da consideração do ato intencional. A isto está relacionado o fato

---

69. Derek Layder, *Understanding Social Theory*, London, Sage, 1994, p. 107.
70. Para um debate similar, ver Mark Poster, *Foucault, Marxism and History: Mode of Production Versus Mode of Information*, Cambridge, Polity Press, 1990, pp. 161-162.
71. Michel Foucault, *The History of Sexuality*, vol. i, p. 94.
72. *Idem*, p. 95.
73. *Idem, ibidem*.

286 TEORIA SOCIAL CONTEMPORÂNEA

de que, apesar de Foucault estar essencialmente correto quando sublinha a importância do poder local ou das "microdimensões" do poder, o poder do Estado (e o monopólio do uso desse poder) pode ainda ser uma condição necessária para a emergência de técnicas de vigilância e outras[74].

A afirmação de Foucault "onde há poder, há resistência" é vaga[75]. Significa que o poder implica sempre resistência ou que implica meramente a sua possibilidade? Esta última dificilmente pode ser considerada uma afirmação arrojada, enquanto que a anterior requer explicações adicionais. Por que deveria o poder implicar forçosamente resistência, sobretudo se aquele é tão vagamente definido em primeiro lugar? Seguramente, se o poder é conceitualizado de forma a que também incorpore os casos em que as vontades individuais sejam inconscientemente influenciadas (ou seja, o conceito "positivo" de poder para Foucault), então parece ainda mais improvável que o poder arraste sempre resistência consigo. O próprio Foucault afirmou numa entrevista:

> Se o poder não fosse senão repressivo, se não fizesse nada mais do que dizer que não, acha mesmo que seríamos levados a obedecer-lhe? O que sustenta o poder, o que o torna aceito, é simplesmente o fato de que este não nos pesa em cima apenas como uma força que diz não, mas que atravessa e produz coisas, que induz o prazer, forma conhecimento, produz discurso[76].

Um argumento semelhante pode ser encontrado na *História da Sexualidade*[77], mas é patente que esta posição enfraquece a asserção foucaultiana acerca do elo necessário entre poder e resistência.

Apesar destas dificuldades, as ideias de Foucault demonstraram ser uma grande inspiração para os cientistas sociais de todo o mundo. O pioneiro conceito "performativo" de gênero de Judith Butler[78] e a "sociologia da punição" de David Garland são disso dois exemplos. Nos parágrafos seguintes

---

74. Ver Nicos Poulantzas, *State, Power, Socialism*, London, New Left Books, 1978; Derek Layder, *Understanding Social Theory*, pp. 106-108.
75. Michel Foucault, *The History of Sexuality*, vol. I, p. 95.
76. Michel Foucault, *Power/Knowledge*, p. 119.
77. Michel Foucault, *The History of Sexuality*, vol. I, p. 86.
78. Judith Butler, *Gender Trouble: Feminism and the Subversion of Identity*, London, Routledge, 1990; *Giving an Account of Oneself*, New York, Fordham University Press, 2005. Ver também o capítulo 2, "A Metáfora Biológica", acerca do recente ressurgimento do interesse socioteórico pela performance.

A HISTÓRIA DO PRESENTE *287*

abordaremos o trabalho deste último autor, que se tornou uma referência central da criminologia das últimas duas décadas. David Garland (1955-), um leitor crítico de Foucault, tentou ir para além do autor de *Vigiar e Punir* ao colocar uma ênfase maior nos fatores culturais e institucionais (ver capítulos 3 e 4). Segundo o seu ponto de vista, a grande contribuição de Foucault foi ter tratado a punição como um tópico fundamental da teoria social (seria necessário regressar a Durkheim para encontrar outro importante teórico social interessado neste tema).

Foucault, no entanto, empregou uma abordagem excessivamente instrumental e funcionalista em relação à punição[79]. A alternativa de Garland é um conceito de punição como "instituição social": a punição deverá ser estudada como qualquer outra instituição social (digamos, a família ou o mercado) uma vez que as práticas punitivas ajudam a definir a identidade da sociedade na qual ocorrem. Por outras palavras, a punição, em vez de ser uma dimensão separada da vida social nas sociedades modernas, é uma parte integrante da sua autopercepção normativa. As práticas penais ajudam a definir o que está certo e errado, o que é normal e anormal, legítimo e ilegítimo. Desta forma, a punição regula a vida social em dois níveis distintos: primeiro, regula diretamente o comportamento que é tido como socialmente nefasto; em segundo lugar, fornece um quadro de interpretação que permite à população em geral fazer julgamentos morais[80].

Mais recentemente, Garland juntou-se a autores como Zygmunt Bauman[81] e Loïc Wacquant[82] na tentativa de explicar o exponencial aumento das taxas de encarceramento nos países ocidentais contemporâneos. Em *The Culture of Control*, Garland associa as recentes transformações das políticas de controle do crime com uma profunda alteração social. No âmago desta alteração encontra-se o desmantelamento do Estado social, e da cultura dos direitos sociais a ele associada. Uma consequência do ataque neoliberal ao Estado social foi a erosão do "assistencialismo penal" que havia dominado a prática da justiça criminal desde o final do século XIX. As medidas de combate "duro" ao crime,

79. David Garland, *Punishment and Modern Society: A Study in Social Theory*, Chicago, University of Chicago Press, 1990, pp. 157-175.
80. *Idem*, p. 252.
81. Zygmunt Bauman, *Globalization: The Human Consequences*, Cambridge, Polity Press, 1998.
82. Loïc Wacquant, *Prisons of Poverty*, Minneapolis, University of Minnesota Press, 2006.

288 TEORIA SOCIAL CONTEMPORÂNEA

como a norte-americana *three strikes and you're out* seriam impensáveis há apenas algumas décadas.

Se até os anos 1970, a ênfase era posta na reabilitação do criminoso e no evitar do encarceramento a todo o custo, hoje em dia as políticas de controle do crime passaram a ser intensamente politizadas e centradas na vítima, possuindo um caráter altamente expressivo e punitivo[83]. Segundo a análise que Garland faz da punição nos Estados Unidos e na Grã-Bretanha, aquilo que ele chama de "tematização reacionária" da modernidade tardia conduziu a uma dissolução do "projeto solidário" da "sociedade do Estado social inclusivo" do período do pós-guerra[84]. Nas suas próprias palavras, "se o assistencialismo penal transportava consigo a húbris e o idealismo do modernismo do século XX, as atuais políticas de combate ao crime exprimem uma mensagem mais negativa e intolerante"[85].

A influência das ideias de Foucault não se limita, como é óbvio, à criminologia e às abordagens socioteóricas da punição. Consideremos, por exemplo, seu trabalho acerca do poder, do governo e da biopolítica. Mesmo tendo Foucault escrito relativamente pouco acerca destes tópicos, a sua abordagem da forma como a política moderna se relaciona inextricavelmente com a existência biológica dos seres humanos é uma referência central neste campo. A tese foucaultiana de que a modernidade assinala uma ruptura na história humana – de que a política se transforma em "biopolítica" à medida que o poder político começa a regular a vida das populações – inspirou toda uma geração de autores de orientação crítica[86].

Um destes casos é o filósofo italiano Giorgio Agamben (1942-), a quem devemos o desenvolvimento teórico mais sofisticado das ideias de Foucault sobre biopolítica. Em *Homo Sacer,* Agamben alarga a tese de Foucault de que a modernidade é uma era biopolítica (que servia originalmente para descrever o advento da idade moderna no século XVIII) à análise do campo de concentração e aos regimes totalitários do século XX. Para Agamben, o "campo" é o paradigma oculto da modernidade, onde a política da vida (a eugenia) cedeu rapidamente lugar à política da morte. Quando isso ocorre, a biopolítica

---

83. David Garland, *The Culture of Control: Crime and Social Order in Contemporary Society,* Oxford, Oxford University Press, 2001, pp. 142-143.
84. *Idem*, pp. 165 e 199.
85. *Idem*, p. 199.
86. Michel Foucault, *The History of Sexuality,* vol. I, p. 143.

A HISTÓRIA DO PRESENTE *289*

transforma-se na "thanatopolítica" (ou seja, a gestão política da morte e da destruição).

A noção de que a soberania é exercida sobre um corpo político adquire subitamente um sentido literal. Como explica Agamben, está relacionada com a ideia dos corpos dos cidadãos que o soberano moderno, aliado não apenas ao "jurista, mas também ao médico, ao cientista, ao especialista e ao padre"[87], exerce o seu poder. Zygmunt Bauman concorda com o diagnóstico de Agamben. No seu importante *Modernidade e Holocausto*, Bauman demonstra como a eliminação de corpos estrangeiros e impuros vai de encontro com a purificação do corpo político (ver capítulo 8).

Com uma orientação mais empírica, Nikolas Rose (1947-) também tem se apoiado na noção foucaultiana de biopolítica de modo a inquirir acerca dos aspectos médicos e éticos da nova biomedicina. Contrariamente a Agamben e a Bauman, no entanto, Rose[88] crê existir uma clara ruptura entre as nossas sociedades "liberais avançadas" e as sociedades modernas da primeira metade do século XX. Estas últimas eram dominadas pelo que Foucault chamava de mentalidade do "bom pastor"; isto é, o Estado social paternalista tinha por vezes de tomar decisões difíceis, como eliminar os indivíduos portadores de uma constituição defeituosa de forma a proteger a saúde do rebanho enquanto um todo. Hoje em dia, no entanto, este poder pastoral já não é administrado pelo Estado social todo-poderoso.

Com base na sua experiência de campo[89], Rose sugere que o atual regime de biopoder é mais bem descrito como sendo uma área plural e contestada na qual participam uma multitude de atores sociais, incluindo comitês de ética, associações profissionais, investigadores, organizações de autoajuda e companhias de seguros e de biotecnologia[90]. No centro da agenda de Rose encontramos uma das preocupações capitais de Foucault: o corpo. De acordo com o ponto de vista de Rose, a autoidentidade tem ficado progressivamente somática

---

87. Giorgio Agamben, *Homo Sacer: Sovereign Power and Bare Life*, Stanford, Stanford University Press, 1998, p. 21.
88. Nikolas Rose, "Governing 'Advanced' Liberal Democracies", *in* Andrew Barry, Thomas Osborne and Nikolas Rose (eds.), *Foucault and Political Reason*, London, UCL Press, pp. 37-64, 1996.
89. Ver, por exemplo, Paul Rabinow and Nikolas Rose, "Thoughts on the Concept of Biopower Today", *Biosocieties*, vol. 1, pp. 195-217, 2006.
90. Nikolas Rose, *The Politics of Life Itself: Biomedicine, Power, and Subjectivity in the Twenty-First Century*, Princeton, Princeton University Press, 2006, pp. 9-39.

– isto é, o corpo humano transformou-se no território privilegiado das experiências com a subjetividade. Das tatuagens e *piercings* à cirurgia plástica, das dietas ao exercício e às vitaminas, emerge uma "individualidade somática" como característica distintiva da nossa era[91].

Este *self* somático emergente, longe de ser passivo face ao seu destino biológico, assume em relação a este uma atitude extremamente ativa. Com a ajuda de uma nova biomedicina, crescentemente adaptada e individualizada, os indivíduos somáticos tornam-se mais conscientes das suas identidades biológicas. É neste contexto que o antropólogo Paul Rabinow, ele próprio um reconhecido especialista em Foucault, fala de "biossociabilidade". Os indivíduos juntam-se e exigem coletivamente proteção legal, reconhecimento e respeito pelas suas identidades biológicas: por exemplo, os familiares de doentes de câncer da mama ou de Alzheimer reúnem-se em grupos e organizações não apenas para verem os seus direitos respeitados, mas também para opinarem acerca de como a investigação deve ser conduzida e dirigida[92].

O interesse de Rabinow e Rose pela biopolítica conduziu-os a um redefinido interesse pelas implicações sociais e políticas do capitalismo. Para eles, a biopolítica transformou-se em bioeconomia e esta, por sua vez, permitiu a emergência de indivíduos somáticos para quem a personalidade é expressa em termos de corporalidade. Enquanto consumidores de técnicas médicas, os indivíduos somáticos empenham-se numa política vital cujas arenas são os seus próprios corpos, até mesmo no nível molecular. Encontra-se assim emergente uma nova ética da vida, na qual o reconhecimento e o respeito pela própria vida são objetos de adjudicação.

Embora significativa, a influência de Foucault na teoria crítica contemporânea não é única. A teoria crítica atual baseia-se também numa espécie muito diferente de reflexão crítica acerca da modernidade capitalista liberal. Referimo-nos à Escola de Frankfurt de teoria crítica, um amplo movimento intelectual neomarxista que se preocupa com as consequências econômicas, políticas, científicas e psicológicas das sociedades desenvolvidas modernas. Por vezes estas duas tendências da teoria crítica colidem. Este foi o caso com o

---

91. Carlos Novas and Nikolas Rose, "Genetic Risk and the Birth of the Somatic Individual", *Economy and Society*, vol. 29, n. 4, pp. 484-513, 2000.
92. Ver, por exemplo, Lucy Burke, "'The Country of My Disease': Genes and Genealogy in Alzheimer's Life-Writing", *Journal of Literary Disability*, vol. 2, n. 1, pp. 63-74, 2008.

debate, no início dos anos 1980, entre Habermas e Foucault sobre a modernidade, em que este último foi acusado pelo primeiro de jogar fora o bebê com a água do banho: o potencial crítico da modernidade não deve ser negligenciado, sob risco de pôr em perigo a própria noção de pensamento crítico.

Apesar das profundas diferenças que esses momentos fazem realçar, os teóricos críticos contemporâneos partilham uma ampla desconfiança acerca da modernidade liberal, com o seu tipo característico de racionalidade instrumental, ideologia do mercado livre e concepção jurídica da política democrática. No próximo capítulo, lidamos com as teorias críticas sociais desenvolvidas pelos atuais representantes da Escola de Frankfurt: Jürgen Habermas e Axel Honneth.

LEITURAS ADICIONAIS

Talvez por não ser tão sutil como algumas das suas outras obras, *Vigiar e Punir* é um dos trabalhos mais acessíveis de Foucault e, como tal, vale a pena começar por ele. Sugerimos, em seguida, o seu artigo "Nietzsche, a Genealogia, a História", em *Ditos e Escritos*, vol. 2, que é uma boa introdução à sua metodologia e à sua herança nietzscheana. *História da Loucura, O Nascimento da Clínica* e *História da Sexualidade* tratam da história, respectivamente, da loucura, da medicina e da sexualidade. Os assuntos relacionados com a ciência são tratados em *As Palavras e as Coisas* e em *A Arqueologia do Saber*. Existe uma imensa quantidade de literatura secundária sobre Foucault. O *Cambridge Companion to Foucault* é o melhor volume coletivo disponível sobre as várias dimensões da sua obra.

Michel Foucault, de Barry Smart, é uma introdução particularmente clara e acessível. Um excelente resumo de cada fase da obra de Foucault é *Michel Foucault: The Will to Truth*, de Alan Sheridan. *Governmentality*, de Mitchell Dean, é um bom comentário acerca das noções foucaultianas de governamentalidade, biopolítica e genealogia. Uma tentativa mais complexa de relacionar Foucault com outros desenvolvimentos teóricos, em particular o marxismo, pode ser encontrada em *Foucault, Marxism and Critique*, de Barry Smart, e em *Foucault, Marxism and History*, de Mark Poster. O recente ensaio de Paul

Veyne, *Foucault: Seu Pensamento, Sua Pessoa*, fornece pistas interessantes às motivações por detrás da trajetória intelectual e biografia do autor.

A filosofia foucaultiana do presente e a crítica de Habermas e Charles Taylor à abordagem de Foucault ao Iluminismo são discutidos num excelente capítulo de *Philosophy in Question*, de David Hiley. Habermas lida com Foucault em *O Discurso Filosófico da Modernidade*, os argumentos de Taylor podem ser encontrados no seu "Foucault on Freedom and Truth" (em *Political Theory*) e as críticas de Nancy Fraser são resumidas no artigo "Foucault on Modern Power: Empirical Insights and Normative Confusions", na revista *Praxis International*. Sobre os novos desenvolvimentos das ideias de Foucault, deve ler-se *The Culture of Control*, de David Garland e *The Politics of Life Itself*, de Nikolas Rose, em particular o capítulo final, "Somatic Ethics and the Spirit of Biocapital".

REFERÊNCIAS BIBLIOGRÁFICAS

AGAMBEN, Giorgio. *Homo Sacer: Sovereign Power and Bare Life.* Stanford, Stanford University Press, 1998.

BACHELARD, Gaston. *The New Scientific Spirit.* Boston, Beacon Press, 1984.

BAERT, Patrick. "Realist Philosophy of the Social Sciences and Economics: A Critique". *Cambridge Journal of Economics*, vol. 20, pp. 513-522, 1996.

BARTHES, Roland. *The Fashion System.* New York, Hill & Wang, 1983.

BAUMAN, Zygmunt. *Globalization: The Human Consequences.* Cambridge, Polity Press, 1998.

BRAUDEL, Fernand. *La Méditerranée et le Monde Méditerranéen à l'Époque de Philippe II.* Paris, Armand Colin, 1966.

BURKE, Lucy. "'The Country of my Disease': Genes and Genealogy in Alzheimer's Life-Writing". *Journal of Literary Disability*, vol. 2, n. 1, pp. 63-74, 2008.

BUTLER, Judith. *Gender Trouble: Feminism and the Subversion of Identity.* London, Routledge, 1990.

_____. *Giving an Account of Oneself.* New York, Fordham University Press, 2005.

CANGUILHEM, Georges. *On the Normal and the Pathological.* Dortrecht, Reidel, 1978.

DEAN, Mitchell. *Governmentality: Power and Rule in Modern Society.* London, Sage, 1999.

FOUCAULT, Michel. *Maladie Mentale et Personnalité*. Paris, PUF, 1954.

_____ . "Orders of Discourse". *Social Science Information*, vol. 10, pp. 27-30, 1971.

_____ . *Discipline and Punish: The Birth of the Prison*. London, Allen Lane, 1977.

_____ . *Language, Counter-Memory, Practice*. Ed. D. F. Bouchard. Ithaca, Cornell University Press, 1977.

_____ . *The History of Sexuality*, vol. I: *An Introduction*. London, Penguin, 1979.

_____ . *Power/Knowledge: Selected Interviews and Other Writings 1972-1977*. Ed. C. Gordon. Hemel Hempstead, Harvester Wheatsheaf, 1980.

_____ . *Madness and Civilization: A History of Insanity in the Age of Reason*. London, Routledge, 1989.

_____ . *The Archaeology of Knowledge*. London, Routledge, 1989.

_____ . *The Birth of the Clinic: An Archaeology of Medical Perception*. London, Routledge, 1989.

_____ . *The Order of Things: An Archaeology of the Human Sciences*. London, Routledge, 1989.

_____ . *Politics, Philosophy, Culture: Interviews and Other Writings, 1977-1984*. Ed. L. D. Kritzman. London, Routledge, 1990.

_____ . *The History of Sexuality*, vol. III: *The Care of the Self*. London, Penguin, 1990.

_____ . "Governmentality". *In:* BURCHELL, Graham; GORDON, Colin & MILLER, Peter (eds.). *The Foucault Effect: Studies in Governmentality*. Chicago, Chicago University Press, pp. 87-104, 1991.

_____ . *The History of Sexuality*, vol. II: *The Use of Pleasure*. London, Penguin, 1992.

FRASER, Nancy. "Foucault on Modern Power: Empirical Insights and Normative Confusions". *Praxis International*, vol. 1, n. 3, pp. 272-287, 1981.

GARLAND, David. *Punishment and Modern Society: A Study in Social Theory*. Chicago, University of Chicago Press, 1990.

_____ . *The Culture of Control: Crime and Social Order in Contemporary Society*. Oxford, Oxford University Press, 2001.

GEUSS, Raymond. "Nietzsche and Genealogy". *European Journal of Philosophy*, vol. 2, n. 3, pp. 274-292, 1994.

GORDON, Colin. "Governmental Rationality: An Introduction". *In:* _____; BURCHELL, Graham & MILLER, Peter (eds.). *The Foucault Effect: Studies in Governmentality*. Chicago, Chicago University Press, pp. 1-51, 1991.

GUTTING, Gary. *The Cambridge Companion to Foucault*. Cambridge, Cambridge University Press, 2005.

294 TEORIA SOCIAL CONTEMPORÂNEA

HABERMAS, Jürgen. *The Philosophical Discourse of Modernity*. Cambridge, Polity Press, 1987.

HILEY, David R. *Philosophy in Question: Essays on a Pyrrhonian Theme*. Chicago, University of Chicago Press, 1988.

LAYDER, Derek. *Understanding Social Theory*. London, Sage, 1994.

NOVAS, Carlos & ROSE, Nikolas. "Genetic Risk and the Birth of the Somatic Individual". *Economy and Society*, vol. 29, n. 4, pp. 484-513, 2000.

PHILLIP, Mark. "Michel Foucault". *In:* SKINNER, Quentin (ed.). *The Return of Grand Theory in the Human Sciences.* Cambridge, Cambridge University Press, pp. 65-82, 1985.

POSTER, Mark. *Foucault, Marxism and History: Mode of Production Versus Mode of Information.* Cambridge, Polity Press, 1990.

POULANTZAS, Nicos. *State, Power, Socialism.* London, New Left Books, 1978.

RABINOW, Paul. "Artificiality and the Enlightenment: From Sociobiology to Biosociality". *Essays on the Anthropology of Reason.* Princeton, Princeton University Press, pp. 91-111, 1996.

_____ & ROSE, Nikolas. "Thoughts on the Concept of Biopower Today". *Biosocieties*, vol. 1, pp. 195-217, 2006.

ROSE, Nikolas. "Governing 'Advanced' Liberal Democracies". *In:* BARRY, Andrew; OSBORNE, Thomas & ROSE, Nikolas (eds.). *Foucault and Political Reason.* London, UCL Press, pp. 37-64, 1996.

_____ . "The Politics of Life Itself". *Theory, Culture & Society*, vol. 18, n. 6, pp. 1-30, 2001.

_____ . *The Politics of Life Itself: Biomedicine, Power, and Subjectivity in the Twenty-First Century.* Princeton, Princeton University Press, 2006.

SAUSSURE, Ferdinand. *Course in General Linguistics.* London, Peter Owen, 1959.

SHERIDAN, Alan. *Michel Foucault: The Will to Truth.* London, Routledge, 1990.

SKINNER, Quentin (eds.). *The Return of Grand Theory on the Human Sciences.* Cambridge, Cambridge University Press, 1985.

SMART, Barry. *Foucault, Marxism and Critique.* London, Routledge, 1983.

_____ . *Michel Foucault.* London, Routledge, 1988.

TAYLOR, Charles. "Foucault on Freedom and Truth". *Political Theory*, vol. 12, pp. 152-83, 1981.

VEYNE, Paul. *Foucault: His Thought, His Character.* Cambridge, Polity Press, 2010.

WACQUANT, Löic. *Prisons of Poverty.* Minneapolis, University of Minnesota Press, 2006.

7

A Propagação da Razão

A TEORIA CRÍTICA DE HABERMAS E DESENVOLVIMENTOS RECENTES

Jürgen Habermas (1929-) estudou filosofia, história, psicologia e literatura alemã nas Universidades de Göttingen, Zurique e Bona. Após completar seu doutorado em 1954, com uma tese sobre Friedrich Schelling, trabalhou como jornalista antes de aceitar um lugar como assistente de Theodor Adorno no Instituto de Investigação Social de Frankfurt, em 1956. Ensinou em Heidelberg, posteriormente, durante dois anos, tendo sido em seguida professor de filosofia e sociologia na Universidade de Frankfurt. Em 1971, foi nomeado diretor do Instituto Max Planck, e regressou à Universidade Johann Wolfgang Goethe de Frankfurt onze anos mais tarde para ocupar a cátedra de filosofia e sociologia.

Habermas tem sido uma figura destacada da filosofia e da teoria social desde o início dos anos 1970, produzindo uma ampla obra sobre os temas nucleares destes campos. Apesar do seu estilo de escrita denso, do alto nível de abstração e, frequentemente, da erudição que exige do leitor, sua influência hoje transcende extensivamente o mundo germanófono. Habermas é especialmente conhecido como um dos mais elevados expoentes da "teoria crítica" do século XX. Autores que se dedicam à construção de uma teoria crítica, tais como Adorno, Max Horkheimer e Habermas, não pretendem apenas explicar o mundo social. Querem, antes, avaliar o potencial e os problemas da sociedade

296 TEORIA SOCIAL CONTEMPORÂNEA

moderna, sendo o seu objetivo final contribuir para a autoemancipação dos indivíduos.

Tal como Karl Popper, Habermas está convencido de que o conhecimento progride através da discussão e da crítica abertas. No que diz respeito a isto, Habermas pratica o que prega, tendo de fato se envolvido em diversos debates políticos e acadêmicos, alguns dos quais com origem nos seus escritos, e os quais na sua maioria levaram-no a reavaliar e redefinir suas ideias e conceitos anteriores. Entre os seus debates mais memoráveis estão os confrontos com filósofos da ciência positivistas e falsificacionistas, apoiadores do filósofo alemão Martin Heidegger; o filósofo hermenêutico Hans-Georg Gadamer; o teórico de sistemas Niklas Luhmann; o movimento estudantil alemão; o movimento pós-estruturalista ou pós-moderno na França; e críticas feministas como Nancy Fraser[1].

Muitos poucos filósofos ou teóricos demonstraram alguma vez um interesse tão persistente por pontos de vista divergentes. É menor ainda o número daqueles que têm a capacidade, como tem tido Habermas, de adotar alguma contra-argumentação que lhe é apresentada. Em consequência disto, sua filosofia é tudo menos estática; encontra-se em permanente evolução.

A *Habilitationsschrift* de Habermas foi publicada em 1962 sob o título de *Mudança Estrutural da Esfera Pública* (*Strukturwandel der Öffentlichkeit*)[2]. Retrata a emergência e a propagação de uma "esfera pública" de debate aberto no século XVIII, e trata igualmente do declínio gradual desse padrão cultural nas sociedades capitalistas avançadas. Contrariamente aos trabalhos posteriores de Habermas, trata-se de um livro francamente fácil de ler. É, no entanto, verdadeiramente habermasiano ao revelar já a sua fascinação pelas dimensões comunicativas da democracia liberal. Para Habermas, a

---

1. Theodor Adorno, Hans Albert and Jürgen Habermas, *The Positivist Dispute in German Sociology*, London, Heinemann, 1976; Jürgen Habermas, *The Philosophical Discourse of Modernity*, Cambridge, Polity Press, 1987; *The Theory of Communicative Action*, vol. II: *Lifeworld and System: A Critique of Funcionalist Reason*, Cambridge, Polity Press, 1987 [1981], pp. 1-49; *Towards a Rational Society: Student Protest, Science, and Politics*, Cambridge, Polity Press, 1987; Jürgen Habermas und Niklas Luhmann, *Theorie der Gesellschaft oder Sozialtechnologie*, Frankfurt, Suhrkamp, 1971. Para uma panorâmica da participação de Habermas em debates públicos, ver Robert C. Holub, *Jürgen Habermas: Critique in the Public Sphere*, London, Routledge, 1991.

2. Jürgen Habermas, *Structural Transformation of the Public Sphere: An Inquiry into a Category of Bourgeois Society*, Cambridge, Polity Press, 1989. Tal como o *doctorat d'État* francês, o *habilitationsschrift* alemão refere-se a uma extensa tese de doutorado.

"esfera pública" exprime uma "formação discursiva da vontade" ou um debate livre e não coagido entre iguais, e este viria a ser central para a sua ideia de teoria crítica[3].

Seu interesse por um debate aberto e sem restrições conduziu finalmente à sua noção de racionalidade comunicativa com base numa interpretação aprofundada da filosofia pragmatista americana (a que Habermas se referiu como "hegelianismo democrático radical")[4]. Pouco tempo após a publicação da sua dissertação, foram traduzidos para o inglês um conjunto de artigos e ensaios publicados sob o título *Towards a Rational Society: Student Protest, Science and Politics* (que eram originalmente dois livros: *Protestbewegung und Hochschulreform* e *Technik und Wissenschaft*). Esse livro fala, entre outros assuntos, sobre o movimento estudantil alemão e o incremento e dispersão da racionalidade instrumental no que diz respeito a diversos aspectos da vida.

Subjaz à primeira fase da sua obra a noção de que, na arena política, aquilo que Mannheim chamou de "racionalidade substancial" foi substituída por uma "racionalidade funcional". Isso significa que os valores fundamentais passaram a ser menos determinantes para as práticas políticas do que o foram até então. A política é, ao contrário, crescentemente orientada para evitar problemas técnicos que ameacem o equilíbrio ou o funcionamento adequado do sistema social e econômico. As ideias patentes nesses dois livros iniciais não se encontravam obviamente muito afastadas das dos seus mentores, Adorno e Horkheimer.

A originalidade de Habermas revela-se inicialmente quanto à metodologia e filosofia das ciências sociais. Em *Teoria e Práxis* (*Theorie und Praxis*), *Conhecimento e Interesse* (*Erkenntnis und Interesse*) e *A Lógica das Ciências Sociais* (*Zur Logik der Sozialwissenschaften*) o foco é colocado sobre os fundamentos epistemológicos da teoria crítica. Habermas promove um relato crítico do funcionalismo e da teoria dos sistemas, tenta situar a teoria crítica relativamente à hermenêutica e à epistemologia positivista e distancia-se de algumas tendências positivistas da teoria marxista da sociedade (ver capítulo 8). Existe aqui um elo evidente com o seu trabalho inicial: a racionalidade prática vai de

---

3. Filipe Carreira da Silva, *Espaço Público em Habermas*, Lisboa, Imprensa de Ciências Sociais, 2002.
4. Filipe Carreira da Silva, *Mead and Modernity: Science, Selfhood and Democratic Politics*, Lanham, Lexington Books, 2008, pp. 151-165.

298 TEORIA SOCIAL CONTEMPORÂNEA

encontro com os tipos de análise devedoras de um quadro analítico positivista ou funcionalista.

Mas Habermas não rejeita inteiramente os pontos de vista dos seus oponentes. Incorpora algumas ideias da teoria dos sistemas na sua teoria social geral, e, por muito desconfiado que esteja acerca dos modos "empírico-analíticos" de conhecimento, estes permanecem um ingrediente essencial da sua reconstrução da teoria crítica. Durante a primeira metade dos anos 1970, Habermas dedicou a sua atenção a uma série de problemas concretos. O seu *A Crise da Legitimação no Capitalismo Tardio* (*Legitimationsprobleme in Spätkapitalismus*) é um estudo pioneiro dos desafios de sustentabilidade do Estado-Providência do pós-guerra. De linhagem distintamente neomarxista, este estudo lida com os diferentes tipos de crise do capitalismo avançado, em particular crises do empenho motivacional e da integração normativa.

Seguiu-se *Para a Reconstrução do Materialismo Histórico* (*Zur Rekonstruktion des Historischen Materialismus*), uma tentativa de apresentar uma reavaliação contemporânea da teoria marxista da história e de lidar com a homologia ou identidade estrutural entre o desenvolvimento da personalidade e as transformações sociais. O interesse de Habermas foi cada vez mais se dirigindo para as conquistas da transformação linguística da filosofia e, em meados da década de 1970, tinha já sedimentado as bases da sua teoria da pragmática universal – um prelúdio da sua teoria da ação comunicativa.

Em 1981, Habermas publicou a sua *magnum opus*: os dois volumes da *Teoria da Ação Comunicativa* (*The Theory of Communicative Action*). Esta obra é um *tour de force* de teoria social geral, na qual, entre outras coisas, reconfigura o conceito de racionalidade ao ultrapassar alguns dos problemas da filosofia da consciência cartesiana original (*Bewusstseins-philosophie*) e da sua concomitante concepção do sujeito-objeto da cognição[5].

A noção habermasiana de racionalidade comunicativa e as suas críticas a Marx encontram-se estreitamente relacionadas. Marx prestou uma atenção exclusiva ao conceito de "trabalho", e Habermas insiste que uma interação linguisticamente mediada é tão importante para a reprodução e evolução social quanto o trabalho. Assim, o conceito de "trabalho" precisa ser suplantado pela

---

5.   Jürgen Habermas, *The Theory of Communicative Action*, vol. I: *Reason and the Rationalization of Society*, Cambridge, Polity Press, 1991 [1981]; vol. II: *Lifeworld and System*, 1987 [1981].

noção de "interação". Enquanto o trabalho se encontra relacionado com a razão instrumental, a interação refere-se à comunicação dirigida ao entendimento mútuo[6]. De forma semelhante, o conceito habermasiano de racionalidade comunicativa (fundamental para a sua tentativa de desenvolver uma teoria crítica) encontra-se incrustado nas interações linguisticamente mediadas.

Confrontado com críticas acutilantes, Habermas revê alguns dos posicionamentos mais extremados que havia apresentado em *Teoria da Ação Comunicativa*. Apesar disso, Habermas jamais abandona o núcleo normativo fundamental da sua teoria. *O Discurso Filosófico da Modernidade* (*Der Philosophische Diskurs der Moderne*), por exemplo, consiste numa implacável defesa do projeto iluminista contra autores antimodernistas, pós-modernistas e pós-estruturalistas como Nietzsche, Heidegger, Foucault, Derrida e Jean-François Lyotard (ver capítulo 6).

Para Habermas, estas críticas ao Iluminismo falham fundamentalmente ao não reconhecer o potencial emancipatório deste último. Os pensadores do Iluminismo defendiam o debate e a crítica abertas e, desta forma, a racionalidade comunicativa. Mais recentemente, Habermas fez ainda outra contribuição substancial para a ética e para a teoria legal, primeiro com *Justification and Application* (*Erläuterungen zur Diskursethik*) e posteriormente com o enorme *Facticidade e Validade* (*Faktizität und Geltung*). Seu trabalho posterior em filosofia legal é, uma vez mais, bastante alinhado com o contorno geral da sua teoria da ação comunicativa.

INFLUÊNCIAS E TRABALHOS INICIAIS

A Escola de Frankfurt inicial, da qual Adorno e Horkheimer foram os membros mais eminentes, foi fundada no início da década de 1920, e dissolvida cerca de dez anos mais tarde devido às transformações radicais da cena política alemã então ocorridas. Adorno e os restantes membros da Escola de Frankfurt iniciaram um ambicioso projeto de reconstrução da teoria social marxista adotando algumas ideias weberianas e nietzscheanas. Consideravam que Marx

---

6. Jürgen Habermas, *Knowledge and Human Interests*, Cambridge, Polity Press, 1987, pp. 25-63.

300 TEORIA SOCIAL CONTEMPORÂNEA

estava demasiado imbricado no projeto iluminista, não conseguindo por esse motivo ter em relação a ele uma posição suficientemente crítica.

Os membros da Escola de Frankfurt trocaram o seu país natal em meados da década de 1930 por um paradeiro mais seguro (nomeadamente, os Estados Unidos), mas muitos deles, incluindo Adorno, regressaram logo após o final da Segunda Guerra Mundial. Habermas, que foi aluno de Adorno e mais tarde seu assistente, é considerado o principal sucessor dessa primeira e mítica geração – um intelectual de vanguarda, cujo trabalho, embora beba de diversas fontes, permanece em alguns aspectos fiel ao espírito da primeira Escola de Frankfurt.

Existe uma série de continuidades que ligam a Escola de Frankfurt à obra de Habermas. Alguns comentadores argumentam que, devido à sua natureza profundamente interdisciplinar, a *oeuvre* de Habermas encontra-se particularmente próxima da investigação levada a cabo nos primeiros anos do Instituto de Investigação Social de Frankfurt[7]. De forma mais substantiva, Habermas partilha com Adorno e Horkheimer uma preocupação com a extensão pela qual a *Aufklärung*, apesar do seu potencial libertador, conduziu ao alastramento e dispersão de uma racionalidade instrumental no Ocidente[8]. Além disso, tanto a Escola de Frankfurt como Habermas criticam fortemente as concepções epistemológicas da sociologia positivista e rejeitam enfaticamente a natureza técnica do conhecimento positivista[9].

Habermas adquire, via Adorno e outros, uma concepção da teoria crítica como algo que é dirigido para a autoemancipação dos seres humanos. De acordo com esta perspectiva, o conhecimento sociocientífico deveria ser uma ajuda ao levantamento de restrições sociais e psicológicas passadas. Dentre as divergências existentes com Adorno, por exemplo, temos a tendência de Habermas a desenvolver uma "grande teoria social" segundo um molde tradicional, o que entra em contradição com as críticas feitas por aquele ao "pensamento identitário". Adorno cunhou esse termo para designar as tentativas de impor um sistema unitário de conceitos e de definições gerais sobre o caráter particular e idiossincrático dos objetos[10].

---

7. William Outhwaite, *Habermas: A Critical Introduction*, 2nd. ed., Cambridge, Polity Press, 2009.
8. Jürgen Habermas, *The Theory of Communicative Action*, vol. I, pp. 339-399.
9. Jürgen Habermas, *Knowledge and Human Interests*, pp. 71-90; *The Philosophical Discourse of Modernity*, pp. 52-122; ver também o capítulo 8, "Um Admirável Mundo Novo?"
10. Theodor Adorno, *Negative Dialectics*, London, Routledge, 1973, pp. 146-161.

A PROPAGAÇÃO DA RAZÃO *301*

Isso relaciona-se ainda com outra diferença: enquanto o ponto de vista de Adorno acerca da racionalidade é ainda profundamente enraizado na filosofia da consciência, Habermas prefere fundar a razão no contexto intersubjetivo do uso cotidiano da linguagem. Se para Adorno o único porto de abrigo para a razão contra o avanço da racionalidade instrumental reside no domínio estético, Habermas opta por uma noção dialógica da razão. Do mesmo modo, enquanto a Escola de Frankfurt, seguindo Weber, refere uma direção única e irreversível para o aumento da racionalidade instrumental (*Zweckrationalität*) no Ocidente, Habermas sublinha a natureza dúplice e seletiva desse processo de racionalização.

Para Habermas, um aspecto deste processo é na verdade a racionalidade alegadamente finalista; outro aspecto é a extensão das liberdades judiciais e da racionalidade comunicativa, sendo esta última merecedora de defesa[11]. Por fim, enquanto os primeiros teóricos críticos parecem rejeitar *in toto* a sociedade burguesa, Habermas argumenta que existem algumas características formais das instituições políticas burguesas que vale a pena preservar. Em contraste com Horkheimer e Adorno, Habermas demonstra de fato como a sua noção de racionalidade comunicativa se encontra já pressuposta nas principais institui-ções da nossa democracia liberal e, *mutatis mutandis*, de que forma uma crítica imanente da sociedade contemporânea se torna exequível[12].

Habermas é também um profundo conhecedor da tradição filosófica alemã de maior definição. Durante a sua educação universitária familiarizou-se com o pensamento de Kant, Hegel, Schelling, Fichte, Marx e Lukács. Dentre as suas influências sociológicas contam-se o materialismo histórico de Marx, a teoria de Durkheim sobre a transição da solidariedade orgânica para a mecânica, a teoria da racionalização de Weber, a noção parsoniana de diferenciação social e etnometodologia de Garfinkel. Outras influências incluem o pragmatismo americano de Peirce, Dewey e Mead, a hermenêutica de Gadamer, a "filosofia

---

11. Cf. Theodor Adorno and Max Horkheimer, *Dialectic of Enlightenment*, London, Allen Lane, 1973, pp. 1-119; Jürgen Habermas, *The Philosophical Discourse of Modernity*, pp. 106-130.

12. Ver também Peter Dews (ed.), *Autonomy and Solidarity: Interviews with Jürgen Habermas*, London, Verso, 1986, p. 101; Albrecht Wellmer, "Reason, Utopia, and Enlightenment", *in* Richard Bernstein (ed.), *Habermas and Modernity*, Cambridge, Polity Press, pp. 35-66, 1985, p. 52; Thomas McCarthy, "Reflection of Rationalization in the Theory of Communicative Action", *in* Richard Bernstein (ed.), *Habermas and Modernity*, p. 176; Axel Honneth, "Critical Theory", *in* Anthony Giddens and Jonathan Turner, *Social Theory Today*, Cambridge, Polity Press, 1987, pp. 356-376.

302 TEORIA SOCIAL CONTEMPORÂNEA

da linguagem comum" pós-wittgensteiniana de J. L. Austin, John Searle e Peter Strawson, e a teoria dos estágios de Jean Piaget e Lawrence Kohlberg.

Dada a grande variedade das fontes de Habermas, é notável a unidade temática que o seu próprio projeto, ainda assim, possui. Quer discuta o conceito weberiano de racionalidade ou a noção de mundo social simbolicamente constituído de Mead, quer argumente contra os excessos do positivismo lógico ou contra as inclinações relativistas da onda pós-modernista francesa, subjaz à sua obra uma firme crença no projeto filosófico do Iluminismo e nos princípios do liberalismo político. A maioria dos seus escritos centra-se em torno desta profunda convicção.

Torna-se já bastante nítido que, em alguns aspectos, o projeto de Habermas não é muito distinto do de Giddens (ver capítulo 5). Na verdade, ambos tentam integrar uma grande diversidade de tradições intelectuais de forma a desenvolverem uma contribuição pós-empirista, embora explicitamente não relativista, para a teoria social. Para mais, ambos alertam para os perigos da adoção de argumentos unilaterais, sejam eles de inspiração estrutural ou orientados para o ator. Cada um deles procura, ao invés, ligar diferentes níveis de análise social e ultrapassar dualismos anteriormente estabelecidos. Tal como Giddens, Habermas pretende transcender a oposição entre o funcionamento ao nível do sistema, por um lado, e a operação ao nível do domínio da intersubjetividade e do simbólico, por outro.

A este propósito, Habermas apresenta dois conceitos centrais: o "sistema social" e o "mundo-da-vida". O mundo-da-vida refere-se aos significados partilhados e à natureza tida-por-certa das nossas atividades diárias. Habermas afirma que o mundo-da-vida é central para a reprodução social; quer dizer com isto que a sociedade é permanentemente feita e refeita através destas práticas rotineiras. Ao mundo-da-vida tem, em particular, sido prestada bastante atenção por abordagens "internacionalistas" tais como a fenomenologia e a etnometodologia (ver capítulo 3).

O sistema social refere-se à forma através da qual as estruturas sociais e os imperativos funcionais constringem as ações dos indivíduos por via do dinheiro e do poder. Tem sido objeto de estudo a partir de pontos de vista externalistas, tal como o estrutural-funcionalismo ou a teoria dos sistemas (ver capítulos 1 e 2). Enquanto que o mundo-da-vida levanta questões de comunicação, o sistema social relaciona-se com as forças e as relações de produção. O trabalho de Habermas debruça-se tanto sobre o sistema social como sobre o mundo-da-vida e tenta demonstrar a sua inter-relação. O mundo-da-vida encontra-se dependente de um funcionamento adequado do sistema social, em particular da utilização eficiente de recursos e de uma coordenação e organização estatal das atividades. O sistema social necessita de indivíduos devidamente socializados e de um certo grau de permanência ao nível cultural, o que é providenciado pelo mundo-da-vida[13].

Para Habermas, a teoria crítica deve ser vista como habitando a interseção entre a filosofia e a ciência. A teoria crítica pretende desvelar as condições estruturais das ações dos indivíduos, e orienta-se, em última análise, para a transcendência dessas condições. Habermas esforça-se por apresentar uma definição de teoria crítica e por especificar como esta se relaciona com outras formas de conhecimento. Apoiando-se parcialmente na filosofia pragmatista de Peirce e no seu elo concomitante entre ciência e ação, Habermas distingue na sua obra inicial três formas diferentes de conhecimento: o conhecimento empírico-analítico, a hermenêutica e a teoria crítica. Estes tipos de conhecimento relacionam-se com três formas antropologicamente distintas de interesses *a priori*. Os interesses devem ser entendidos como "orientações básicas" incrustadas em "condições fundamentais" de reprodução e autoconstituição da espécie humana[14].

Enquanto a abordagem positivista ou empírico-analítica relaciona-se com o controle e previsão técnicos através do conhecimento nomológico, a hermenêutica busca o conhecimento no âmbito de um contexto de significados intersubjetivos. Por fim, a teoria crítica, enquanto combinação dos tipos de conhecimento hermenêutico e empírico-analítico, tem como finalidade a emancipação. Procura questionar ideias previamente tidas por certas, e anular constrangimentos e dependências sociais e psicológicas. Nota-se que cada um destes interesses se encontra relacionado com diferentes meios e veículos de organização social. Os tipos de conhecimento empírico-analíticos possuem uma afinidade com o "trabalho" ou "ação instrumental", a hermenêutica é relevante

---

13. Jürgen Habermas, *Legitimation Crisis*, Cambridge, Polity Press, 1976, pp. 1-7; *The Theory of Communicative Action*, vol. II, pp. 113-197.

14. Jürgen Habermas, *Knowledge and Human Interests*, p. 196. Para uma panorâmica crítica da teoria dos interesses cognitivos de Habermas, ver, por exemplo, Henning Ottmann, "Cognitive Interests and Self-Reflection", *in* John Thompson and David Held (eds.), *Habermas: Critical Debates*, London, Macmillan, pp. 79-97, 1982.

para a "linguagem" ou a "interação", e a teoria crítica lida com o "poder" ou as "relações assimétricas"[15].

Trataremos de cada um destes tipos de conhecimento por sua vez. Aquilo que Habermas chama de conhecimento empírico-analítico é basicamente uma ideia positivista do conhecimento. O positivismo é um termo amplo e inclui, por exemplo, o pensamento holístico de Comte e o seu evolucionismo unilinear por um lado, e o individualismo metodológico de John Stuart Mill e a sua abordagem a-histórica por outro. O positivismo é exemplificado mais recentemente pelo modelo dedutivo-nomológico de Hempel ou Nagel. Sendo originalmente uma tentativa ambiciosa de abolir toda a metafísica e religião, o positivismo inclui atualmente um grande número de diferentes asserções ou temas.

Dentre estes últimos sobressaem as concepções de que existe uma unidade de método entre as ciências sociais e naturais; a noção de que as ciências sociais devem procurar generalizações permanentes com caráter de lei; a crença de que o formato que permite aos fenômenos serem explicados permite também a previsão desses mesmos fenômenos, e vice-versa; a rejeição de explicações que se refiram a estados subjetivos dos indivíduos, tais como motivações ou finalidades; uma predileção pela quantificação; e uma ideia das ciências sociais como tendo a função exclusiva de resolver problemas técnicos da sociedade (ver capítulo 8).

Habermas rejeita a asserção positivista de que é a única forma válida de conhecimento, e repudia também a tendência positivista para ignorar a dimensão intersubjetiva e social do conhecimento científico[16]. Na sua opinião, existe um positivismo residual no marxismo na medida em que este reduz a interação social principalmente (se não exclusivamente) a um resultado mecânico de forças produtivas[17]. Tal como Bourdieu e Giddens, Habermas reconhece que alguns pontos de vista da hermenêutica são na verdade relevantes para o funcionamento do mundo social: os indivíduos atribuem significados ao que os rodeia, e agem em conformidade (ver capítulos 1 e 5).

---

15. Jürgen Habermas, *Knowledge and Human Interests*, pp. 308-315.
16. *Idem*, pp. 71-90 e 308-309.
17. Ver também Richard Bernstein, *The Restructuring of Social and Political Theory*, Philadelphia, University of Pennsylvania Press, 1978, pp. 188-189; Anthony Giddens, "Jürgen Habermas", *in* Quentin Skinner (ed.), *The Return of Grand Theory in the Human Sciences*, Cambridge, Canto, pp. 121-140, 1985, p. 125.

Isso leva-nos ao segundo tipo de conhecimento. A hermenêutica, ou o método do Sinnverstehen, postula uma diferença qualitativa entre os métodos das ciências sociais e naturais. Este argumento remonta ao apelo de Wilhelm Dilthey para que se criasse um método distintivo de compreensão (*Verstehen*) interpretativa para as ciências humanas (*Geisteswissencshaften*). Dilthey, no final do século XIX, articulava claramente a posição hermenêutica no chamado "debate metodológico", ou *Methodenstreit*. Segundo ele, enquanto que as ciências naturais lidavam com perguntas como "por que?" e "como?", as ciências sociais e a história tentavam responder a perguntas como "o quê?"

Embora Dilthey apresentasse inicialmente uma versão individualista do método do *Verstehen*, no qual a reinterpretação assumia uma posição saliente, veio mais tarde a reconhecer as características público-coletivas e linguísticas deste processo de reinterpretação. Habermas argumenta que, devido à sua ênfase na análise descritiva, a hermenêutica de Dilthey é incapaz de avaliar criticamente a validade das afirmações. Para mais, e contra o pressuposto de Dilthey relativo a uma reinterpretação neutra ou virginal do passado e alinhada com a noção de preconceito (*Vorurteilsstruktur*) de Gadamer, Habermas defende que as interpretações são possíveis apenas através do meio dos preconceitos implícitos.

Para Habermas, os desenvolvimentos mais recentes no domínio da hermenêutica (a interpretação sociológica da fenomenologia de Husserl por Schutz, a interpretação das *Investigações Filosóficas* de Wittgenstein, por Peter Winch, ou a etnometodologia de Garfinkel) não resolvem inteiramente alguns dos problemas do trabalho de Dilthey. Habermas encontra maior inspiração no trabalho de Gadamer, em particular no seu *Verdade e Método*. Gadamer opõe-se à noção iluminista de conhecimento livre de valor e independente da teoria. De acordo com Gadamer, a tradição e o preconceito não devem ser vistos como obstáculos à aquisição de conhecimento, mas antes como uma precondição para a possibilidade desse mesmo conhecimento. Da mesma forma que a historicidade das tradições é intrínseca à formação do conhecimento, o conhecimento é temporal e aberto a futuras reapreciações.

Assim, a compreensão do mundo não é um mero processo unidirecional – os nossos próprios preconceitos são reconstituídos em função dos nossos encontros com o mundo. A maior parte destas perspectivas conceituais são adotadas por Habermas, embora este critique Gadamer pela sua alegada falta

306 TEORIA SOCIAL CONTEMPORÂNEA

de dimensão crítica. O conhecimento ou a interpretação dos indivíduos, argumenta, dependem necessariamente de uma série de noções implícitas que se encontram incrustadas na história e na tradição, mas tal não implica que diferentes conjuntos de concepções sejam igualmente válidos. Do que a sociologia necessita adicionalmente, continua Habermas, é de uma "hermenêutica de profundidade" que forneça um padrão que nos permita avaliar criticamente diferentes tradições e identificar distorções ideológicas e as suas ligações com as relações de poder[18].

A hermenêutica de profundidade de Habermas enquadra-se no terceiro tipo de conhecimento: a teoria crítica. A teoria crítica apoia-se numa combinação de explicação causal e de *Sinnverstehen* e orienta-se em última análise para a autoemancipação. A autoemancipação ocorre sempre que os indivíduos são capazes de desafiar as restrições do passado resultantes de uma comunicação distorcida[19]. Muito embora Freud tenha definido a sua teoria em analogia com as ciências naturais, Habermas concebe a psicanálise como um exemplo *par excellence* de teoria crítica. A dimensão hermenêutica entra num encontro psicanalítico de cada vez que o psicanalista ajuda o paciente a reinterpretar memórias e experiências anteriormente reprimidas.

Habermas refere-se aqui a uma "hermenêutica da profundidade", uma vez que o psicanalista tenta penetrar para além da superfície do significado e remexer ao nível dos desejos e necessidades reprimidas. Uma das finalidades desta interação é, claro, revelar ao paciente os mecanismos causais até então ocultos que influenciaram padrões comportamentais; esta é assim a dimensão empírico-analítica. No entanto, o objetivo final do encontro psicanalítico é a remoção destas restrições do passado, que Habermas intitula a dimensão emancipatória da psicanálise[20]. Outro exemplo de teoria crítica, este mais a um nível social do que psicológico, é o materialismo histórico. Tal como a psicanálise, o materialismo histórico orienta-se para a reflexão e para a consciência crítica.

Os escritos iniciais de Habermas, em particular *Conhecimento e Interesse*, padecem de uma série de problemas. Em primeiro lugar, tal como o próprio reconheceu mais tarde, seu pensamento inicial estava ainda

18. Jürgen Habermas, *Knowledge and Human Interests*, pp. 140-160 e 309-310; *On The Logic of the Social Sciences*, Cambridge, Polity Press, 1988, pp. 89-170.
19. Jürgen Habermas, *Knowledge and Human Interests*, pp. 310-311.
20. *Idem*, p. 220.

incrustado no que ele chama de "filosofia da consciência" (ou filosofia do sujeito) cartesiana, na medida em que ignora a natureza social das práticas comunicativas. Em segundo lugar, embora Habermas demonstre de forma persuasiva que a psicanálise pode ser autoemancipatória para o indivíduo, isto não implica, como ele parece conceber, que a psicanálise seja uma pedra basilar para uma teoria crítica da sociedade. Surgiram desde então muitas dúvidas quanto a um tal potencial para a psicanálise[21].

Em terceiro lugar, o Habermas inicial combina regularmente a reflexão sobre constrangimentos socialmente induzidos, por um lado, e a libertação destes constrangimentos, por outro. Quando questionado mais tarde sobre este assunto, reconhece que a autorreflexão é uma condição necessária, embora não suficiente, para a negação de restrições passadas. No entanto, nas suas primeiras obras as duas noções nem sempre são devidamente distinguidas. Em quarto lugar, Habermas utiliza o termo "reflexão" com, pelo menos, dois significados diferentes. Um refere-se ao conceito kantiano de "crítica" como reflexão sobre as condições ou as possibilidades do conhecimento ou da ação. Outro refere-se à noção emancipatória hegeliana de *Bildung* enquanto reflexão sobre constrangimentos até então inconscientes ou hipostasiados[22]. Habermas reconhece posteriormente a existência desta ambiguidade nestes seus escritos, passando a chamar ao primeiro, reconstrução racional, e ao segundo, autocrítica.

Habermas dedicou uma parte importante do seu trabalho nos anos 1990, incluindo *Teoria da Ação Comunicativa*, ao fenômeno da reconstrução racional. Neste contexto, apoia-se naquilo que chama "ciências reconstrutivas", referindo-se à gramática generativa de Chomsky, à teoria do desenvolvimento cognitivo de Piaget e à teoria do desenvolvimento moral de Kohlberg. Estas ciências reconstrutivas revelam as regras subjacentes ao nosso "saber como" pré-teórico. A teoria habermasiana da ação comunicativa ou da pragmática universal é ela própria uma destas ciências reconstrutivas. Esta teoria permite a Habermas seguir Kant e a sua ideia de razão, refletindo sobre as condições universais do seu próprio funcionamento, evitando a natureza *a priori* do projeto kantiano[23].

---

21. Michael Pusey, *Jürgen Habermas*, London, Tavistock, 1987, p. 74.
22. Ver Richard Bernstein, "Introduction", *Habermas and Modernity*, pp. 12-15.
23. *Idem*, p. 15.

A TEORIA DA AÇÃO COMUNICATIVA

Isso leva-nos à sua obra seminal sobre a racionalidade. Para Habermas, uma ação ou afirmação é racional se pode, em princípio, ser justificada com base num debate aberto em que cada indivíduo participa de modo igual. Esta definição funcional pode ser utilizada para abordar três aspectos do conceito de racionalidade. Um segundo componente é epistemológico. Sua principal questão é saber se cada cultura integra a sua própria racionalidade. A conceitualização processual da racionalidade de Habermas leva-o a rejeitar noções relativistas como as de Winch, que se apoia nas *Investigações Filosóficas* de Wittgenstein. Um segundo componente da racionalidade opera ao nível da teoria social. Lida com as alegações de racionalidade que são produzidas em paralelo com as explicações de condutas sociais (ver capítulo 4).

O terceiro componente, ao qual Habermas presta mais atenção, refere-se à sociologia da cultura e em particular ao processo de transição cultural a que o Ocidente foi sujeito desde, aproximadamente, o século XVI. Ao centrar-se neste componente, Habermas reage em parte contra a noção weberiana de desencantamento (*Entzauberung*) e o conceito de razão instrumental de Adorno e Horkheimer. Segundo estes autores, a civilização moderna caracteriza-se por um incremento na lógica da racionalidade utilitarista. Como tal, são extremamente críticos ao projeto da modernidade. Para Habermas, no entanto, a racionalização não é um processo único, mas duplo.

Por um lado, envolve efetivamente uma racionalidade instrumental, tal como foi conceitualizada por Weber e pela Escola de Frankfurt. Como estes, Habermas é extremamente crítico em relação a um excesso de racionalidade utilitarista. Por outro lado, existe sem dúvida um componente mais positivo do processo de racionalização ocidental. Habermas decide chamar este aspeto positivo do Iluminismo de "racionalidade comunicativa". Esta racionalidade comunicativa refere-se à institucionalização de mecanismos abertos de crítica e de defesa. Enquanto que a racionalidade instrumental se relaciona com o imperativo do sistema social, a racionalidade comunicativa refere-se ao nível do mundo-da-vida. A racionalidade comunicativa passa a ser a pedra angular da contribuição de Habermas para a teoria crítica[24].

---

24. Jürgen Habermas, *The Theory of Communicative Action*, vol. I, pp. 1-141.

A noção de competência é central para a "pragmática universal" de Habermas. Este argumenta que os indivíduos possuem competências práticas específicas que lhes permitem estabelecer distinções particulares. Uma destas distinções é entre três tipos de ação: "instrumental", "estratégica" e "comunicativa". A ação instrumental e estratégica estão ambas orientadas para o sucesso, mas enquanto a primeira se refere a uma relação com a natureza externa, a última lida com situações estratégicas entre indivíduos. As ações estratégica e comunicativa são ambas sociais, mas esta última é orientada através da ação social para a obtenção da "compreensão" (*Verständigung*) em relação a todas as "afirmações de validade" (*Geltungsansprüche*)[25].

Claramente influenciado por Popper, Habermas afirma que os indivíduos são, em princípio, capazes de fazer uma distinção adicional entre três mundos diferentes: a natureza externa, a sociedade e a natureza interna. Enquanto o mundo da natureza externa se refere a questões de representação correta dos fatos, a sociedade refere-se a questões de retidão moral das regras sociais, e a natureza interna trata de assuntos de sinceridade[26]. Como ficará evidente a partir do que se segue, a capacidade dos indivíduos para fazerem estas distinções diversas é central para a noção habermasiana de ação comunicativa.

Uma das afirmações centrais de Habermas é a de que a noção de racionalidade pressupõe a comunicação. A elaboração que Habermas faz deste argumento baseia-se na teoria do ato de fala. Apoia-se fortemente na distinção que Austin faz entre atos de fala locutórios e ilocutórios. Austin apresenta estes termos com a finalidade de estabelecer uma distinção entre dizer alguma coisa, por um lado, e fazer alguma coisa dizendo algo, por outro. Em concordância com Austin, Habermas afirma que cada ato de fala pode se dividir em dois níveis, um proposicional e outro ilocutório. Em seguida, combina esta afirmação com a sua estrutura tripartida de mundos segundo a qual existem três usos para a linguagem: cognitivo, interativo e expressivo.

O uso cognitivo da linguagem aponta para algo no mundo objetivo e recorre a atos de fala constativos. O uso interativo refere-se ao mundo social, procura estabelecer relações interpessoais legítimas e recorre a atos regulativos (como ordens ou promessas). Por fim, o uso expressivo refere-se ao mundo subjetivo,

---

25. *Idem*, p. 328.
26. *Idem*, p. 236.

310 TEORIA SOCIAL CONTEMPORÂNEA

à intenção ou autorrepresentação do falante, socorrendo-se de atos de reconhecimento. Irá se tornar claro em seguida que estes três usos da linguagem se relacionam com três "asserções de validade"[27]. Encontramo-nos agora em posição de tecer mais considerações acerca do núcleo da teoria habermasiana da ação comunicativa. Uma das suas asserções fundamentais é a de que sempre que os indivíduos se envolvem em debates ou diálogos uns com os outros, quatro "afirmações de validade" culturalmente invariáveis estão implicitamente pressupostas. São estas a "inteligibilidade", a "verdade", a "justeza moral" e a "sinceridade".

A inteligibilidade (*Verständlichkeit*) refere-se ao pressuposto de que, sempre que alguém fala, aquilo que tem para dizer possui sentido. Uma vez que a inteligibilidade se cumpre no interior do uso da própria linguagem, aquela não faz parte da matéria tratada pela pragmática universal de Habermas. A verdade (*Wahrheit*) é a segunda afirmação de validade e refere-se ao fato de que, ao dizer-se algo, existe a ideia implícita de que o "conteúdo factual" daquilo que é dito é verdadeiro. A justeza moral (*Richtigkeit*) refere-se à asserção implícita de que, ao dizer algo, um indivíduo tem o direito de o dizer num dado momento e num determinado contexto. Por fim, a sinceridade (*Wahrhaftigkeit*) é a asserção implícita de que, ao dizer aquilo que diz, o indivíduo não possui a intenção de iludir os outros participantes na interação.

A capacidade dos indivíduos de estabelecer uma diferenciação entre os três mundos liga-se a estas três últimas afirmações de validade. A verdade pertence ao mundo da natureza exterior; Habermas chama-lhe "esfera cognitivo-instrumental". A justeza moral relaciona-se com o mundo da sociedade; no jargão habermasiano, esta é a "esfera prático-moral". A sinceridade diz respeito ao mundo da natureza interior; Habermas chama-lhe "esfera avaliativa ou expressiva". Muito embora as afirmações de validade estejam implicitamente pressupostas na comunicação, todas elas se encontram também potencialmente abertas à argumentação.

Cada afirmação de validade está associada a uma forma diferente de argumentação. O discurso teórico refere-se ao valor de verdade das proposições ou à eficácia das ações; Habermas chama esta forma de discurso de "uso cognitivo

---

27. *Idem*, pp. 286-328; *Communication and the Evolution of Society*, Cambridge, Polity Press, 1979, pp. 1-59.

da linguagem". O discurso prático refere-se à justeza das normas; Habermas chama-lhe "uso interativo da linguagem". A crítica estética e a crítica terapêutica referem-se à adequação dos critérios de valor e à verdade e sinceridade das expressões; este é o "uso expressivo da linguagem"[28].

A "comunicação não distorcida" distingue-se da "comunicação distorcida" na medida em que os indivíduos envolvidos podem abertamente defender e criticar todas as afirmações de validade. Este é em especial o caso numa "situação de discurso ideal", que é um debate não coagido entre indivíduos livres e iguais, sendo como tal inteiramente dominado por um princípio: a "força do melhor argumento". Para mais, todos os indivíduos envolvidos possuem igual direito de acesso à discussão, e não existe qualquer motivo reprimido ou autoengano que possam afetar o seu resultado. A situação ideal de discurso é um tipo ideal no sentido weberiano do termo, e uma das afirmações arrojadas de Habermas é a de que é inerente à natureza da linguagem.

Refere-se a este como um ideal "contrafactual" que pode funcionar como padrão para uma avaliação crítica e comparativa de situações da vida real e como crítica da comunicação distorcida[29]. Das quatro afirmações de validade, só a verdade e a justeza moral podem ser redimidas em discursos que se aproximem de uma situação de discurso ideal. A inteligibilidade de uma afirmação tende a ser demonstrada através de sua reorganização gramatical, e a sinceridade só pode ser demonstrada por ações subsequentes. Mas a verdade e a justeza moral podem ser redimidas no discurso.

Decorre daqui que a noção habermasiana de racionalidade e de verdade é processual: a sua ideia de racionalidade não adere às fundações absolutas do conhecimento, mas a processos de obtenção do conhecimento[30]. Uma das consequências desta ideia é a de que, analogamente à rejeição que Popper faz de uma "filosofia primeira", o nosso conhecimento é temporal – algo que é detido até que um argumento melhor nos conduza a pensar de outra forma. Contrariamente, por exemplo, à noção de Tarski de uma teoria da correspondência

---

28. *Idem*, pp. 59-68; *Theory and Practice*, Boston, Beacon Press, 1973, pp. 1-40.
29. Jürgen Habermas, "On Systematically Distorted Communication", *Inquiry*, vol. 13, n. 3, pp. 205--218, 1970; "Towards a Theory of Communicative Competence", *Inquiry*, vol. 13, n. 4, pp. 360--375, 1970.
30. Ver também Anthony Giddens, "Reason Without Revolution", *in* Richard Bernstein (ed.), *Habermas and Modernity*, pp. 95-121, 1985, pp. 114-116.

312 TEORIA SOCIAL CONTEMPORÂNEA

da verdade, a teoria habermasiana da verdade por consenso refere-se a acordos obtidos com base num debate aberto e sem restrições entre iguais.

Temos, até agora, lidado principalmente com a noção habermasiana de uma "conduta de vida" (*Lebensführung*) racional; mas como tratar as diferenças entre as sociedades no que respeita ao modo como a sua "forma de vida" (*Lebensform*) permite uma conduta racional? Para Habermas, há sociedades mais predispostas à *Lebensführung* do que outras. A *Lebensform* das primeiras sociedades, em particular, parece ser menos conducente à racionalidade. Neste contexto, Habermas desenvolve uma teoria de homologia ou identidade estrutural entre o indivíduo e o desenvolvimento social. Para este fim apoia-se, parcialmente, no trabalho de Piaget acerca do desenvolvimento cognitivo e moral das crianças, distinguindo, como o faz Piaget, quatro etapas do desenvolvimento infantil: a simbiótica, a egocêntrica, a sociocêntrica e a universalista.

Cada fase conduz a um "descentramento" de uma visão egocentricamente distorcida do mundo. A criança aprende gradualmente a fazer uma distinção entre o reino objetivo, social e subjetivo. Antes da criança entrar na fase egocêntrica, é incapaz de se diferenciar do ambiente que a rodeia, e é apenas na fase sociocêntrica que aprende gradualmente a diferença entre a realidade física e a realidade social. Finalmente, durante a fase universalista aprende a refletir criticamente sobre as suas ações ou valores com base numa perspectiva de argumentação alternativa. Esta perspectiva unilinear relaciona-se com a ideia das três etapas da consciência na ontogênese de Kohlberg: a pré-convencional, a convencional e a pós-convencional[31].

Em harmonia com a interpretação que faz de, entre outros, Lévi-Strauss, Piaget e Kohlberg, Habermas afirma que o desenvolvimento social passa por fases análogas às do desenvolvimento pessoal. Ao contrário das cosmovisões modernas, as cosmovisões míticas não permitem aos indivíduos fazer uma distinção entre o mundo exterior, o mundo social e a natureza interna – tendendo a misturar natureza e cultura, ou a linguagem e o mundo. Analogamente ao desenvolvimento individual, existe uma tendência para uma racionalidade crescentemente discursiva na transição das culturas mitopoiéticas, cosmológicas e religiosas para sociedades metafísicas e modernas.

---

31. Jürgen Habermas, *Communication and Evolution of Society*, pp. 69-129.

A PROPAGAÇÃO DA RAZÃO *313*

Habermas perfilha um evolucionismo unilinear na medida em que considera que esta tendência para uma racionalidade crescente como uma resultante inevitável e irreversível de um processo coletivo de aprendizagem[32]. A racionalidade passa a ser uma possibilidade a partir do momento em que se verifica uma diferenciação entre o sistema e o mundo-da-vida, juntamente com uma diferenciação da esfera cognitivo-instrumental, da esfera prático-moral e da esfera avaliativa e expressiva. No entanto, ocorrem dois problemas com a diferenciação entre o sistema e o mundo-da-vida. Em primeiro lugar, a manutenção das dimensões econômicas e políticas do sistema social pode sofrer uma erosão. Isto relaciona-se com a "crise motivacional" na esfera do trabalho e a "crise da legitimação" no nível político.

Na generalidade, o argumento de Habermas é o de que no capitalismo avançado, a política se encontra reduzida à sua dimensão pragmática; ocupa-se principalmente de assuntos macroeconômicos. No entanto, se falhar na prossecução das suas funções econômicas, não pode apoiar-se na autoridade legítima, na lealdade ou empenho por parte dos cidadãos. A partir do momento em que a política é extensamente reduzida à resolução de problemas econômicos, as crises econômicas recorrentes são suficientes para erodir a sua legitimidade[33]. Em segundo lugar, os imperativos do sistema tendem a instrumentalizar o mundo-da-vida, e esta "colonização do mundo-da-vida" conduz ao que Durkheim diagnosticou como "anomia" e Weber como uma perda geral de significado[34].

A subordinação do mundo-da-vida aos imperativos do sistema é exemplificada na teoria marxista do trabalho, em que a transformação do trabalho em mercadoria conduz à erosão da sua dimensão mundivivencial. Convém referir, no entanto, que a teoria habermasiana da colonização do mundo-da-vida é significativamente diferente da dos clássicos da sociologia. Habermas difere de Weber na medida em que não concebe a colonização do mundo-da-vida como parte de uma lógica interna da modernização.

De acordo com a perspectiva de Habermas, a colonização do mundo-da-vida não é algo inevitável. Diverge aqui da visão marxista na medida em que

---

32. *Idem*, pp. 69-177.
33. Jürgen Habermas, *Legitimation Crisis*, pp. 68-92; *Communication and the Evolution of Society*, pp. 178-205.
34. Filipe Carreira da Silva, "Espaço Público e Democracia: O Papel da Esfera Pública no Pensamento Político de Habermas", *Análise Social*, vol. 36, n. 158-159, pp. 435-459, 2001, pp. 440-444.

314 TEORIA SOCIAL CONTEMPORÂNEA

a esperança de Habermas reside nos novos movimentos sociais, e estes não funcionam de acordo com uma agenda marxista tradicional. Os novos movimentos sociais preocupam-se com assuntos relacionados com a qualidade de vida e a autorrealização. Embora estes valores não sejam incompatíveis com os escritos iniciais de Marx, os marxistas contemporâneos demonstram relutância em atribuir grande prioridade a estes objetivos[35].

ENTRE FATOS E NORMAS

Após a edição de *Teoria da Ação Comunicativa*, Habermas publicou copiosamente sobre filosofia moral, teoria social e análise política[36]. Em obras como *Consciência Moral e Agir Comunicativo* ou *O Pensamento Pós-Metafísico*, Habermas continua se afastando de definições positivas do "bem" ou do "progresso" (uma característica notável dos seus escritos iniciais) em direção a uma abordagem mais processual à moral (ética do discurso) e à política (concepção processual da democracia deliberativa). A moral e a filosofia política deveriam assim concentrar-se na identificação dos procedimentos adequados e das instituições que promovem a eliminação de preconceitos particularistas (ou seja, não generalizáveis) e de interesses estratégicos.

Between Facts and Norms, o último grande tratado teórico de Habermas, tem como objetivo a construção de uma estrutura teórica no interior da qual possam ser identificados esses procedimentos e instituições. Habermas mantém-se, garantidamente, fiel à sua estratégia de construção teórica. Primeiro polariza as diferentes propostas do debate; em seguida avalia os dois polos através da identificação dos pontos fortes e fracos de cada um; e, finalmente, apresenta a sua própria proposta como síntese dos elementos positivos de cada um dos polos. É assim posta em prática uma estratégia de construção teórica progressiva, racional e dialógica.

Nessa obra, os polos teóricos construídos por Habermas são o liberalismo e o republicanismo cívico. Enquanto o primeiro tem enfatizado o papel dos direitos individuais em detrimento da solidariedade, este último tem promovido

---

35. Jürgen Habermas, *The Theory of Communicative Action*, vol. II, pp. 332-373.
36. Ver Jürgen Habermas, *The Philosophical Discourse of Modernity; Moral Consciousness and Communicative Action*, Cambridge, Polity Press, 1990; *Justification and Application*, Cambridge, Polity Press, 1993.

uma concepção de soberania popular que precisa ser traduzida em termos comunicativos, caso se queira evitar os excessos do nacionalismo e do particularismo étnico[37]. A alternativa de Habermas é uma "teoria discursiva da política deliberativa"[38]. Tal como o título indica, esta teoria superaria a tensão entre a facticidade (por exemplo, o materialismo da lei comercial) e a validade (como o idealismo da lei constitucional) intrínseca à lei. Mas este não é um assunto puramente jurídico. A tensão entre "fatos e normas" encontra-se na verdade estreitamente relacionada com a teoria social.

Consideremos, por exemplo, o sistema de direitos. Ao mesmo tempo que este se forma em constituições (validade), é implementado através de diversas instituições (facticidade). O propósito último de Habermas é a criação de uma teoria social crítica que resolva a tensão entre fatos e normas reconstrutivamente, ou seja, através de procedimentos e instituições, e não construtivamente, ou seja através de definições positivas e substantivas do bem. Uma vez que Habermas já não acredita na "epistemologia como via régia"[39] – ou seja, enquanto forma primária de justificação da construção teórica – adota, em vez disso, uma estratégia conceitual. Como vimos acima, esta estratégia gira em torno do conceito comunicativo de razão. Nos parágrafos que se seguem, discutiremos quatro dos aspectos mais recentes dessa construção.

O primeiro relaciona-se com a proposta de Habermas (desenvolvida em conjunto com o seu amigo Karl-Otto Apel) para uma ética do discurso[40]. No que diz respeito ao nível de abstração, a ética do discurso ocupa uma posição intermédia no edifício conceitual de Habermas. O nível conceitual mais geral e abstrato é ocupado pela pragmática universal, que tem como objetivo a reconstrução das condições para uma comunicação linguística orientada para a compreensão mútua[41]. A pragmática universal, também conhecida por prag-

---

37. Ver, Jürgen Habermas, *Between Facts and Norms: Contributions to a Discourse Theory of Law and Democracy*, Cambridge, Polity Press, 1996, p. 99.
38. *Idem*, p. 286.
39. Peter Dews (ed.), *Autonomy and Solidarity*, p. 150.
40. Jürgen Habermas, *Moral Consciousness and Communicative Action*; *The Inclusion of the Other: Studies in Political Theory*, Cambridge, MA, MIT Press, 1998; *The Postnational Constelation: Political Essays*, Cambridge, Polity Press, 2001.
41. Jürgen Habermas, *Communication and the Evolution of Society*; *On the Pragmatics of Communication*, Cambridge, MA, MIT Press, 1998; ver também Maeve Cooke, *Language and Reason: A Study in Habermas's Pragmatics*, Cambridge, MA, MIT Press, 1994.

316 TEORIA SOCIAL CONTEMPORÂNEA

mática formal, é um esforço interdisciplinar que se apoia em diversas disciplinas, incluindo a pragmática, a semiótica e a filosofia da linguagem, entre muitas outras. Num nível menos abstrato do edifício, encontramos a teoria da ação comunicativa, uma investigação socioteórica sobre os diversos tipos de racionalidade e de conhecimento[42].

Nesse nível, o objetivo de Habermas é o de demonstrar a relativa superioridade da ação comunicativa, ou seja, um tipo de comunicação orientada para o mútuo entendimento humano, na resolução de problemas de coordenação e integração ao nível do mundo-da-vida. Em resumo, trata-se de uma tentativa de fornecer uma resposta a problemas prático-morais do ponto de vista da razão comunicativa. Não procura obter resultados significativos; procura justificar os critérios de racionalidade e as normas processuais de uma comunicação sincera, justa e aberta. A ética do discurso ocupa-se dos processos, não dos resultados. Para serem válidos, os argumentos precisam cumprir três condições: as intenções de quem fala devem ser honestas; este deve fazer de forma a garantir que o argumento seja congruente com a realidade; e não pode fazer uso de preconceitos particularistas.

Uma breve referência ao "princípio U" (princípio da universalização) habermasiano pode ajudar-nos a perceber o que está aqui em causa. O princípio U afirma que uma norma moral é válida se, e apenas se, "as consequências e efeitos secundários previsíveis da sua observância geral pelos interesses e orientações de valor de cada indivíduo podem ser conjuntamente aceitos por todos os implicados sem coerção"[43]. Esta é a versão de Habermas do famoso imperativo categórico de Kant. Difere da ideia kantiana na medida em que é suposto referir-se a discursos reais (Habermas chama-lhes "discursos práticos"). Não é uma mera experiência de pensamento, mas possui antes uma base concreta na vida social.

Imagine-se um animado "discurso prático" acerca do aborto. Segundo Habermas, o caráter moral de julgamentos como "o caráter sagrado da vida faz do aborto uma prática imoral" é determinado não apenas pela sua natureza

---

42. Para um estudo preliminar acerca da teoria da ação comunicativa, ver Jürgen Habermas, *On the Pragmatics of Social Interaction: Preliminary Studies in the Theory of Communicative Action*, Cambridge, MA, MIT Press, 2001. Ver também, por exemplo, Axel Honneth e Hans Joas (eds.), *Communicative Action*, Cambridge, Polity Press, 1991.

43. Jürgen Habermas, *The Inclusion of the Other*, p. 42.

intersubjetiva (tem de ser o resultado de uma participação honesta e aberta num debate), mas também pelo fato de ter conseguido obter um acordo razoável por parte de todos aqueles que se encontram imediatamente afetados pelo argumento. Vemos aqui uma possível limitação na posição de Habermas: no debate sobre o aborto, alguns dos indivíduos afetados não são ainda nascidos e poderão nunca vir a ser. Consciente deste tipo de dificuldade, Habermas tem procurado provas empíricas que apoiem a ética do discurso em diversos campos, da antropologia social à psicologia social de Mead (ver capítulo 3). A ética do discurso, apesar da grande quantidade de críticas que desencadeou, permanece até hoje uma das propostas mais influentes da filosofia moral contemporânea.

O segundo aspecto da teoria crítica da sociedade desenvolvida por Habermas que queremos discutir é o modelo de democracia que propõe. Muito embora a noção de democracia estivesse já implícita nas suas primeiras obras acerca da esfera pública liberal, Habermas não teorizou devidamente este conceito antes da publicação de *Between Facts and Norms*[44]. Nesta obra, desenvolve um conceito processual de democracia deliberativa que, em conjunto com o argumento de Rawls sobre a noção associada de "razão pública" em *O Liberalismo Político*[45], demonstrou ser crucial para colocar este modelo de democracia no centro da agenda da teoria política desde o início da década de 1990.

A ascensão da democracia deliberativa encontra-se estreitamente relacionada com a crise da democracia representativa que tem atingindo os regimes democráticos ocidentais desde os anos 1970. O constante aumento da abstenção coloca sérias questões acerca da legitimidade democrática destes regimes. Uma das soluções tem sido a promoção de formas complementares de participação política, em particular de natureza deliberativa[46]. Este foi seguramente o caso de Habermas, para quem a comunicação linguística e as formas diretas de participação política têm estado sempre em lugar de destaque nos seus interesses intelectuais e políticos.

---

44. Jürgen Habermas, *Between Facts and Norms*, pp. 287-328.

45. John Rawls, *Political Liberalism*, New York, Columbia University Press, 1993. Ver também o debate entre Habermas e Rawls em *Débat sur la Justice Politique*, Paris, Les Éditions du Cerf, 1997; e a análise comparativa de Kenneth Baynes, *The Normative Grounds of Social Criticism: Kant, Rawls and Habermas*, Albany, Suny Press, 1992.

46. Mónica Brito Vieira e Filipe Carreira da Silva, "Democracia Deliberativa Hoje: Desafios e Perspectivas", *Revista Brasileira de Ciência Política*, vol. 10, pp. 151-194, 2013, p. 153.

318 TEORIA SOCIAL CONTEMPORÂNEA

Segundo a versão habermasiana de democracia deliberativa, os cidadãos deveriam considerar legítimas as leis que têm de cumprir se, e apenas se, o processo democrático foi processualmente organizado de forma que os seus resultados sejam produtos de um processo deliberativo de formação de opinião e vontade. Seguindo os conceitos democráticos radicais de John Dewey[47], Habermas afirma que o governo da maioria se encontra desprovido de qualquer significado substantivo se não for precedido por uma deliberação política[48]. Os mecanismos eleitorais como o voto são importantes para caracterizar um regime político como "democrático" apenas na medida em que estes meçam os resultados dos debates políticos livres e mutuamente enriquecedores que constituem a democracia como modo de vida.

Um importante elemento do pensamento político de Habermas é a noção de esfera pública[49]. Na sua opinião, sem uma esfera pública vibrante a democracia não pode sobreviver muito tempo. Consideremos a função crucial da tematização, a escolha do que deve ser discutido. Segundo Habermas, a tematização deveria caber aos participantes na esfera pública política, e não aos administradores de qualquer grupo de mídia, caso se pretenda eliminar os interesses particulares da formação de opinião democrática.

O terceiro aspecto do trabalho de Habermas que gostaríamos de apresentar é o que se refere ao seu cosmopolitismo. Durante a última década do século passado e a primeira deste, em particular, Habermas dedicou-se à análise das consequências sociais e políticas da globalização e da chamada "guerra contra o terrorismo" na agenda política ocidental[50]. Uma ideia central durante esta fase da carreira de Habermas foi o conceito de "patriotismo constitucional" (*Verfassungspatriotismus*)[51]. Dado o trágico registro histórico do "nacionalismo étnico",

---

47. John Dewey, "The Public and Its Problems", *in* Jo Ann Boydston (ed.), *John Dewey: The Later Works*, vol. II: *1925-1927*, Carbondale, Southern Illinois University Press, pp. 235-372, 1984 [1927]. Acerca da influência do pragmatismo clássico americano em Habermas, ver Mitchell Aboulafia, Myra Bookman and Cathy Kemp (eds.), *Habermas and Pragmatism*, London, Routledge, 2002.

48. Jürgen Habermas, *Between Facts and Norms*, p. 304.

49. *Idem*, pp. 329-387; ver também Craig Calhoun (ed.), *Habermas and the Public Sphere*, Cambridge, MA, MIT Press, 1992; Nick Crossley and John Roberts (eds.), *After Habermas: New Perspectives on the Public Sphere*, Oxford, Blackwell, 2004.

50. Jürgen Habermas and Jacques Derrida, *Philosophy in a Time of Terror: Dialogues with Jürgen Habermas and Jacques Derrida*, Chicago, University of Chicago Press, 2004.

51. Jürgen Habermas, *The Postnational Constelation*.

A PROPAGAÇÃO DA RAZÃO *319*

Habermas prefere o patriotismo constitucional como fonte de integração social. A solução que propõe para o problema da coesão social nas sociedades religiosas e etnicamente plurais como a nossa – formulação contemporânea do clássico "problema da ordem" sociológico – é a libertação do potencial emancipatório já presente nas instituições democráticas constitucionais.

Segundo Habermas, a experiência de viver em conjunto sob uma constituição democrática, que protege os direitos e os interesses de todos, fornece potencialmente a todos os cidadãos um sentido de pertença política, independentemente da sua base étnica, religiosa ou cultural. O patriotismo constitucional refere-se a um processo de identificação com o sistema político-legal do Estado constitucional democrático. Um exemplo frequentemente citado é a União Europeia. Um problema possível com esta solução é, claro está, que uma distinção nítida entre modos étnicos (espessos) e cívicos (finos) de lealdade política tende a esfumar-se com o decorrer do tempo[52].

O patriotismo constitucional de hoje, a favor do sistema político legal e político norte-americano, pode tornar-se facilmente o nacionalismo pan-europeu agressivo de amanhã. Apesar dos seus problemas, o cosmopolitismo de Habermas tem desempenhado um papel importante nos recentes debates acerca da possibilidade de regular politicamente a globalização. Por exemplo, a sua proposta para uma "democracia pós-nacional" é uma tentativa de alargamento da sua concepção processual de democracia deliberativa a um nível internacional. É mais ambiciosa e democrática do que a lei dos povos de Rawls[53], mas menos otimista do que a proposta de David Held[54] de uma democracia cosmopolita.

Vai para além da proposta de Rawls na medida em que aponta para a necessidade de existir uma ordem política global democraticamente legitimada. Ao contrário de Held, no entanto, Habermas tende a restringir a democracia deliberativa (mas não o patriotismo constitucional) ao nível do Estado-Nação. Para lá deste nível, afirma Habermas, a autolegislação democrática não possui

---

52. Ver Patchen Markell, "Making Affect Safe for Democracy? On 'Constitutional Patriotism'", *Political Theory*, vol. 28, n. 1, pp. 38-63, 2000.

53. John Rawls, *The Law of Peoples: With "The Idea of Public Reason Revisited"*, Cambridge, MA, Harvard University Press, 1999.

54. David Held, *Democracy and the Global Order: From the Modern State to Cosmopolitan Governance*, Cambridge, Polity Press, 1995.

320 TEORIA SOCIAL CONTEMPORÂNEA

ainda as necessárias condições políticas e legais. Habermas distingue três graus diferentes de administração. O primeiro é o nível do Estado-Nação, no qual a democracia enquanto autolegislação pode na verdade ocorrer sob determinadas condições.

O segundo nível é transnacional e, segundo Habermas, "necessita crescentemente de regulação e de práticas justas". O nível mais geral de administração engloba todo o planeta, mas, a este nível, a jurisdição da lei internacional está ainda longe de ter sido "constitucionalizada"[55]. Em resumo, o cosmopolitismo de Habermas é, em grande medida, ainda um trabalho em curso e algo que ainda não conseguiu apresentar uma resposta convincente à clássica questão kantiana de como assegurar uma "paz perpétua" entre as nações num mundo crescentemente globalizado.

O quarto e mais recente aspecto da carreira de Habermas trata do ressurgimento da religião. Enquanto "ateu metodológico"[56], Habermas coloca-se a si próprio entre aqueles que, como Rawls ou Robert Audi, defendem que as razões religiosas têm de ser traduzidas para argumentos seculares antes de poderem ser apresentadas nas discussões públicas, e os que defendem que a necessidade dessa tradução não existe. Como Habermas explica em "Religion in the Public Sphere", Rawls e Audi colocam um fardo indevido sobre os crentes: não devem ser eles, mas os políticos e os detentores de cargos públicos a responsabilizarem-se pela tradução dos argumentos religiosos em argumentos seculares.

Mas a postura oposta, da não necessidade desta tradução, defendida por autores como Paul Weithmann e Nicholas Wolterstorff, implica consequências ainda mais sérias. Este cenário poderia significar uma confusão acerca da separação entre o Estado e a Igreja que pusesse em risco o princípio de neutralidade que suporta os regimes constitucionais democráticos. Habermas é muito claro a este propósito. Muito embora reconheça a imensa influência do cristianismo nos modos de pensar políticos e filosóficos ocidentais[57], é inequívoco ao afirmar que "todas as decisões políticas efetivas devem ser formuladas numa linguagem

---

55. Jürgen Habermas, *The Divided West*, Cambridge, Polity Press, 2006, p. 178.
56. Jürgen Habermas, *Religion and Rationality: Essays on Reason, God, and Modernity*, Cambridge, Polity Press, 2002, p. 129.
57. Joseph C. Ratzinger [Papa Bento XVI] and Jürgen Habermas, *Dialectics of Secularization: On Reason and Religion*, San Francisco, Ignatius Press, 2006.

que seja acessível de igual modo a todos os cidadãos, e deve ser possível justificá-las nesta linguagem de igual modo"[58].

Em *Entre o Naturalismo e a Religião*, uma coleção de artigos traduzidos para o português em 2007, Habermas aprofunda as suas ideias acerca da religião. O seu principal argumento é claro. A paisagem intelectual atual é dominada por uma tensão central. Por um lado, assistimos durante as últimas décadas a espantosos avanços científicos no campo das neurociências e da biogenética. Por exemplo, o Projeto Genoma Humano determinou a sequência completa do DNA da espécie humana em 2003; e imagens computorizadas do cérebro são hoje em dia um lugar comum, pelo menos nos hospitais dos países desenvolvidos. Por outro lado, a religião assistiu a uma revitalização a ponto de pôr em causa a teoria convencional da secularização.

Em termos filosóficos, este retorno do religioso assume frequentemente o caráter de uma crítica fundamentalista da modernidade ocidental pós-metafísica. As respostas de Habermas ao duplo desafio do naturalismo científico e do fundamentalismo religioso são consistentes com os princípios centrais do seu pensamento. Tal como em muito do positivismo behaviorista do início do século XX que motivou a concepção social do *self* de Mead, Habermas detecta o risco de que um semelhante reducionismo possa afetar as neurociências de hoje em dia. Impulsionada pelos impressionantes avanços tecnológicos da nossa era, a tendência corrente entre os neurocientistas contemporâneos a reduzirem a consciência humana a interações químicas no cérebro humano é tão grande e errada como era há um século[59].

Daí o apelo de Habermas para que os cientistas sociais demonstrem as dimensões culturais e normativas da consciência humana aos seus colegas das ciências da vida. Sua mensagem é clara. A mente humana possui um caráter normativo que não é menos importante do que os seus processos químicos e fisiológicos. Sua resposta à revitalização da religião é também clara. Habermas sugere que se deve distinguir entre posições religiosas dogmáticas (ou fundamentalistas) e religiões iluminadas: contrariamente às primeiras, estas últimas têm sido aliadas importantes na luta pelos direitos humanos e pelas formas de

---

58. Jürgen Habermas, "Religion and the Public Sphere", *European Journal of Philosophy*, vol. 14, n. 1, pp. 1-25, 2006, p. 12.
59. Filipe Carreira da Silva e Mónica Brito Vieira, "Insights from the Brain", *Análise Social*, vol. 47, n. 205, pp. 844-845, 2012.

vida democrática[60]. Seu ateísmo metodológico coloca-o perto destas formas religiosas iluminadas, o que marca um óbvio afastamento das suas posições anteriores. Ele critica agora abertamente a ideologia secularista do naturalismo por impedir que os pontos de vista religiosos iluminados participem na esfera pública política.

Na nossa opinião, o aspecto mais significativo desta importante coleção de ensaios, no entanto, diz respeito à sua natureza parcialmente autobiográfica. No ensaio de abertura, Habermas oferece aos seus leitores uma detalhada e fascinante digressão biográfica. Nela é dito como certas características pessoais podem ter desempenhado um papel crucial no seu interesse pela comunicação linguística humana (foi operado no palato na infância, de onde resultou um sério impedimento da fala). Para alguém que desempenhou um papel central em tantos debates, como o tem feito Habermas durante mais de meio século, esta revelação surge não tanto como uma surpresa, mas como uma confirmação do seu interesse perene pela "esfera pública como espaço de trocas comunicativas racionais"[61].

AVALIAÇÃO E DESENVOLVIMENTOS CONTEMPORÂNEOS

Não restam dúvidas de que o empreendimento de Habermas é corajoso. Numa época em que a influência do individualismo liberal se tornou hegemônica em certas ciências sociais e em que a agenda pós-moderna ainda é dominante em outras, a obra de Habermas destaca-se pela sua tentativa de encontrar novos fundamentos filosóficos para a teoria crítica[62]. Apesar da natureza controversa do trabalho de Habermas, a sua amplitude e profundidade são, por si só, realizações assinaláveis. Suas realizações mais recentes são provavelmente ímpares no século XX.

Habermas incorpora uma impressionante vastidão de filosofias e de teorias sociológicas e lida com um largo espectro de assuntos, desde tópicos filosóficos tradicionais até as minúcias da política contemporânea. Dado o enorme âmbito

---

60. Jürgen Habermas, *Between Naturalism and Religion: Philosophical Essays*, Cambridge, Polity Press, 2008, p. 124.
61. *Idem*, p. 12.
62. Ver, por exemplo, Axel Honneth, Thomas McCarthy, Claus Pffe and Albrecht Wellmer, *Cultural-Political Interventions in the Unfinished Project of Enlightenment*, Cambridge, MA, MIT Press, 1992.

do seu trabalho e as difíceis tarefas que pretende levar a cabo, seria inconcebível que o seu projeto não apresentasse qualquer lacuna. Não tentaremos sequer fornecer aqui uma lista exaustiva de todas as críticas que têm sido apresentadas contra os seus escritos. Seria demasiado extensa e, seja como for, alguns desses argumentos foram incorporados no trabalho de Habermas pelo próprio. Trataremos apenas dos seus escritos centrais sobre a racionalidade comunicativa, porque têm sido os mais influentes até esta data.

Em primeiro lugar, temos a fastidiosa, embora não insignificante, questão de que alguns aspectos do seu trabalho carecem de uma sólida fundamentação empírica. A contribuição de Habermas para a teoria crítica apoia-se numa série de "ciências reconstrutivas". Estas últimas têm sido, devidamente, sujeitas a críticas regulares de origem empírica. A base empírica do trabalho de Piaget ou Kohlberg, por exemplo, não é incontestável, tal como não o é a base empírica da obra de Lévi-Strauss (ver capítulo 1). A ausência de suporte empírico para estas teorias pode pôr em causa o núcleo da teoria habermasiana da ação comunicativa que, no seu processo de reconstrução racional, nelas se apoia fortemente.

Uma crítica semelhante é aplicável à teoria da evolução social de Habermas, que este fundamenta nas suas interpretações pessoais e seletivas do trabalho de outros teorizadores da evolução (Weber, Marx e Durkheim, para nomear apenas alguns), que por sua vez se apoiam frequentemente em fontes secundárias. A reconstrução que Habermas faz das ideias evolucionárias dos outros clarifica e ilustra plenamente o seu posicionamento, mas, enquanto defensor deste mesmo posicionamento, é inevitavelmente pouco convincente. Isto não quer dizer que o quadro referencial teórico de Habermas não possa ser sustentado por dados empíricos, mas é necessária mais investigação para avaliar devidamente esta matéria.

Em segundo lugar, existem problemas com a afirmação de Habermas de que a ação comunicativa é orientada para a obtenção de uma compreensão ou acordo. É, nas próprias palavras de Habermas, *verständigungsorientiertes Handeln*. No entanto, a palavra alemã *Verständigung* introduz alguma confusão porque incorpora a compreensão e o acordo. É claro que pode ser argumentado que o acordo pressupõe pelo menos uma forma mínima de compreensão. Se duas pessoas estão de acordo com alguma coisa, então possuem necessariamente alguma compreensão acerca dessa mesma coisa.

324 TEORIA SOCIAL CONTEMPORÂNEA

A compreensão, no entanto, não pressupõe o acordo: se dois indivíduos se compreendem mutuamente, tal não implica que estejam de acordo quanto àquilo que foi compreendido[63]. Isto enfraquece o argumento de Habermas de que a comunicação pressupõe a possibilidade de *Verständigung*. Pode ser que Habermas tenha fortes razões para argumentar que a comunicação necessite efetivamente, como condição, da possibilidade de compreensão, mas tal não implica que exista um elo tão forte entre as duas como ele pensa existir. Este problema emerge em particular quando a comunicação ocorre entre indivíduos pertencentes a culturas diferentes. O que nos leva ao terceiro ponto, a seguir.

Uma crítica mais profunda pode ser feita aos conceitos de racionalidade comunicativa e à situação de discurso ideal, tal como são pensadas e conceitualizadas por Habermas. Mesmo se, hipoteticamente, é possível imaginar a existência de uma situação de discurso ideal, é bastante difícil entender de que forma os indivíduos poderiam chegar a uma entendimento, para não falar de um consenso, quando estão em causa formas de vida radicalmente diferentes (e como tal diferentes concepções subjacentes). Sob estas condições, mesmo a noção habermasiana da "força do melhor argumento", por mais que pareça à primeira vista inócua, surge como problemática.

As próprias regras da argumentação válida são na verdade parte de uma herança e tradição culturais e, como tais, nos próprios termos de Habermas, abertas ao debate e à crítica. Entra-se aqui num ciclo vicioso, uma vez que a decisão acerca do melhor argumento se encontra dependente da "força do melhor argumento" de Habermas, e esta será, por sua vez, decidida pela força do melhor argumento, e assim por diante, *ad infinitum*. Deixando de lado estes problemas analíticos, é suficiente notar que a situação ideal de discurso não consegue cumprir os seus propósitos práticos na confrontação entre dois cenários culturais diferentes – em especial no caso de sistemas teóricos ou paradigmas concorrentes em ciência[64].

Se Habermas é o representante mais influente da segunda geração da Escola de Frankfurt, Claus Offe e Axel Honneth encontram-se seguramente

---

63. Ver também Rick Roderick, *Habermas and the Foundations of Critical Theory*, London, Macmillan, 1986, pp. 158-159.

64. Para uma argumentação semelhante, ver também Anthony Giddens, "Reason Without Revolution", pp. 114-116; David Held, *Introduction to Critical Theory: Horkheimer to Habermas*, Cambridge, Polity Press, 1980, pp. 397-398.

entre os mais importantes da terceira. Para começar, ambos são antigos alunos de Habermas. Têm, de forma consistente, perseguido linhas de investigação inauguradas por Habermas, ou para as quais este fez, pelo menos, contribuições substanciais. Ainda assim, tanto Offe como Honneth deram suas próprias contribuições originais para o projeto da teoria crítica da sociedade.

Comecemos por Claus Offe (1940-). O seu principal interesse de investigação é o Estado social. Offe tem sido um dos mais importantes cientistas sociais europeus a tratar este tema desde os anos 1970. Suas análises englobam a ascensão e queda da literatura acerca dos novos movimentos sociais[65], a derrocada do socialismo, e os atuais desafios colocados pela globalização econômica[66]. Mais do que Habermas ou Honneth, Offe apoia-se em detalhadas análises empíricas para suportar as suas teses[67]. Apoiando uma estratégia de investigação neoinstitucionalista (ver capítulo 4), Offe procura fazer com que a ética do discurso de Habermas seja mais passível de análise empírica.

O fato de os teóricos críticos como Offe se apoiarem no novo institucionalismo mostra até que ponto esta emergente perspectiva metodológica não está exclusivamente associada com os pressupostos individualistas da teoria da escolha racional. Demonstra também que a corrente da teoria crítica que Offe representa está aberta a perspectivas analíticas diversas das que se encontram tradicionalmente associadas com a Escola de Frankfurt, como a psicanálise freudiana ou a análise de classe marxista. O argumento de Offe é simples. Habermas identificou devidamente dois elementos que são necessários para o desenvolvimento de um forte espírito cívico, nomeadamente as garantias constitucionais (processos) e a coragem cívica (julgamentos morais pós-convencionais). No entanto, a síntese destes dois elementos no "patriotismo constitucional" não garante por si só o desenvolvimento da "solidariedade", o meio condutor que os teóricos sociais críticos pretendem promover em oposição ao "dinheiro" e ao "poder administrativo".

---

65. Claus Offe, "New Social Movements: Challenging the Boundaries of Institutional Politics", *Social Research*, vol. 52, n. 4, pp. 817-868, 1985.
66. Claus Offe, "Social Protection in a Supranational Context: European Integration and the Fates of the 'European Social Model'", *in* Pranab Bardhan, Samuel Bowles and Michael Wallerstein, *Globalization and Egalitarian Redistribution*, Princeton, Princeton University Press, pp. 33-62, 2006.
67. Um bom exemplo é a sua discussão acerca da política do Estado-Social em Claus Offe, *Modernity and the State: East, West*, Cambridge, MA, MIT Press, 1996, pp. 105-223.

326 TEORIA SOCIAL CONTEMPORÂNEA

Segundo Offe, as condições constitucionais e de socialização (ou seja, educacionais) de uma sociedade podem ser bem desenvolvidas, mas "na ausência de instituições correspondentes que representem identidades coletivas [...] o potencial das capacidades morais não será ainda assim realizado"[68]. Aqui Offe tem em mente a rede de organizações que promovem "relações associativas", como organizações não governamentais e associações de voluntários responsáveis pela representação social e pela mediação de interesses. As "relações associativas" são particularmente importantes na medida em que desempenham a função catalisadora de ativação das capacidades para o julgamento moral. Fazem-no, explica Offe, "gerando como seu subproduto [...] a garantia da estabilidade e as condições para a confiança"[69].

Considere-se o exemplo da esfera pública política tão cara a Habermas. Offe faz uma distinção entre a democracia formal, representativa, e as formas participativas de vida democrática. A primeira é ilustrada pelas eleições gerais. Neste caso, as motivações por detrás do ato individual do voto podem ser estratégicas e instrumentais, tal como é sublinhado por tanta literatura orientada para a teoria da escolha racional. "Sob as condições institucionais, contextuais da esfera pública política ou associativa"[70], por outro lado, as motivações para a justiça e solidariedade tendem a ser predominantes.

Fiel ao seu interesse perene pelos "movimentos sociais" e por outras formas associativas de participação democrática, Offe permanece convencido de que o potencial crítico da ética do discurso só pode ser desencadeado sob certas condições institucionais, nomeadamente as que são fornecidas pelas "relações associativas". Em resumo, a contribuição mais recente de Offe para a teoria crítica da sociedade é uma investigação aos arranjos institucionais das sociedades contemporâneas a partir da perspectiva apresentada pela ética do discurso habermasiana. Fornece, desta forma, o tipo de teoria "intermediária" que se pode criticar Habermas por não ter conseguido desenvolver.

A contribuição de Axel Honneth (1949-) para o programa de uma "teoria crítica da sociedade" é marcadamente distinta da de Offe. Honneth não acredita que a teoria crítica deva atribuir um estatuto privilegiado aos "movimentos

---

68. Claus Offe, *Contradictions of the Welfare State*, London, Hutchinson, 1982, p. 81.
69. *Idem*, p. 83. Ver também o capítulo 3, "O Enigma da Vida Cotidiana".
70. *Idem*, p. 85.

sociais", ou mesmo a qualquer outro grupo social. Nem o proletariado, como tantos autores de orientação marxista acreditaram durante tanto tempo, nem os novos movimentos sociais das décadas de 1970 e 1980 podem ajudar a teoria crítica enquanto uma "espécie de fio condutor empiricamente visível para diagnosticar áreas problemáticas normativamente relevantes"[71].

Segundo Honneth, as bases normativas da teoria crítica precisam ser colocadas a um nível mais fundamental do que aquele que pode ser fornecido por um grupo social qualquer. Deste ponto de vista, o seu projeto aproxima-se do de Habermas. No entanto, não deixa de ser crítico tanto em relação à solução proposta por Habermas como por Offe. Honneth argumenta que a teoria crítica de Habermas – fundada numa procura da compreensão perfeita – tem falhas. Na sua perspectiva, antecede à busca de Habermas um modo de interação humana ainda mais fundamental e universal: a "luta pelo reconhecimento". Durante as últimas duas décadas, seu objetivo tem sido o de reconstruir esse nível fundamental por meio de uma teoria social do reconhecimento.

Após publicar diversos livros que podem ser agora considerados passos preliminares em direção à sua teoria do reconhecimento, em 1992 Honneth publicou *Kampf um Anerkennung*, a sua *Habilitationsschrift* orientada por Habermas (a tradução para o português, *Luta pelo Reconhecimento*, foi publicada em 2009). Embora a influência de Habermas seja inconfundível no seu trabalho (por exemplo, no modo como Honneth concebe o pragmatismo filosófico americano como um hegelianismo de esquerda), Honneth também se distancia do seu antigo orientador.

Honneth recorre à psicologia social de Mead de modo a suplementar o modelo de reconhecimento desenvolvido pelo jovem Hegel[72]. A sua alegação é a de que as precondições para uma autorrealização bem-sucedida nas sociedades pós-tradicionais foram identificadas em primeiro lugar por Hegel e posteriormente desenvolvidas, em termos pós-metafísicos, por Mead. Interessa-se em particular pela noção de Mead do "outro generalizado", a atitude do grupo social que permite às crianças passarem do estágio de desenvolvimento da "brincadeira" para o do "jogo" (ver capítulo 3). Dos três tipos de relações

---

71. Axel Honneth and Nancy Fraser, *Redistribution or Recognition? A Political-Philosophical Exchange*, London, Verso, 2002, p. 120.

72. Axel Honneth, *The Struggle for Recognition: The Moral Grammar of Social Conflicts*, Cambridge, MA, MIT Press, 1996, p. 71.

328 TEORIA SOCIAL CONTEMPORÂNEA

de reconhecimento identificados por Hegel – amor, direito e solidariedade – Honneth considera que a ideia de "outro generalizado" de Mead ajuda a clarificar o segundo, o reconhecimento legal[73].

Ao contrário de Hegel, no entanto, a análise que Mead faz das relações mútuas de reconhecimento não cobrem a "relação de amor" nem a relação de solidariedade. Entretanto, as sociedades modernas sofreram transformações dramáticas ao longo dos últimos duzentos anos, que tornaram obsoletas as análises de Hegel e Mead. Um caso pertinente é o da categoria do reconhecimento legal. Tanto Hegel como Mead consideraram apenas os "direitos civis liberais". Tal como Honneth faz notar, tem tido lugar na maioria dos países desenvolvidos, durante a segunda metade do século XX, uma extensão dos direitos humanos com vista a englobar os direitos econômicos e sociais.

Até este período, os direitos humanos incluíam apenas os direitos políticos e civis (o direito de voto, direitos de propriedade, liberdade de discurso etc.). Com a ratificação em 1966, pelas Nações Unidas, do Pacto Internacional dos Direitos Econômicos, Sociais e Culturais, operou-se uma profunda transformação. Os direitos humanos incluem agora uma série de outros direitos positivos, mais substantivos, tais como o direito à educação e o direito à saúde física e mental. Como consequência, afirma Honneth, os pré-requisitos legais do autorreconhecimento incluem agora um componente substantivo, nomeadamente a especificação das condições da sua aplicação[74].

Mais recentemente, Honneth desenvolveu sua teoria do reconhecimento em duas direções diferentes. Primeiro, nas Tanner Lectures de 2005 que apresentou na Universidade da Califórnia, em Berkeley, mais tarde publicadas sob o título de *Reificação,* argumenta fortemente a favor da precedência do reconhecimento sobre a cognição. Como vimos, a teoria da escolha racional e as perspectivas individualistas com ela relacionadas começam com a ideia da existência de um ator racional capaz de fazer escolhas no mundo (ver capítulo 4). O objetivo de Honneth é demonstrar que a sua premissa cognitivista não é tão fundamental como se supõe.

Sua alegação central é a de que a cognição é na verdade precedida pelo reconhecimento. Recupera Lukács, Heidegger e Dewey com a finalidade de suportar

---

73. *Idem*, p. 80.
74. *Idem*, p. 177.

a sua afirmação de que a "postura de empenhamento empático no mundo [...]
é anterior aos nossos atos de cognição destacada"[75]. De modo a aprofundar a
demonstração de que o reconhecimento antecede a cognição no reino da atividade social, Honneth recorre a recentes pesquisas no domínio da psicologia do
desenvolvimento para mostrar que a identificação emocional é "absolutamente
necessária para a adoção do ponto de vista do outro, o que por sua vez conduz ao
desenvolvimento da capacidade de desenvolver pensamento simbólico"[76].

Recorre também à noção de *acknowledgement*, de Stanley Cavell, para demonstrar que o reconhecimento precede a cognição num sentido conceitual.
Por exemplo, quando A diz "estou com dor", e B responde "eu sei que você está
com dor", isto não é uma expressão de saber cognitivo, mas antes uma "expressão de empatia": é apenas porque B é capaz de reconhecer a dor de A que é
possível, antes de mais, uma relação social[77]. Isto, claramente, não exclui outras
possibilidades. Não é difícil imaginar um caso em que alguém diz "eu sei que
você está com dor" sem que tal constitua uma expressão de empatia. O caso
extremo seria o de um torturador. Ainda assim, o argumento sustenta-se – é
necessário ter experimentado dor para ser capaz de pensar e falar acerca dela.

Tendo apresentado diversas evidências para demonstrar a prioridade do
reconhecimento sobre a cognição nas relações humanas, Honneth introduz a
noção de "reificação", o seu ponto principal de interesse nestas conferências.
Esta velha ideia, habitualmente associada à primeira geração de autores da
teoria crítica, é recuperada por Honneth para designar o processo de "esquecimento" do fato de que o reconhecimento precede a cognição. A reificação
como "esquecimento do reconhecimento" tem assim como intenção abarcar um
amplo leque de situações nas quais os atores sociais, de tão unidimensional-
mente preocupados com a persecução de um objetivo, perdem de vista outros
objetivos e motivações eventualmente mais importantes.

Apresenta o exemplo de um jogador de tênis tão focado em vencer a partida que se esquece de que o seu adversário é o seu melhor amigo[78]. Isto é a
reificação de outros indivíduos (ou "reificação intersubjetiva"). Mas a reificação

---

75. Axel Honneth, *Reification: A New Looks at an Old Idea*, Oxford, Oxford University Press, 2008,
p. 38.
76. *Idem*, p. 43.
77. *Idem*, p. 49.
78. *Idem*, p. 59.

330 TEORIA SOCIAL CONTEMPORÂNEA

pode surgir de outra forma. Pode-se ver negado o acesso ao fato do reconhecimento antecedente através de uma série de "esquemas de pensamento" que diminuem fortemente a nossa capacidade de ver uma situação para além do preconceito e do estereótipo. Considere-se o caso de uma jogadora de tênis que se encontra de tal forma focada em vencer o seu próximo torneio que se esquece de que é também uma mulher cujos direitos só recentemente foram garantidos historicamente. Neste caso estamos a lidar com a autorreificação.

Munido desses dois padrões de reificação, o passo seguinte (e final) de Honneth é a identificação das fontes sociais dos atuais processos de reificação. Rejeitando a explicação sociológica de Lukács para a reificação (que apontava para a "sociedade capitalista de livre-mercado" como origem de todos os tipos de reificação), Honneth argumenta que os dois tipos de reificação identificados acima possuem diferentes fontes sociais. A ideologia de livre-mercado que tem dominado as relações laborais das nações industrializadas avançadas desde os anos 1980 é, segundo Honneth, o "esquema de pensamento" responsável pelos atuais processos de reificação intersubjetiva. Uma boa ilustração destes processos é a explosão da indústria do sexo, uma esfera laboral na qual a mercantilização do corpo humano está a atingir níveis inéditos de aceitação social.

Vemos aqui a utilidade do conceito de reificação intersubjetiva de Honneth. Este conceito desmascara de forma convincente a natureza contraditória do neoliberalismo, uma mistura instável de conservadorismo moral e políticas econômicas de livre-mercado[79]. Recorrendo à autorreificação, algumas práticas institucionalizadas, como as entrevistas de emprego, promovem autorrepresentações simuladas e são como tal obstáculos a uma correta relação consigo próprio. Existirá algo mais tristemente irônico do que a tentativa de conseguir um emprego dos sonhos à custa de uma autorrepresentação de si como se é na realidade? Em resumo, a ideia de reificação de Honneth tem como objetivo fornecer à teoria social contemporânea as ferramentas que lhe permitam tratar criticamente o comportamento racional que trata o outro (ou nós próprios) como meros objetos. Deste modo, o esquecimento do reconhecimento pode ser abordado conceitualmente.

A segunda direção em que Honneth desenvolveu a sua teoria do reconhecimento, tal como surge em *Disrespect*, é a que explora a sistemática violação das

---

79. *Idem*, p. 81.

condições de reconhecimento. A sua teoria social crítica centra-se nas causas sociais responsáveis pela distorção das relações sociais de reconhecimento[80]. Se, em *Reificação*, Honneth está preocupado com o processo do esquecimento de que o reconhecimento precede a cognição, *Disrespect* discute as circunstâncias nas quais o reconhecimento é negado. Segundo Honneth, os cientistas sociais de orientação crítica devem direcionar os seus esforços de investigação para um conjunto de áreas, cada uma delas associadas com uma forma específica de reconhecimento social. O seu programa de investigação deveria incluir em primeiro lugar estudos sobre as práticas de socialização, formas familiares e relações de amizade.

O influente trabalho de R. W. Connell sobre as masculinidades[81] ilustra bem aquilo a que Honneth se refere. Em segundo lugar, deve-se centrar no conteúdo e nas aplicações do direito positivo: por exemplo, perceber como a legislação em vigor num determinado país influencia a vida daqueles que por ela são afetados. E, por fim, os cientistas sociais deveriam focar em "padrões reais de estima social"[82]. No que respeita a esta última forma de reconhecimento social, Honneth refere-se à esfera laboral. Na verdade, não é difícil perceber como o desemprego põe em perigo a estima social; se um indivíduo é impedido de seguir uma atividade economicamente compensadora, sua estima social em relação a realizações e capacidades individuais ficará seriamente afetada.

No que diz respeito à segunda forma de reconhecimento social, Honneth defende uma expansão do "reconhecimento global dos direitos humanos": estes "não podem ser já apenas defendidos através do exercício da influência diplomática ou através da imposição de pressões econômicas sobre determinados países; o que é necessário é uma cooperação direta com movimentos civis que operem internacionalmente"[83]. Sob este ponto de vista, Honneth parece aproximar-se mais do entusiasmo de outros autores contemporâneos de teoria crítica como Seyla Benhabib[84] em relação à perspectiva de uma política emancipatória global do que das ideias mais comedidas de Habermas.

---

80. Axel Honneth, *Disrespect: The Normative Foundations of Critical Theory*, Cambridge, Polity Press, 2007, p. 72.
81. Raewyn W. Connell, *Masculinities*, Berkeley, University of California Press, 1995.
82. Axel Honneth, *Disrespect*, p. 75.
83. *Idem*, p. 214.
84. Seyla Benhabib, *The Rights of Others: Aliens, Residents, and Citizens*, Cambridge, Cambridge University Press, 2004; *Another Cosmopolitanism*, Oxford, Oxford University Press, 2008.

332 TEORIA SOCIAL CONTEMPORÂNEA

Além de ser uma característica pessoal, isto reflete o empenho duradouro de Habermas no ideal de uma sociedade comunicativamente racional, cuja natureza altamente abstrata reflete, ainda assim, a escala territorial do Estado--Nação. Este é um ponto crucial. Peter Sloterdijk, possivelmente um dos mais ferozes críticos de Habermas na Alemanha hoje em dia, fundou o seu projeto de uma teoria crítica pós-Escola de Frankfurt sobre a ideia de uma "tranformação topológica", ou seja, uma mudança das relações temporais em direção às relações espaciais. Acresce a isto que um dos debates centrais da teoria social atual tem a ver com o "nacionalismo metodológico" (ver capítulo 8).

Não existe razão para crer, no entanto, que o exercício de crítica racional empreendido por Habermas, Offe e Honneth desdenhe necessariamente das questões espaciais. Pelo contrário, como demonstra este capítulo, a geração mais recente de críticos teóricos da Escola de Frankfurt encontra-se ativamente envolvida no tratamento dos desafios colocados pela globalização econômica, em particular dos problemas éticos e políticos associados com o descentramento gradual da escala nacional (por exemplo, como garantir o respeito pelos direitos humanos, tradicionalmente levado a cabo por estados democráticos constitucionais, em contextos transnacionais). As teorias críticas da sociedade de Habermas e dos seus colegas mais jovens Offe e Honneth estão, deste modo, transportando a tradição da Escola de Frankfurt para o século XXI. Resta saber se imprimirão uma influência tão duradoura sobre a sociologia como o fez Habermas.

LEITURAS ADICIONAIS

Quem procura uma introdução histórica à Escola de Frankfurt pode consultar *Introduction to Critical Theory*, de David Held. Para uma abordagem analítica detalhada ao projeto da teoria crítica, sugerimos o excelente *The Idea of a Critical Theory*, de Raymond Geuss. Para uma introdução breve, mas abrangente, à obra de Habermas, a introdução de Richard Bernstein ao volume *Habermas and Modernity*, por ele editado, e a contribuição de Anthony Giddens para o mesmo (intitulada "Reason Without Revolution"), são ambas um bom ponto de partida. Também é recomendado, embora de leitura mais difícil, *Autonomy and Solidarity*, de Peter Dews, uma coletânea de entrevistas com

Habermas. A terceira parte de *Introduction to Critical Theory*, de David Held, discute a obra de Habermas no contexto geral da teoria crítica.

The Critical Theory of Jürgen Habermas de Thomas McCarthy é uma excelente introdução à sua obra inicial, mas não aborda totalmente a teoria da ação comunicativa. Esta última é resumida competentemente em *Habermas and the Dialectic of Reason*, de David Ingram. A pragmática universal de Habermas é avaliada criticamente em *Habermas: Critical Debates*, editado por John Thompson e David Held. *Habermas*, de William Outhwaite é um resumo sólido e equilibrado da obra de Habermas e inclui não apenas os seus escritos sobre a racionalidade comunicativa, como também o seu trabalho mais recente sobre teoria legal. *Habermas and Modernity*, editado por Richard Bernstein, é uma excelente série de artigos acerca da defesa do projeto iluminista feita por Habermas.

Para alguém que fundamenta a teoria crítica primeiramente nas práticas comunicativas dirigidas para a compreensão, é irônico que Habermas tenha tido tamanha dificuldade em dirigir-se ao seu público de uma forma inteligível, para já não dizer acessível. No entanto, os seus primeiros livros, como *Mudança Estrutural da Esfera Pública* ou *Towards a Rational Society*, são mais acessíveis, tal como o são os seus escritos mais recentes sobre a globalização e a União Europeia. *Disrespect* e *Reificação*, de Axel Honneth, são de fácil leitura e constituem uma excelente introdução à agenda intelectual da terceira geração de teóricos críticos.

REFERÊNCIAS BIBLIOGRÁFICAS

ABOULAFIA, Mitchell; BOOKMAN, Myra & KEMP, Cathy (eds.). *Habermas and Pragmatism*. London, Routledge, 2002.

ADORNO, Theodor. *Negative Dialectics*. London, Routledge, 1973.

_____. & HORKHEIMER, Max. *Dialectic of Enlightenment*. London, Allen Lane, 1973.

_____; ALBERT, Hans & HABERMAS, Jürgen. *The Positivist Dispute in German Sociology*. London, Heinemann, 1976.

BAYNES, Kenneth. *The Normative Grounds of Social Criticism: Kant, Rawls, and Habermas*. Albany, Suny Press, 1992.

BENHABIB, Seyla. *The Rights of Others: Aliens, Residents, and Citizens*. Cambridge, Cambridge University Press, 2004.

334 TEORIA SOCIAL CONTEMPORÂNEA

_____. *Another Cosmopolitanism*. Org. R. Post. Oxford, Oxford University Press, 2008.

BERNSTEIN, Richard. *The Restructuring of Social and Political Theory*. Philadelphia, University of Pennsylvania Press, 1978.

_____ (eds.). *Habermas and Modernity*. Cambridge, Polity Press, 1985.

_____. "Introduction". *Habermas and Modernity*. Cambridge, Polity Press, pp. 1-32, 1985.

CALHOUN, Craig (ed.). *Habermas and the Public Sphere*. Cambridge, MA, MIT Press, 1992.

CONNELL, Raewyn W. *Masculinities*. Berkeley, University of California Press, 1995.

COOKE, Maeve. *Language and Reason: A Study in Habermas's Pragmatics*. Cambridge, MA, MIT Press, 1994.

CROSSLEY, Nick & ROBERTS, John (eds.). *After Habermas: New Perspetives on the Public Sphere*. Oxford, Blackwell, 2004.

DALLMAYR, Fred R. & McCARTHY, Thomas (eds.). *Understanding and Social Inquiry*. Notre Dame, University of Notre Dame Press, 1977.

DEWEY, John. "The Public and Its Problems". *In:* BOYDSTON, Jo Ann (ed.). *John Dewey: The Later Works*, vol. II: *1925-1927*. Carbondale, Southern Illinois University Press, pp. 235-372, 1984 [1927].

DEWS, Peter (ed.). *Autonomy and Solidarity: Interviews with Jürgen Habermas*. London, Verso, 1986.

FAHRENBACH, Helmut (eds.). *Wirklichkeit und Reflexion: Festschrift für Walter Schulz*. Pfüllingen, Neske, 1973.

GEUSS, Raymond. *The Idea of a Critical Theory*. Cambridge, Cambridge University Press, 1981.

GIDDENS, Anthony. "Jürgen Habermas". *In:* SKINNER, Quentin (ed.). *The Return of Grand Theory in the Human Sciences*. Cambridge, Canto, pp. 121-140, 1985.

_____. "Reason Without Revolution". *In:* BERNSTEIN, Richard (ed.). *Habermas and Modernity*. Cambridge, Polity Press, pp. 95-121, 1985.

_____ & TURNER, Jonathan (eds.). *Social Theory Today*. Cambridge, Polity Press, 1987.

HABERMAS, Jürgen. "On Systematically Distorted Communication". *Inquiry*, vol. 13, n. 3, pp. 205-218, 1970.

_____. "Towards a Theory of Communicative Competence". *Inquiry*, vol. 13, n. 4, pp. 360-375, 1970.

_____. "Wahrheitstheorien". *In:* FAHRENBACH, Helmut (ed.). *Wirklichkeit und Reflexion: Festschrift für Walter Schulz*. Pfüllingen, Neske, pp. 211-265, 1973.

_____. *Theory and Practice*. Boston, Beacon Press, 1973.

_____. *Legitimation Crisis*. Cambridge, Polity Press, 1976.

_____. "A Review of Gadamer's *Truth and Method*". *In:* DALLMAYR, Fred R. & McCARTHY, Thomas A. (eds.). *Understanding and Social Inquiry.* Notre Dame, University of Notre Dame Press, pp. 335-363, 1977.

_____. *Communication and the Evolution of Society.* Cambridge, Polity Press, 1979.

_____. *Knowledge and Human Interests.* Cambridge, Polity Press, 1987.

_____. *The Philosophical Discourse of Modernity.* Cambridge, Polity Press, 1987.

_____. *The Theory of Communicative Action*, vol. II: *Lifeworld and System: A Critique of Functionalist Reason.* Cambridge, Polity Press, 1987 [1981].

_____. *Towards a Rational Society: Student Protest, Science, and Politics.* Cambridge, Polity Press, 1987.

_____. *On the Logic of the Social Sciences.* Cambridge, Polity Press, 1988.

_____. *Structural Transformation of the Public Sphere: An Inquiry into a Category of Bourgeois Society.* Cambridge, Polity Press, 1989.

_____. *Moral Consciousness and Communicative Action.* Cambridge, Polity Press, 1990.

_____. *The Theory of Communicative Action*, vol. I: *Reason and the Rationalization of Society.* Cambridge, Polity Press, 1991 [1981].

_____. *Justification and Application.* Cambridge, Polity Press, 1993.

_____. *Between Facts and Norms: Contributions to a Discourse Theory of Law and Democracy.* Cambridge, Polity Press, 1996.

_____. *The Inclusion of the Other: Studies in Political Theory.* Eds. C. Cronin and P. de Greiff. Cambridge, MA, MIT Press, 1998.

_____. *On the Pragmatics of Communication.* Ed. M. Cooke. Cambridge, MA, MIT Press, 1998.

_____. *The Postnational Constelation: Political Essays.* Ed. M. Pensky. Cambridge, Polity Press, 2001.

_____. *On the Pragmatics of Social Interaction: Preliminary Studies in the Theory of Communicative Action.* Cambridge, MA, MIT Press, 2001.

_____. *Religion and Rationality: Essays on Reason, God, and Modernity.* Ed. E. Mendieta, Cambridge, Polity Press, 2002.

_____. *The Divided West.* Cambridge, Polity Press, 2006.

_____. "Religion and the Public Sphere". *European Journal of Philosophy*, vol. 14, n. 1, pp. 1-25, 2006.

_____. *Between Naturalism and Religion: Philosophical Essays.* Cambridge, Polity Press, 2008.

336 TEORIA SOCIAL CONTEMPORÂNEA

_____ & DERRIDA, Jacques. *Philosophy in a Time of Terror: Dialogues with Jürgen Habermas and Jacques Derrida*. Ed. G. Borradori. Chicago, University of Chicago Press, 2004.

_____ & LUHMANN, Niklas. *Theorie der Gesellschaft oder Sozialtechnologie*. Frankfurt, Suhrkamp, 1971.

_____ & RAWLS, John. *Débat sur la Justice Politique*. Paris, Les Éditions du Cerf, 1997.

HELD, David. *Introduction to Critical Theory: Horkheimer to Habermas*. Cambridge, Polity Press, 1980.

_____. *Democracy and the Global Order: From the Modern State to Cosmopolitan Governance*. Cambridge, Polity Press, 1995.

HESSE, Mary. "Science and Objectivity". *In:* THOMPSON, John & HELD, David (eds.). *Habermas: Critical Debates*. London, Macmillan, pp. 98-115, 1982.

HOLUB, Robert C. *Jürgen Habermas: Critique in the Public Sphere*. London, Routledge, 1991.

HONNETH, Axel. "Critical Theory". *In:* GIDDENS, Anthony & TURNER, Jonathan (eds.). *Social Theory Today*. Cambridge, Polity Press, 1987.

_____. *Critique of Power: Reflective Stages in a Critical Social Theory*. Cambridge, MIT Press, 1991.

_____. *The Fragmented World of the Social: Essays in Social and Political Theory*. Albany, Suny Press, 1995.

_____. *The Struggle for Recognition: The Moral Grammar of Social Conflicts*. Cambridge, MA, MIT Press, 1996.

_____. *Disrespect: The Normative Foundations of Critical Theory*. Cambridge, Polity Press, 2007.

_____. *Reification: A New Look at an Old Idea*. Ed. M. Jay. Oxford, Oxford University Press, 2008.

_____ & FRASER, Nancy. *Redistribution or Recognition? A Political-Philosophical Exchange*. London, Verso, 2002.

_____ & JOAS, Hans. *Social Action and Human Nature*. Cambridge, Cambridge University Press, 1988.

_____ & JOAS, Hans (eds.). *Communicative Action*. Cambridge, Polity Press, 1991.

_____; MCCARTHY, Thomas; OFFE, Claus & WELLMER, Albrecht. *Cultural-Political Interventions in the Unfinished Project of Enlightenment*. Cambridge, MA, MIT Press, 1992.

INGRAM, David. *Habermas and the Dialectic of Reason*. New Haven, Yale, 1987.

LUKES, Steven. "Of Gods and Demons: Habermas and Practical Reason". *In:* THOMPSON, John & HELD, David (eds.). *Habermas: Critical Debates*. London, Macmillan, pp. 134-148, 1982.

A PROPAGAÇÃO DA RAZÃO *337*

MARKELL, Patchen. "Making Affect Safe for Democracy? On 'Constitutional Patriotism'". *Political Theory*, vol. 28, n. 1, pp. 38-63, 2000.

McCARTHY, Thomas. *The Critical Theory of Jürgen Habermas.* Cambridge, Polity Press, 1984.

_____. "Reflections of Rationalization in the Theory of Communicative Action", *In:* BERNSTEIN, Richard (ed.). *Habermas and Modernity.* Cambridge, Polity Press, pp. 176-191, 1985.

OFFE, Claus. *Contradictions of the Welfare State.* Ed. J. Keane. London, Hutchinson, 1982.

_____. "New Social Movements: Challenging the Boundaries of Institutional Politics". *Social Research*, vol. 52, n. 4, pp. 817-868, 1985.

_____. "Binding, Shackles, Brakes: On Self-Limitation Strategies". *In:* HONNETH, Axel; McCARTHY, Thomas; OFFE, Claus & WELLMER, Albrecht (eds.). *Cultural-Political Interventions in the Unfinished Project of Enlightenment.* Cambridge, MIT Press, pp. 63-94, 1992.

_____. *Modernity and the State: East, West.* Cambridge, MIT Press, 1996.

_____. "Social Protection in a Supranational Context: European Integration and the Fates of the 'European Social Model'". *In:* BARDHAN, Pranab; BOWLES, Samuel & WALLERSTEIN, Michael. *Globalization and Egalitarian Redistribution.* Princeton, Princeton University Press, pp. 33-62, 2006.

OTTMANN, Henning. "Cognitive Interests and Self-Reflection". *In:* THOMPSON, John & HELD, David (eds.). *Habermas: Critical Debates.* London, Macmillan, pp. 79-97, 1982.

OUTHWAITE, William. *Habermas: A Critical Introduction.* 2nd. ed. Cambridge, Polity Press, 2009.

PUSEY, Michael. *Jürgen Habermas.* London, Tavistock, 1987.

RATZINGER, Joseph C. [Papa Bento XVI] & HABERMAS, Jürgen. *Dialectics of Secularization: On Reason and Religion.* Org. F. Schuller. San Francisco, Ignatius Press, 2006.

RAWLS, John. *Political Liberalism.* New York, Columbia University Press, 1993.

_____. *The Law of Peoples: With "The Idea of Public Reason Revisited".* Cambridge, MA, Harvard University Press, 1999.

RODERICK, Rick. *Habermas and the Foundations of Critical Theory.* London, Macmillan, 1986.

SILVA, Filipe Carreira da. "Espaço Público e Democracia: O Papel da Esfera Pública no Pensamento Político de Habermas". *Análise Social*, vol. 36, n. 158-159, pp. 435-459, 2001.

_____. *Espaço Público em Habermas*. Lisboa, Imprensa de Ciências Sociais, 2002.

_____. *Mead and Modernity: Science, Selfhood and Democratic Politics*. Lanham, Lexington Books, 2008.

_____ & VIEIRA, Mónica Brito. "Insights from the Brain". *Análise Social*, vol. 47, n. 205, pp. 844-845, 2012.

SKINNER, Quentin (ed.). *The Return of Grand Theory in the Human Sciences*. Cambridge, Canto, 1985.

THOMPSON, John & HELD, David (eds.). *Habermas: Critical Debates*. London, Macmillan, 1982.

VIEIRA, Mónica Brito & SILVA, Filipe Carreira da. "Democracia Deliberativa Hoje: Desafios e Perspectivas". *Revista Brasileira de Ciência Política*, vol. 10, pp. 151-194, 2013.

WELLMER, Albrecht. "Reason, Utopia, and Enlightenment". *In:* BERNSTEIN, Richard (ed.), *Habermas and Modernity*. Cambridge, Polity Press, pp. 35-66, 1985.

8

Um Admirável Mundo Novo?

QUÃO DISTINTA É A NOSSA ERA?

O mundo no *raiar* do século XXI é muito diferente do que costumava ser há apenas uma geração atrás. O sombrio equilíbrio nuclear da Guerra Fria deu lugar a uma nova ordem mundial imprevisível, em que o terrorismo, a proliferação nuclear e o aquecimento global parecem reunir-se para anunciar uma nova era. A resiliência das desigualdades sociais e econômicas, a par de novos conflitos de natureza cultural e religiosa, contribuíram de forma decisiva para minar a confiança de outrora no progresso da humanidade, baseado na difusão dos benefícios da modernidade (antes de mais nada tecnológicos e científicos, mas também políticos, jurídicos e civilizacionais).

A forma como descrevemos o novo mundo que se avizinha tem algumas semelhanças com o modo como os nossos antepassados descreviam o *fin de siècle* um século atrás: transformações rápidas e imprevisíveis, crescente incerteza e um sentimento generalizado de perda de confiança nas velhas verdades. Pelo menos no Ocidente, tanto o século XX como o XXI foram precedidos por períodos relativamente longos de estabilidade política e social, crescimento econômico sustentado e confiança epistêmica. Em *A Sociology of Modernity*, Peter Wagner identifica uma "modernidade primitiva, restritamente liberal, no quadrante noroeste do mundo"[1] que teria emergido entre o final do século

---

1. Peter Wagner, *A Sociology of Modernity: Liberty and Discipline*, London, Routledge, 1994, p. 55.

340 TEORIA SOCIAL CONTEMPORÂNEA

XVIII e a primeira metade do século XIX. Esta modernidade liberal primitiva não duraria muito tempo. A Primeira Guerra Mundial veio destruir a maioria das esperanças iluministas de um progresso social constante e gradual.

No entanto, o ceticismo em relação à modernidade capitalista liberal tinha tido origem muito antes, primeiro com a crítica marxista da economia política e mais tarde com a crítica de Weber à tendência moderna para a burocratização e para a racionalização instrumental de mais e mais esferas da vida. Wagner defende que existem semelhanças estruturais entre esta primeira crise da modernidade e uma segunda que se encontra presentemente em curso[2]. Ambas foram precedidas por períodos relativamente longos de confiança na capacidade da modernidade de cumprir as suas promessas. Em ambos os casos, a humanidade (particularmente no Ocidente) parecia capaz de atingir um progresso ilimitado por via de um domínio racional dos problemas quer do mundo social, quer do mundo natural. É exatamente isto que define o modernismo, pelo menos na acepção sociológica do termo: uma confiança inabalável na capacidade humana para se conhecer a si própria e ao mundo, dominando desta forma ambos sem referência a qualquer outra autoridade que não a razão humana[3].

Em ambos os casos, uma série de desenvolvimentos sociais deu origem à dissolução desta confiança iluminista. Os intelectuais tinham que compreender um mundo em transição, um mundo no qual a confiança nas possibilidades da modernidade foi substituída pela necessidade de lidar com a incerteza trazida por radicais transformações econômicas, culturais e sociais. Tal é o que, em termos gerais, nos relaciona hoje com a geração de Weber, Durkheim, Mead e Simmel – o entendimento partilhado de que, em tempos de profunda incerteza epistemológica e de rápida transformação socioeconômica, as ciências sociais têm de abandonar os esquemas tradicionais rígidos em favor de modelos criativos de caráter mais processual.

A análise de Wagner cinge-se ao Ocidente[4]. Porém, se alargarmos o âmbito da nossa análise, a imagem que surge é muito mais diversa, variável e até mesmo contraditória. Compreender este quadro complexo tem sido o objetivo

---

2. *Idem*, p. 175.

3. Peter Wagner, *Theorizing Modernity: Inescapability and Attainability in Social Theory*, London, Sage, 2001, p. 10.

4. Muito embora, no seu trabalho mais recente, Wagner faça efetivamente um esforço para regionalizar a experiência europeia da modernidade. Ver Peter Wagner, *Theorizing Modernity*, p. 215.

de um número crescente de estudiosos nos anos mais recentes. É claro que, para além de um interesse comum no estudo da condição da nossa era, muito pouco é partilhado por estes autores. Da macrossociologia de Manuel Castells ao diagnóstico da sociedade do risco de Ulrich Beck, da sociologia da modernidade de Zygmunt Bauman à economia política de Saskia Sassen ou aos escritos quase literários de Richard Sennett, a teoria social contemporânea é menos um empreendimento comum do que um *medium* discursivo através do qual diferentes visões dão conta do nosso mundo presente.

MANUEL CASTELLS E A SOCIEDADE EM REDE

A célebre trilogia de Manuel Castells (1942-), *A Era da Informação*, é um dos mais ambiciosos tratados teóricos sobre a globalização escritos até hoje. Anthony Giddens, talvez excessivamente, chega a descrevê-la mesmo como um triunfo intelectual em nada inferior a *Economia e Sociedade,* de Weber. Antes de analisarmos a *magnum opus* de Castells, devemos apresentar algumas breves notas sobre o seu trabalho anterior. Castells iniciou sua carreira em Paris no final dos anos 1960 como um sociólogo urbano de orientação marxista. Defendia uma "nova" sociologia urbana que, ao centrar-se na política urbana de base prestava a atenção devida aos atores sociais emergentes à época, os novos movimentos sociais. A "velha" sociologia urbana era, por oposição, estreitamente empirista e carecia de um "objeto teórico" apropriado, uma alegação que revelava a dependência de Castells do marxismo científico de Althusser.

Com obras como *A Questão Urbana, Monopolville* e *Lutas Urbanas e Poder Político,* Castells cedo se assumiu como uma figura central no domínio dos estudos urbanos e da política local. *Dual City,* uma análise pormenorizada do fosso crescente entre pobres e ricos na sociedade nova-iorquina pós-industrial, que Castells coeditou com John Mollenkopf, assinala já o interesse que exibia acerca da globalização econômica. O mesmo pode ser dito sobre *The Informational City*, uma das primeiras tentativas de Castells de aplicar sistematicamente a sua noção de informacionalismo. Mas é com a trilogia *A Era da Informação*, um diagnóstico com 1500 páginas de extensão acerca da condição da nossa era, publicada no final dos anos 1990, que Castells se transforma num dos mais influentes e midiáticos intérpretes das questões globais do nosso tempo.

342 TEORIA SOCIAL CONTEMPORÂNEA

Enquanto o primeiro volume apresenta a ascensão da sociedade em rede, o segundo retrata a reemergência da identidade enquanto reação a este desenvolvimento social. No terceiro volume, Castells aborda o modo como a dialética entre rede e identidade provoca problemas crescentes ao sistema do Estado-Nação à medida que as redes globais criminosas se expandem rapidamente. Se a sua obra inicial é muito influenciada pelo marxismo, o seu pensamento hoje em dia deve muito mais à teoria das redes, às teses de Daniel Bell sobre a sociedade pós-industrial e às ideias de Alain Touraine acerca dos novos movimentos sociais. Se descontarmos as tendências holísticas da sua análise e a prioridade que atribui aos assuntos econômicos e tecnológicos em detrimento dos culturais, não sobra efetivamente muito marxismo no trabalho de Castells: redes, informacionalismo e flexibilidade são os seus motes atuais.

A tese de Castells é a de que vivemos numa sociedade em rede. Esta nova sociedade teria emergido como um conjunto de três processos interligados que se reforçaram mutuamente durante os anos 1970: a revolução das tecnologias da informação (uma consequência não intencional da Guerra Fria), as crises econômicas do capitalismo social e do socialismo de Estado, e a emergência dos novos movimentos sociais. Em consequência destes três processos, sentiram-se profundas alterações em três domínios a partir dos anos 1970: uma nova estrutura social (a sociedade em rede), uma nova economia (o "capitalismo informacional") e uma nova cultura (a cultura da "virtualidade real" da internet). Por outras palavras, a restruturação do capitalismo desde essa época conduziu à emergência da "sociedade em rede" na qual os "fluxos de informação" são cruciais.

O sistema capitalista de produção não se centra já em torno da produção e comercialização de bens e serviços. Hoje em dia, afirma Castells, a produção significa antes de mais nada "informacionalismo" – ou seja, o controle, manipulação e distribuição de informação tanto como produto em si como enquanto meio de organização de outros produtos[5]. Identifica cinco características distintivas do "capitalismo informacional", enquanto paradigma econômico emergente da nossa era: a informação transforma-se num bem econômico fundamental; as tecnologias da informação são dominantes; os sistemas econômicos auto-organizam-se sob a forma de redes globais; as relações de produção

---

5. Manuel Castells, *The Information Age: Economy, Society and Culture*, vol. I: *The Rise of the Network Society*, Oxford, Blackwell, 1996, pp. 14-15.

tornam-se crescentemente flexíveis; tecnologias de caráter diferente tendem a convergir. Na era da informação, a economia, a sociedade e a cultura são governadas por uma "lógica de rede" que tudo abarca. Castells não tem dúvidas: "As redes constituem a nova morfologia das nossas sociedades e a difusão da lógica das redes modifica substancialmente a operação e as resultantes dos processos de produção, experiência, poder e cultura"[6].

No segundo volume de *A Era da Informação*, Castells explora as consequências desta lógica de rede para as expressões das identidades coletivas, particularmente sob a forma de novos movimentos sociais. Sua alegação fundamental é a de que a lógica da rede corrói o sentimento de identidade tanto dos atores individuais como dos atores coletivos. Tal como Bauman e Sennett, Castells aponta o declínio dos empregos de carreira como sintoma desta tendência social. Os "empregos", entendidos como carreiras profissionais duráveis e estáveis, dão progressivamente lugar a "projetos" *ad hoc* à medida que o "curto prazo" substitui o "longo prazo" como temporalidade econômica dominante. A política identitária é assim uma reação face à difusão do novo modo de organização capitalista[7]. Para Castells, os movimentos sociais – do fundamentalismo islâmico ao separatismo catalão e dos populistas eletrônicos da Bolívia aos diversos tipos de feminismos – constituem tentativas de construção identitária como resposta à mentalidade global de rede e à sua ênfase no efêmero.

A análise bem-documentada de Castells mostra como os movimentos sociais hoje fazem progredir as suas agendas subvertendo a lógica da rede. Um caso exemplar são os Zapatistas mexicanos, liderados pelo lendário "subcomandante Marcos". Os Zapatistas transformaram-se num "movimento de guerrilha informacional"[8], fazendo um uso bem-sucedido da internet para obter o apoio da opinião pública global para o seu combate contra as autoridades mexicanas. Inspiraram, desta forma, uma série enorme de outros movimentos sociais pelo mundo afora. Para além disso, os Zapatistas subverteram a própria noção de "projeto". Em vez de se reportar a um modo instrumental de organização econômica, a ideia de "projeto" transformou-se numa estratégia de construção de identidade: transforma-se num programa social de reconstrução destinado, no

---

6. *Idem*, p. 469.
7. Manuel Castells, *The Information Age: Economy, Society and Culture*, vol. II: *The Power of Identity*, Oxford, Blackwell, 1997, p. 11.
8. *Idem*, p. 79.

344 TEORIA SOCIAL CONTEMPORÂNEA

seu caso, a erigir pontes entre os índios, os pobres e a classe média educada de forma a criar novas utopias[9]. O sentimento de solidariedade resultante desses projetos é um poderoso instrumento para a construção de identidades.

No último volume da trilogia, *O Fim do Milênio*, Castells discute em detalhe os acontecimentos políticos recentes numa série de contextos regionais de forma a demonstrar as múltiplas expressões do declínio do estatismo e da concomitante ascensão do informacionalismo. Castells apresenta descrições fiéis do colapso da União Soviética; do processo de integração europeia; da explosão econômica da Ásia-Pacífico liderada por Estados de orientação desenvolvimentista; da emergência de redes criminosas globais; e das habitualmente empobrecidas nações sem Estado a que chama o "Quarto Mundo". Curiosamente, este volume não é tanto uma síntese dos anteriores, mas antes uma reafirmação ou atualização dos argumentos neles apresentados. Por exemplo, o informacionalismo apenas fornece uma chave interpretativa para a explicação do colapso do estatismo; não desempenha qualquer papel explicativo no resto do livro, algo que é difícil de compreender dadas as alegações anteriores de Castells de que esta era a característica distintiva da nossa era.

No entanto, um dos aspectos mais inovadores de *O Fim do Milênio* é a forma como interpreta o crime global. O capitalismo informacional coloca um fardo muito pesado sobre os Estados-Nação. Sempre que estes são incapazes de lidar com esse fardo, como aconteceu na Rússia de Yeltsin, aquilo que tende a desaparecer em primeiro lugar são as instituições encarregadas de garantir a lei e a ordem[10]. Como nota Castells, as organizações criminosas têm estado entre os primeiros atores coletivos a adaptarem-se à nova ordem social. A máfia russa e os cartéis de droga colombianos vêm fazendo uma utilização eficaz da lógica de rede e das tecnologias da informação correntes (na lavagem de dinheiro digital, por exemplo)[11].

Em livros mais recentes, Castells vem tratando aspectos específicos da ascensão da era da informação. *A Galáxia da Internet*, por exemplo, é um estudo acerca da natureza e da influência da internet enquanto base tecnológica para o modo de organização por excelência da era da informação, a rede. Castells

---

9. *Idem*, p. 286.
10. Manuel Castells, *The Information Age: Economy, Society and Culture*, vol. III: *End of Millenium*, Oxford, Blackwell, 1998, pp. 180-188.
11. *Idem*, p. 201.

descreve a cultura da internet como uma estrutura hierárquica em quatro estratos ou camadas. Em primeiro lugar, temos a "cultura tecno-meritocrática" de cientistas e acadêmicos que acreditam que o progresso da humanidade está associado aos avanços da ciência. Em segundo lugar, existe uma, menor, "cultura hacker" (não confundir com a "cultura cracker", de caráter criminoso, como é frequentemente sugerido pela mídia) composta por "programadores especializados e por peritos em *networking*"[12].

Em terceiro lugar, Castells identifica a cultura virtual comunitária, constituída por membros de comunidades online como o Facebook: sua composição muito diversa espelha a diversidade da própria sociedade. Em quarto lugar, existe a cultura empreendedora dos homens de negócios que viram na internet um setor de investimento lucrativo. Esta é uma das primeiras tentativas por parte de um grande teórico social de interpretar este fenômeno em incrível expansão: entre 1995, o primeiro ano em que se verifica o uso alargado da *worldwide web*, e em 2010, o número de utilizadores cresceu de dezesseis milhões para quase dois bilhões[13].

Em *The Information Society and the Welfare State*, escrito com Pekka Himanen, Castells aborda como o Estado social finlandês reformado consegue fornecer proteção social ao mesmo tempo que aproveita as oportunidades econômicas trazidas pela globalização. Em um dos seus livros mais recentes, *Comunicação Móvel e Sociedade*, Castells aborda a revolução das comunicações móveis. O seu argumento é o de que o celular, um aparelho tecnológico de importância não inferior ao do notebook na era da informação, transformou profundamente a vida social ao permitir, pela primeira vez na história, a possibilidade de comunicações globais instantâneas.

Podem ser dirigidas pelo menos três críticas à teoria da sociedade em rede proposta por Castells. Em primeiro lugar, a de que é menos uma explicação e mais uma descrição do mundo atual. Castells não acrescenta substância aos mecanismos causais que se encontram por detrás da abundância de fenômenos que tão brilhantemente descreve. Consideremos o uso que faz de dados quantitativos em *A Era da Informação*. Podem-lhe ser apontados dois problemas. Castells

---

12. Manuel Castells, *The Internet Galaxy: Reflections on the Internet, Business, and Society*, New York, Oxford University Press, 2001, p. 41.
13. *Idem*, p. 3.

demonstra uma sensibilidade insuficiente quanto às limitações metodológicas do recurso a dados de conjunto internacionais, cuja fiabilidade irregular deveria deixá-lo desconfiado relativamente a generalizações globais.

Além do mais, os dados quantitativos que apresenta são por vezes redundantes ou sem relação com os seus argumentos. Uma coisa é sugerir que existe uma relação entre as transformações das finanças públicas da maioria dos países desenvolvidos e a ascensão dos movimentos sociais. É certamente plausível pensar que um Estado-Nação enfraquecido pode propiciar a emergência de projetos alternativos de formação de identidade coletiva. Mas é algo completamente diferente especificar os mecanismos causais que relacionam estes dois processos, e isso Castells não faz.

Em segundo lugar, dada a quantidade de literatura existente acerca das limitações da teoria da modernização, é difícil compreender a vontade que Castells tem em seguir esta perspectiva analítica. Seu argumento acerca da "difusão da lógica da rede" ilustra bem esta dificuldade. Em vez de adotar a visão modernista de que a globalização pode ser comparada a uma onda irrefreável que engole todo o planeta, Castells teria se saído melhor se tivesse partilhado, por exemplo, da perspectiva mais sofisticada de Peter Hall na sua abordagem às "variantes do capitalismo" (ver capítulo 5). Tivesse Castells adotado este tipo de abordagem mais matizada, seu trabalho exibiria uma maior sensibilidade aos complexos processos de interação e redefinição mútua entre, por um lado, as práticas e valores globais (os regimes de direitos humanos, por exemplo) e, por outro lado, as incorporações locais destes valores e práticas.

Aquilo que Hall e seus colaboradores têm conseguido demonstrar é que essas interações entre o global e o local não obedecem a um padrão de organização homogêneo, ao contrário do que supõem os teóricos da modernização. Existem, ao invés, claras assimetrias regionais no que diz respeito à incorporação e redefinição de valores e práticas globais. De onde a noção de "variantes do capitalismo" – que se refere a um único fenômeno, cujo âmbito é hoje em dia global, mas cujas configurações específicas são claramente regionais e por vezes mesmo nacionais (por exemplo, o Japão). Em nossa opinião, a teoria da sociedade em rede de Castells teria muito a ganhar se adotasse uma orientação analítica semelhante, na qual o alcance global é compatível com uma maior percepção dos padrões regionais e locais de organização.

Em terceiro lugar, Castells subestima a ideia de lugar. A sua sociedade em rede é um espaço de fluxos virtuais e de relações sociais incorpóreas, onde a cultura da virtualidade real reina sem oposição. Na realidade, tal como é sugerido por autores como David Harvey, é o oposto que parece ser verdade. A ideia de lugar torna-se cada vez mais importante à medida que as barreiras espaciais diminuem. Este é o grande paradoxo da nossa era: "Quanto menos importantes são as barreiras espaciais, maior é a sensibilidade do capital às variações de lugar no contexto do espaço, e maior é o incentivo para que os lugares se diferenciem de formas atraentes para o capital"[14].

Essa mesma ideia foi explorada com grande sucesso por Saskia Sassen, cujo trabalho discutiremos adiante. Por agora, basta dizer que existem razões teóricas e empíricas para que não se confunda a globalização com a desterritorialização. Algumas das teorias mais bem-sucedidas acerca da era global lidam com a crescente importância de determinados lugares estratégicos à medida que se desenvolve o capitalismo global (como o trabalho de Sassen acerca das cidades globais). De modo semelhante, os dados existentes acerca dos valores e práticas globais provenientes de consórcios internacionais reconhecidos como o World Values Survey ou o International Social Survey Programme mostram, consistentemente, que as variações em função do lugar não possuem menor significado do que outras variáveis como o rendimento, a idade, o gênero ou a religião[15].

Em resumo, a principal contribuição de Castells para a teoria social contemporânea tem duas vertentes. Em primeiro lugar, as análises que desenvolveu nos anos 1970 sobre a cidade constituem ainda hoje uma referência para os estudiosos do fenômeno urbano. Em segundo lugar, as suas obras mais recentes acerca da sociedade em rede, embora de caráter mais descritivo do que explanatório, fornecem ainda assim uma perspectiva ampla e informativa sobre o nosso mundo global. Não é de estranhar, portanto, que, desde o final dos anos 1990, Castells tenha se tornado um dos pensadores sociais mais requisitados quando se abordam questões globais, tendo trabalhado como conselheiro de governos nacionais, organismos internacionais, fundações e empresas privadas.

---

14. David Harvey, *The Condition of Postmodernity*, Oxford, Blackwell, 1989, pp. 298-299.
15. Ver, por exemplo, Terry N. Clark and Vincent Hoffmann-Martinot (eds.), *The New Political Culture*, Boulder, Westview Press, 1998; Ronald Inglehart and Pippa Norris, *Rising Tide: Gender Equality and Cultural Change Around the World*, Cambridge, Cambridge University Press, 2003.

348 TEORIA SOCIAL CONTEMPORÂNEA

Em 2013, Castells foi galardoado com o prestigiado Prêmio Balzan em reconhecimento do seu trabalho sobre as implicações sociais e políticas das profundas mudanças tecnológicas do nosso tempo. A influência social das suas teorias é, desta forma, indubitável, tal como o é o entusiasmo que exibe relativamente às possibilidades abertas pelos recentes avanços tecnológicos da nossa era, em particular pela revolução digital detonada pelo efeito combinado da difusão dos computadores pessoais e da internet. Veja-se, a este respeito, suas análises da chamada Primavera Árabe de 2011 do ponto de vista da influência das novas tecnologias de informação como o Twitter.

O próximo autor assume uma posição marcadamente diferente acerca das consequências dos avanços tecnológicos das últimas décadas. Menos otimista do que Castells, Ulrich Beck ganhou relevo internacional com a tradução para o inglês no início dos anos 1990 do seu *Risikogesellschaft* (*Sociedade de Risco*), um livro influente que se centra exatamente nas consequências negativas, não intencionais, da confiança na tecnologia por parte das nossas sociedades modernas. É para Beck, pois, que voltamos agora a nossa atenção.

ULRICH BECK E A SOCIEDADE DO RISCO

Existem dois componentes no trabalho de Ulrich Beck (1944-): uma dimensão substantivo-empírica e outra metateórica. O componente substantivo-empírico é razoavelmente simples: Beck pretende demonstrar até que ponto a sociedade contemporânea é diferente dos outros tipos de sociedade que a precederam. Segundo Beck, a sociedade de hoje difere da do século XIX de diversas maneiras. As pessoas, por exemplo, já não consideram as instituições como algo garantido, refletindo sobre e escolhendo estas instituições constantemente. Anteriormente, o casamento e a família eram um dado. Agora, os indivíduos podem escolher uma diversidade de opções, dentre as quais o casamento é apenas mais uma: podem permanecer solteiros, podem desejar coabitar ou podem estar numa relação com alguém que vive noutro lugar[16]. O componente metateórico do empreendimento intelectual de Beck é mais

16. Ulrich Beck and Elisabeth Beck-Gernsheim, *The Normal Chaos of Love*, Cambridge, Polity Press, 2005.

ambicioso. O autor defende que estas recentes transformações são tão vastas que exigem uma revisão radical do nosso aparelho sociológico.

Apesar das ligeiras alterações efetuadas ao longo dos anos, as ferramentas sociológicas que utilizamos atualmente são fundamentalmente as mesmas que foram introduzidas durante o final do século XIX e o início do século XX. Estas eram à época ferramentas muito eficazes; permitiram que sociólogos como Max Weber e Émile Durkheim analisassem a sociedade em que viviam. No entanto, estes conceitos e estratégias metodológicas já não se encontram adaptados à exploração do mundo social contemporâneo. Se alguma coisa estes instrumentos conseguem fazer é ofuscar aquilo que é distintivo na situação presente. Beck pretende desenvolver uma nova terminologia e estratégia metodológica que sirvam à "segunda modernidade". De forma semelhante aos sociólogos do século XIX, que tiveram que inventar um novo vocabulário para analisar as radicais transformações da sociedade de então, Beck afirma que as atuais transformações sociais exigem um novo quadro referencial[17].

Até à publicação de *Sociedade de Risco*, Beck era um sociólogo relativamente desconhecido, especializado na sociologia da família e do trabalho. Quando o livro saiu, em 1986, seu impacto foi imediato, sobretudo nas ciências sociais do seu país de origem. A tradução para o inglês em 1992 em muito contribuiu para que este impacto se estendesse para além da Alemanha, garantindo o seu estatuto de *cause célèbre* no mundo anglo-saxônico, onde viria a ter um papel de destaque durante anos a fio. *Sociedade de Risco* não é um livro acadêmico comum; é bastante eclético na sua oscilação entre passagens com uma intenção teórica e especulativa e seções que parecem panfletos políticos com um forte tom moralista. O livro foi inicialmente publicado na Alemanha Ocidental, e reflete as preocupações de um grande número de membros dessa sociedade à época.

Em meados dos anos 1980, a República Federal da Alemanha era, mesmo para os padrões ocidentais, um país próspero com baixos números de desemprego e um elevado Produto Interno Bruto (PIB) *per capita*. Comparativamente com o Reino Unido, onde a reforma do sistema de segurança social dominava o debate político, os principais partidos políticos alemães concordavam acerca da conveniência e da efetividade do Estado social. Outros temas políticos, como

---

17. Ulrich Beck and Johannes Willms, *Conversations with Ulrich Beck*, Cambridge, Polity Press, 2004, pp. 11-61.

350 TEORIA SOCIAL CONTEMPORÂNEA

a imigração, não haviam ainda surgido na cena política, em parte porque os números da imigração se haviam mantido baixos por um período considerável de tempo, e em parte porque as leis de cidadania nessa época negavam ainda a muitos trabalhadores migrantes o direito de a requererem. Em rigor, a imigração só passaria a ser um assunto político significativo na Alemanha após a queda do Muro de Berlim e o alargamento da União Europeia.

Esta prosperidade, em conjunto com a ausência de outras preocupações políticas, propiciou um clima fértil para o aumento da consciência ecológica, o qual era na verdade muito forte quando comparado com o que existia noutras partes da Europa. As perspectivas ecológicas de Beck eram dominantes na Alemanha nessa altura: existia uma crescente consciência de que os recursos naturais eram limitados e de que a industrialização desenfreada conduziria a consequências catastróficas generalizadas. Acrescia a isto que o sistema eleitoral de representação proporcional tornava possível que o Partido dos Verdes tivesse se transformado numa força política significativa. Em resumo, o argumento central de Beck – que uma sociedade de escassez havia se transformado numa sociedade de risco – faria menos sentido para os indivíduos que vivessem, por exemplo, num país mais pobre, ou em um cujas divisões de classe fossem mais acentuadas ou onde outras matérias políticas fossem mais importantes.

De modo semelhante, a outra tese do livro – a de que os indivíduos estavam cada vez mais individualizados – poderia ter alguma ressonância junto das classes médias instruídas das sociedades prósperas, mas talvez não tanta para as classes menos favorecidas. Favorável para a influência de Beck foi o fato de o seu argumento ter tido recepção favorável nos Estados Unidos e no Reino Unido, onde o Estado-Providência se encontrava em retração devido a constrangimentos financeiros, e onde grande parte da classe média se via agora privada de "rede social" ao mesmo tempo que o aumento do desemprego e os desafios do comércio global os expunham a um maior risco salarial e de emprego.

O argumento de Beck centra-se em torno da noção de modernidade. Esta caracteriza-se pela visão otimista de que, juntamente com a ajuda da tecnologia e da ciência, os indivíduos seriam capazes de controlar de forma eficaz o meio ambiente. Esta atitude moderna produziu diversos efeitos involuntários negativos, tais como a poluição da água e do ar, a libertação excessiva de toxinas e o aquecimento global. Beck insiste no caráter novo destes problemas. As sociedades anteriores confrontavam-se também com diversas calamidades e infortúnios, tais como terremotos, cheias ou secas. Mas o que é distintivo nestes novos dilemas é, antes de mais, o fato de que possuem "origem humana": são causados pelas tentativas do próprio homem de controlar a natureza, na busca pelo lucro[18].

Beck defende que o desastre do reator nuclear de Chernobyl em 1986 teve causas humanas, tal como a "doença das vacas loucas" (BSE); curiosamente, afirma também que as cheias e as secas atuais são, da mesma forma, frequentemente provocadas por mão humana, em resultado das transformações climáticas ou por interferência nos fluxos e escoamento natural das águas. Em segundo lugar, estes novos perigos devem ser diferenciados dos riscos inerentes a uma dada atividade, na medida em que afetam uma enorme quantidade de indivíduos[19]. O crescente buraco na camada de ozônio afeta-nos potencialmente a todos, independentemente, por exemplo, da nossa nacionalidade ou classe social. Afeta mesmo as futuras gerações. Estes novos perigos ultrapassam fronteiras nacionais e estratos socioeconômicos.

No entanto, seu efeito sobre as nações industrializadas e os setores mais privilegiados da sociedade é geralmente menor do que sobre os segmentos mais desfavorecidos: por exemplo, as indústrias poluentes encontram abrigo nos países em vias de desenvolvimento, e os indivíduos mais ricos tendem a viver em bairros mais salubres. Em terceiro lugar, os perigos são hoje difíceis de detectar[20]. Não são imediatamente acessíveis ao observador: como dizer se, por exemplo, um refrigerante contém ingredientes cancerígenos? Mesmo uma investigação especializada provavelmente não chegará a resultados conclusivos quanto aos riscos envolvidos. Beck utiliza o termo "risco" para se referir a qualquer um destes perigos (por vezes não detectados durante muito tempo) que a humanidade fez incidir sobre si própria. Disso vem o termo "sociedade do risco", em referência a como, na sociedade atual, os indivíduos se encontram constantemente sujeitos aos resultados negativos das tentativas anteriores de controle da natureza.

Note-se que Beck utiliza o termo "risco" de um modo não convencional – bastante diferente do emprego que lhe é dado pelos economistas. Estes habitualmente estabelecem uma distinção entre risco e incerteza[21]. Ambos os

---

18. Ulrich Beck, *Risk Society: Toward a New Modernity*, London, Sage, 1992, pp. 20-22.
19. *Idem*, pp. 21-23, 34-35 e 39-44.
20. *Idem*, pp. 22-23.
21. Ver, por exemplo, John M. Keynes, *A Treatise on Probability*, London, Macmillan, 1921; Frank Knight, *Risk, Uncertainty and Profit*, New York, Houghton Miffin, 1921.

352 TEORIA SOCIAL CONTEMPORÂNEA

termos podem ser aplicados a situações em que os indivíduos são confrontados com informações incompletas relativamente aos resultados das suas ações, mas, enquanto risco se refere a situações nas quais uma probabilidade pode ser atribuída aos resultados dessas ações, incerteza é limitada às situações em que é impossível calcular essas probabilidades. Porque são calculáveis, os riscos (na acepção dada pelos economistas) são transferíveis e seguráveis.

A noção de risco para Beck aproxima-se mais da noção de incerteza dos economistas, uma vez que acentua que os riscos são frequentemente imprevisíveis e invisíveis, e que a investigação científica apenas raramente pode estabelecer com certeza a sua existência, probabilidade, natureza ou magnitude. A sociedade do risco é, na verdade, uma sociedade da incerteza, na qual a humanidade provocou, de forma desastrosa, problemas a si própria, e na qual ninguém, nem mesmo com a ajuda da ciência, conhece os perigos exatos a que está sujeito. A ignorância, mais do que o conhecimento probabilístico, é o que caracteriza este tipo de sociedade. Um dos temas recorrentes da obra de Beck é, na verdade, o de que a sociedade atual difere das precedentes pelo fato dos indivíduos se encontrarem agora confrontados com uma incerteza sistêmica[22].

A ignorância subjaz frequentemente às ações daqueles que produzem os riscos. Este fenômeno é particularmente revelador no caso do chamado "efeito bumerangue". Com este termo, Beck quer significar as situações nas quais, a longo prazo, as ações levadas a cabo pelos indivíduos em interesse próprio, para além de provocarem efeitos negativos sobre os outros, são também seriamente nocivas para as suas próprias vidas e sustento. Consideremos, por exemplo, o próprio exemplo que Beck apresenta acerca do uso de pesticidas e fertilizantes artificiais na produção agrícola alemã[23]. A utilização destes produtos aumentou substancialmente, o que conduziu a um incremento da produtividade das colheitas. Mas embora este aumento se cifre por volta dos vinte por cento, isto não é nada quando comparado com a extensa destruição natural causada pelos produtos químicos e pelos fertilizantes.

---

22. Ulrich Beck, *Ecological Politics in an Age of Risk*, Cambridge, Polity Press, 1995, pp. 111-127; *The Reinvention of Politics: Rethinking Modernity in the Global Social Order*, Cambridge, Polity Press, 1997, pp. 161-177; *World Risk Society*, Cambridge, Polity Press, 1999, pp. 109-132; Ulrich Beck and Johannes Willms, *Conversations with Ulrich Beck*, pp. 30-34.

23. Ulrich Beck, *Risk Society*, pp. 37-38.

UM ADMIRÁVEL MUNDO NOVO? *353*

Os agricultores que usaram estes meios para aumentar a sua produção têm agora que se confrontar com as consequências negativas deles resultantes: as suas próprias terras não são tão cultiváveis como costumavam ser, o que conduziu a um apreciável decréscimo nos seus lucros. É claro que a agricultura industrial intensiva pode ser destrutiva de diversas formas, inclusive para os consumidores: provoca, por exemplo, um aumento do teor de chumbo no leite, o que é potencialmente prejudicial para as crianças. Este tipo de prática agrícola exibe obviamente características de efeito bumerangue na medida em que os agricultores acabam por ter de enfrentar os efeitos desastrosos da sua própria busca pelo lucro. Em última análise, os perpetradores acabam por ser as vítimas das suas próprias ações.

A componente substantivo-empírica do trabalho de Beck é, em *Sociedade de Risco*, particularmente notável. Mas encontram-se nele também já indícios de metateoria: Beck argumenta que está em jogo uma nova lógica que exige novas estratégias teóricas e metodológicas. Esta dimensão metateórica passou a ser muito mais forte nos trabalhos mais recentes do autor. Defende que as transformações sociais necessitam de um novo tipo de sociologia com conceitos e metodologias inéditos. Quais são as transformações que Beck identifica como uma "segunda modernidade", e de que forma está a sociologia mal-equipada para proceder à sua análise?

Em primeiro lugar, Beck argumenta que diversas dualidades modernas estão sendo erodidas ou desfocadas: por exemplo, a dualidade entre vida e morte, entre cidadão e estrangeiro, e entre cultura e natureza. Consideremos as fronteiras entre cultura e natureza: a tecnologia genética e a sua aplicação humana confundiram esta distinção. Ou consideremos a oposição entre vida e morte, a qual, devido a transformações tecnológicas, já não é tão nítida como costumava ser. Não é imediatamente óbvio se um indivíduo ligado a uma máquina de suporte vital está morto ou vivo. Especialistas médicos e familiares deste paciente serão convocados para discutirem estas categorias e tomarem decisões. A erosão destas dicotomias tradicionais não significa que estas desapareçam completamente, mas que estas são constantemente debatidas e negociadas[24].

Em segundo lugar, faz notar que a sociologia assume frequentemente que a proximidade geográfica é essencial para as interações humanas. No entanto, devido aos recentes desenvolvimentos das telecomunicações (por exemplo, e-mail), os indivíduos podem agora interagir uns com os outros de forma significativa a

---

24. Ulrich Beck and Johannes Willms, *Conversations with Ulrich Beck*, pp. 27-28 e 30-32.

354 TEORIA SOCIAL CONTEMPORÂNEA

grandes distâncias. A proximidade social não assenta já na proximidade física. Isto explica por que os imigrantes podem se manter em grande medida em contato com a política, a cultura e o esporte dos seus países de origem e com os membros da família que deixaram para trás. Mantêm-se em contato e operam em diferentes localidades. A maioria dos indivíduos vive hoje uma "existência dialógica": têm de fazer a ponte entre culturas diferentes e de resolver diferenças culturais[25].

Em terceiro lugar, para Beck, a sociologia frequentemente pressupõe que os indivíduos são confrontados com (e determinados por) instituições e grupos sociais preexistentes. Este ponto é bem exemplificado pela perspectiva durkheimiana de que os fatos sociais, a matéria de que trata a sociologia, são simultaneamente externos e constringentes. Com isto queria dizer Durkheim que a sociologia deveria estudar a medida pela qual as ações e atitudes dos indivíduos são determinadas pelas instituições e grupos que os antecedem. Mas esta visão durkheimiana pressupõe que os indivíduos têm pouca influência sobre quais as instituições ou grupos que os afetam. Beck argumenta que, sob a condição da segunda modernidade, esta perspectiva é indevidamente rígida. No mundo reflexivo de hoje em dia, os indivíduos escolhem frequentemente a que grupos querem pertencer e quais os grupos a evitar. A noção de "modernidade reflexiva" refere-se a este processo: os indivíduos já não dão por garantidas as instituições, normas e práticas, e refletem constantemente acerca da sua validade e podem considerar alterá-las ou simplesmente optar por algo diferente[26].

Em quarto lugar, a sociedade contemporânea é, segundo Beck, caracterizada por uma crescente "individualização". As biografias individuais já não são prescritas pela sociedade; os indivíduos encontram-se em processo constante de construção das suas próprias narrativas e noções de identidade. Enquanto durante a primeira modernidade os indivíduos se encontravam ainda presos a regras informais e a convenções relacionadas com classe, gênero e etnia, isso é, hoje em dia, cada vez menos o caso. Por exemplo, a vida das mulheres permaneceu durante muito tempo, apesar das transformações no domínio da legalidade, limitada por funções e expectativas tradicionais. Mas estes conjuntos de regras

---

25. Ulrich Beck, *Cosmopolitan Vision*, Cambridge, Polity Press, 2006, pp. 1-14; Ulrich Beck and Johannes Willms, *Conversations with Ulrich Beck*, pp. 23-34 e 68-69.

26. Ulrich Beck, Anthony Giddens and Scott Lash, *Reflexive Modernization: Politics, Tradition and Aesthetics in the Modern Social Order*, Cambridge, Polity Press, 1994; Ulrich Beck and Johannes Willms, *Conversations with Ulrich Beck*, pp. 23-24 e 29-33.

deixaram já de impor o mesmo constrangimento sobre as mulheres, sendo estas capazes com mais facilidade de refletirem o tipo de vida que pretendem levar, pesando diferentes opções e agindo em consonância.

Obviamente que uma mulher pode ainda levar uma vida de dona de casa, mas a diferença relativamente à primeira modernidade é a de que ela tem que decidir fazê-lo e de que existem mais categorias para escolher – incluindo a de trabalhadora em meio período, trabalhadora em *home office*, membro de uma união de fato, mãe solteira –, as quais desafiam a anterior dualidade entre dona de casa e mulher trabalhadora. Note-se que a individualização é acompanhada por uma maior liberdade, mas também por uma maior pressão psicológica sobre os indivíduos: estes têm que tomar decisões acerca das suas vidas[27].

Em quinto lugar, Beck tem defendido aquilo que chama de cosmopolitismo nas ciências sociais[28]. Fundamental, nesta agenda cosmopolita, é a rejeição do "nacionalismo metodológico". Beck argumenta que muitos sociólogos identificam a sociedade com o Estado-Nação: assumem que as sociedades podem ser estudadas enquanto entidades relativamente autônomas[29]. Estes sociólogos reconhecem que os Estados-Nação se encontram em competição uns com os outros, e que podem existir trocas econômicas entre eles. Mas insistem que as sociedades, tal como os Estados-Nação, são entidades com demarcações claras. O ponto de Beck é o de que as recentes transformações tornaram este nacionalismo metodológico insustentável. Ou seja, o século XXI é a era do cosmopolitismo: as dualidades "modernas", tais como o global *versus* o local, e o internacional *versus* o nacional, foram dissolvidas[30].

---

27. Ulrich Beck and Elisabeth Beck-Gernsheim, *Individualization: Institutionalized Individualism and Its Social and Political Consequences*, London, Sage, 2001; Ulrich Beck and Johannes Willms, *Conversations with Ulrich Beck*, pp. 62-108.

28. Ulrich Beck, *World Risk Society; Power in the Global Age*, Cambridge, Polity Press, 2005; *Cosmopolitan Vision*; Ulrich Beck and Edgar Grande, *Cosmopolitan Europe*, Cambridge, Polity Press, 2006; Ulrich Beck and Natan Sznaider, "Unpacking Cosmopolitanism for the Social Sciences", *The British Journal of Sociology*, vol. 57, n. 1, pp. 1-23, 2006.

29. Ulrich Beck, *What is Globalization?*, Cambridge, Polity Press, 2000, pp. 64-68; *Power in the Global Age*, p. 21; *Cosmopolitan Vision*, pp. 24-33. Para uma abordagem crítica, ver Daniel Chernilo, "Social Theory's Methodological Nationalism", *European Journal of Social Theory*, vol. 9, n. 1, pp. 5-22, 2006; *A Social Theory of the Nation-State: The Political Forms of Modernity Beyond Methodological Nationalism*, London, Routledge, 2007.

30. Ulrich Beck, *World Risk Society*, pp. 1-18.

356 TEORIA SOCIAL CONTEMPORÂNEA

O exemplo mais relevante desse fato é o de que as corporações multinacionais estão ficando cada vez mais poderosas quando comparadas com os Estados-Nação. Na atual economia global, as corporações escolhem países com baixos níveis de taxação e com boas infraestruturas. Possuem o poder de se retirarem e levarem a sua atividade para outro lugar qualquer e estão, consequentemente, numa posição negocial muito forte face ao Estado-Nação. Outros exemplos deste cosmopolitismo emergente são o crescimento de agentes não estatais (como a Anistia Internacional) e de movimentos sociais globais (como o Greenpeace) e a importância crescente de atores supranacionais (como a União Europeia ou o Nafta). Por fim, a criação de riscos é também um indicador da atual interconexão global.

Em 1986, o desastre de Chernobyl afetou um grande número de países, alguns deles a milhares de quilômetros de distância, e, mais recentemente, a gripe aviária propagou-se através de diversos continentes. Estes exemplos são indicadores de uma clara descontinuidade com eras ou épocas prévias. Enquanto que no século XIX era possível eleger o Estado-Nação soberano como a unidade básica de análise da sociologia – assumindo a correspondência entre este e a categoria sociológica de "sociedade" –, com os desenvolvimentos a que assistimos nas últimas décadas, esta estratégia metodológica tornou-se cada vez menos convincente e produtiva. Na era do cosmopolitismo, a investigação social precisa de um cosmopolitismo metodológico, o que implica, entre outras coisas, um esforço concertado para estudar as "redes transnacionais" que se encontram em formação e que alteram os próprios Estados-Nação.

Existem problemas com o componente substantivo-empírico do argumento de Beck. Antes de mais nada, Beck exagera no caráter distintivo da segunda modernidade. Exagera em grande medida, particularmente, quando afirma que já não é a categoria determinante que costumava ser. O seu argumento é o de que, na modernidade reflexiva atual, os indivíduos têm a possibilidade de se destacarem da sua posição de classe e de escolherem diversos estilos de vida. Mas a investigação empírica não o confirma, ou no mínimo demonstra que esta matéria é mais complexa do que sugere Beck. Os dados empíricos indicam que as diferenças de consumo entre os diferentes estratos sociais são, pelo menos, tão amplas como foram no passado.

Por exemplo, as diferentes classes sociais continuam a exibir diferentes padrões de consumo de produtos alimentares. A natureza destas diferenças modificou-se, mas o fosso permanece. Anteriormente, todos os estratos encontravam-se mais ou menos enraizados na sua cultura nacional local e exibiam diferenças no seio dessa cultura. Hoje em dia, os indivíduos pertencentes à classe média alta exibem maior variedade no consumo alimentar, enquanto os dos estratos sociais mais baixos não o fazem em tão grande número. Os primeiros experimentam a gastronomia oriental, do Oriente Médio ou africana; os segundos fixam-se na sua culinária local. A classe ainda é importante, mas de diferentes formas[31].

Isto conduz-nos ao nosso segundo ponto: alguns dos fenômenos que Beck considera serem característicos da segunda modernidade não estão tão difundidos como alega. Por exemplo, a reflexividade e a individualização não são igualmente dominantes no seio das diferentes classes sociais; são particularmente comuns entre as classes médias altas instruídas. Isto demonstra uma vez mais que a classe ainda desempenha um papel significativo, embora de forma diferente do que acontecia no passado.

Considere-se de novo o caso do consumo. Não é verdade que o conjunto da população se relacione de uma maneira reflexiva e cosmopolita com o consumo alimentar. Pelo contrário, esta reflexividade parece ser uma nova prerrogativa das classes médias altas; estas exibem aquilo que Beck chama de existência dialógica. É uma forma importante que possuem de se diferenciarem a si próprias dos outros estratos sociais. A ausência desta reflexividade entre os membros dos estratos mais baixos, a confirmar-se, pode ser devida à sua falta de escolha em virtude de limitações de rendimento ou à sua incapacidade para escolher devido a uma educação restrita ou a uma falta de consciência de alternativas – uma questão empírica que Beck tende a ignorar.

Embora tenhamos assinalado que existem alguns problemas com a vertente substantivo-empírica do argumento de Beck, os aspectos metateóricos da sua obra são igualmente problemáticos. O argumento de Beck é o de que a segunda modernidade é tão diferente da primeira que a sociologia necessita de uma revisão radical. É necessário um tipo completamente novo de sociologia para compreender a verdadeira natureza da nova modernidade. Subjacente a esta visão encontra-se a concepção de que existe uma descontinuidade entre a primeira e a segunda modernidade. Elas não são apenas diferentes: são tão distintas que exigem diferentes terminologias e metodologias sociológicas.

---

31. Alan Warde, *Consumption, Food, and Taste: Culinary Antinomies and Commodity Culture*, London, Sage, 1997.

358 TEORIA SOCIAL CONTEMPORÂNEA

A maior parte da sociologia contemporânea encontra-se ainda presa ao final do século XIX e, como tal, é inadequada à compreensão da sociedade atual. É sem dúvida verdade que novos conceitos podem ajudar a identificar aspectos-chave da sociedade contemporânea, e o próprio Beck tem contribuído para esta tarefa intelectual. Tal não é um feito de menor relevância: uma parte importante da imaginação sociológica é a captura do presente de modos imaginativos e a demonstração do seu caráter único. No entanto, é já menos convincente o argumento de Beck quando afirma que está em jogo uma lógica social radicalmente nova, que exige a transformação completa das nossas estratégias teóricas e metodológicas. Beck exagera quanto ao caráter distintivo da sociedade atual, ignorando até que ponto a chamada primeira modernidade já incorporava muitas destas transformações.

Além disso, as suas próprias propostas teóricas e metodológicas não são, na prática, assim tão diferentes daquilo que as anteriores gerações de sociólogos propuseram. Estas propostas implicam novos conceitos, mas não é inteiramente clara a forma como alterariam o tecido da sociologia enquanto tal. Não se coibindo nunca de promover a importância da sua tarefa, Beck tem-na ocasionalmente comparada com a de Einstein (a teoria de Einstein incorporava a física newtoniana ao mesmo tempo que construía algo radicalmente diferente). Mas a identificação de novas tendências e a cunhagem de novos termos não constitui, por si só, uma mudança de paradigma, um novo programa de investigação ou tampouco uma nova sociologia.

ZYGMUNT BAUMAN E A MODERNIDADE LÍQUIDA

Existem alguns pontos em comum entre Beck e Zygmunt Bauman (1925--2017). Ambos se tornaram conhecidos por suas abordagens inovadoras da modernidade e por articularem o caráter distintivo da constelação contemporânea em relação a ela. Ambos sublinham até que ponto o projeto da modernidade pode conduzir, e conduziu, a diversas consequências negativas involuntárias. Ambos apresentam um modelo de evolução social em três estágios: enquanto Beck distingue a pré-modernidade, a modernidade e a modernidade reflexiva ou sociedade do risco[32], Bauman identifica a pré-modernidade, a modernidade

---

32. Ulrich Beck, *Democracy Without Enemies*, Cambridge, Polity Press, 1998, pp. 19-31.

e a pós-modernidade ou a sociedade líquida. Em ambos os casos, o último estágio da evolução das sociedades modernas (a pós-modernidade de Bauman e a modernidade reflexiva de Beck) é retratada como uma época na qual a modernidade tomou consciência de si própria e das suas próprias limitações.

O trabalho inicial de Bauman explorava a história do pensamento marxista e a inter-relação entre a sociologia e a hermenêutica filosófica, mas em meados da década de 1980, começou a desenvolver um interesse especial naquilo que chamou de "modernidade" e "pós-modernidade". O conceito de modernidade em Bauman possui um caráter simultaneamente histórico, filosófico e sociológico. Erguendo-se em oposição à era pré-moderna, a modernidade refere-se igualmente a uma visão filosófica (o Iluminismo) e a uma organização social específica (caracterizada pelo planejamento racional). A conceitualização da ordem marca uma diferença significativa entre as eras pré-moderna e moderna. Na modernidade, a ordem não era já concebida como algo predefinido; era tida como sendo frágil e determinada pelo homem.

Segundo Bauman, a partir do momento que se acreditava que era o homem, e não Deus, que criava a ordem, as imperfeições deixavam de poder ser toleradas. Os indivíduos podiam sempre fazer melhor, e com a sua nova liberdade vinha a obrigação moral de melhorar o que tinha sido conseguido até então. Inicialmente, a modernidade foi acompanhada por uma tolerância, e mesmo um encorajamento, da diversidade. Cedo, no entanto, esta diversidade foi considerada como antítese da ordem. As tentativas constantes de atingir a perfeição requerem planejamento, e o planejamento é mais fácil quando colocado face à homogeneidade.

Bauman usa uma metáfora de jardinagem para descrever a noção política que acompanha esta busca da perfeição e da uniformidade: a política ocupa-se de cuidar das "plantas de cultivo" que são essenciais à utopia e da remoção das características, instituições, práticas ou indivíduos que não se enquadrem no esquema geral das coisas. Este caráter desejável da homogeneidade e da perfeição deriva facilmente para uma hostilidade à variedade cultural e, especialmente, à ambivalência. O pensamento moderno tende a operar com dicotomias tão claras quanto rígidas ("dentro" por oposição a "fora", "nativo" por oposição a "estrangeiro", e assim por diante) e exibe uma particular intolerância face àqueles que não podem ser categorizados desta forma[33].

---

33. Zygmunt Bauman, *Modernity and the Holocaust*, Cambridge, Polity Press, 1989, pp. 56-60.

360 TEORIA SOCIAL CONTEMPORÂNEA

Esta mudança para a modernidade é também acompanhada por uma crescente racionalidade instrumental. Isto significa que a perfeição, a ordem e a homogeneidade podem ser atingidas com grande eficiência. Na esteira de Weber, Bauman considera que a burocracia é o símbolo máximo da racionalidade instrumental. Com a sua estrutura hierárquica, as burocracias modernas são organizações altamente eficientes em parte porque os burocratas são treinados para seguirem regras e ordens emanadas de cima e deles é esperado que o façam adequadamente.

Os burocratas possuem uma reduzida noção de responsabilidade moral, em primeiro lugar porque não são ensinados a refletir sobre a razão de ser das regras ou ordens que seguem – na realidade, esta racionalidade substantiva é ativamente desencorajada nas organizações burocráticas. Em segundo lugar, devido à estrutura organizacional na qual operam, os burocratas encontram-se frequentemente afastados em vários graus dos efeitos reais das suas ações ou decisões. Em terceiro lugar, a estrutura organizacional despersonaliza as decisões que são tomadas pelos burocratas. A linguagem utilizada pelas burocracias contribui para esta despersonalização: extirpados das suas características idiossincráticas, os indivíduos passam a ser categorias ou números.

Com este quadro em mente, Bauman não hesita em enfatizar o lado negativo da modernidade, a medida pela qual pode ser, e tem sido de fato, implicada em atrocidades e calamidades de grande escala. Após o relato autobiográfico feito por sua esposa de toda a vida no Gueto de Varsóvia e em campos de concentração[34], Bauman começou a explorar as relações entre a modernidade e os massacres nazistas dos judeus. Em *Modernidade e Holocausto*, Bauman sugere que, embora a transição para a modernidade não tenha sido condição suficiente para o Holocausto, foi seguramente uma condição necessária.

A este propósito, Bauman contraria diversas crenças amplamente estimadas: que o Holocausto foi uma explosão bárbara e pré-moderna, incentivada por sentimentos enraizados de ressentimento e fúria, incitada por líderes carismáticos que reagiam contra a racionalidade burocrática; que foi um produto especificamente alemão, entranhado na psique ou no espírito germânico; ou que foi principalmente o produto de um ódio generalizado contra a população judaica. Contra estes pontos de vista, Bauman assinala que existiram muitas

---

34. Janina Bauman, *Winter in the Morning: A Young Girl's Life in the Warsow Guetto and Beyond*, London, Virago, 1986.

poucas erupções espontâneas de ódio contra os judeus na Alemanha (mesmo a *Kristallnacht* foi cuidadosamente orquestrada); que a especificidade do contexto alemão explica muito pouco quando comparado com as explicações que se referem à natureza da sociedade moderna em geral; e que o significado político e existencial do Holocausto ultrapassa largamente a questão judaica e toca na própria natureza da condição da modernidade[35].

Bauman apresenta argumentos convincentes em relação às razões que levam a modernidade a contribuir para a emergência do Holocausto. A prevalência de estruturas burocráticas modernas contribuiu para a criação e proliferação de organizações extremamente eficientes, constituídas por indivíduos literalmente amorais, capazes e dispostos a cumprir quaisquer objetivos (incluindo objetivos desumanos), com uma facilidade e competência inéditas. Os indivíduos são, nessas organizações, peças de uma máquina bem-lubrificada, que cumprem fielmente ordens superiores, devidamente escudados das consequências das suas ações, e sem vontade nem capacidade de refletir acerca dos objetivos da organização. Para Bauman, o Holocausto, longe de ser uma explosão emocional e irracional, foi antes o resultado de um *modus operandi* burocrático e de uma cuidadosa análise custo-benefício.

Bauman toma o partido da escola funcionalista ao argumentar que o Holocausto a princípio não foi planejado, mas que emergiu, no início dos anos 1940, como a "solução mais eficiente" para o "problema judaico"[36]. A crença de que a humanidade deveria ser aperfeiçoada alimentou a eliminação zelosa e implacável das instituições, práticas ou indivíduos que supostamente minavam a ordem utópica, e o povo judaico era considerado como um dos principais obstáculos que se interpunham entre a raça germânica e a utopia. Por que os nazistas elegeram a população judaica como o seu alvo privilegiado?

Para Bauman, a enraizada preocupação da modernidade com o estabelecimento e manutenção de fronteiras e a sua intolerância à ambivalência tornou os judeus europeus particularmente vulneráveis na virada do século passado. Os judeus não se enquadravam em fronteiras nacionais e culturais claramente demarcadas. Sob as condições da modernidade, a identidade de grupo identifica-se de perto com a nacionalidade, e a natureza ambivalente da identidade

---

35. Zygmunt Bauman, *Modernity and the Holocaust*, pp. 1-30.
36. *Idem*, pp. 98-116.

judaica recordava amplamente todos de quão arbitrária esta equação é: no fim das contas, os judeus surgem como não pertencentes à categoria de "nós" nem de "eles"– nem anfitriões nem hóspedes – de onde, por exemplo, a acusação comum em muitos países de que os judeus eram espiões a soldo de outras nações[37].

Em *Legisladores e Intérpretes* e em outros escritos, Bauman trata da natureza da produção intelectual sob as condições da modernidade. Com a emergência do moderno Estado-Nação, os intelectuais, enquanto um grupo social distinto, adquirem progressivamente um papel de cada vez maior relevo, ajudando a dirigir a sociedade e os indivíduos na direção de um futuro mais racional, mais ordenado e, em suma, mais perfeito[38]. O conhecimento válido é essencial na prossecução deste plano perfeito. Na realidade, o conhecimento válido permite o controle e a previsibilidade, fornecendo critérios para a distinção entre práticas e linhas de ação válidas e inválidas.

Muitos indivíduos atêm-se a crenças erradas porque não são devidamente instruídos e precisam se apoiar na tradição ou na religião. Os intelectuais são capazes de se destacar deste prejuízo e de manobrar ao largo, evitando as escolhas da tradição local e do preconceito. Uma vez que os intelectuais detêm um melhor acesso ao conhecimento superior ou objetivo, são capazes, como os legisladores, de arbitrar as disputas mais variadas. Podem ser árbitros porque conseguem conceber e seguir os procedimentos corretos para obterem a verdade ou um julgamento moral ou estético[39].

Isto contrasta vivamente com a condição pós-moderna. No decurso do século XX, e sobretudo nas últimas décadas, verificou-se um progressivo, mas inelutável, abandono da racionalidade valorativa em favor da racionalidade instrumental. A política já não é julgada teleologicamente (por exemplo, em relação à prossecução de um ideal de sociedade bem-ordenada), mas em termos de sucesso técnico no cumprimento de métodos prescritos. A legitimidade da ação política não reside já na busca e cumprimento do plano perfeito, mas na resolução de problemas técnicos. Nesta nova constelação, os intelectuais perderam a sua anterior função legislativa, e as noções pós-modernas de produção intelectual refletem esta perda.

---

37. *Idem*, pp. 61-82.
38. Zygmunt Bauman, *Intimations of Postmodernity*, Cambridge, Polity Press, 1992, pp. 1-13.
39. Zygmunt Bauman, *Legislators and Interpreters: On Modernity, Post-Modernity and Intellectuals*, Cambridge, Polity Press, 1987, pp. 2-5.

UM ADMIRÁVEL MUNDO NOVO? *363*

Os filósofos pós-modernos rejeitam o papel de legislador com o pretexto de que qualquer conjunto de critérios é, em última análise, validado no interior de uma tradição. A noção moderna de conhecimento objetivo é uma quimera porque não existe nenhum algoritmo neutro: qualquer tentativa de apresentar um conjunto superior de critérios encontra-se incrustada numa tradição ou cultura. Enquanto a modernidade olha para os intelectuais como legisladores, a pós-modernidade os vê como intérpretes, tradutores de proposições de uma tradição para outra. O intelectual pós-moderno já não pretende transcender a linguagem e a cultura, mas propiciar a comunicação entre culturas com a ajuda de sofisticadas ferramentas hermenêuticas[40].

A distinção que Bauman faz entre legisladores e intérpretes reflete aquela que é feita por Richard Rorty entre epistemologia e hermenêutica. Em *A Filosofia e o Espelho da Natureza*, cuja publicação em 1979 revolucionou a filosofia anglo-saxônica, Rorty argumenta que a presunção de mensurabilidade subjaz a qualquer epistemologia. Pressupor a mensurabilidade é assumir que é possível descobrir um conjunto de regras que nos permita julgar duas afirmações de conhecimento antagônicas. Por contraste, a hermenêutica ajuda a produzir uma conversa entre duas tradições culturais diferentes.

Tanto a epistemologia como a hermenêutica buscam o consenso, mas enquanto a primeira acredita na existência de um território comum anterior à conversa, esta última rejeita esta ideia[41]. Para Rorty, o funcionalismo, apesar de se encontrar firmemente enraizado na filosofia contemporânea, não deixa de sofrer de sérios problemas e contradições; a sua proposta é que os filósofos fariam melhor em abraçar o modelo conversacional proposto pela hermenêutica. A este respeito, Rorty simboliza a noção de produção intelectual pós-moderna de Bauman[42], e de fato Bauman refere-se a ele abundantemente[43].

Para compreender o estado das coisas contemporâneo, a análise de Bauman possui afinidades com a noção de Lash e Urry de capitalismo desorganizado[44].

---

40. *Idem*, pp. 4-6.
41. Richard Rorty, *Philosophy and the Mirror of Nature*, Oxford, Blackwell, 1980, pp. 315-333.
42. Ver também Richard Rorty, *Philosophical Papers*, vol. I, *Objectivity, Relativism, and Truth*, Cambridge, Cambridge University Press, 1991, p. 64; *Philosophy and Social Hope*, Harmondsworth, Penguin, 1999, pp. 175-182.
43. Por exemplo, Zygmunt Bauman, *Intimations of Postmodernity*, pp. 19-20 e 82-83.
44. Scott Lash and John Urry, *The End of Organized Capitalism*, Cambridge, Polity Press, 1987.

364 TEORIA SOCIAL CONTEMPORÂNEA

Enquanto o Estado-Nação moderno tenta conduzir a economia, a sociedade pós-moderna promove uma economia desregulada. Em *Modernidade Líquida* e *Amor Líquido*, Bauman defende que no atual clima neoliberal os indivíduos ficaram sujeitos a forças de mercado desenfreadas, numa permanente necessidade de flexibilização e com a capacidade de se reinventarem a si próprios sempre que necessário. Sob estas circunstâncias os laços sociais fragilizaram-se dramaticamente, e Bauman usa a metáfora da liquidez para captar o caráter passageiro das relações sociais e das instituições atuais.

Em oposição à "modernidade sólida", a noção de "modernidade líquida" de Bauman capta a fluidez da vida contemporânea. Isto significa que os indivíduos se encontram frequentemente deslocados, desenvolvendo relacionamentos insatisfatórios e de curto prazo, por mais perturbadores ou geradores de ansiedade que estes possam ser. Existem notáveis semelhanças com o diagnóstico que Sennett faz dos nossos tempos em *A Corrosão do Caráter* (discutido na seção final deste capítulo). Ambos os autores sublinham os muitos sacrifícios que os indivíduos têm de fazer na contínua "vida em movimento" que é necessária na sociedade ocidental neoliberal.

Podem ser feitas críticas a todos estes três amplos temas da obra de Bauman. Em primeiro lugar, temos a descrição que faz da modernidade. Bauman pinta seu quadro em traços tão largos que não consegue reconhecer de forma consistente os diversos modos pelos quais a transição para a modernidade se manifestou nas diversas sociedades (ver capítulo 5). Alguns comentadores têm feito notar acertadamente que as experiências pessoais e profissionais de Bauman na Polônia têm uma influência considerável nos seus escritos tardios[45], e que estas experiências poderão explicar a sua representação enviesada da modernidade. A forma como a apresenta adapta-se ao modo pelo qual uma variante específica da modernidade se manifestou sob circunstâncias específicas, na Alemanha nazista, na Rússia stalinista e, de forma significativa, nos seus Estados-Satélite na Europa oriental até o colapso do Muro de Berlim. Estes regimes comunistas tendiam a formatar-se de acordo com o plano perfeito de uma sociedade utópica, centrada em torno da ordem e da homogeneidade, e

---

45. Dennis Smith, *Zygmunt Bauman: Prophet of Postmodernity*, Cambridge, Polity Press, 1999; Keith Tester, "Introduction", *in* Zygmunt Bauman and Keith Tester, *Conversations with Zygmunt Bauman*, Cambridge, Polity Press, pp. 1-15, 2001.

UM ADMIRÁVEL MUNDO NOVO? *365*

no geral assentavam, para a sua execução, em estruturas pesadamente buro-cráticas e numa ideologia claramente articulada para a sua legitimação. Desta forma, não é surpreendente que Bauman, que até a sua meia-idade viveu toda a sua vida de adulto numa Polônia socialista totalitária, tenha experimentado a modernidade desta forma. Mas inferir daqui que a modernidade incorpora estas características é um passo excessivo, que não resiste a um escrutínio histó-rico mais detalhado. As diferentes sociedades ocidentais modernizaram-se de formas diversas, e é errado falar deste modo de uma única modernidade como o faz Bauman[46].

Em segundo lugar, a visão que Bauman tem do Iluminismo é parcial. Con-sideremos a sua asserção da estreita relação entre o Estado-Nação moderno e o intelectual-como-legislador. Evidentemente existem alguns elos: por exemplo, o interesse dos monarcas absolutos pelas ideias dos *philosophes*[47], ou a relação entre as ciências sociais nos Estados Unidos e a administração norte-americana em meados do século XX[48]. Mas mesmo nestes casos isolados, os historiadores têm questionado a proximidade desse elo. Na verdade, no decurso do século XIX, o pensamento iluminista foi se divorciando crescentemente da política real[49].

As ideias de filósofos como Auguste Comte, que consideravam suas filoso-fias como pedras basilares para uma condução racional da sociedade, acabaram desperdiçados: os políticos e legisladores foram relutantes na utilização dos seus serviços ou em se inspirarem nas suas doutrinas[50]. Em terceiro lugar, as recen-tes descrições de Bauman da chamada "modernidade líquida" e do "amor líqui-do" são ainda mais problemáticas. A sua tese é a de que a sociedade neoliberal

---

46. Ver também Shmuel Eisenstadt, "Multiple Modernities", *Daedalus*, vol. 129, n. 1, pp. 1-29, 2000; *Comparative Civilizations and Multiple Modernities*, Leinden, Brill, 2003; Samuel P. Huntington, *Political Order in Changing Societies*, New Haven, Yale University Press, 1968; Barrington Moore, *Social Origins of Dictatorship and Democracy: Lord and Peasant in the Making of the Modern World*, Harmondsworth, Penguin, 1984 [1967].

47. Hamish M. Scott (ed.), *Enlightened Absolutism: Reform and Reformers in Late-Eighteenth Century Europe*, Basingstoke, Macmillan, 1990.

48. William Buxton, *Talcott Parsons and the Capitalist Nation-State: Political Sociology as a Strategic Vocation*, Toronto, University of Toronto Press, 1985.

49. Reinhart Koselleck, *Critique and Crisis: Elightenment and the Pathologies of Modern Society*, Cam-bridge, MA, MIT Press, 1959.

50. Wolf Lepenies, *Between Literature and Science: The Rise of Sociology*, Cambridge, Cambridge University Press, 1987; Andrew Wernick, *Auguste Comte and the Religion of Humanity: The Post-Theistic Program of French Social Theory*, Cambridge, Cambridge University Press, 2001.

contemporânea se caracteriza por uma ausência de laços fechados e fixos, e de que esta lacuna é problemática tanto para a sociedade como para o indivíduo.

No entanto, Bauman produz asserções factuais acerca da condição das nossas sociedades sem a devida fundamentação empírica, para não falar já de uma investigação direcionada. Sua argumentação quase especulativa sobre a condição das sociedades contemporâneas contrasta – é preciso dizê-lo em sua justiça – com o rigor e a clareza analítica do seu trabalho anterior. Enquanto os seus argumentos acerca da modernidade e pós-modernidade são analiticamente sólidos e fundamentados por dados empíricos sempre que necessário, os seus escritos posteriores sobre o estado fluido da sociedade atual o são menos.

As passagens mais questionáveis são aquelas em que escreve acerca dos efeitos do atual clima político e econômico para todos os membros da sociedade, independentemente do seu posicionamento no pódio social, da sua identidade étnica ou religiosa ou de qualquer outra variável sociológica que possa ser de relevo. Mais reveladoras são as passagens em que escreve acerca de categorias sociológicas específicas, como os desempregados ou os imigrantes, mas neste caso é de se lamentar observar tão poucas referências às numerosas investigações que se encontram disponíveis acerca destes grupos. A teoria social precisa se apoiar numa investigação empírica cuidadosamente concebida, e o trabalho de Bauman acerca da natureza líquida da sociedade contemporânea fica aquém do que seria de desejar a este respeito.

SASKIA SASSEN E A CIDADE GLOBAL

Entre os mais influentes pensadores acerca de assuntos globais contemporâneos está Saskia Sassen (1947-). Sua formação em economia política permite-lhe fundamentar as suas inovadoras abordagens teóricas em pormenorizadas análises empíricas. Sua principal contribuição para a teoria social atual consiste num modelo de globalização que faz luz sobre as dimensões culturais, econômicas e políticas frequentemente negligenciadas deste processo. Um destes exemplos é a rede global de megalópoles urbanas que ela denomina "cidades globais".

Adicionalmente, o caráter original do modelo de Sassen deu-lhe acesso ao debate acima mencionado acerca do "nacionalismo metodológico", iniciado por Beck há mais de uma década. A original teorização de Sassen sobre os processos de globalização e digitalização econômica podem ser descritos da seguinte forma. A interpretação dominante da nossa era digital global sugere que os avanços tecnológicos como a internet foram responsáveis pela emergência de um novo tipo de formação social: a sociedade em rede. Como vimos anteriormente, isto equivale a uma tendência à separação entre a vida social e o mundo material.

A perspectiva de Sassen, ao invés disso, afirma a crescente importância do lugar num mundo crescentemente globalizado. Enquanto autores como Castells apontam acertadamente para o caráter sem precedentes de fenômenos como as comunicações globais instantâneas, Sassen demonstra que estas só são possíveis devido a enormes concentrações de infraestruturas construídas. Se Castells e outros tendem a focar-se em *outputs* de informação, Sassen chama a nossa atenção para o trabalho daqueles que produzem esses *outputs*. Em resumo, Sassen questiona a representação dominante da economia de informação global enquanto algo sem lugar definido e argumenta, ao contrário, que se encontram emergentes desde as duas últimas décadas novos tipos de espacialização do poder.

O trabalho recente de Sassen sobre as cidades globais fornece uma sólida base empírica para este argumento. Obviamente que a cidade não é exatamente um tema inédito na análise sociológica. Autores clássicos como Simmel e Wirth[51] produziram obras seminais acerca da cidade como ambiente protótipo da vida moderna. Mas autores contemporâneos como Sassen tentam revelar o papel das cidades no nosso mundo globalizado. Ainda há poucas décadas, era consensual entre os economistas políticos que as cidades como unidades econômicas importantes eram uma realidade com os dias contados. Em obras como *The Global City* e *Territory, Authority, Rights*, Sassen contraria esta visão e demonstra a centralidade de metrópoles como Nova York, Londres e Tóquio para o sistema capitalista global.

O modelo da cidade global assenta sobre uma proposição central e uma série de hipóteses. A proposição é a de que a economia global atual contém

---

51. Georg Simmel, "The Metropolis and Mental Life", *in* Kurt Wolf (ed.), *The Sociology of Georg Simmel*, New York, Free Press, pp. 409-424, 1950; Louis Wirth, "Urbanism as a Way of Life", *American Journal of Sociology*, vol. 44, n. 1, pp. 1-24, 1938.

uma tensão contraditória entre, por um lado, uma tendência para a dispersão e mobilidade geográficas e, por outro lado, uma tendência para a concentração territorial de recursos para gerir essa dispersão. Sassen identifica cinco hipóteses. Em primeiro lugar, quanto maior a dispersão geográfica das atividades econômicas, maior a importância das funções corporativas centrais: quanto mais uma empresa dispersa as suas atividades pelo globo, mais complexas se tornam a gestão, a coordenação e o financiamento da sua rede de operações.

Em segundo lugar, quanto mais complexas estas funções centrais são, mais provável se torna que estas empresas globais recorram ao *outsourcing* para as garantirem. Estas funções centrais são progressivamente desempenhadas por firmas de serviços altamente especializados (contabilidade, relações públicas, programação etc.). Em terceiro lugar, quanto mais complexos e globalizados são os mercados das firmas de serviços, mais as suas funções centrais se organizam em economias urbanas concentradas. Certas cidades estão se transformando em centros de informação extremamente intensos, concentrando em pequenos territórios uma ampla mistura de talentos, firmas e especialidades. Em quarto lugar, é o setor dos serviços, altamente especializado e conectado em rede, que se transforma no setor-chave das cidades globais.

Muito mais do que, por exemplo, a manufatura que assenta em infraestruturas de produção e transporte em grande escala (fábricas e armazéns, estradas e estradas de ferro etc.), é o setor dos serviços que floresce no ambiente tecnologicamente denso fornecido pela cidade global. Em quinto lugar, à medida que o setor dos serviços adquire um alcance mais global (geralmente através de uma rede global de filiais), as transações transfronteiriças cidade a cidade tornam-se mais fortes: em virtude deste fato, sugere Sassen, um sistema urbano transnacional composto por umas quantas dúzias de cidades globais pode estar em vias de emergir[52]. As cidades globais são nós na rede mundial de fluxos de informação: uma hierarquia destas cidades pode ser identificada com base no seu peso relativo para a economia global[53]. Deste ponto de vista, cidades como Londres, Tóquio ou Nova York, com a sua capacidade de produção e distribuição de bens financeiros, são os líderes da hierarquia urbana global.

---

52. Saskia Sassen, *A Sociology of Globalization*, New York, Norton, 2007, pp. 25-27.
53. Saskia Sassen, *The Global City: New York, London, Tokyo*, Princeton, Princeton University Press, 2001, pp. 171-196.

A principal descoberta de Sassen é a de que as cidades globais, apesar da natureza digital da sua interconexão planetária, são também, e antes de mais nada, localidades. Contrariamente à virtualidade da sociedade em rede de Castells, Sassen mostra com grande pormenor as condições materiais e sociais que explicam a proeminência continuada de cidades como Nova York. Não fora a rede urbana de cabos de fibra ótica, e a peculiar concentração de tanto profissionais altamente qualificados como de um grande número de profissionais pouco qualificados, Nova York nunca teria sido capaz de se ligar a pontos distantes de produção, consumo e financiamento, ignorando a região envolvente. Sem uma enorme concentração de recursos em pequenas áreas geográficas, a globalização nunca poderia ter ocorrido, pelo menos do modo como a conhecemos.

Isso é o que Sassen, a economista política, demonstra: o lugar é importante, especialmente no mundo globalizado[54]. O espaço digital, muito embora seja essencial para a maioria das formas de atividade globais, encontra-se, no entanto, incrustado nas espessas "estruturações da experiência vivida" ao nível cultural, social, econômico e subjetivo no seio das quais nós existimos[55]. Consideremos os mercados globais de capitais. Estes são, observa Sassen, "constituídos tanto por mercados eletrônicos com alcance global como por condições localmente incrustadas – isto é, centros financeiros com tudo o que eles implicam, desde infraestruturas a sistemas de confiança"[56].

Por outras palavras, é importante recuperar a ideia de lugar em qualquer análise da economia global, em particular o lugar que se constitui como cidade global, porque isto obriga a um reconhecimento do papel crucial desempenhado pelas economias e culturas de trabalho de raiz local, sem as quais a economia global da informação não poderia funcionar. A globalização tem tanto a ver com a dissociação e a desmaterialização como com a emergência de novos centros de poder, lugares concretos que fazem uso das possibilidades tecnológicas da nossa era e das enormes concentrações de infraestruturas construídas e de trabalho para produzir quantidades de riqueza sem precedentes.

Em obras como *Globalization and Its Discontents*, Sassen adianta-se um passo e explora aquilo que considera ser a tensão definidora das cidades globais

---

54. Saskia Sassen, *Globalization and Its Discontents*, New York, The New Press, 1998.
55. Saskia Sassen, "The City: Between Topographic Representation and Spatialized Power Projects", *Art Journal*, vol. 60, n. 2, pp. 12-20, 2001, p. 15.
56. Saskia Sassen, *A Sociology of Globalization*, p. 18.

370 TEORIA SOCIAL CONTEMPORÂNEA

atuais: a imensa concentração do poder econômico e empresarial do capitalismo global e as grandes concentrações de "outros" (ou seja, de imigrantes ilegais). O que está aqui em jogo é mais do que um problema de desigualdade econômica. Juntando-se ao cosmopolitismo democrático radical que discutimos no capítulo anterior (que inclui autores como Benhabib, Held e outros), Sassen alega que a rede global de cidades é o lugar mais estratégico para a formação de identidades e comunidades transnacionais.

As fontes tradicionais de identidade, tais como a nação ou a aldeia, já não desempenham a sua função na cidade global. Nesta, identidades provenientes de todo o mundo encontram-se, confrontam-se (por vezes de formas violentas) e redefinem-se mutuamente. Como resultado desta desamarração e redefinição de identidades, está se forjando uma nova política que escapa ao controle institucional do Estado-Nação moderno. Juntamente com ela, parece estar se desenvolvendo um novo conceito de cidadania transnacional, cosmopolita[57].

Para compreendermos melhor as implicações desta afirmação, voltemo-nos por instantes para a teoria social clássica. A relação estreita entre cidade e cidadania, dos tempos medievais até a modernidade, tem sido longamente estudada. Weber, por exemplo, explorou as condições históricas do desenvolvimento da cidadania moderna, fazendo remontar a sua origem às cidades medievais do norte de Itália e da Europa central[58]. A modernidade política emergiu à medida que os centros de poder se deslocavam do nível (regional e local) das cidades para o nível (nacional) do Estado. As constituições modernas são o símbolo acabado deste processo de modernização política; elas consagram as noções gêmeas de soberania política e de cidadania nacional (o conjunto de direitos e obrigações universalmente detidos por quem quer que habite o território sobre o qual o Estado exerce a sua soberania).

Há mais de um século, Weber relembrou um ditado da primeira modernidade, "o ar da cidade torna os homens livres", para sublinhar o argumento de que as origens históricas da cidadania moderna podem remontar a essa experiência urbana especificamente europeia. Hoje, no século XXI, Sassen responde que as cidades globais são o lugar de nascimento de um novo tipo de afirmações pós-nacionais de cidadania. Se o Estado-Nação é a forma política por excelência, a

---

57. Saskia Sassen, *Globalization and Its Discontents*, pp. 32-33.
58. Max Weber, *The City*, New York, Collier Books, 1962.

rede global emergente de cidades parece constituir a nova arena política onde as afirmações e exigências políticas podem ser feitas de novas formas[59].

Pensemos no maior protesto político da história humana, as manifestações ocorridas por todo o mundo a quinze de fevereiro de 2003 contra a invasão americana do Iraque: em cidades de todo o planeta, mais de trinta milhões de pessoas agiram em conjunto para expressarem a sua oposição à guerra iminente. Segundo Sassen, eventos como estes demonstram que a cidade global é um local estratégico para a formação de "contrageografias da globalização que contestam as formas econômicas dominantes que a economia global assumiu". E conclui:

> O nacional enquanto contentor dos processos sociais e de poder encontra-se fissurado. Este invólucro fissurado abre possibilidades para uma geografia política que conecta espaços subnacionais, tais como as regiões urbanas, e permite que atores políticos não formais se envolvam com componentes estratégicos do capital global[60].

As reflexões de Sassen acerca da globalização não se limitam, no entanto, às suas dimensões econômicas e políticas. A autora demonstra um grande interesse, em particular no seu trabalho mais recente, na exploração dos desafios epistemológicos e metodológicos que a globalização coloca às ciências sociais. Seu posicionamento é semelhante à crítica do nacionalismo metodológico de Beck, que discutimos atrás. Tal como Beck, Sassen tem dúvidas quanto à possibilidade de podermos ainda nos apoiar em categorias analíticas que foram desenvolvidas sob condições históricas muito diferentes das nossas[61]. Ao contrário de Beck, no entanto, Sassen não aponta para uma reconstrução completa da disciplina da sociologia ou da economia em virtude deste problema. O objetivo de Sassen é mais moderado.

Ao reter o grosso analítico das ciências sociais (embora seja uma economista política, Sassen demonstra um interesse sério por disciplinas como a antropologia ou a geografia), pretende explorar categorizações analíticas alternativas de forma a melhor poder estudar os fenômenos empíricos emergentes. Uma possível ilustração disto é o domínio das finanças, uma atividade profundamente digitalizada com um âmbito global. Mas as finanças não são, apesar disso,

---

59. Saskia Sassen, *Territory, Authority, Rights: From Medieval to Global Assemblages*, Princeton, Princeton University Press, 2006.
60. Saskia Sassen, "The City", p. 19.
61. Saskia Sassen, *A Sociology of Globalization*, p. 23.

uma atividade menos fortemente localizada, necessitando de edifícios, aeroportos, recursos humanos altamente especializados etc. As formas analíticas modernistas, cujo modo de operação dicotômico conduz a uma concepção do digital e do não digital como realidades claramente separadas, mostram grande dificuldade na análise destes fenômenos híbridos.

Essa é a razão pela qual Sassen demonstra interesse no desenvolvimento de categorizações analíticas alternativas. Um bom exemplo disto é a noção de "imbricação". Com isto a autora quer significar a interpenetração de diferentes ordens de fenômenos. Para voltar ao exemplo do setor financeiro, neste domínio de atividade o digital e o global consideram-se "imbricados" com o material e o local. Nas suas próprias palavras: "O espaço digital encontra-se incrustado nas estruturações societais, culturais, subjetivas, econômicas e imaginárias mais amplas da experiência vivida e nos sistemas nos quais nós vivemos e funcionamos"[62]. Em nosso ponto de vista, esta tentativa de ultrapassar aquilo a que habitualmente se chama "pensamento escalar" é talvez a contribuição mais relevante de Sassen para a teoria social atual.

O que é o pensamento escalar e porque é tão importante ultrapassá-lo? O pensamento escalar implica a noção de relações exclusivas, hierárquicas e a-históricas entre diferentes níveis políticos ou escalas analíticas[63]. Por exemplo, é costume na ciência política estudar as macro, meso e microcaracterísticas da democracia e da cidadania. No nível macro, a investigação é desenvolvida sobre os regimes políticos, as suas instituições, condições econômicas, elites governantes e padrões de integração supranacional. No nível meso, os cientistas políticos avaliam a continuidade e a transformação dos grupos sociais e dos movimentos que se mobilizam para a ação política. No nível micro, é levada a cabo uma investigação comparativa acerca das atitudes sociais e políticas dos indivíduos, dos seus valores e comportamentos.

Ao escamotear as formas de existência fluidas, múltiplas e sobrepostas destes diferentes estratos analíticos, este modo particular de pensamento é responsável por muitas das dificuldades que os cientistas sociais encontram atualmente no estudo de fenômenos híbridos novos como a globalização. O registro de um

---

62. Saskia Sassen, "The City", p. 15.
63. Robert Sack, *Conceptions of Space in Social Thought: A Geographic Perspective*, London, Macmillan, 1980; *Human Territoriality: Its Theory and History*, Cambridge, Cambridge University Press, 1986.

UM ADMIRÁVEL MUNDO NOVO? *373*

processo transnacional como o da globalização econômica – sem ignorar a sua territorialidade e fundação institucional – levou Sassen a questionar a tendência que o pensamento escalar tem para reificar escalas analíticas particulares. A escala nacional, por exemplo, engloba na verdade "uma simultaneidade de escalas, espaços e relações, alguns deles nacionais no sentido histórico do termo, outros desnacionalizados ou em processo de desnacionalização, e outros globais"[64]. Cremos que esta tese é particularmente importante numa época em que as comunicações globais instantâneas e as viagens transcontinentais estão rapidamente fazendo parte da vida cotidiana de muitos milhões de pessoas em todo o mundo.

Podem ser feitas duas críticas ao trabalho de Sassen. Em primeiro lugar, existe nele uma relativa negligência da cultura, do consumo e do entretenimento enquanto dimensões cruciais da dinâmica das cidades globais. A globalização não se resume aos aspectos financeiros. A cidade global é tanto um local estratégico para o capital corporativo como é um lugar de consumo cultural e de estilos de vida expressivos. Tal como Sennett, Sassen lida ainda com o antagonismo tradicional entre capital e trabalho, quando na verdade uma das novas características distintivas da nossa era é precisamente uma redução da política de classe e um aumento de saliência das questões culturais, inclusive das questões de identidade pessoais e coletivas. Sua descrição da cidade global sairia decerto beneficiada pela adoção de um quadro analítico atualizado e mais amplo que incluísse estas dimensões emergentes[65].

Em segundo lugar, a teorização abstrata é mais importante do que Sassen sugere. Só uma teoria geral e abstrata pode ajudar a dar corpo aos mecanismos causais entre as diversas escalas de ação (por exemplo, entre as práticas dos atores e os meios institucionais) e prestar atenção a fenômenos de grande escala e à *longue durée*. As teorias da economia e da ciência política são as que mais se aproximam deste requisito. Também são necessárias mais teorias de "médio alcance"[66] para preencher o espaço entre a ação concreta dos indivíduos, tão vividamente descrita por Sennett, e a abordagem estrutural das descrições da

---

64. Saskia Sassen, *A Sociology of Globalization*, p. 42.
65. Terry N. Clark (ed.), *The City as an Entertainment Machine*, Amsterdam, Elsevier, 2004; Richard Florida, *The Rise of the Creative Class: And How It's Transforming Work, Leisure, Community and Everyday Life*, New York, Basic Books, 2002; *Cities and Creative Class*, New York, Routledge, 2005.
66. Robert K. Merton, *Social Theory and Social Structure*, New York, Free Press, 1957.

era global de Sassen ou Castells. Em ambos os níveis de abstração, as teorias desempenham um papel importante na condução das investigações empíricas.

O desafio que enfrentamos é o da transformação efetiva da teoria social num meio discursivo através do qual uma pluralidade de propostas possa convergir e articular descobertas empíricas concretas pertencentes a todas as escalas analíticas, de modo a corroborar ou verificar a falsidade dos argumentos teóricos. Porém, os obstáculos a esta tarefa não devem ser subestimados. É difícil estandardizar grandes volumes de dados provenientes de países com recursos de recolha estatística díspares. As fronteiras disciplinares colocam ainda obstáculos aos investigadores que trabalham com temas de vanguarda, para já não falar das barreiras ideológicas que tantas vezes impedem o verdadeiro diálogo. Assim, os obstáculos da teoria social são hoje, pelo menos, tão grandes como sempre foram. No entanto, a necessidade de teorização social não tem senão aumentado.

Sem uma perspectiva teórica sólida, é cada vez mais difícil dar sentido ao mundo em que vivemos. Conduzir a produção e interpretação da quantidade maciça de dados empíricos recolhidos pelos cientistas sociais de todo o mundo – desde etnografias de comunidades locais até inquéritos por questionário internacionais – é a missão mais importante da teoria social. Mas podem-se-lhe identificar facilmente outras funções ou papéis. Numa era em que a quantidade de informação facilmente disponível através das mídias digitais é enorme, a necessidade de ferramentas cognitivas que permitam aos atores sociais interpretá-la é maior do que nunca. Só então poderão os indivíduos avaliar devidamente as limitações, tendências e relevância das informações disponíveis e julgar devidamente as oportunidades que esta informação propicia.

RICHARD SENNETT E O DECLÍNIO DO HOMEM PÚBLICO

De todos os autores discutidos neste livro, Richard Sennett (1943-) é um dos mais fáceis de ler. Seus escritos são tão envolventes que a fronteira entre a ficção e a teorização social parece esfumar-se[67]. Aquilo que o torna único é a

---

67. Sennett escreveu também obras de ficção. Ver, por exemplo, Richard Sennett, *Palais-Royal*, New York, Alfred A. Knopf, 1986.

forma como junta relatos de entrevistas com observações filosóficas, estatísticas laborais com comentários irônicos, e memórias pessoais com reflexões acerca da condição da nossa era. Um dos mais famosos intelectuais públicos da sua geração, Sennett escreveu abundantemente acerca das mutações das formas de identidade e da experiência urbana, e dos custos pessoais da globalização econômica. Em *O Declínio do Homem Público,* talvez a sua obra mais conhecida, Sennett desenvolve uma argumentação incisiva contra a ascensão de uma cultura autocentrada, que terá surgido em consequência das lutas estudantis do final dos anos 1960.

"O mito dominante hoje em dia", escreve, "é o de que os males da sociedade podem todos ser compreendidos enquanto males associados à impersonalidade, alienação, e frieza"[68]. O seu argumento é o de que uma "ideologia da intimidade" narcisista substituiu a "cultura pública secular" que dominou grande parte do século XX e é responsável pelo acentuado declínio da civilidade na nossa era. Ou seja, "a atividade que protege os indivíduos uns dos outros e que ainda assim permite que desfrutem da companhia uns dos outros"[69]. Quanto mais nos centramos nas profundezas do nosso eu íntimo, menos somos capazes de nos abrirmos a relações civis com os nossos concidadãos.

O custo desta ideologia da intimidade foi enorme. Perdemos o nosso velho sentido humanista de tratar os estranhos enquanto estranhos, enquanto indivíduos que são dignos do nosso respeito pela simples razão de que são seres humanos. *O Declínio do Homem Público* foi publicado muito antes do surgimento dos atuais *reality shows*, que efetivamente simbolizam o vazio da intimidade, noção central para o retrato que Sennett faz do mundo moderno. A raiz etimológica comum a "cidade" e "civilidade" não passou despercebida a ele. Em livros como *The Uses of Disorder, The Consciousness of the Eye* ou *Carne e Pedra,* esta relação é explorada com grande acuidade. Sennett culpa a infantilizante ideologia da intimidade pela ausência de domínio que os indivíduos possuem sobre as suas próprias vidas, uma das preocupações centrais da sua análise da experiência urbana.

Sennett é um grande crítico das tendências purificadoras de muito do planejamento urbano contemporâneo, das quais o exponencial aumento dos

---

68. Richard Sennett, *The Fall of the Public Man*, London, Faber & Faber, 1986 [1974], p. 259.
69. *Idem*, p. 264.

376 TEORIA SOCIAL CONTEMPORÂNEA

chamados "condomínios fechados" é uma das mais espetaculares. Sennett argumenta que "é pela construção de cidades intencionalmente diversificadas que a sociedade pode fornecer ao homem a experiência da ruptura com a autoescravidão em direção à liberdade enquanto adultos"[70]. Sendo um obstinado defensor do domínio público, ele tem defendido repetidamente que os indivíduos deveriam tomar consciência da medida pela qual as suas vidas se encontram estreitamente interligadas com os espaços físicos, os edifícios, os parques e cafés, que constituem as cidades onde vivem. Se os indivíduos começassem a olhar para as suas cidades desta forma, o narcisismo responsável pela moderna alienação urbana poderia ser substituído por uma cultura pública na qual a anonimidade vai ao encontro da comunidade[71].

Fiel à sua agenda humanista, e talvez influenciado pelo seu casamento com Sassen, os livros mais recentes de Sennett têm sido dedicados ao estudo das consequências da nova economia sobre a identidade e a vida familiar[72]. Um bom exemplo é *A Corrosão do Caráter,* que só na Alemanha vendeu dezenas de milhares de exemplares. Escrito no seu habitual estilo envolvente, esta obra gira em torno de um simples argumento geral. A economia de livre-mercado do início do século XXI, com a sua ênfase obsessiva em objetivos de curto prazo e na flexibilidade, está exercendo uma pressão insuportável sobre as vidas pessoais daqueles que lhe estão associados. O livro começa ao clássico estilo de Sennett. No lobby de um aeroporto, encontra Rico, o filho de Enrico, que o autor tinha entrevistado 25 anos antes para o seu *The Hidden Injuries of Class*[73].

Rico parece corporizar as expectativas do seu pai: é um consultor de sucesso, com um casamento feliz com Jeannette, de quem tem três filhos, e reside num subúrbio de Nova York. Mas, como vamos descobrindo ao longo do livro, existe uma verdade menos brilhante que se esconde por detrás da pasta de executivo de Rico e do seu terno de marca. "Tal como Enrico, Rico considera o trabalho como um serviço prestado à sua família; ao contrário de Enrico, Rico acha que as

---

70. Richard Sennett, *The Uses of Disorder: Personal Identity and City Life*, New York, Norton, 1992 [1970], p. 18.

71. Richard Sennett, *The Counsciousness of the Eye: The Design and Social Life of Cities*, New York, Norton, 1990; *The Spaces of Democracy: 1998 Raoul Wallenberg Lecture*, Ann Arbor, University of Michigan, 1998.

72. Richard Sennett, *Respect in a World of Inequality*, New York, Norton, 2004; *The Culture of the New Capitalism*, New Haven, Yale University Press, 2007.

73. Richard Sennett e Jonathan Cobb, *The Hidden Injuries of Class*, New York, Alfred A. Knopf, 1972.

UM ADMIRÁVEL MUNDO NOVO? *377*

exigências do seu emprego interferem com o cumprimento dessa finalidade"[74]. Os receios pessoais que espreitam por detrás do casal do Sonho Americano que Rico e Jeannette supostamente exemplificam sublinham a natureza disfuncional da economia de livre-mercado. Ao juntar duas gerações de entrevistados, Sennett estabelece a base perfeita para a sua reflexão acerca das consequências pessoais das transformações econômicas do último quarto de século:

> É a dimensão temporal do novo capitalismo, mais do que as transmissões de alta tecnologia, os mercados de ações globais, ou o livre comércio, que afeta mais diretamente as vidas emocionais das pessoas fora do ambiente de trabalho. Transposto para o domínio familiar, o "curto prazo" significa: continue em movimento, não se comprometa e não se sacrifique[75].

A nova economia mina as qualidades da confiança, da lealdade, empenho e autodisciplina. Em vez disso, exacerba a insegurança laboral à medida que a experiência de vida é desvalorizada em relação à juventude. "Flexibilidade equivale a juventude, rigidez equivale a idade", diz-nos Sennett, ilustrando-o com o caso de Rose, a proprietária do seu bar preferido de Nova York, o Trout. Uma nova-iorquina de meia-idade, Rose tentou mudar de carreira, da gestão de um bar para o mundo da publicidade, mas acabou por voltar desiludida para o Trout. Sennett conclui que foi necessária coragem para alguém como Rose "arriscar algo novo, mas a incerteza acerca do seu novo lugar aliada à negação da sua experiência vivida minou-lhe a vontade"[76]. Esta espécie de nota crítica acerca das consequências sociais da economia capitalista global emergente é uma marca distintiva da agenda humanista secular de Sennett. Em *O Artífice*, uma de suas obras mais recentes, o autor dá seguimento a esta agenda.

Viajando com sua esposa, Saskia Sassen, pelos arredores de Moscou, imediatamente antes da queda da União Soviética, Sennett deparou-se com um exemplo eloquente das consequências materiais de uma força laboral fracamente motivada. A má qualidade da construção dos edifícios residenciais que visitaram em 1988 reflete, sugere Sennett, as limitações de um dos imperativos morais da modernidade para executar trabalhos extraordinários – fazê-lo em

---

74. Richard Sennett, *The Corrosion of Character: The Personal Consequences of Work in the New Capitalism*, New York, Norton, 1998, p. 21.
75. *Idem*, p. 25.
76. *Idem*, p. 80.

378 TEORIA SOCIAL CONTEMPORÂNEA

benefício da comunidade. O outro é a competição. De modo semelhante, Sennett defende que, por si só, a competição não é suficiente para garantir trabalhos de qualidade. Rejeitando o triunfalismo sentido por alguns no Ocidente em relação à superioridade deste imperativo moral, Sennett ilustra as limitações da competição com exemplos de trabalhos da nova economia.

Resumindo uma linha de argumentação que já tinha seguido em *A Corrosão do Caráter*, o autor sugere que a estrutura de recompensas da maioria das empresas da nova economia não é tão motivante para os seus trabalhadores como seria suposto. "Encontramos", conclui Sennett, "muito poucos técnicos que acreditavam que seriam recompensados simplesmente por fazerem um bom trabalho"[77]. E é exatamente disto que trata *O Artífice*: a "competência artesanal", compreendida como o *ethos* de executar um bom trabalho em si mesmo. Por que está Sennett tão interessado na competência artesanal? A resposta mais simples é a de que isso lhe permite explorar a ligação entre "a mão e a cabeça", esse velho mote pragmatista. Por outras palavras, o interesse de Sennett reside num aspecto específico da cultura material que pode ser encontrado em ambientes tão distintos como o da guilda medieval ou o do atual laboratório de informática e que partilha as mesmas qualidades de disciplina e de empenho na busca da excelência.

A competência artesanal é, assim, entendida aqui como um impulso humano básico, e não um antigo modo de vida destruído pelo paradigma industrial de produção em massa trazido pela modernidade. Naturalmente, o âmbito cronológico da discussão de Sennett é muito amplo. Usando o seu estilo característico, ilustra a sua argumentação (por vezes numa mesma passagem) com exemplos da Grécia Antiga, da Idade Média, do Renascimento e da atualidade. Uma galeria de autores não menos ampla é invocada para apoiar ou ilustrar as suas asserções. No entanto, Sennett nunca deixa o leitor desorientado. Com frases cuidadosamente trabalhadas, somos apresentados às lendárias *masterclasses* de Rostropovich dos anos 1950, sendo em seguida transportados até à oficina setecentista de Stradivari na mesma linha de argumentação. O artífice é uma categoria universal, que pode ser encontrada em funcionamento em todos estes ambientes díspares, e cuja compreensão ilumina a experiência humana muito para além da simples manipulação de objetos materiais.

---

77. Richard Sennett, *The Craftsman*, New Haven, Yale University Press, 2008, p. 36.

A tese de Sennett é a de que "a arte de fazer coisas físicas fornece uma compreensão das técnicas da experiência que podem moldar as nossas relações com os outros"[78]. A competência artesanal, em outras palavras, expressa o *continuum* entre o corpo humano e a ação social. A importância deste *continuum* foi também recentemente sublinhada por outros pragmatistas contemporâneos como Hans Joas. Existe uma diferença fundamental, no entanto, entre o trabalho de Sennett e a teoria neopragmatista da criatividade humana de Joas. Apesar de partilharem a mesma agenda democrática radical e a mesma concepção igualitária da criatividade (distinta da noção mais elitista de gênio), Sennett defende algo que outros pragmatistas, tanto clássicos como contemporâneos, teriam dificuldade em subscrever. Afirma Sennett que o conhecimento tácito detido pelo artesão é "um, talvez, o limite humano fundamental: a linguagem não é uma 'ferramenta-espelho' adequada aos movimentos físicos do corpo humano"[79]. Este é exatamente o tipo de dicotomia que o pragmatismo filosófico tem vindo a criticar desde há mais de um século.

Sugerir, como parece fazer Sennett, a existência de um fosso intransponível entre a linguagem (por exemplo, a argumentação científica) e o mundo (neste caso, os movimentos físicos do corpo humano e o conhecimento tácito que estes exprimem), é subscrever uma lógica racionalista cartesiana completamente em desacordo com os princípios fundamentais do pragmatismo filosófico americano. A questão não é saber se a linguagem é um espelho adequado da realidade ou não (Sennett sugere que não o é); a questão é conceber a linguagem como uma parte integrante da realidade tal como o nosso corpo o é. Como diria Dewey, não existe nenhum "conhecimento tácito" do artesão em oposição ao "conhecimento puro ou objetivo" do cientista social – toda e qualquer forma de conhecimento é de natureza irredutivelmente social. Concluamos agora com alguns comentários adicionais acerca da contribuição geral de Sennett para a teoria social contemporânea.

Seu talento de intelectual público é indiscutível. As entrevistas que concede revelam a sua vasta erudição em campos como o planejamento urbano, a arquitetura moderna, a história intelectual e a música. Seus escritos encontram-se seguramente entre as melhores introduções que o público leigo pode ter à teoria social. As credenciais de Sennett como teórico social são, no entanto, mais

---

78. *Idem*, p. 289.
79. *Idem*, p. 95.

380 TEORIA SOCIAL CONTEMPORÂNEA

limitadas. Estas limitações fazem-se sentir mais nitidamente no modo como tenta incorporar o pragmatismo filosófico americano no seu próprio pensamento. Em primeiro lugar, existem erros básicos de interpretação. Sennett, por exemplo, apresenta equivocadamente esta tradição teórica como uma reação ao trabalho de Hegel, quando na verdade o pragmatismo deve ser entendido como um desenvolvimento americano do idealismo alemão, máxime do hegelianismo[80].

Em segundo lugar, e de forma mais importante, em obras como *O Artífice*, Sennett subscreve uma concepção de conhecimento que pode remontar até Aristóteles. Segundo esta teoria, conhecemos o mundo da mesma forma como alguém observa uma peça num teatro – quanto mais precisa for a descrição daquilo que os sentidos captam, mais objetivo será o conhecimento produzido. Dewey costumava ridicularizar esta teoria epistemológica chamando-lhe uma "teoria de espectador do conhecimento". Isto é particularmente relevante uma vez que *Arte como Experiência*[81], no qual é explorado este argumento epistemológico, é apresentado por Sennett como uma das obras que mais o influenciaram durante a escrita de *O Artífice*.

Dewey afirma que aquilo que uma obra de arte é não pode ser confundido com o objeto artístico propriamente dito. A arte existe no processo da sua experiência. Não existe separação entre a obra de arte e o indivíduo que a observa: é o indivíduo enquanto espectador que, ao fazer sentido daquela, faz com que a obra de arte possa ser entendida enquanto tal (e não como um mero objeto). O espectador, sob este ponto de vista, encontra-se intimamente ligado ao significado da arte. Dewey rejeita assim a antiga concepção aristotélica do conhecimento enquanto produto da observação como pura recepção: a mente humana era representada como uma tabula rasa (de acordo com Locke) que percebia o mundo à sua volta de forma passiva.

Para Dewey, ao contrário, o conhecimento é um processo de resolução de problemas pelo qual nós manipulamos e transformamos a realidade – ou seja, fazemos experiências com a realidade. Não existe passividade por parte de quem adquire conhecimento: conhecer algo implica uma postura ativa face ao mundo que nos rodeia. O que os pragmatistas advogam não é uma "teoria de espectador

---

80. A influência de Hegel no pragmatismo filosófico americano é um fato estabelecido e bem documentado. Ver, por exemplo, Hans Joas, *Pragmatism and Social Theory*, Chicago, University of Chicago Press, 1993.

81. John Dewey, *Art as Experience*, New York, Perigee Books, 1934.

do conhecimento", mas antes uma "teoria experimental do conhecimento". Deste modo, é difícil entender a afirmação de Sennett de que a linguagem não consegue explicar a competência artesanal porque não a consegue espelhar adequadamente. Fosse Sennett um dos três grandes expoentes do pragmatismo americano atual, como afirma (sendo os outros dois, Richard Rorty e Robert Bernstein), nunca poderia subscrever esta visão espectatorial do conhecimento.

O problema não é tanto que, apesar disto, Sennett tentou escrever um livro sobre esta matéria. O problema principal é a contradição implicada em sua abordagem socioteórica deste aspecto do comportamento humano. Uma teoria social da competência artesanal, em particular uma teoria neopragmatista como a que Sennett pretende apresentar, não pode fundar-se numa base epistemológica cartesiana deste tipo. A menos que abandone esta concepção contemplativa e passiva da produção de conhecimento, a abordagem socioteórica que Sennett faz da competência artesanal não conseguirá cumprir o objetivo que se propôs: "No âmbito da prática oficinal filosófica do pragmatismo", Sennett pretende tratar o "valor da experiência enquanto *métier*"[82].

Se as palavras que usa são consideradas como meros reflexos das ações dos artífices, incapazes de captar o seu significado, de que forma será possível produzir tal abordagem? A alternativa foi apresentada há muito tempo por Dewey e reiterada e desenvolvida por pragmatistas posteriores. O significado da competência artesanal – tal como o da arte – reside no processo da sua experiência, que inclui as reflexões do teórico social vertidas em palavras. Existem, claro está, outras perspectivas epistemológicas, concepções do conhecimento e teorias da verdade exteriores à "prática oficinal do pragmatismo". No capítulo final, discutiremos diversas doutrinas epistemológicas contemporâneas de forma a clarificar como a teoria social pode ser usada hoje em dia.

LEITURAS ADICIONAIS

Richard Sennett é um autor muito acessível, particularmente nos seus escritos mais recentes. Recomendamos dois livros em particular: *O Declínio do Homem Público*, que permanece a sua principal contribuição intelectual, e o

---

82. Richard Sennett, *The Craftsman*, p. 288.

382 TEORIA SOCIAL CONTEMPORÂNEA

mais recente *A Corrosão do Caráter,* um impressionante retrato das consequências ocultas do capitalismo neoliberal. Para compreender Zygmunt Bauman, recomendaríamos que se resistisse à tentação de ler fontes secundárias e que se começasse provavelmente por *Modernidade e Holocausto,* porque o livro é muito acessível e o argumento é importante. Sugerimos, em seguida, *Legisladores e Intérpretes,* que contrasta claramente com a visão de Bauman sobre a modernidade e a pós-modernidade. No que respeita a fontes secundárias, vale a pena considerar *Conversations with Zygmunt Bauman* e a obra de Dennis Smith de introdução a Bauman.

No que respeita a Ulrich Beck, o seu *Sociedade de Risco* é um ponto de partida óbvio para sua teoria sobre a segunda modernidade. Em seguida, recomendaríamos que se passasse para o diálogo entre Beck, Anthony Giddens e Scott Lash em *Reflexive Modernization.* Para os interessados na teoria do cosmopolitismo de Beck, sugerimos primeiro a introdução a *World Risk Society* e em seguida o seu *Cosmopolitan Vision.* A trilogia de Castells, *A Era da Informação,* é, apesar da sua dimensão, escrita de forma clara e é possível ler capítulos isoladamente sem grande prejuízo para a compreensão do argumento. No que respeita a Saskia Sassen, *The Global City* é o seu livro mais importante, embora possa ser algo difícil de acompanhar. O seu recente *The Sociology of Globalization* é mais acessível.

REFERÊNCIAS BIBLIOGRÁFICAS

BAUMAN, Janina. *Winter in the Morning: A Young Girl's Life in the Warsaw Ghetto and Beyond.* London, Virago, 1986.

BAUMAN, Zygmunt. *Culture as Praxis.* London, Routledge/Kegan Paul, 1973.

_____. *Socialism: The Active Utopia.* London, George Allen/Unwin, 1976.

_____. *Hermeneutics and Social Science: Approaches to Understanding.* London, Hutchinson, 1978.

_____. *Legislators and Interpreters: On Modernity, Post-Modernity and Intellectuals.* Cambridge, Polity Press, 1987.

_____. *Modernity and the Holocaust.* Cambridge, Polity Press, 1989.

_____. *Modernity and Ambivalence.* Cambridge, Polity Press, 1991.

_____. *Intimations of Postmodernity.* Cambridge, Polity Press, 1992.

_____. *Postmodern Ethics.* Cambridge, Polity Press, 1993.

_____. *Life in Fragments: Essays in Postmodern Morality.* Cambridge, Polity Press, 1995.

_____. *Postmodernity and its Discontents.* Cambridge, Polity Press, 1997.

_____. *Liquid Society.* Cambridge, Polity Press, 2000.

_____. *Liquid Love: On the Frailty of Human Bonds.* Cambridge, Polity Press, 2003.

_____ & TESTER, Keith. *Conversations with Zygmunt Bauman.* Cambridge, Polity Press, 2001.

BECK, Ulrich. *Risk Society: Towards a New Modernity.* London, Sage, 1992.

_____. *Ecological Politics in an Age of Risk.* Cambridge, Polity Press, 1995.

_____. *The Reinvention of Politics: Rethinking Modernity in the Global Social Order.* Cambridge, Polity Press, 1997.

_____. *Democracy Without Enemies.* Cambridge, Polity Press, 1998.

_____. *World Risk Society.* Cambridge, Polity Press, 1999.

_____. *What is Globalization?* Cambridge, Polity Press, 2000.

_____. *Power in the Global Age.* Cambridge, Polity Press, 2005.

_____. *Cosmopolitan Vision.* Cambridge, Polity Press, 2006.

_____ & BECK-GERNSHEIM, Elisabeth. *Individualization: Institutionalized Individualism and Its Social and Political Consequences.* London, Sage, 2001.

_____ & BECK-GERNSHEIM, Elisabeth. *The Normal Chaos of Love.* Cambridge, Polity Press, 2005.

_____ & GRANDE, Edgar. *Cosmopolitan Europe.* Cambridge, Polity Press, 2006.

_____ & SZNAIDER, Natan. "Unpacking Cosmopolitanism for the Social Sciences". *The British Journal of Sociology,* vol. 57, n. 1, pp. 1-23, 2006.

_____ & WILLMS, Johannes. *Conversations with Ulrich Beck.* Cambridge, Polity Press, 2004.

_____; GIDDENS, Anthony & LASH, Scott. *Reflexive Modernization: Politics, Tradition and Aesthetics in the Modern Social Order.* Cambridge, Polity Press, 1994.

BRUBAKER, Roger. *Citizenship and Nationhood in France and Germany.* Cambridge, MA, Harvard University Press, 1992.

BUXTON, William. *Talcott Parsons and the Capitalist Nation-State: Political Sociology as a Strategic Vocation.* Toronto, University of Toronto Press, 1985.

CASTELLS, Manuel. *Luttes Urbaines et Pouvoir Politique.* Paris, F. Maspero, 1972.

_____. *The Urban Question: A Marxist Approach.* Cambridge, MA, MIT Press, 1977.

_____. *City, Class, and Power.* New York, St. Martin's Press, 1987.

_____. *The Informational City: Economic Restructuring and Urban Development.* Oxford, Blackwell, 1989.

384 TEORIA SOCIAL CONTEMPORÂNEA

_____. *The Information Age: Economy, Society and Culture*, vol. I: *The Rise of the Network Society*. Oxford, Blackwell, 1996.

_____. *The Information Age: Economy, Society and Culture*, vol. II: *The Power of Identity*. Oxford, Blackwell, 1997.

_____. *The Information Age: Economy, Society and Culture*, vol. III: *End of Millennium*. Oxford, Blackwell, 1998.

_____. *The Internet Galaxy: Reflections on the Internet, Business, and Society*. New York, Oxford University Press, 2001.

_____ & GODARD, Francis. *Monopolville: Analyse des Rapports Entre l'Entreprise, l'État et l'Urbain á Partir d'une Enquête sur la Croissance Industrielle et Urbaine de la Région de Dunkerque*. Paris, Mouton, 1974.

_____ & HIMANEN, Pekka. *The Information Society and the Welfare State: The Finnish Model*. Oxford, Oxford University Press, 2002.

_____ & MOLLENKOPF, John (eds.). *Dual City: Restructuring New York*. New York, Russell Sage Foundation, 1991.

_____; FERNÁNDEZ-ARDÈVOL, Mireia; QUI, Jack & SEY, Araba. *Mobile Communication and Society: A Global Perspective*. Cambridge, MA, MIT Press, 2007.

CHERNILO, Daniel. "Social Theory's Methodological Nationalism". *European Journal of Social Theory*, vol. 9, n. 1, pp. 5-22, 2006.

_____. *A Social Theory of the Nation-State: The Political Forms of Modernity Beyond Methodological Nationalism*. London, Routledge, 2007.

CLARK, Terry N. (ed.). *The City as an Entertainment Machine*. Amsterdam, Elsevier, 2004.

_____ & HOFFMANN-MARTINOT, Vincent (eds.). *The New Political Culture*. Boulder, Westview Press, 1998.

DEWEY, John. *Art as Experience*. New York, Perigee Books, 1934.

EISENSTADT, Shmuel. "Multiple Modernities". *Daedalus*, vol. 129, n. 1, pp. 1-29, 2000.

_____. *Comparative Civilizations and Multiple Modernities*. Leiden, Brill, 2003.

FAVELL, Adrian. *Philosophies of Immigration: Immigration and the Idea of Citizenship in France and Britain*. Basingstoke, Palgrave, 2001.

FLORIDA, Richard. *The Rise of the Creative Class: And How It's Transforming Work, Leisure, Community and Everyday Life*. New York, Basic Books, 2002.

_____. *Cities and the Creative Class*. New York, Routledge, 2005.

GIDDENS, Anthony. *The Constitution of Society: Outline of the Theory of Structuration*. Cambridge, Polity Press, 1984.

_____. *New Rules of Sociological Method*. 2nd. ed. Cambridge, Polity Press, 1993.

HARVEY, David. *The Condition of Postmodernity*. Oxford, Blackwell, 1989.

HUNTINGTON, Samuel P. *Political Order in Changing Societies*. New Haven, Yale University Press, 1968.

INGLEHART, Ronald & NORRIS, Pippa. *Rising Tide: Gender Equality and Cultural Change Around the World*. Cambridge, Cambridge University Press, 2003.

JOAS, Hans. *Pragmatism and Social Theory*. Chicago, University of Chicago Press, 1993.

JOPPKE, Christian (ed.). *Challenge to the Nation-State: Immigration in Western Europe and the United States.* Oxford, Oxford University Press, 1998.

_____. *Immigration and the Nation-State: the United States, Germany, and Great Britain*. Oxford, Oxford University Press, 1999.

KEYNES, John M. *A Treatise on Probability.* London, Macmillan, 1921.

KITSCHELT, Herbert & WILKINSON, Steven (eds.). *Patrons, Clients and Policies: Patterns of Democratic Accountability and Political Competition*. Cambridge, Cambridge University Press, 2007.

KNIGHT, Frank. *Risk, Uncertainty and Profit.* New York, Houghton Miffin, 1921.

KOSELLECK, Reinhart. *Critique and Crisis: Enlightenment and the Pathologies of Modern Society*. Cambridge, MA, MIT Press, 1959.

LASCH, Christopher. *Heaven in a Heartless World: The Family Besieged*. London, Norton, 1977.

LASH, Scott & URRY, John. *The End of Organized Capitalism*. Cambridge, Polity Press, 1987.

_____. *Economies of Sign and Space*. London, Sage, 1994.

LEPENIES, Wolf. *Between Literature and Science: The Rise of Sociology*. Cambridge, Cambridge University Press, 1987.

LUHMANN, Niklas. *The Differentiation of Society.* New York, Columbia University Press, 1982.

_____. *Essays on Self-Reference.* New York, Columbia University Press, 1990.

MERTON, Robert K. *Social Theory and Social Structure*. New York, Free Press, 1957.

MOORE, Barrington. *Social Origins of Dictatorship and Democracy: Lord and Peasant in the Making of the Modern World*. Harmondsworth, Penguin, 1984 [1967].

NEUMANN, Franz *et al. The Cultural Migration: the European Scholar in America*. Philadelphia, University of Pennsylvania Press, 1953.

PARSONS, Talcott. *The Structure of Social Action: A Study in Social Theory with Special Reference to a Group of Recent European Writers*. New York, McGraw-Hill, 1937.

_____. *The Social System*. London, Routledge/Kegan Paul, 1951.

PORTER, Theodore M. "Genres and Objects of Social Inquiry: From the Enlightenment to 1890". *In:* _____ & ROSS, Dorothy. *The Cambridge History of Science*, vol. VII: *The Modern Social Sciences*. Cambridge, Cambridge University Press, pp. 13-39, 2003.

RIESMAN, David; GLAZER, Nathan & DENNEY, Reuel. *Lonely Crowd: A Study of the Changing American Character*. New Haven, Yale Nota Bene, 1952.

RORTY, Richard. *Philosophy and the Mirror of Nature*. Oxford, Blackwell, 1980.

_____. *Philosophical Papers*, vol. I: *Objectivity, Relativism, and Truth*. Cambridge, Cambridge University Press, 1991.

_____. *Philosophy and Social Hope*. Harmondsworth, Penguin, 1999.

SACK, Robert. *Conceptions of Space in Social Thought: A Geographic Perspective*. London, Macmillan, 1980.

_____. *Human Territoriality: Its Theory and History*. Cambridge, Cambridge University Press, 1986.

SASSEN, Saskia. *Globalization and Its Discontents*. New York, The New Press, 1998.

_____. *The Global City: New York, London, Tokyo*. Princeton, Princeton University Press, 2001.

_____. "The City: Between Topographic Representation and Spatialized Power Projects". *Art Journal*, vol. 60, n. 2, pp. 12-20, 2001.

_____. *Territory, Authority, Rights: From Medieval to Global Assemblages*. Princeton, Princeton University Press, 2006.

_____. *A Sociology of Globalization*. New York, Norton, 2007.

SCOTT, Hamish M. (ed.). *Enlightened Absolutism: Reform and Reformers in Late--Eighteenth Century Europe*. Basingstoke, Macmillan, 1990.

SENNETT, Richard. *The Fall of the Public Man*. London, Faber & Faber, 1986 [1974].

_____. *Palais-Royal*. New York, Alfred A. Knopf, 1986.

_____. *The Consciousness of the Eye: The Design and Social Life of Cities*. New York, Norton, 1990.

_____. *The Uses of Disorder: Personal Identity and City Life*. New York, Norton, 1992 [1970].

_____. *The Spaces of Democracy: 1998 Raoul Wallenberg Lecture*. Ann Arbor, University of Michigan, 1998.

_____. *The Corrosion of Character: The Personal Consequences of Work in the New Capitalism*. New York, Norton, 1998.

_____. *Respect in a World of Inequality*. New York, Norton, 2004.

_____. *The Culture of the New Capitalism.* New Haven, Yale University Press, 2007.

_____. *The Craftsman.* New Haven, Yale University Press, 2008.

_____ & COBB, Jonathan. *The Hidden Injuries of Class.* New York, Alfred A. Knopf, 1972.

SIMMEL, Georg. "The Metropolis and Mental Life". *In:* WOLFF, Kurt (ed.). *The Sociology of Georg Simmel.* New York, Free Press, pp. 409-424, 1950.

SMITH, Dennis. *Zygmunt Bauman: Prophet of Postmodernity.* Cambridge, Polity Press, 1999.

TESTER, Keith. "Introduction". *In:* BAUMAN, Zygmunt & TESLER, Keith. *Conversations with Zygmunt Bauman.* Cambridge, Polity Press, pp. 1-15, 2001.

TOCQUEVILLE, Alexis de. *De la Démocratie en Amérique.* Paris, J. Vrin, 1850.

WAGNER, Peter. *A Sociology of Modernity: Liberty and Discipline.* London, Routledge, 1994.

_____. *Theorizing Modernity: Inescapability and Attainability in Social Theory.* London, Sage, 2001.

WARDE, Alan. *Consumption, Food and Taste: Culinary Antinomies and Commodity Culture.* London, Sage, 1997.

WEBER, Max. *The City.* New York, Collier Books, 1962.

WERNICK, Andrew. *Auguste Comte and the Religion of Humanity: The Post-Theistic Program of French Social Theory.* Cambridge, Cambridge University Press, 2001.

WIRTH, Louis. "Urbanism as a Way of Life". *American Journal of Sociology,* vol. 44, n. 1, pp. 1-24, 1938.

9

Conclusão

UMA TEORIA SOCIAL PARA O SÉCULO XXI

A teoria social é uma forma de intervenção intelectual cuja importância nas ciências sociais tem crescido nas últimas décadas[1]. Este acréscimo de importância, no entanto, não se conseguiu sem custos. O custo mais significativo é o de que o estatuto da teoria social face às ciências sociais passou também a ser crescentemente incerto e a necessitar de reapreciação. Por um lado, a teoria social desempenhou um papel central no desenvolvimento das ciências sociais durante as últimas décadas. Inicialmente confinados à sociologia, os debates no seio da teoria social transbordaram para o âmbito de outras ciências sociais: muitos cientistas sociais, incluindo economistas, geógrafos e cientistas políticos, lidam agora com matérias teóricas como até aqui não acontecia.

Por outro lado, o papel que a teoria social deve desempenhar na investigação empírica é uma questão cada vez mais indefinida e contestada. Até há pouco tempo o modelo dedutivo-nomológico e a sua alternativa realista eram os modos dominantes de pensar a relação entre a teoria e a investigação

---

1. Este capítulo inclui materiais publicados anteriormente, nomeadamente Patrick Baert, "Social Theory and the Social Sciences", *in* Gerard Delanty (ed.), *The Handbook of Contemporary European Theory*, London, Routledge, pp. 14-24, 2005; "Why Study the Social", *in* Patrick Baert and Brian S. Turner (eds.), *Pragmatism and European Social Theory*, Oxford, Bardwell, 2007; "A Neopragmatist Agenda for Social Research: Integrating Levinas, Gadamer and Mead", *in* Harry Bauer and Elisabetta Brighi (eds.), *Pragmatism in International Relations*, London, Routledge, pp. 44-62, 2009.

389

390 TEORIA SOCIAL CONTEMPORÂNEA

empírica, mas ambos demonstraram agora serem problemáticos. É assim importante reconsiderar o estatuto preciso da teoria e reavaliar aquilo que pode conseguir e qual a sua finalidade. Nos parágrafos que se seguem, apresentamos uma proposta neopragmatista para as ciências sociais que coloca o autoconhecimento no centro do palco intelectual.

OS PAPÉIS DA TEORIA SOCIAL

Desde o final dos anos 1970, os investigadores em ciências sociais e humanidades têm demonstrado um interesse crescente por teoria social. A teoria social, em nosso entender, tem conseguido desempenhar sobretudo duas funções nestes domínios: a de catalisador e a de facilitador intelectual. Com isto queremos dizer que ocupa um espaço em que os debates transdisciplinares são encorajados, canalizados e coordenados, de forma semelhante àquela pela qual, durante o século XX, a matemática se transformou na linguagem através da qual as disciplinas das ciências naturais comunicavam entre si. No passado, claro está, outras disciplinas como a filosofia ou a história desempenharam estes papéis nas ciências sociais, e não há razão para assumir que a teoria social vá ocupar esta posição central dominante para sempre. Por agora, no entanto, é em termos de teoria social que os principais debates intelectuais em ciências sociais se desenrolam.

A teoria social desempenha hoje outra função crucial nas ciências sociais – marca a agenda do que deve ser estudado, e de como deve ser estudado. Isto pode ser facilmente demonstrado pela forma como os desenvolvimentos intelectuais no seio da teoria social precederam e enquadraram os debates que ocorreram nas ciências sociais. Por exemplo, a questão da esfera pública foi inicialmente introduzida no âmbito da teoria social[2], mas tem sido explorada através de várias disciplinas, desde os estudos da mídia e dos estudos de gênero até a história[3].

---

2. Jürgen Habermas, *The Structural Transformation of the Public Sphere: An Inquiry Into a Category of Bourgeois Society*, Cambridge, Polity Press, 1989 [1962]; ver também o capítulo 7, "A Propagação da Razão".

3. Ver, por exemplo, Peter Dahlgreen, *Television and the Public Sphere: Citizenship, Democracy and the Media*, London, Sage, 1995; Joan Landes, *Women and the Public Sphere in the Age of the French Revolution*, Ithaca, Cornwell University Press, 1988; Janet Siltanen and Michelle Stanworth (eds.), *Women and the Public Sphere: A Critique of Sociology and Politics*, London, Hutchinson, 1984.

CONCLUSÃO *391*

Outro exemplo é o debate em torno da estrutura e da agência, o qual, de novo, foi inicialmente uma discussão teórica (ver capítulo 5), da qual os frutos foram subsequentemente incorporados numa série de ciências sociais, da economia à ciência política[4].

Por vezes, no entanto, os desenvolvimentos da teoria social são provocados pela investigação empírica, muito embora a teoria social permaneça a câmara de compensação intelectual – o meio pelo qual estas novas ideias são distribuídas. Por exemplo, a virada pós-humanista nos estudos científicos conduziu a uma reflexão teórica acerca da natureza do social[5], a qual por seu turno inspirou novas pesquisas na área da antropologia social[6]. Da mesma forma, o campo dos estudos de gênero deu início a novas reflexões teóricas acerca do gênero, desigualdade e formação da identidade[7], algumas das quais influenciaram disciplinas tão distintas como a geografia ou as relações internacionais[8].

Inicialmente, a atribuição de um papel central à teoria coincidiu com a chegada à maioridade da geração de ouro da teoria social europeia do século xx. Referimo-nos à geração de intelectuais e acadêmicos nascidos no período de entreguerras, que inclui, por exemplo, Pierre Bourdieu, Niklas Luhmann, Jürgen Habermas, Michel Foucault e Anthony Giddens. As condições nas quais iniciaram o seu trabalho foram em parte responsáveis pelo papel central que os seus escritos vieram a desempenhar. Em primeiro lugar, estiveram produtivos durante uma era de expansão do ensino superior, um período no qual as ciências sociais, em particular, também floresceram. Novas áreas de investigação, tais como os estudos de gênero e os estudos da mídia, surgiram em cena, e aquelas que já existiam tornaram-se mais fortes.

---

4. Ver, por exemplo, Tony Lawson, *Economics and Reality*, London, Routledge, 1997; *Reorienting Economics*, London, Routledge, 2003; David Marsh *et al.*, *Postwar Britain Politics in Perspective*, Cambridge, Polity Press, 1999.

5. Bruno Latour, *We Have Never Been Modern*, London, Harvester, 1993; John Law and John Hassard (eds.), *Actor Network Theory, and After*, Oxford, Blackwell, 1999.

6. Por exemplo, Alfred Gell, *Art and Agency: An Anthropological Theory*, Oxford, Oxford University Press, 1998.

7. Judith Butler, *Gender Trouble: Feminism and the Subversion of Identity*, London, Routledge, 1990; *Bodies that Matter: On the Discursive Limits of "Sex"*, London, Routledge, 1993.

8. Ver, por exemplo, Charlotte Hooper, *Manly States: Masculinities, International Relations, and Gender Politics*, New York, Columbia University Press, 2000; Linda McDowell, *Gender, Identity and Place: Understanding Feminist Geographies*, Cambridge, Polity Press, 1999.

392 TEORIA SOCIAL CONTEMPORÂNEA

Em segundo lugar, esta geração de autores de teoria social se beneficiou da sua associação com a sociologia, que na década de 1960 havia se transformado numa disciplina influente no meio acadêmico. Não é por coincidência que, dos cinco autores referidos, quatro ocupassem posições no domínio da sociologia, sendo Foucault a exceção. Em terceiro lugar, as orientações políticas destes autores, e o modo como incorporavam estas orientações no seu trabalho, enquadravam-se confortavelmente no ambiente intelectual progressista que dominava a academia à época. Apesar de exceções como Luhmann (que pode ser menos fácil de classificar a este respeito), a maioria era progressista e de esquerda, encontrando na teoria social e na pesquisa empírica em ciências sociais contribuições importantes para uma reflexão crítica sobre a sociedade contemporânea.

Divergiam grandemente no que respeitava aquilo que deveria ser criticado, àquilo que a crítica significava e como poderia ser atingido, mas a maioria subscrevia a ideia de que a teoria ou a investigação de base teórica se relacionava com uma agenda política de esquerda ou centro-esquerda, fosse essa agenda simplesmente emancipatória ou desconstrutivista. Em quarto lugar, a maioria destes autores possuía formação em filosofia ou era seguramente conhecedora dos seus mais recentes desenvolvimentos, e era capaz de traduzir a "virada social" da filosofia num programa teórico coerente. Por virada social, referimo-nos à forma pela qual, ao longo do século XX, os filósofos chamaram a atenção para a natureza social de entidades, que alguns presumiam autoevidentes, autossuficientes ou fixas: por exemplo, o eu, o conhecimento, a racionalidade ou a estética. Esta virada social forneceu um campo fértil para o aumento da autoridade da teoria social.

Embora esta geração se encontrasse inicialmente ligada à sociologia, os seus escritos rapidamente encontraram ressonância noutros campos, como a antropologia social, a geografia e a história. A abertura para outros campos é provavelmente ainda mais impressionante hoje em dia. Atualmente é raro encontrarem-se autores europeus que escrevam exclusivamente para um público afeito à sociologia. Seria enganador, por exemplo, retratar a teoria ator-rede de Bruno Latour ou a teoria crítica de Axel Honneth (ver capítulo 7) com algo dirigido especificamente a sociólogos.

É por isto que faz mais sentido falar de teoria social do que de teoria sociológica. A teoria sociológica pressupõe uma forma de teorizar disciplinar – uma teoria para a investigação sociológica. Claro está que, com precisão, a teoria sociológica nunca existiu sob esta forma pura. Por exemplo, durante os tempos áureos do estrutural-funcionalismo, a aplicação deste quadro teórico não se encontrava limitado à sociologia; os antropólogos sociais encontravam-se tão empenhados nele como os sociólogos (ver capítulo 1). Mas, ao menos, as fronteiras disciplinares eram então mais claras, enquanto que a produção teórica atual afeta as ciências sociais em geral – não apenas a sociologia.

POR QUE A TEORIA SOCIAL?

Dada a atual importância da teoria social, pode-se esperar alguma clareza quanto ao seu papel preciso em relação às ciências sociais. Mas, na verdade, o que sucede é o oposto. Existe uma incerteza crescente em relação ao que a teoria social pode ou deve conseguir, em particular em relação às diversas ciências sociais que é suposta servir. Ironicamente, foi maior o consenso nestas matérias durante o período que precedeu a proeminência da teoria social. O problema para a teoria social atualmente é o de que estas primeiras perspectivas acerca da relação entre a teoria e a investigação empírica demonstraram ser problemáticas. Duas perspectivas, em particular, que se encontravam muito difundidas até duas décadas atrás não são mais sustentáveis.

A primeira perspectiva concebe a teoria, para usar a terminologia de Carl Hempel[9], em termos "dedutivo-nomológicos": como um conjunto de leis e condições iniciais a partir das quais se podem derivar hipóteses empíricas. A segunda perspectiva vê a teoria em termos representacionais: como fornecedora de blocos conceituais que servem para captar ou figurar o mundo empírico. Estas duas visões, dedutiva e representacional, não são mutuamente exclusivas, e alguns autores subscreviam ambas. São, no entanto, analiticamente distintas. A visão dedutivo-nomológica concebe as teorias científicas como empreendimentos explanatórios, explicando e permitindo prever fenômenos empíricos. Entre os proponentes desta perspectiva incluem-se autores como o mencionado Hempel, Karl Popper e, em certa medida, Imre Lakatos (que desenvolveu uma versão sofisticada do falsificacionismo).

---

9. Carl G. Hempel, *Aspects of Scientific Explanation, and Other Essays in the Philosophy of Science*, New York, Free Press, 1965.

394 TEORIA SOCIAL CONTEMPORÂNEA

A investigação empírica é um dispositivo de teste, como uma decisão judicial, que informa a comunidade acadêmica acerca da validade da teoria. Os filósofos discordaram ao longo do tempo em relação ao uso exato da prova empírica neste procedimento judicial. Inicialmente pensava-se que as confirmações empíricas aumentavam a probabilidade da validade ou a probabilidade de uma teoria, mas foi então feito notar que nunca se está seguro acerca da verdade ou probabilidade de uma proposição geral com base num número finito de observações (por maior que esse número seja). Popper e outros argumentaram que, de acordo com a lógica, embora as confirmações empíricas não nos possam ajudar a avaliar a validade ou plausibilidade de uma teoria, basta uma refutação empírica para que esta tenha de ser abandonada, de modo que a criação de teorias refutáveis e os processos de tentativa e erro passaram a ser centrais para a descoberta e para o progresso científicos[10].

Na prática, dada a carga teórica (e consequente falibilidade) das observações empíricas, tornou-se rapidamente evidente que uma observação nunca poderia ser suficiente para decidir abandonar um enquadramento teórico ou um programa de investigação. Assim, formou-se um consenso em torno da ideia de que só um grande número de refutações empíricas poderia justificar a mudança para um novo quadro de referência. É a esta versão lakatosiana do falsificacionismo que a maioria dos cientistas sociais adere e que constitui a justificação filosófica para as suas práticas profissionais. A evidência empírica acumulada ajudará a decidir se deve ou não abandonar o programa de pesquisa que se encontra sob avaliação. Se as contraprovas forem esmagadoras, um veredito de culpado é então inevitável e o programa de pesquisa terá de ser substituído[11].

Esta noção de investigação empírica como dispositivo de teste foi criticada por uma diversidade de razões. Em primeiro lugar, o falsificacionismo lakatosiano é uma perspectiva filosófica incoerente, independentemente da disciplina científica em que nos focamos. A filosofia de Lakatos é mais uma tentativa falha de apresentar um algoritmo neutro que sumarizaria a descoberta e o

---

10. Karl Popper, *The Logic of Scientific Discovery*, London, Hutchinson, 1959 [1934]; *Conjectures and Refutations*, London, Routledge, 1991 [1963].
11. Imre Lakatos, "Falsification and the Methodology of Scientific Research", *in* Imre Lakatos and Alan Musgrave (eds.), *Criticism and the Growth of Knowledge*, Cambridge, Cambridge University Press, pp. 91-196, 1970.

progresso científicos. Contrariamente ao primeiro falsificacionismo, esta posição filosófica resolve aparentemente o problema do lastro teórico das observações. Mas na verdade não o faz, porque ainda permanece incerto o número de refutações empíricas que seriam necessárias para obter um veredito de culpa a um programa de investigação sob julgamento. Afinal, cada observação empírica possui uma carga teórica – sendo como tal, falível – e, como sublinha o próprio Lakatos, cada observação assenta num conjunto de noções auxiliares cuja validade pode ser posta em questão.

Em segundo lugar, embora o falsificacionismo sofisticado tenha se tornado uma importante justificação para a prática da ciência social, a transformação científica nunca funcionou sobre esta base, nem é provável que o venha a fazer no futuro. É difícil identificar qualquer ocasião em que a investigação empírica tenha conduzido ao abandono de um importante programa de pesquisa no campo das ciências sociais. Diversos elementos de investigação empírica apresentam inevitavelmente resultados diferentes e por vezes mutuamente exclusivos, tornando pouco claro o veredito final.

Os investigadores que supostamente trabalham sobre a validade cognitiva de um programa de investigação particular são muitas vezes formados e educados no interior dessa perspectiva, sendo-lhe fiéis; quando confrontados com contraprovas empíricas, tendem a culpar as noções auxiliares em vez do núcleo do programa de investigação com o qual se encontram comprometidos. A teoria da escolha racional é um destes casos (ver capítulo 4). Têm existido uns poucos casos em que a investigação empírica parece contradizer as noções fundamentais da teoria, mas quem usa a teoria da escolha racional tende a fazer ajustes *post hoc* que imunizam o programa de investigação contra estas alegações de desadequação empírica.

Em terceiro lugar, no processo de teste de uma teoria, os investigadores têm de proceder a generalizações para a população como um todo a partir da sua amostra particular de investigação. O problema deste processo indutivo é que um conjunto específico de resultados observacionais (por exemplo, a relação entre o *background* socioeconômico e a escolaridade no Brasil de hoje) é considerado informativo sobre uma população infinitamente grande (por exemplo, a mesma relação em qualquer sociedade, passada, presente e futura). Em outras palavras, enquanto os cientistas sociais se agarram a uma visão dedutivo-nomológica da construção teórica, os testes reais baseiam-se numa forma muito

396 TEORIA SOCIAL CONTEMPORÂNEA

problemática de raciocínio indutivo no qual afirmações acerca de um número infinito de casos são inferidos a partir de um número finito de observações.

Na parte final do século XX, a perspectiva dedutivo-nomológica foi sujeita a intenso escrutínio, e cedeu gradualmente lugar ao modelo representacional. De acordo com o modelo representacional, a investigação social é um dispositivo de mapeamento; a investigação é bem-sucedida se conseguir refletir o seu objeto de forma tão completa e precisa quanto possível. Os investigadores sociais agem como cartógrafos sociais, estabelecendo mapas dos vários aspectos do domínio social de forma exata e revelando as suas conexões. Segundo esta perspectiva, a teoria social é essencial para uma representação verdadeira e compreensiva do social; a teoria fornece os elementos conceituais fundamentais que permitem levar a cabo esta cartografia social.

Quem trabalha em teoria social no âmbito desta corrente tende a desenvolver uma ontologia compreensiva que cobre alegadamente as dimensões macro, meso e micro da vida social bem como os diferentes âmbitos cronológicos (dos intervalos temporais mais curtos como o da vida cotidiana à *longue durée* do tempo histórico). Fornecem definições precisas para um largo espectro de conceitos que são supostamente essenciais para o mapeamento do social (estrutura social, agência, cultura etc.), e investigam a natureza precisa das relações complicadas entre estes conceitos. Por exemplo, a dualidade de estrutura de Giddens[12], o modelo de ação social transformativa de Roy Bhaskar[13] – segundo o qual a estrutura é simultaneamente o *medium* e a resultante não intencional das práticas sociais – e a abordagem morfogênica de Margaret Archer com o seu foco nos efeitos dos diferentes graus de constrição estrutural sobre a ação humana[14], tentam todos conceitualizar a relação precisa entre sociedade e agência. A investigação é, nestes casos, concebida como um dispositivo de mapeamento que captura as diversas dimensões da vida social[15].

---

12. Anthony Giddens, *The Constitution of Society: Outline of a Theory of Structuration*, Cambridge, Polity Press, 1984; ver também o capítulo 5, "A Sociologia Encontra a História".

13. Roy Bhaskar, *The Possibility of Naturalism: A Philosophical Critique of the Contemporary Human Sciences*, London, Routledge, 1998.

14. Margaret Archer, *Realist Social Theory: The Morphogenetic Approach*, Cambridge, Cambridge University Press, 1995; *Culture and Agency: The Place of Culture in Social Theory*, Cambridge, Cambridge University Press, 1996.

15. Ver, por exemplo, Derek Layder, *New Strategies in Social Research: An Introduction and Guide*, Cambridge, Polity Press, 1993.

CONCLUSÃO *397*

Enquanto que no modelo anterior a investigação empírica desempenhava um papel central de arbitragem, tal já não é o caso neste modelo representacional. A investigação empírica já não é um dispositivo de teste; não é mais uma decisão judicial que nos informa acerca da validade de uma teoria. Em vez disso, os elementos de pesquisa passaram a ser meras instâncias do quadro ontológico – formas de nos recordarmos do valor representacional da teoria. A investigação trata de utilizar um quadro referencial teórico, comprovando que este é aplicável naquela instância específica. Esta investigação será bem--sucedida se conseguir mostrar que uma área específica de pesquisa pode ser reformulada nos termos da teoria.

Este modelo representacional apresenta vários problemas. Em primeiro lugar, baseia-se naquilo a que John Dewey chamou "teoria de espectador do conhecimento". Como vimos no capítulo anterior, Dewey queria dizer com isto uma visão do conhecimento que supostamente capta ou reflete a essência intrínseca do mundo exterior de uma forma tão completa e precisa quanto possível. Concebe uma metáfora da visão: o conhecimento trata de retratar ou espelhar o mundo como ele na verdade é. A ideia de cartografia social implica precisamente isto: considera que o conhecimento obtido irá permitir de algum modo encapsular a natureza social fundamental daquilo que está sob investigação.

Equipados com o seu arsenal conceitual, os investigadores em ciências sociais estariam em condições de descrever o mundo como este realmente é. Mas esta metáfora visual é enganadora. Tal como sublinharam os filósofos pragmatistas, o conhecimento não implica um registro passivo da realidade externa. O conhecimento é uma lide ativa com o mundo, não uma reprodução deste[16]. Isto é particularmente evidente no caso da investigação social em que qualquer ato de descrição ou interpretação assenta necessariamente num conjunto de pressupostos. Os últimos são uma condição *sine qua non* das primeiras. Qualquer referência à "realidade social" solicita a pergunta: realidade social sob que enquadramento interpretativo? Qualquer alusão a "fatos" sociais observacionais levanta imediatamente a questão: fatos sob que esquema interpretativo, à luz de que perspectiva?

Em segundo lugar, este modelo representacional de investigação social pode conduzir a uma ossificação intelectual. Isto porque a pesquisa empírica não é

---

16. Richard Rorty, *Philosophy and the Mirror of Nature*, Oxford, Blackwell, 1980; *Consequences of Pragmatism*, Minneapolis, University of Minnesota Press, 1982.

empregada para desafiar ou testar criticamente o modelo teórico que está sendo utilizado. Ao contrário, a pesquisa é desenvolvida como forma de demonstrar a possibilidade de mais uma aplicação desse mesmo modelo. Ficamos sabendo que esse modelo pode ser aplicado a mais um caso, o que reforça inevitavelmente esse modelo. No entanto, o que ganhamos exatamente ao ficarmos sabendo que uma situação social particular pode ser reconsiderada de acordo com uma dada teoria, especialmente uma vez que a maioria das situações pode ser rearticulada em função de qualquer enquadramento teórico coerente?

A resposta é: surpreendentemente pouco. Qualquer que seja a teoria que se use (quer a teoria seja derivada de, digamos, Bourdieu ou devedora a Butler), sabemos antecipadamente que o seu quadro de referência é o resultado inevitável da investigação empírica que supostamente dirigia. Nas linhas que se seguem, defenderemos que a chave para a investigação social não é a captação de uma realidade previamente oculta, mas a apresentação de novas e inovadoras leituras do social. O conceito de novo ou inovador é considerado em relação às perspectivas comuns defendidas atualmente pela comunidade acadêmica e não só.

PRAGMATISMO E PRAGMATISMOS

A solução, em nosso entender, reside no abandono destas duas posições diametralmente opostas acerca da relação entre teoria e investigação empírica. O modelo dedutivo-nomológico vê a investigação empírica como um grande inquisidor, que informa a comunidade acadêmica acerca das boas teorias e das que devem ser abandonadas. O modelo representacional tende a ignorar a investigação empírica, vendo-a como uma mera forma de ilustrar ou aplicar teorias (mas sem verdadeiramente testar a sua robustez), considerando-a simplesmente como um veículo através do qual a teoria é articulada, reproduzida e celebrada. Esta postura conduz facilmente a uma ossificação teórica porquanto a investigação empírica é usada para confirmar – e não para desafiar – o modelo teórico adotado.

No entanto, o modelo dedutivo-nomológico não consegue fazer melhor. Só encoraja a transformação teórica se for confrontado com uma grande quantidade de refutações empíricas e, dada a natureza enraizada dos programas de investigação, a ocorrência de mudanças conceituais é, na prática, limitada. Embora estas duas posições sejam claramente divergentes, ambas falham ao não reconhecerem como o confronto com fenômenos empíricos pode encorajar a adoção de um novo vocabulário, bem como de uma nova perspectiva teórica sobre o mundo. Para compreender como se podem ligar a investigação e a inovação conceitual, é necessário adotar uma perspectiva filosófica muito diferente, a que chamamos "pragmatismo de inspiração hermenêutica".

Por pragmatismo, referimo-nos à reconhecível tradição filosófica que foi iniciada por Charles Peirce, posteriormente desenvolvida por William James e John Dewey, e articulada mais pormenorizadamente por Richard Bernstein e Richard Rorty. Esta tradição filosófica é frequentemente considerada como sendo essencialmente americana, e existem muito boas razões para tal. Não só os pragmatistas de maior relevo viveram e trabalharam nos Estados Unidos, mas as suas obras filosóficas surgiram em resposta a problemas e preocupações distintamente americanas e, como tais, expressaram sentimentos, esperanças e ansiedades tipicamente americanas. Não quer isto dizer que o pragmatismo seja um empreendimento exclusivamente americano.

Alguns filósofos europeus do século XIX, como Henri Bergson e Friedrich Nietzsche, desenvolveram perspectivas que se podem considerar assinalavelmente próximas às do pragmatismo, tal como, no princípio do século XX, o fez o filósofo de Oxford, F. C. S. Schiller. Alguns dos membros da primeira geração de pragmatistas americanos estudaram na Europa, mantinham contatos intelectuais regulares com intelectuais europeus e eram-lhes muito devedores. Os expoentes mais recentes da filosofia pragmatista, como Rorty e Bernstein, envolveram-se e encontraram afinidades com uma série de autores continentais europeus considerados francamente desalinhados com a tradição analítica. Esta multiplicidade de influências não é surpreendente, uma vez que o pragmatismo americano sempre considerou a si próprio como não doutrinário, aberto e receptivo a novas ideias, em contraste com a consciência fronteiriça da filosofia analítica e o seu desdém generalizado face a muitas das obras das tradições alemã e francesa.

Se o pragmatismo americano demonstrou abertura à filosofia europeia, esta última tem sido menos receptiva àquele. Existem notáveis exceções, como Jürgen Habermas, cuja crítica do positivismo e a sua teoria da ação comunicativa foram buscar influências a Peirce e à tradição pragmatista. No entanto, o pragmatismo tem sido frequentemente considerado uma corrente paroquial, demasiado entranhada na sociedade americana e nos seus problemas para conseguir atrair um público filosófico mais largo. Subjacente à nossa contribuição encontra-se a

400 TEORIA SOCIAL CONTEMPORÂNEA

convicção de que esta imagem do pragmatismo é profundamente enganadora[17].
Ao integrarmos o neopragmatismo americano com a fenomenologia, demonstraremos não só a relevância do pragmatismo para a filosofia contemporânea da
ciência social, mas também a fecundidade de um diálogo continuado entre duas
tradições que à superfície parecem tão diferentes.

Antes de avançarmos, torna-se importante esclarecer o significado de
"pragmatismo" face ao uso do termo na linguagem comum. É frequente identificar "pragmatismo" com uma atitude "pragmática", na qual a ação não deve
ser dirigida por princípios *a priori*, mas fundamentalmente por uma análise das
limitações e oportunidades reais presentes num dado contexto. Em política
internacional, o rótulo de "pragmatismo" refere-se precisamente a esta atitude
não ideológica, pela qual os atores políticos tentam habitualmente avaliar e
tirar vantagem do que lhes surge no caminho. De modo semelhante, quando
os cientistas sociais rotulam uma investigação como "pragmatista", querem por
vezes dizer que esta não segue princípios metodológicos rígidos, exibindo, em
vez disso, uma escolha ou aplicação de métodos oportunistas ou ecléticos.

Nestas circunstâncias, preferimos designar essas atitudes por "pragmáticas"
em oposição ao argumento que aqui desenvolvemos. Portanto, um posicionamento pragmático implica que a escolha de teorias ou de técnicas depende do
tópico particular de investigação ou da situação em causa, mais do que de uma
posição teórica ou filosófica bem articulada. Nosso argumento a favor de uma
postura pragmática tem pouco em comum com o oportunismo metodológico
que caracteriza a atitude pragmática. Em primeiro lugar, não defendemos que
os investigadores sociais devam escolher o enquadramento teórico ou técnico
que, de algum modo, "sirva" ou "corresponda" melhor aos dados ou que lhes
pareça oportuno dadas as circunstâncias. Somos na verdade céticos em relação
a este ponto de vista, sobretudo porque recorre a uma metáfora da visão problemática, como se a investigação social pretendesse refletir o mundo social
exterior de uma forma tão precisa quanto possível.

Em segundo lugar, enquanto uma atitude pragmática questiona a utilidade
de qualquer fundamento filosófico para a investigação social, o pragmatismo

---

17. Ver, por exemplo, Filipe Carreira da Silva, "G. H. Mead in the History of Sociological Ideas",
Journal of the History of the Behavioral Sciences, vol. 42, n. 1, pp. 19-39, 2006; *Mead and Modernity:
Science, Selfhood and Democratic Politics*, Lanham, Lexington Books, 2008.

questiona o valor de alguns debates filosóficos, em particular os que se debruçam sobre essências ou ontologia, duvidando também do mérito de algumas perspectivas filosóficas como, por exemplo, o fundacionismo. O pragmatismo encara as disputas intelectuais com ceticismo se a tomada de posições não implicar consequências práticas para ninguém[18]. Para os pragmatistas, as questões acerca das essências intrínsecas ou da ontologia são empreendimentos escolásticos uma vez que qualquer resposta que se lhes dê não faz qualquer diferença prática.

O que os filósofos pragmatistas possuem em comum? O que distingue a perspectiva pragmatista das de outras tradições filosóficas? E quais as ideias pragmatistas que influenciaram a nossa agenda para a filosofia das ciências sociais? Identificar as ideias partilhadas pelos pragmatistas não é uma sinecura, uma vez que o pragmatismo foi, e é ainda, uma entidade heterogênea. Desde o seu início, o pragmatismo comportou ramos concorrentes e posições antitéticas, ao ponto de Peirce, que cunhou o termo, ter se distanciado posteriormente do "pragmatismo" por achar que algumas das ideias adotadas sob este estandarte se encontravam muito distantes das suas.

É irônico que alguns dos filósofos que consideramos agora figuras icônicas do movimento pragmatista tenham ocasionalmente invocado outros rótulos para se referirem a si próprios, sendo o "pragmaticismo" de Peirce e o "instrumentalismo" de Dewey dois bons exemplos do que temos em mente. Mais recentemente, autores como Richard Bernstein, Donald Davidson, Nelson Goodman, Hilary Putnam e Richard Rorty conduziram o pragmatismo até territórios desconhecidos (como a crítica literária e a teoria crítica), o que levou alguns comentadores a questionarem se alguns destes desenvolvimentos contemporâneos podem ser tão facilmente reconciliados com as formas anteriores de pragmatismo, como Rorty e outros nos querem fazer crer.

Não obstante, seria um erro inferir daqui que os pragmatistas possuem pouco em comum. A maioria dos filósofos pragmatistas – velhos e novos – partilham uma série de ideias-chave, que tornam possível falar acerca de um movimento pragmatista. É particularmente importante ilustrar aqui algumas destas ideias, porque elas sublinham a nossa perspectiva acerca da filosofia das ciências sociais.

---

18. William James, *Pragmatism, a New Name for Some Old Ways of Thinking: Popular Lectures on Philosophy*, London, Longmans Green, 1907.

402 TEORIA SOCIAL CONTEMPORÂNEA

Para começar, poucos comentadores mencionam as tendências humanistas do pragmatismo, o que é surpreendente, dada a dominância do humanismo entre os pragmatistas clássicos e contemporâneos e quão essencial este é para o seu projeto intelectual. James, Dewey e Schiller usaram por vezes o termo para contextualizarem os seus próprios trabalhos, embora lhe atribuíssem diferentes significados[19]. Por humanismo, referimo-nos à perspectiva particular segundo a qual alegações cognitivas, éticas e estéticas, incluindo alegações acerca destas alegações, se encontram interligadas com projetos humanos e são predominantemente criações humanas. Não só devem estas alegações ser julgadas em função da sua contribuição prática para a sociedade, como também possuem elas próprias uma natureza social e cultural, que por vezes implica a cooperação de muitos indivíduos e o recurso a redes complexas de símbolos e códigos culturais.

A dimensão social e cultural destas alegações possui, por sua vez, uma série de repercussões, dentre as quais a rejeição do fundacionismo e do conhecimento objetivo são particularmente importantes. Por fundacionismo, referimo-nos à crença de que a filosofia pode estabelecer fundações universais e atemporais que garantam alegações estéticas, éticas ou cognitivas. Historicamente, um número significativo de filósofos pensava o seu trabalho como uma empresa essencialmente fundacional. Para ser fundacional neste sentido, a filosofia deve ser capaz de se abstrair da história – da cultura ou da linguagem – de forma a adotar uma posição "neutra" a partir da qual possam ser feitas as prescrições corretas.

A maioria dos pragmatistas assumem uma posição antifundacionista. Creem que a reflexão filosófica não pode atingir esta posição de neutralidade porque ela é, tal como acontece com outros feitos intelectuais, uma atividade humana; e enquanto atividade humana, é também uma atividade social; e enquanto tal também é uma atividade situada[20]. Isto significa que o conhecimento filosófico, como qualquer outro tipo de conhecimento, é sempre parcial e situado: ocorre, sempre e

---

19. William James, *The Meaning of Truth*, New York, Longmans Green, 1911, pp. 121-135; Steven Rockefeller, *John Dewey: Religious Faith and Democratic Humanism*, New York, Columbia University Press, 1994; Ferdinand C. S. Schiller, *Humanism: Philosophical Essays*, London, Macmillan, 1903; *Studies in Humanism*, London, Macmillan, 1907.

20. Ver, por exemplo, Richard Bernstein, *The New Constellation: The Ethical-Political Horizons of Modernity/Postmodernity*, Cambridge, Polity Press, 1991, p. 326; John Dewey, *Logic: The Theory of Inquiry*, New York, Holt, Rinehart & Winston, 1938; Charles S. Pierce, "The Fixation of Beliefs", *Popular Science Monthly*, vol. 12, pp. 1-15, 1877; "How to Make Our Ideas Clear", *Popular Science Monthly*, vol. 12, pp. 286-308, 1878; Richard Rorty, *Consequences of Pragmatism*, p. 12.

inevitavelmente, a partir de um determinado ponto de vista. Os pragmatistas apelam à humildade dos filósofos, porque, independentemente da quantidade de trabalho de limpeza que efetuem, a filosofia não pode jamais remover estas nódoas humanas. Como tal, não pode atingir a postura neutra que o fundacionismo requer.

Um argumento semelhante é aplicável a outras formas de conhecimento, incluindo o conhecimento científico[21]. O conhecimento científico é, também, situado, parcial, desenvolvido a partir de um determinado ponto de vista. Os positivistas lógicos envidaram grandes esforços para demonstrar que o conhecimento científico é superior a outras formas de conhecimento porque supostamente adota critérios estritos de objetividade. Neste contexto, falamos de conhecimento objetivo se aquele não é afetado significativamente pelas atitudes e valores de quem o obtém. Em contraste, os pragmatistas insistem que o conhecimento científico é uma intervenção no mundo e que, enquanto tal, é necessariamente moldado pelos interesses ou pelo foco dos investigadores em causa. Isto não significa que o conhecimento seja forçosamente sempre subjetivo, se por subjetivo queremos dizer que não consegue representar com exatidão o mundo exterior.

De fato, os pragmatistas evitam utilizar o rótulo "subjetivo" em absoluto; em primeiro lugar, porque este implica a possibilidade de um conhecimento objetivo tal como é postulado pelo positivismo lógico; e em segundo lugar, porque desta forma se assume erradamente que o conhecimento tem algo a ver com uma reprodução do mundo externo. O método de Descartes supostamente fornecia fundações filosóficas que garantissem a infalibilidade do conhecimento. Por contraste, o mundo pragmatista é indicador daquilo que Hillary Putnam[22] chamou de "democratização do questionamento": isentos de fundações, os indivíduos são encorajados a reavaliar as suas perspectivas à luz de novos dados empíricos. Pragmatistas diferentes interpretariam este caráter falível de formas distintas.

Para a geração mais antiga de pragmatistas, como Peirce, Dewey e Mead, as conjecturas científicas são empiricamente testadas e, se necessário, substituídas por conjecturas científicas superiores. É o confronto com novos fenômenos empíricos que precipita a dúvida, que só é vencida quando a velha teoria é sujeita aos ajustes necessários. Os neopragmatistas preocupam-se menos com

---

21. John Dewey, *The Quest for Certainty*, New York, Henry Holt, 1929; William James, *Pragmatism, a New Name for Some Old Ways of Thinking*.

22. Hillary Putnam, *The Collapse of the Fact/Value Dichotomy and Other Essays*, Cambridge, MA, Harvard University Press, 2004.

404 TEORIA SOCIAL CONTEMPORÂNEA

a descoberta e a transformação científicas. Estão mais interessados no modo como as comunidades podem adotar novos vocabulários, redescrevendo-se a si próprias à luz da nova informação obtida. As culturas ricas e vitais são suficientemente confiantes para manifestarem abertura face a experiências desconfortáveis. Como tal, encontram-se bem equipadas para se redescreverem e reinventarem. Em ambos os casos, no entanto, o antifundacionismo caminha de braço dado com uma atitude genuinamente falibilista, segundo a qual os indivíduos estão dispostos a pôr em causa crenças enraizadas, substituindo-as por outras mais úteis.

Já aludimos anteriormente à rejeição pragmatista da visão reflexiva do conhecimento[23]. Esta perspectiva reflexiva concebe o conhecimento enquanto registro passivo e rigoroso da essência do mundo exterior. De acordo com este ponto de vista, o mundo exterior é tido como algo independente da experiência humana, que aguarda ser descoberto. A perspectiva reflexiva é comum tanto nos círculos filosóficos como nos científicos, e assume uma oposição entre, por um lado, teoria e conhecimento e, por outro, entre prática e ação. O conhecimento é tido como sendo passivo e instantâneo, enquanto que a ação é, por definição, ativa e decorre ao longo do tempo. Uma das implicações desta perspectiva é a de que o conhecimento não deve ser julgado em função da sua relação isomórfica com domínio exterior, mas com base no tipo de contribuição que apresenta para o nosso mundo.

Durante muito tempo, o dualismo entre teoria e prática e a sua consequente preocupação com a representação exata levou a que os filósofos ocidentais ignorassem o impacto prático que o conhecimento pode ter. O pragmatismo quebra este dualismo e leva a sério a noção de envolvimento científico. Em suma, a nossa agenda pragmatista para as ciências sociais articula-se em torno de três teses principais. Em primeiro lugar, defendemos que as considerações metodológicas são inseparáveis dos interesses cognitivos. Por interesses cognitivos, referimo-nos aos objetivos de investigação que subjazem ao processo de pesquisa. É um erro comum, entre os investigadores sociais, considerar ou debater questões metodológicas sem especificarem o que é que pretendem

---

23. Ver, por exemplo, John Dewey, *The Quest for Certainty*; William James, *Pragmatism, a New Name for Some Old Ways of Thinking*; Richard Rorty, *Philosophy and the Mirror of Nature*; *Philosophy and Social Hope*, Harmondsworth, Penguin, 1999, pp. 47-71.

atingir. Estes debates só fazem sentido se os indivíduos neles envolvidos buscam objetivos semelhantes.

Em segundo lugar, no espírito pragmatista e na sua celebração da diversidade, é tarefa da filosofia tornar-nos conscientes dos diversos objetivos que podem conduzir a investigação e promover interesses cognitivos que tenham sido marginalizados. A investigação social pode perseguir diferentes interesses cognitivos: explicação (e possível previsão); compreensão; autoemancipação e crítica; e autocompreensão. Referimo-nos à investigação que torna manifestos e que desafia os pressupostos e as crenças da comunidade a que pertencemos. A noção moderna de identidade possui conotações individualistas, mas aqui referimo-nos a formas coletivas de autodescrição e autocompreensão. Na nossa terminologia, autocompreensão refere-se à forma pela qual as comunidades se compreendem e corrigem a si próprias.

Nesta fase, vale a pena desenvolver o elo com a hermenêutica de Hans-Georg Gadamer. Gadamer[24] chama a atenção para o fato de que, embora o preconceito seja uma condição *sine qua non* para o conhecimento, aquele é potencialmente afetado por este último. Em termos leigos, embora as pressuposições dos indivíduos sejam o meio pelo qual eles obtêm o conhecimento, este processo de obtenção de conhecimento pode também alterar essas mesmas pressuposições. Gadamer, no entanto, concebe esta associação complexa entre preconceito e conhecimento em termos ontológicos. Por contraste, sugerimos que se pense esta relação em termos metodológicos. Com isto, referimo-nos a três ideias.

Em primeiro lugar, os investigadores sociais deveriam perceber que o acesso não mediado ao mundo exterior é algo que não existe e que não vale a pena perseguir esta quimera. Deveriam perceber que os seus pressupostos culturais são uma condição *sine qua non* para a investigação que levam a cabo. Em segundo lugar, deve-se esperar dos investigadores sociais que tomem consciência das categorias e pressupostos que acompanham a sua pesquisa e que tornem esse conhecimento disponível ao público. Esta reflexividade e a sua disponibilidade pública tornariam a investigação social mais madura e a vida intelectual mais vibrante. Em terceiro lugar (e de suma importância), muito pode ser ganho ao levar a cabo atividades de investigação que persigam ativamente esta

---

24. Hans-Georg Gadamer, *Truth and Method*, New York, Continuum, 1989.

reflexividade. Interessam-nos particularmente as estratégias metodológicas que permitam a aquisição de conhecimento autorreferencial.

É importante especificar a natureza precisa da aquisição de conhecimento autorreferencial, ou autoconhecimento. Que modos de conhecimento estão implicados neste tipo de conhecimento? Incorpora quatro modos ou componentes: conceitualização, crítica, edificação e imaginação. Em primeiro lugar, o conhecimento autorreferencial implica um processo de conceitualização ou formulação discursiva. Permite aos indivíduos tornarem explícitos uma série de pressupostos que assumiram como garantidos até então. Através do confronto com a diferença, os indivíduos são encorajados a refletirem sobre, e a verbalizarem, as suas concepções previamente inquestionadas.

Por exemplo, ao justapor perspectivas filosóficas contemporâneas relativas à moralidade com uma era pré-cristã, o método genealógico de Nietzsche torna explícitos os pressupostos da "moralidade escrava" que se encontram enraizados na sociedade atual[25]. Em segundo lugar, a aquisição de conhecimento autorreferencial implica uma postura crítica. Encoraja os indivíduos a examinarem e questionarem os seus pressupostos até então intactos. Ajuda a escrutinar a validade, consistência e coerência deste conjunto de pressupostos e ajuda na avaliação da sua adequação ao contexto em que os indivíduos operam. Por exemplo, ao demonstrar que as origens das nossas atuais perspectivas morais se relacionam com lutas de poder (nas quais os fracos conseguiram domesticar os fortes através de uma inversão de valores), a genealogia de Nietzsche mostra que o nosso sistema moral atual não é tão inócuo ou nobre como pode aparentar.

Em terceiro lugar, este tipo de conhecimento é edificante. Referimo-nos aqui à noção idealista alemã de *Bildung*, que aponta para o processo de autoformação que acompanha uma genuína aquisição de conhecimento. Ao contrário de Richard Rorty[26], que defende que a filosofia conduz a um conhecimento edificante, nós argumentamos que a investigação social, se buscar a autocompreensão, está mais bem colocada para atingir o *Bildung*, uma vez que possui um forte componente empírico. Ao serem expostos a diferentes formas de vida, os indivíduos são igualmente confrontados com o caráter etnocêntrico e local das suas perspectivas,

---

25. Friedrich Nietzsche, *Beyond Good and Evil: Prelude to a Philosophy of the Future*, London, George Allen & Unwin, 1967.
26. Richard Rorty, *Philosophy and the Mirror of Nature*.

expectativas e percepções. Consequentemente, deixarão de considerar os seus valores e crenças como naturais, fixas ou universais, mas irão encará-los como algo culturalmente específico e com uma pertinência espaço-temporal determinada.

O método genealógico de Nietzsche faz precisamente isto, ao demonstrar que determinados conceitos-chave atualmente empregados (por exemplo, "mau" enquanto caridoso e compassivo) costumavam possuir um significado diferente ("mau" como forte, poderoso e aristocrático). Em quarto lugar, a aquisição de conhecimento autorreferencial implica um alargamento do nosso âmbito imaginativo. Através deste tipo de conhecimento, os indivíduos ganham consciência da existência de cenários sociopolíticos alternativos, e aprendem a pensar para lá dos enquadramentos e práticas correntemente em uso. Esta dimensão imaginativa é central para a história do presente foucaultiana e para a sua ideia do novo intelectual, que já não emite discurso a partir de cima, mas que fornece instrumentos para um alargamento das perspectivas. Por contraste, o velho modelo de intelectual impõe ortodoxias e limita a política imaginativa[27].

Esta proposta aqui delineada encontrará provavelmente críticas pelo menos a três níveis[28]. A primeira questão refere-se à natureza da identidade coletiva. Os céticos poderão argumentar que existe alguma ambiguidade relativa à comunidade a que nos referimos. A nossa resposta é a de que nos referimos a um número potencialmente infinito de comunidades, desde que este inclua o público constituído pelos investigadores. Cada um de nós pertence a diversas comunidades simultaneamente: por exemplo, pertencemos a grupos profissionais, a categorias socioeconômicas, a entidades étnicas ou religiosas, e a comunidades regionais ou nacionais. A reflexividade que advogamos pode ser aplicada a cada um destes grupos.

A investigação autorreferencial confronta os indivíduos com, e desafia, os pressupostos que detêm em virtude da sua pertença a uma comunidade mais ampla, mas a natureza precisa desta identidade coletiva permanece aberta. Entre estas comunidades diversas encontra-se também a comunidade acadêmica à qual o investigador social pertence. Na verdade, o conhecimento autorreferencial afetará os pressupostos da disciplina acadêmica na qual o investigador

---

27. Patrick Baert, "Foucault's History of the Present as Self-Referential Knowledge Acquisition", *Philosophy and Social Criticism*, vol. 24, n. 6, pp. 111-126, 1998.

28. Ver, por exemplo, Simon Susen, "Comments on Patrick Baert and Filipe Carreira da Silva's *Social Theory in the Twentieth Century and Beyond*: Towards a 'Hermeneutics-Inspired Pragmatism'?", *Distinktion: Scandinavian Journal of Social Theory*, vol. 14, n. 1, pp. 80-101, 2013.

408 TEORIA SOCIAL CONTEMPORÂNEA

trabalha. Por exemplo, os antropólogos, que trabalham no âmbito da virada crítica, usam a pesquisa empírica para explorarem como a relação intrincada entre o colonialismo e o conhecimento antropológico afetou este último, ou para exporem ou desafiarem as noções relativas a gênero e identidade que são largamente partilhadas no âmbito da disciplina[29].

Existe uma segunda questão mais profunda. Alguns céticos poderão perguntar por que estaríamos interessados numa investigação que busque o autoconhecimento. No fim de contas, argumentarão, a investigação deveria fornecer conhecimento acerca do mundo externo – não sobre nós próprios. A busca do conhecimento autorreferencial parece ser o exemplo máximo do umbiguismo profissional. Nossa resposta a esta crítica é a de que o fim último da investigação que defendemos é a tomada de consciência, a conceitualização, e possivelmente a perturbação dos pressupostos que tornam, antes de mais nada, possível o conhecimento. O acesso não mediado ao mundo exterior é algo que não existe. Todo o conhecimento do mundo social assenta num conjunto de pressupostos, e o conhecimento autorreferencial faz sobressair estes pressupostos.

Por exemplo, desde o advento da arqueologia pós-processual, os arqueólogos passaram a ser sensíveis às formas pelas quais a investigação empírica pode ser utilizada para tomar consciência de como as categorias contemporâneas têm até aqui sido projetadas sobre o passado[30]. A arqueologia pós-processual não se preocupa apenas com o presente ou, pior, com o estado atual da disciplina da arqueologia[31]. Esta tomada de consciência crescente das práticas e concepções da disciplina deveriam apenas ser uma fase de um processo intelectual mais amplo: deveria constituir uma pedra angular em direção a uma ideia do passado mais autoconsciente, madura e rica.

---

29. George Marcus and Michael Fischer, *Anthropology as a Cultural Critique*, Chicago, University of Chicago Press, 1999; James Clifford and George Marcus (eds.), *Writing Culture: The Poetics and the Politics of Ethnography*, Berkeley, University of California Press, 1986.

30. Ian Hodder, *Reading the Past*, Cambridge, Cambridge University Press, 1991; Michael Shanks and Ian Hodder, "Processual, Postprocessual and Interpretative Archaeologies", *in* David Whitley (ed.), *Reader in Archaeological Theory*, London, Routledge, pp. 69-98, 1998; Christopher Tilley, "Archaeology as Socio-Political Action in the Present", *in* David Whitley (ed.), *Reader in Archaeological Theory*, pp. 315-330.

31. Filipe Carreira da Silva and Patrick Baert, "Evolution, Agency and Objects: Rediscovering Classical Pragmatism", *in* Andrew Gardner, Mark Lake and Ulrike Sommer (eds.), *Oxford Handbook of Archaeological Theory*, Oxford, Oxford University Press [*on press*].

A questão final lida com a verdade. Alguns perguntarão: como saber se uma formulação discursiva acerca de pressupostos anteriormente latentes é a correta? Como podemos avaliar se a nossa rearticulação deste conjunto de pressupostos é verdadeira? Por exemplo, que critérios usar para avaliar se a genealogia foucaultiana da loucura é correta? Nossa resposta a esta crítica tem três vertentes. Em primeiro lugar, a questão relativa à correção das nossas ideias não é específica à aquisição de conhecimento autorreferencial. Esta questão pode ser colocada a qualquer narrativa, independentemente do seu objetivo ser ou não a autocompreensão. Assim, e deixando de lado o problema da eventual utilidade ou não desta pergunta, ela não constitui uma crítica ao programa específico que advogamos. Em segundo lugar, os investigadores podem apreciar as questões relativas à validade com base num diálogo aberto acerca do caso particular em questão.

Preferimos falar de capacidade de persuasão em vez de verdade nesta questão, de forma a enfatizar o modo pelo qual as decisões deste tipo são simultaneamente provisórias e socialmente negociadas pelos investigadores nelas envolvidos. Não cremos que seja frutífero para os filósofos, ou para quem quer que seja, procurar um conjunto de critérios prévios a este diálogo que sejam supostamente aplicáveis a qualquer tipo de contexto. Fazê-lo seria correr o risco de apresentar critérios aplicáveis apenas a um número limitado de contextos, ou propor diretrizes tão gerais que deixassem de ser informativas para os investigadores. Não existe nenhum algoritmo neutro que seja prévio ao diálogo entre os investigadores, ou pelo menos nenhum que possa ser-lhes útil ou esclarecedor.

Em terceiro lugar, a força da aquisição de conhecimento autorreferencial reside, em grande medida, na sua capacidade de fazer os indivíduos olhar para as coisas sob uma luz diferente – de adotarem uma perspectiva inovadora. Isto não quer dizer que as questões relativas à validade cognitiva sejam irrelevantes. No entanto, uma vez que a finalidade do estudo é o autoconhecimento, os indivíduos não deveriam apenas ser persuadidos pela coerência e plausibilidade da narrativa apresentada. Têm também que ser convencidos pela originalidade e profundidade da narrativa, pela medida pela qual esta alarga o seu autoconhecimento contra o contexto da sabedoria recebida do passado.

A finalidade última deste tipo de pesquisa é encorajar uma mudança de *Gestalt*, a fim de que os indivíduos comecem a pensar de forma muito diferente acerca das coisas. Note-se que isto quer dizer que a meta é muito alta. Muitas obras de investigação aparentam ser sólidas e credíveis, mas acrescentam pouco

410 TEORIA SOCIAL CONTEMPORÂNEA

à nossa autocompreensão de acordo com a forma que acabamos de expor. Do mesmo modo, embora alguma da investigação possa ajudar-nos a articular uma narrativa acerca de nós próprios, a história resultante pode não ser substancialmente diferente daquela que é presentemente dominante. De acordo com a nossa agenda pragmatista, não nos contentamos com nenhum destes casos. Talvez tenhamos substituído a verdade pela capacidade de persuasão, mas isto não torna a investigação social menos exigente: a aquisição de conhecimento autorreferencial é algo particularmente difícil de conseguir.

INVESTIGAÇÃO SOCIAL, REFLEXIVIDADE E ENVOLVIMENTO SOCIAL

Em contraste com os seus contemporâneos em Viena e Cambridge, os pragmatistas clássicos, como Dewey e Mead, pretendiam que a filosofia e as ciências sociais se envolvessem com o mundo social, para o transformarem num lugar mais rico, mais diverso e, simplesmente, mais interessante. As contribuições de Dewey para a teoria da educação são um exemplo disso, tal como a investigação sociológica levada a cabo pelos membros da Escola de Chicago sob influência do ideário pragmatista[32]. Estes são exemplos da filosofia e das ciências sociais no seu melhor, interagindo e aprendendo com o mundo exterior, e tentando oferecer algo em troca às comunidades que estão sendo estudadas.

Desde então, a maior institucionalização dos académicos nos estabelecimentos universitários e uma intensa profissionalização das ciências sociais conduziu a um ambiente bastante diferente[33]. Esta mudança não foi, é certo, totalmente negativa, ao trazer consigo uma legitimação acrescida e reconhecimento externo, garantindo melhores condições de trabalho e instituindo *standards* rigorosos de qualidade intelectual. No entanto, em relação às ambições pragmatistas iniciais acerca da relação entre conhecimento e prática, estas transformações

---

32. Ver, por exemplo, Andrew Abbott, *Department and Discipline: Chicago School at One Hundred*, Chicago, University of Chicago Press, 1999; Hans Joas, *Pragmatism and Social Theory*, Chicago, University of Chicago Press, 1993.

33. Ver, por exemplo, Russell Jacoby, *The Last Intellectuals: American Culture in the Age of the Academe*, New York, Noonday Press, 1986.

institucionais significaram que a legitimidade intelectual e o reconhecimento acadêmico passaram a ser prioridades mais fortes do que o envolvimento prático.

Enquanto os primeiros sociólogos abordavam questões sociais e políticas de relevância indiscutível, uma implicação destas transformações estruturais é a de que os cientistas sociais hoje em dia tendem a se referir cada vez mais ao trabalho uns dos outros e menos ao mundo à sua volta, numa espécie de círculo fechado em que a sua linguagem e interesses intelectuais refletem e reforçam este estreitar de horizontes. Face a esta situação, nossa defesa de uma nova forma de pensar a investigação em ciências sociais, centrada numa integração do neopragmatismo americano e da filosofia continental, adquire renovada importância. Em contraste com o ambiente acadêmico atual, a pesquisa social que busca a autocompreensão encoraja os investigadores a serem suficientemente abertos ao não familiar, a adotarem perspectivas mais amplas e a refletirem acerca do mundo que até aqui tomamos por certo.

Esse tipo de pesquisa trata de expandir a nossa tela imaginativa e alcance prático, algo que só pode ser conseguido aprendendo e comunicando com aqueles que se encontram para lá dos limites seguros da academia. O nosso argumento em particular possui afinidades com o recente apelo de Michael Burawoy por uma "sociologia pública", que use o conhecimento especializado para promover o debate com e entre os diversos públicos não acadêmicos, respondendo e ajustando-se assim às suas exigências e fornecendo, em última análise, "diálogo" e "educação mútua"[34]. Burawoy compara a sua noção de sociologia pública "orgânica" com a sociologia pública "tradicional": enquanto esta última se dirige a um público amorfo, invisível e *mainstream*, a primeira envolve-se ativamente com um grupo de pessoas específico, visível e politicamente organizado.

Estas duas formas de sociologia pública podem perfeitamente coexistir e, na verdade, alimentarem-se mutuamente, mas Burawoy defende em particular a versão orgânica porque o seu mandato político é mais bem articulado, possui uma direção mais clara e a sua retribuição prática é menos ambígua. A sociologia pública, argumenta, não é apenas diferente da "sociologia profissional" dominante, mas também da "sociologia político-clientelar" (*policy sociology*).

---

34. Michael Burawoy, "Public Sociologies: A Symposium from Boston College", *Social Problems*, vol. 51, pp. 103-130, 2004; "2004 Presidential Address: For Public Sociology", *American Sociological Review*, vol. 70, pp. 4-28, 2005.

412 TEORIA SOCIAL CONTEMPORÂNEA

Enquanto esta última tenta fornecer respostas técnicas a questões apresentadas por um cliente externo, a sociologia pública desenvolve uma "relação dialógica" entre a sociologia e o público pela qual as questões de cada parceiro são trazidas à atenção do outro, e cada um se ajusta ou responde em consonância.

Enquanto tanto a sociologia profissional quanto a político-clientelar constroem "conhecimento instrumental", a sociologia pública partilha com a "sociologia crítica" uma preocupação com o "conhecimento reflexivo" ou "diálogo acerca de finalidades". A sociologia pública não deve, no entanto, ser misturada com a sociologia crítica. Enquanto tanto a sociologia profissional como a crítica tenham como alvo uma audiência acadêmica, a sociologia pública, tal como a político-clientelar, embarca num diálogo com públicos não acadêmicos acerca das "fundações normativas" da sociedade.

Embora a apaixonada defesa que Burawoy faz de uma sociologia com maior envolvimento social seja apelativa e tenha, na verdade, obtido atenção mundial, seu foco é principalmente no envolvimento prático efetivo dos sociólogos com os seus públicos. É prestada menor atenção à exploração do tipo de aquisição de conhecimento implicado no gênero de sociologia reflexiva que promove. Obedecendo à distinção efetuada pela Escola de Frankfurt entre racionalidade substantiva e instrumental, Burawoy estabelece uma diferença entre sociologia reflexiva e *policy sociology*, dado que aquela estabelece objetivos e valores em vez de meios. Mas esta definição permanece notoriamente vaga, especialmente porque aquilo que conta como valor num contexto pode ser tido como meio para aquisição de valor noutro contexto. As discussões metateóricas sobre o futuro da disciplina da sociologia, como o é seguramente este debate em torno da sociologia pública, precisam ser acompanhados por explorações filosóficas das questões metodológicas implicadas.

Caso contrário, os argumentos apresentados soam vazios e podem ser rapidamente repelidos como meras declarações de intenção, desprovidas de qualquer substância. A proposta de inspiração pragmatista aqui delineada – com sua rejeição do fundacionismo, naturalismo e representacionismo, sua ênfase na autocompreensão, e sua exploração do elo entre conhecimento e ação – fornece o suporte filosófico apropriado para apoiar e definir o tipo de conhecimento científico social que se envolve com grupos e comunidades fora das fronteiras seguras da torre de marfim. No entanto, isto não quer dizer que o modelo dialógico de conhecimento gadameriano, que temos defendido, é apenas relevante para públicos não acadêmicos. A investigação social que busca a autocompreensão é transversal à distinção que Burawoy faz entre sociologia crítica e pública porque a reflexividade nela incluída afeta os pressupostos quer das comunidades acadêmicas quer das não acadêmicas.

Um excelente exemplo é o livro de Bauman, *Modernidade e Holocausto*, por nós discutido no capítulo anterior e que ilustra perfeitamente o tipo de pesquisa que temos em mente. *Modernidade e Holocausto* não só convida um público mais amplo e não acadêmico a repensar a natureza das atrocidades durante o Terceiro Reich, mas também desafia alguns dos pressupostos que sociólogos e filósofos mantêm acerca do valor, das possibilidades e dos perigos da transição para a modernidade. Desafiando a tese do Sonderweg e opondo-se à perspectiva ortodoxa de que a modernidade e o Holocausto são antitéticos, Bauman argumenta de forma persuasiva que algumas características-chave da modernidade – a ideia do Estado-Nação "jardim" e o processo de burocratização, com sua crescente racionalidade instrumental e decrescente sentido de responsabilidade individual – foram condições necessárias para a emergência do Holocausto.

Ao fazê-lo, Bauman vai mais longe do que argumentar contra a concepção popular de que as atrocidades cometidas durante o período foram de algum modo explosões irracionais ou indicadores de que o projeto da modernidade não tinha ainda sido completamente conseguido. De modo crucial, sua análise implica também que os sociólogos deveriam reapreciar as suas perspectivas acerca do próprio projeto da modernidade, uma reapreciação que em última análise afeta o modo como concebem a sua disciplina, entrincheirada como está na perspectiva iluminista. Em resumo, este exemplo indica que, na prática, a distinção rígida entre a sociologia pública e crítica de Burawoy pode ser menos relevante do que o autor assume. Isto porque qualquer conhecimento dialógico substancial do tipo que temos defendido, e que Bauman simboliza, é relevante tanto para as comunidades acadêmicas como para as não acadêmicas.

OBSERVAÇÕES FINAIS

Este capítulo final tentou demonstrar o caráter frutífero de um diálogo continuado entre o neopragmatismo americano e a filosofia continental, que, durante muito tempo, foram tidos como correntes que lidam com preocupações

414 TEORIA SOCIAL CONTEMPORÂNEA

intelectuais irreconciliáveis. Explorou as afinidades que existem entre a nossa agenda neopragmatista no campo da filosofia das ciências sociais e a abordagem filosófica desenvolvida por Gadamer. Em vez de concebermos a investigação social como um empreendimento principalmente explanatório ou preditivo, tentámos demonstrar que esta perspectiva neopragmatista promove a investigação social em termos de um envolvimento permanente com a alteridade, um processo que em última análise contribui para a busca de formas mais ricas de redescrição coletiva.

De acordo com essa perspectiva, a investigação assume um papel central na capacidade que as comunidades podem ter para se distanciarem dos seus pressupostos até então ignorados, para adotarem diferentes pontos de vista e, finalmente, para fazerem alguma diferença no mundo social que estas comunidades habitam e que ajudaram a criar. Esta abordagem neopragmatista, argumentamos nós, apresenta uma base filosófica para o conhecimento reflexivo implicado na sociologia tanto crítica como pública.

Gostaríamos de concluir este capítulo com uma última questão. Uma vez que a nossa perspectiva neopragmatista procura contribuir para a filosofia das ciências sociais, é inevitável questionarmo-nos sobre que teorias se encontram melhor apetrechadas para produzir a reflexividade que temos advogado. Do acima exposto, deve ser claro que a nossa resposta é a de que, ao contrário de outras filosofias das ciências sociais como o falsificacionismo ou o realismo crítico, esta proposta de inspiração pragmatista é neutra no que diz respeito a uma escolha teórica desde que esta recuse invocar critérios externos – tais como a falsificabilidade, o poder explanatório ou o sucesso preditivo – para decidir acerca do valor de uma dada teoria.

Em vez disso, sugere que se deveria tomar em conta o contexto dos pressupostos dominantes da disciplina ou de uma comunidade no seu todo antes de avaliar a teoria em causa porque é apenas contra este pano de fundo que uma avaliação deste tipo pode ser efetuada. A ideia de "conjunto de conhecimentos à disposição", de Alfred Schutz, é aqui particularmente aplicável, uma vez que capta muito bem o modo como, em sua vida cotidiana, os indivíduos apreendem o mundo social em termos de "familiaridade e pré-conhecimento"[35].

---

35. Alfred Schutz and Thomas Luckmann, *The Structures of the Life-World*, Chicago, Northwestern University Press, 1973.

Da mesma forma que a vida diária se encontra incrustada no *Lebenswelt* – um mundo da vida cotidiana governado pela "atitude natural" – também os investigadores sociais tomam como certo um conjunto de crenças teóricas e metafísicas e de estratégias metodológicas.

Decorre daqui que as teorias deveriam ser avaliadas com base na quantidade de transformação gestaltiana que conseguem provocar – até que ponto podem obrigar os investigadores a repensar os pressupostos que até aí se encontram entrincheirados de um modo profundo e muitas vezes, também, ignorados. Em oposição à adoração ritualista do herói, tão endêmica nas ciências sociais hoje em dia e que se prende com o modelo representacional do investigador social, a perspectiva de inspiração pragmatista reclama menos por deferência e por maior arrojo nas alegações – uma espécie de iconoclastia intelectual. A questão não deveria mais ser como aplicar a obra dos nossos heróis intelectuais ou modelos preferidos (quaisquer que estes sejam) aos dados empíricos, mas como podemos aprender com o encontro com o não familiar para contestá-los e pensar de modo diferente.

REFERÊNCIAS BIBLIOGRÁFICAS

ABBOTT, Andrew. *Department and Discipline: Chicago School at One Hundred*. Chicago, University of Chicago Press, 1999.

ARCHER, Margaret. *Realist Social Theory: The Morphogenetic Approach*. Cambridge, Cambridge University Press, 1995.

_____. *Culture and Agency: The Place of Culture in Social Theory*. Cambridge, Cambridge University Press, 1996.

BAERT, Patrick. "Foucault's History of the Present as Self-Referential Knowledge Acquisition". *Philosophy and Social Criticism,* vol. 24, n. 6, pp. 111-126, 1998.

_____. "Social Theory and the Social Sciences". *In:* DELANTY, Gerard (ed.). *The Handbook of Contemporary European Theory*. London, Routledge, pp. 14-24, 2005.

_____. "Why Study the Social". *In:* _____ & TURNER, Brian S. (eds.). *Pragmatism and European Social Theory*. Oxford, Bardwell, pp. 45-68, 2007.

_____. "A Neopragmatist Agenda for Social Research: Integrating Levinas, Gadamer and Mead". *In:* BAUER, Harry & BRIGHI, Elisabetta (eds). *Pragmatism in International Relations*. London, Routledge, pp. 44-62, 2009.

416 TEORIA SOCIAL CONTEMPORÂNEA

BERNSTEIN, Richard. *The New Constellation: The Ethical-Political Horizons of Modernity/Postmodernity*. Cambridge, Polity Press, 1991.

BHASKAR, Roy. *The Possibility of Naturalism: A Philosophical Critique of the Contemporary Human Sciences*. London, Routledge, 1998.

BURAWOY, Michael. "Public Sociologies: A Symposium from Boston College". *Social Problems*, vol. 51, pp. 103-130, 2004.

_____. "2004 Presidential Address: For Public Sociology". *American Sociological Review*, vol. 70, pp. 4-28, 2005.

BUTLER, Judith. *Gender Trouble: Feminism and the Subversion of Identity*. London, Routledge, 1990.

_____. *Bodies That Matter: On the Discursive Limits of "Sex"*. London, Routledge, 1993.

CLIFFORD, James & MARCUS, George (eds.). *Writing Culture: The Poetics and the Politics of Ethnography*. Berkeley, University of California Press, 1986.

DAHLGREEN, Peter. *Television and the Public Sphere: Citizenship, Democracy and the Media*. London, Sage, 1995.

DEWEY, John. *The Quest for Certainty*. New York, Henry Holt, 1929.

_____. *Logic: The Theory of Inquiry*. New York, Holt, Rinehart & Winston, 1938.

GADAMER, Hans-Georg. *Truth and Method*. New York, Continuum, 1989.

GELL, Alfred. *Art and Agency: An Anthropological Theory*. Oxford, Oxford University Press, 1998.

GIDDENS, Anthony. *The Constitution of Society: Outline of a Theory of Structuration*. Cambridge, Polity Press, 1984.

HABERMAS, Jürgen. *The Structural Transformation of the Public Sphere: An Inquiry Into a Category of Bourgeois Society*. Cambridge, Polity Press, 1989 [1962].

HEMPEL, Carl G. *Aspects of Scientific Explanation, and Other Essays in the Philosophy of Science*. New York, Free Press, 1965.

HODDER, Ian. *Reading the Past*. Cambridge, Cambridge University Press, 1991.

HOOPER, Charlotte. *Manly States: Masculinities, International Relations, and Gender Politics*. New York, Columbia University Press, 2000.

JACOBY, Russell. *The Last Intellectuals: American Culture in the Age of the Academe*. New York, Noonday Press, 1986.

JAMES, William. *Pragmatism, a New Name for Some Old Ways of Thinking: Popular Lectures on Philosophy*. London, Longmans Green, 1907.

_____. *The Meaning of Truth*. New York, Longmans Green, 1911.

JOAS, Hans. *Pragmatism and Social Theory*. Chicago, University of Chicago Press, 1993.

LAKATOS, Imre. "Falsification and the Methodology of Scientific Research". *In:* _____ & MUSGRAVE, Alan (eds.). *Criticism and the Growth of Knowledge.* Cambridge, Cambridge University Press, pp. 91-196, 1970.

LANDES, Joan. *Women and the Public Sphere in the Age of the French Revolution.* Ithaca, Cornell University Press, 1988.

LATOUR, Bruno. *We Have Never Been Modern.* London, Harvester, 1993.

LAW, John & HASSARD, John (eds.). *Actor Network Theory, and After.* Oxford, Blackwell, 1999.

LAWSON, Tony. *Economics and Reality.* London, Routledge, 1997.

_____. *Reorienting Economics.* London, Routledge, 2003.

LAYDER, Derek. *New Strategies in Social Research: An Introduction and Guide.* Cambridge, Polity Press, 1993.

MARCUS, George & FISCHER, Michael. *Anthropology as a Cultural Critique.* Chicago, University of Chicago Press, 1999.

MARSH, David *et al. Postwar British Politics in Perspective.* Cambridge, Polity Press, 1999.

McDOWELL, Linda. *Gender, Identity and Place: Understanding Feminist Geographies.* Cambridge, Polity Press, 1999.

NIETZSCHE, Friedrich. *Beyond Good and Evil: Prelude to a Philosophy of the Future.* London, George Allen & Unwin, 1967.

PEIRCE, Charles S. "The Fixation of Beliefs". *Popular Science Monthly,* vol. 12, pp. 1-15, 1877.

_____. "How to Make Our Ideas Clear". *Popular Science Monthly,* vol. 12, pp. 286--302, 1878.

POPPER, Karl. *The Logic of Scientific Discovery.* London, Hutchinson, 1959 [1934].

_____. *Conjectures and Refutations.* London, Routledge, 1991 [1963].

PUTNAM, Hillary. *The Collapse of the Fact/Value Dichotomy and Other Essays.* Cambridge, MA, Harvard University Press, 2004.

ROCKEFELLER, Steven. *John Dewey: Religious Faith and Democratic Humanism.* New York, Columbia University Press, 1994.

RORTY, Richard. *Philosophy and the Mirror of Nature.* Oxford, Blackwell, 1980.

_____. *Consequences of Pragmatism.* Minneapolis, University of Minnesota Press, 1982.

_____. *Philosophy and Social Hope.* Harmondsworth, Penguin, 1999.

SCHILLER, Ferdinand C. S. *Humanism: Philosophical Essays.* London, Macmillan, 1903.

_____. *Studies in Humanism.* London, Macmillan, 1907.

418 TEORIA SOCIAL CONTEMPORÂNEA

SCHUTZ, Alfred & LUCKMANN, Thomas. *The Structures of the Life-World.* Chicago, Northwestern University Press, 1973.

SHANKS, Michael & HODDER, Ian. "Processual, Postprocessual and Interpretative Archaeologies". *In:* WHITLEY, David (ed.). *Reader in Archaeological Theory.* London, Routledge, pp. 69-98, 1998.

SILTANEN, Janet & STANWORTH, Michelle (eds.). *Women and the Public Sphere: A Critique of Sociology and Politics.* London, Hutchinson, 1984.

SILVA, Filipe Carreira da. "G. H. Mead in the History of Sociological Ideas". *Journal of the History of the Behavioral Sciences,* vol. 42, n. 1, pp. 19-39, 2006.

_____. *Mead and Modernity: Science, Selfhood and Democratic Politics.* Lanham, Lexington Books, 2008.

SILVA, Filipe Carreira da & BAERT, Patrick. "Evolution, Agency and Objects: Rediscovering Classical Pragmatism". *In:* GARDNER, Andrew; LAKE, Mark & SOMMER, Ulrike (eds.). *Oxford Handbook of Archaeological Theory.* Oxford, Oxford University Press [*on press*].

SUSEN, Simon. "Comments on Patrick Baert and Filipe Carreira da Silva's *Social Theory in the Twentieth Century and Beyond:* Towards a 'Hermeneutics-Inspired Pragmatism'?" *Distinktion: Scandinavian Journal of Social Theory,* vol. 14, n. 1, pp. 80-101, 2013.

TILLEY, Christopher. "Archaeology as Socio-Political Action in the Present". *In:* WHITLEY, David (ed.). *Reader in Archaeological Theory.* London, Routledge, pp. 315-330, 1998.

Índice de Figuras e Quadros

FIGURAS

1.1. Triângulo primário de vogais (e consoantes) de Jakobson 48
1.2. Triângulo primário da culinária de Lévi-Strauss 49
1.3. Triângulo desenvolvido da culinária de Lévi-Strauss 50
1.4. Análise do Mito de Édipo por Lévi-Strauss 51

QUADROS

2.1. Relações entre variáveis-padrão e pré-requisitos funcionais de qualquer
sistema de ação 100
2.2. Formas de adaptação dos indivíduos ao estado de anomia 108
4.1. Dilema do prisioneiro 185
4.2. Jogo de coordenação 188
4.3. Guerra dos sexos 188
5.1. A dimensão da dualidade da estrutura 225
5.2. Instituições e propriedades estruturais 226

Título	Teoria Social Contemporânea
Autores	Patrick Baert e Filipe Carreira da Silva
Tradutores	António Júnior e Marta Castelo Branco
Editor	Plinio Martins Filho
Produção editorial	Millena Machado
Preparação de texto	Victória Thomé
Revisão	Carolina Bednarek Sobral
Capa	Estúdio Claraboia
Editoração eletrônica	Victória Cortez
Formato	16 x 23 cm
Tipologia	Adobe Caslon Pro
Papel	Cartão Supremo 250 g/m² (capa)
	Chambril Avena 80 g/m² (miolo)
Número de páginas	424
Impressão e acabamento	Lis Gráfica